Geographers' A-Z Map Co., Ltd.

Vestry Road, Sevenoaks, Kent. TN14 5EP.
Telephone Sev: 51152-3, & 55383
Showrooms: 28, Grays Inn Road,
Holborn, London, WC1X 8HX.
Telephone: 01-242 9246

Copyright by the Publishers.

These maps are based upon the Ordnance Survey 1:10,560
Maps with the Sanction of the Controller of Her Majesty's
Stationery Office. Crown Copyright reserved.

Every possible care has been taken to ensure that the
information shown in this publication is accurate,
and whilst the Publishers would be grateful to learn
of any errors, they regret they can accept no responsibility
for any expense or loss thereby caused.

D0198850

EDITION 3 (3)

Reference

Motorway	M62
Dual Carriageway	
A Road	A580
B Road	B5201
One Way Streets ONE WAY TRAFFIC FLOW IS INDICATED ON 'A' ROADS BY A HEAVY LINE ON THE DRIVERS NEARSIDE	traffic flow
House Numbers (selected roads)	2 45
Railway and Station	Widnes Level Crossing
County Boundary	MERSEYSIDE +·+·+·+ CHESHIRE
District Boundary	KNOWSLEY —·—·— ST. HELENS
Police Station	▲
Fire Station	■
Ambulance Station	⊡
Post Office	●
Toilet	▽
Information Centre	🅸
Selection of Car Parks	🅿
Hospital	Ⓗ
Church or Chapel	→
Map Continuation	▽120

SCALE: 4 inches to 1 mile   1:15,840

0	¼	½ mile
0	250 500 750	metres

SBN 85039 094 X

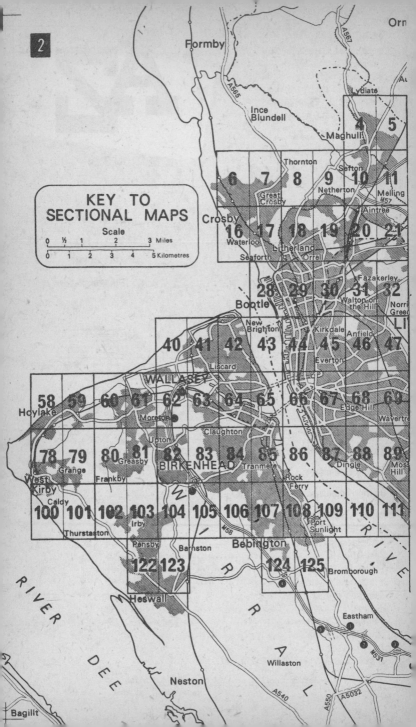

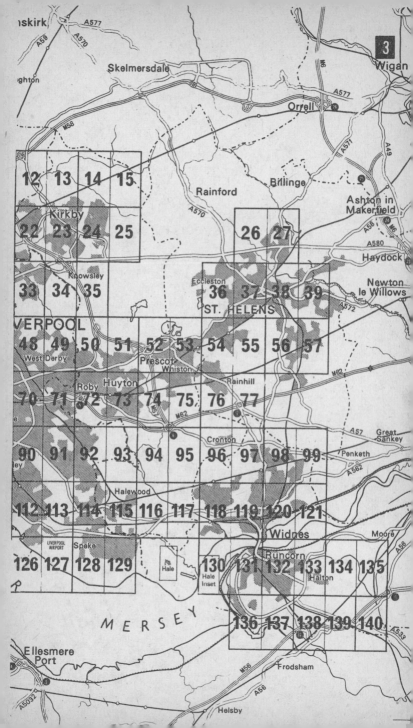

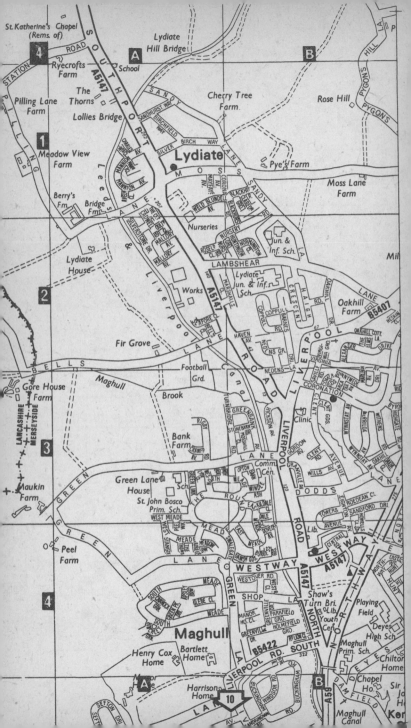

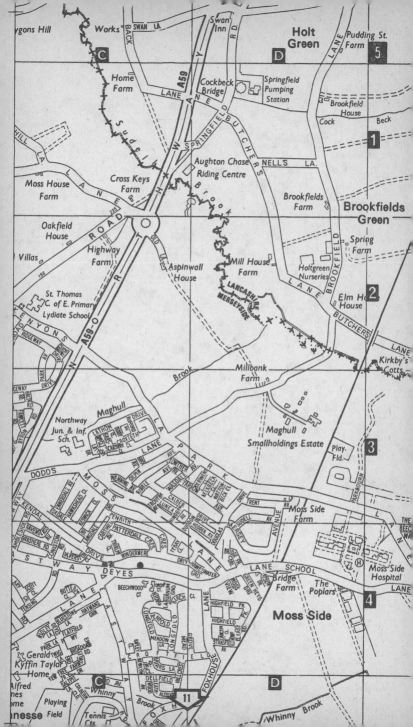

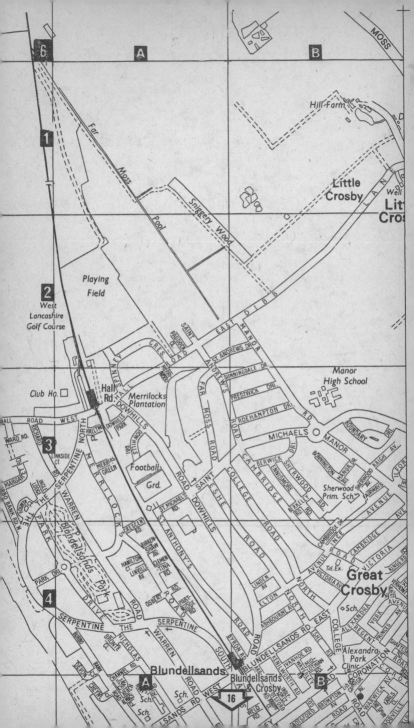

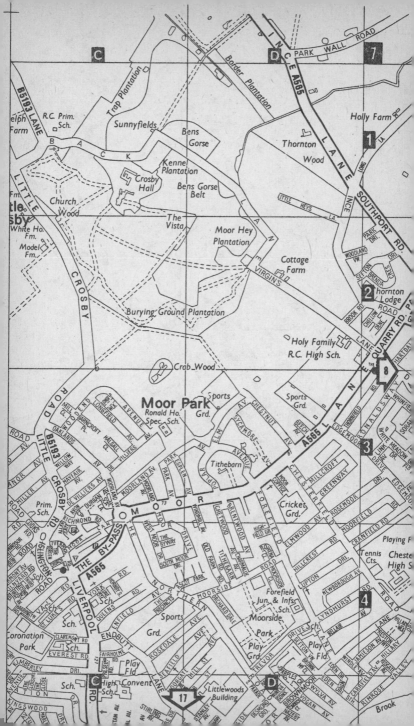

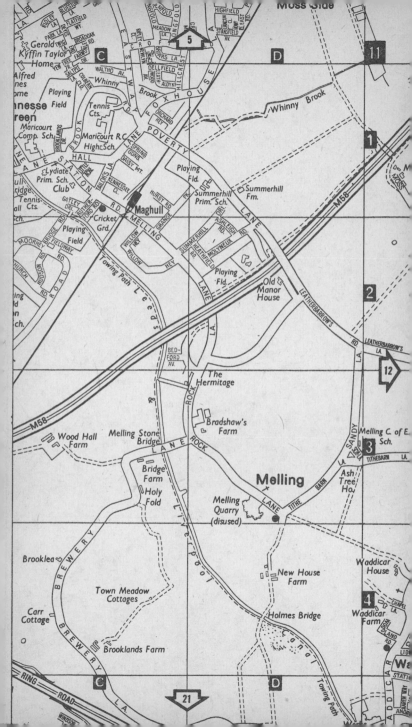

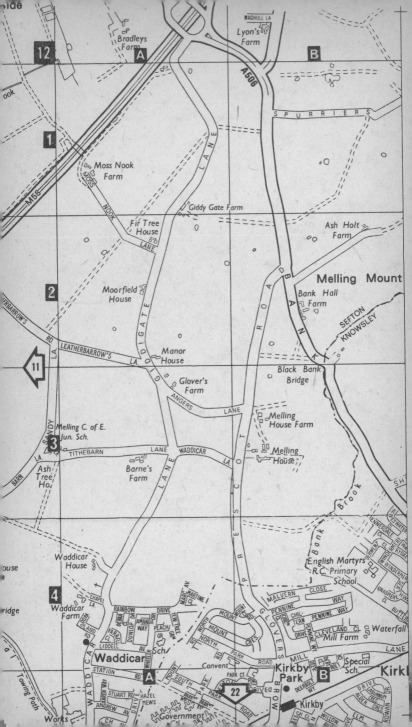

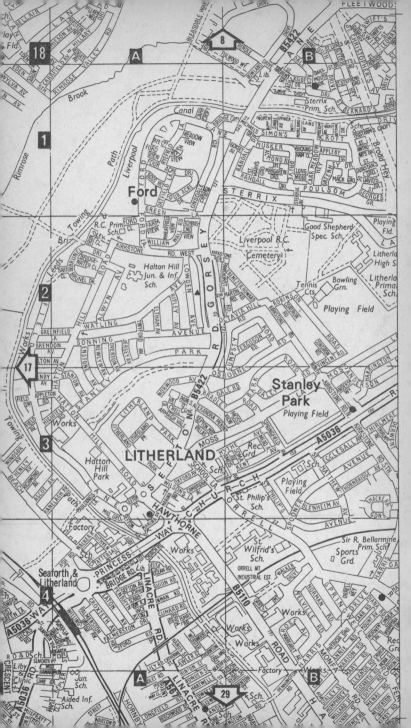

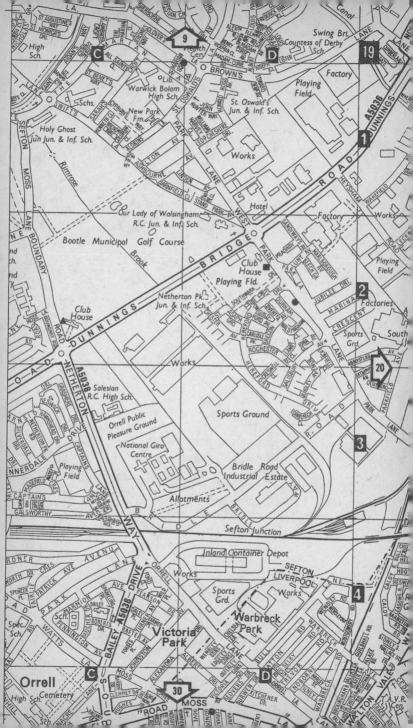

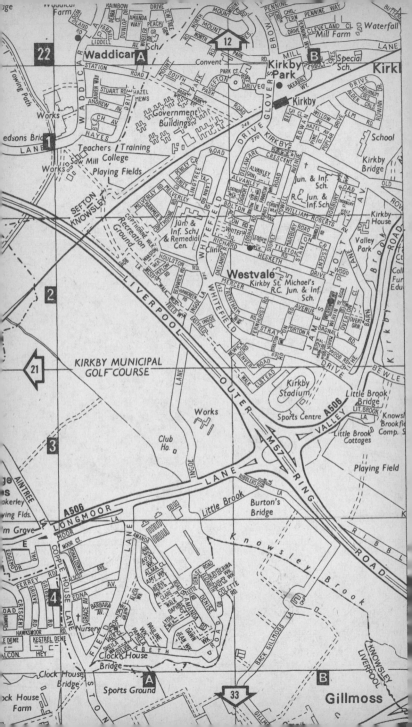

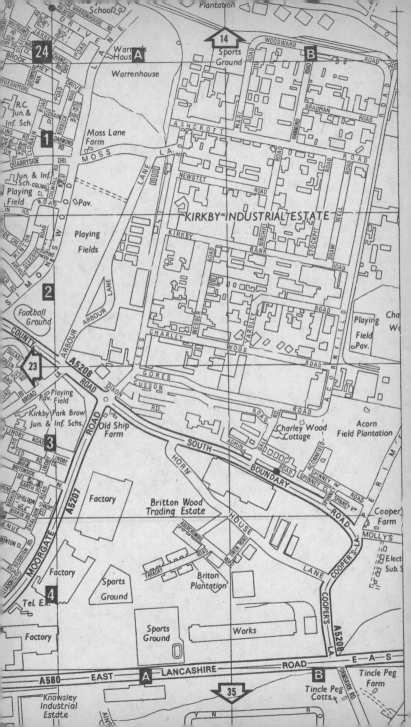

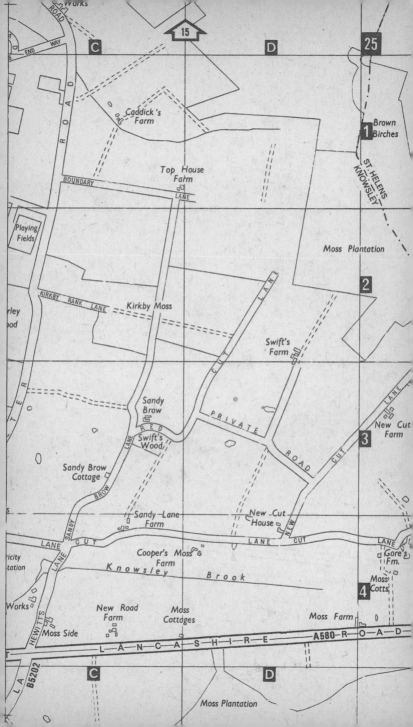

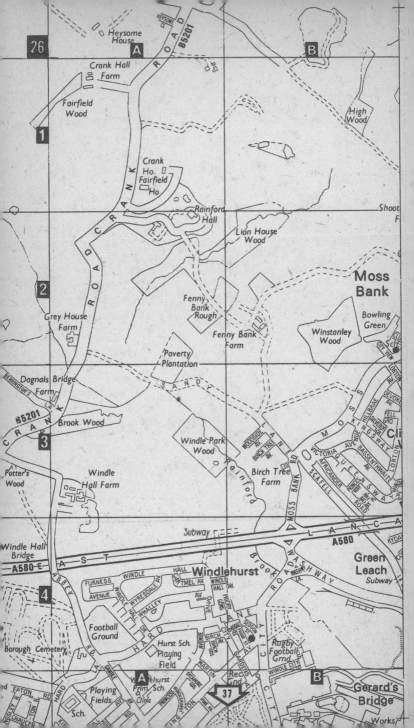

26

Heysome House

A

B5201

B

Crank Hall Farm

Fairfield Wood

High Wood

1

C R A N K

Crank Ho.
Fairfield Ho

Rainford Hall

Shoot
F

R O A D

Lion House Wood

Moss Bank

2

Grey House Farm

Fenny Bank Rough

Fenny Bank Farm

Winstanley Wood

Bowling Green

CITY VIEW

Poverty Plantation

S A N D Y

Dagnals Bridge Farm

BERRINGTON'S LA.

Brook Wood

3

B5201

C R A N K

Windle Park Wood

MOORSIDE AV.

BIRCH TREE AV.

Birch Tree Farm

KINGSWAY

MOSS

HILLBRAE

DEVOKE AV.

FELL GRO.

Cli

Potter's Wood

Windle Hall Farm

Rainford

MOSS BANK RD.

VICTORIA AVENUE

AFRICANDER

SCAFELL

QUEENS WAY

BASSENTHWAITE AV.

PRINCES

NORTON

Subway

L A N C A A

A580

Green Leach
Subway

RYDA

Windle Hall Bridge

A580 E

E A S T

ABBEY

Windlehurst

FURNESS AVENUE

WINDLE

HALL

CARTMEL AV.

WINDLE HALL DRI.

PRIORY GDNS

WASHIN

LA.

ROADMASHWAY

BROOK

4

WINDLE AVENUE

WYRESDALE AV.

WHALLEY AV.

AV.

DRIVE

BIRCH AV.

SEDDON

PRIORY

GARDENS

CITY

ROAD

Football Ground

Hurst Sch.

Playing Field

H A R D

RD.

CABLE

BIRCH GRO.

LANE

SEDDON ST.

Rugby Football Grnd

WINDLE CITY

Borough Cemetery

A

Windlehurst Prim. Sch.

Clinic

37

AVENUE

MARTIN

STEAMNE

Rec. Gnd.

B

Gerard's Bridge

Works

ed

EATON

RD.

HARD

CABLE

KIT

Playing Fields

Sch.

PRINCESS

WINDLEHURST

GDNS

RSLEY

CHAUCE

R

RD

WINS..TON

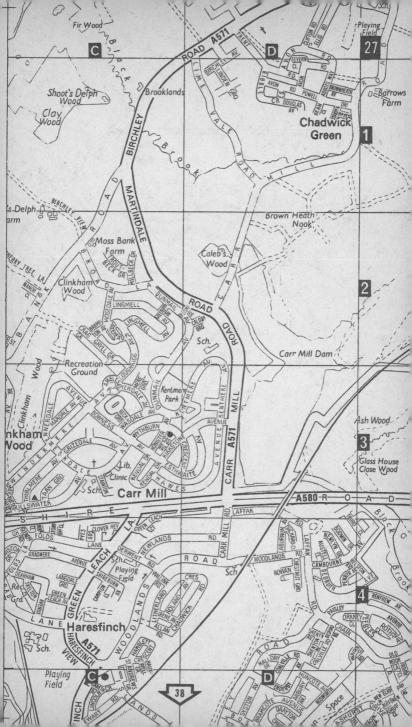

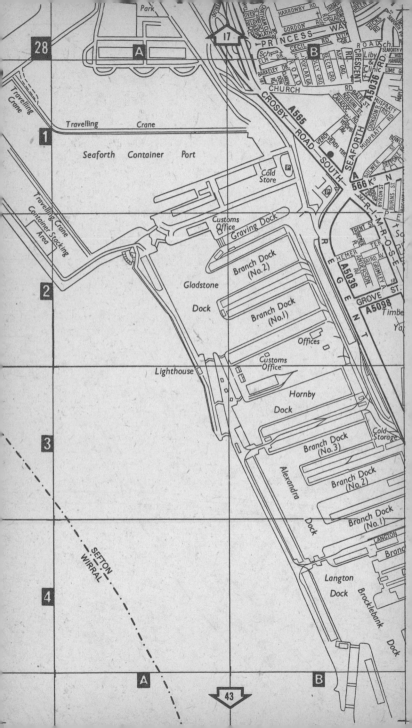

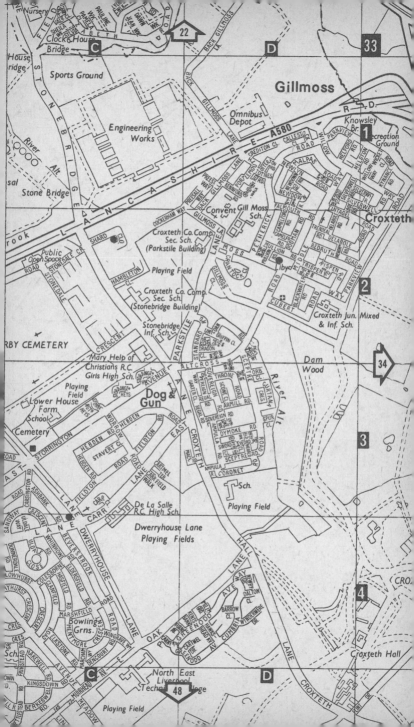

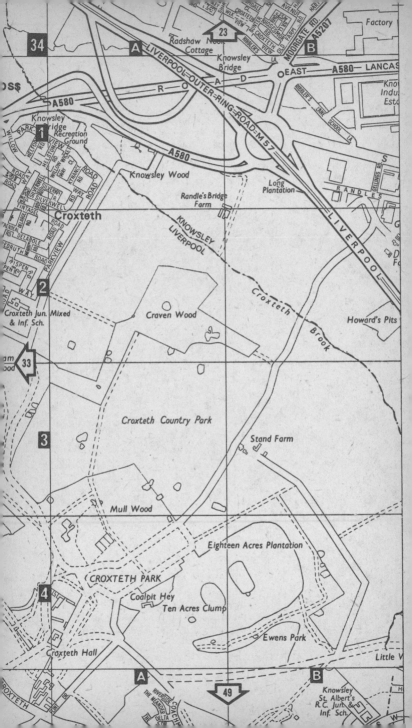

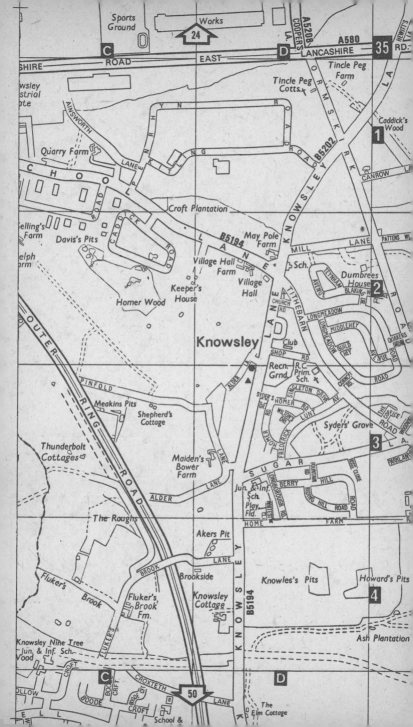

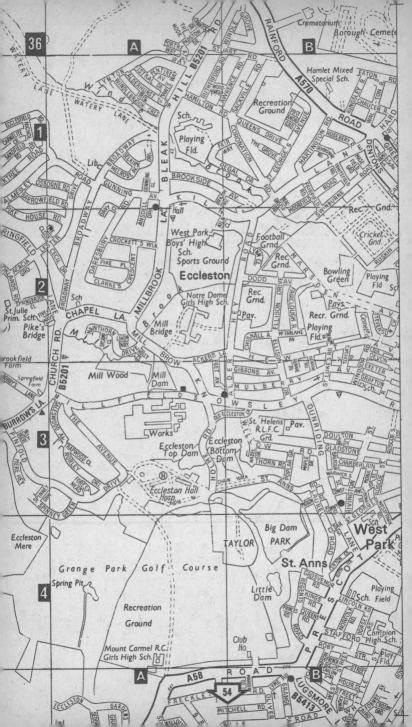

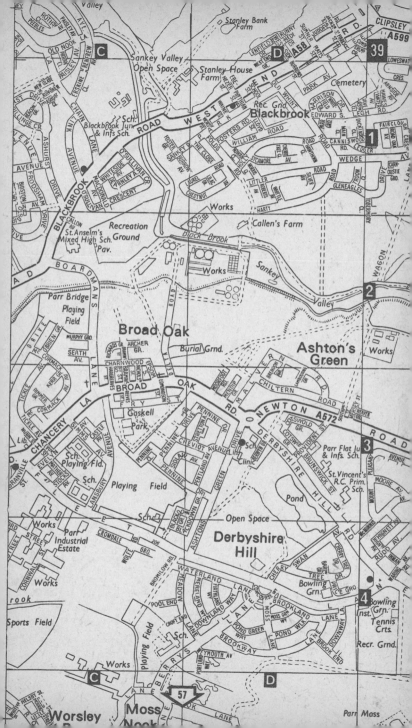

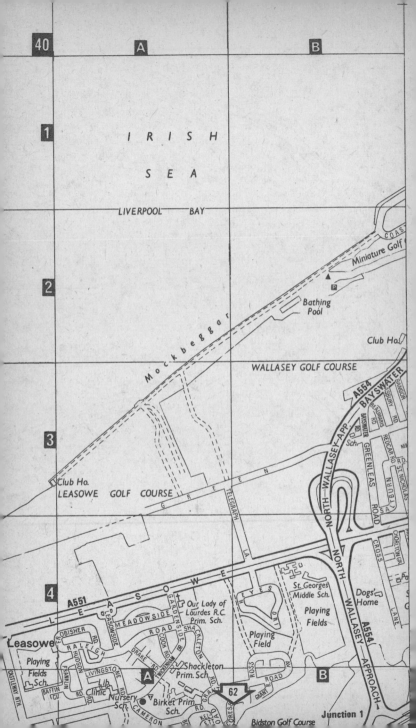

A

B

1

I R I S H

S E A

LIVERPOOL BAY

COAST

Miniature Golf

Club Ho.

2

Bathing Pool

Mockbeggar

WALLASEY GOLF COURSE

A554

BAYSWATER

BANGOR

SALISBURY RD.

BAYSWATER RD.

3

GREENLEAS

Sch.

REDCAR RD.

ST. NICHOLAS

Club Ho.
LEASOWE GOLF COURSE

GREEN

TELEGRAPH

LA.

NORTH WALLASEY APP.

ROAD

CROSS

CHORTON GR.

Pa

NER

4

A551

L E A S O W E

A554

St. Georges Middle Sch.

Dogs' Home

GARDENSIDE

MEADOWSIDE

Our Lady of Lourdes R.C. Prim. Sch.

HEYES

DRT.

Playing Fields

LANE

NORTH WALLASEY

APPROACH

Leasowe

Playing Fields

Sch.

FROBISHER

RALEIGH

HUDSON

LEASOWSIDE

ROAD

COOK RD.

DRAKE

SHACKLETON

Playing Field

ROSS

ROAD

GRANT

B

FRANKLIN

BAFFIN

LIVINGSTONE RD.

Lib.

Clinic

A

TWICKENHAM

Shackleton Prim. Sch.

GRANT

RD.

KELLO.

62

FORREST

ROAD

Nursery Sch.

Birket Prim. Sch.

CAMERON

Bidston Golf Course

Junction 1

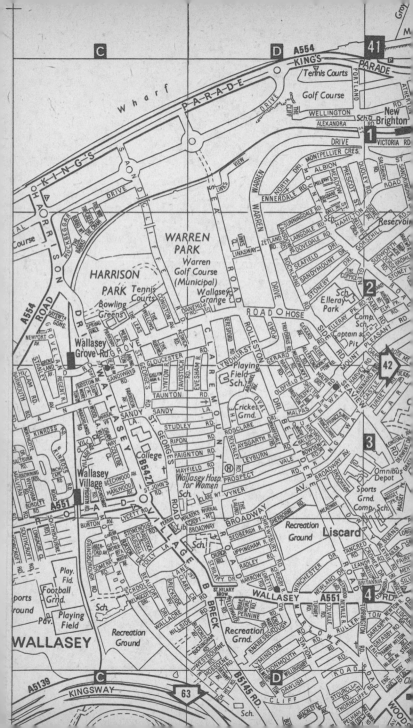

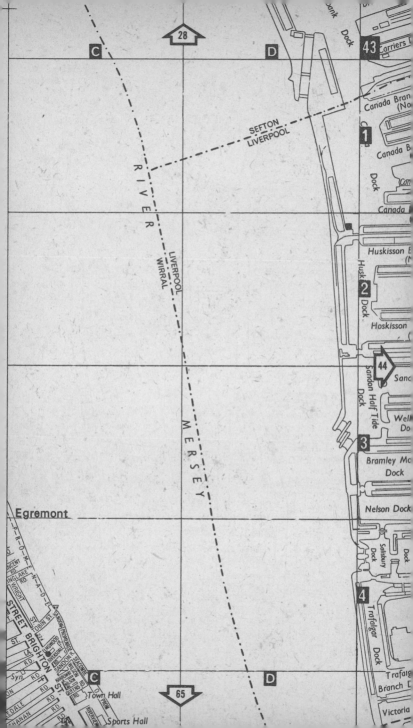

Carriers

Canada Bran
(No

1

Canada B

Dock

Can

Canada

SEFTON
LIVERPOOL

Huskisson B
(N

Husk

2

Dock

Hoskisson

LIVERPOOL
WIRRAL

R I V E R

44

Sandon Half Tide

San

Sandon Dock

Wel
Do

3

Bramley Mo
Dock

M E R S E Y

Nelson Dock

Egremont

Salisbury

Dock

Dock

4

Trafalgar

P—R—O—M

VINCENT
RD.

ANGLAKE

WRIGHT
RD.

SANDON
RD.

STREET

BRIGHTON

SOBIN ST.

ST.

MANOR
RD.

QUEENES
RD.

Dock

Trafalgar
Branch Do

Syn

EDALE
RD.

MANAN
RD.

PROMENADE

QUEENES RD.

Town Hall

Sports Hall

Victoria

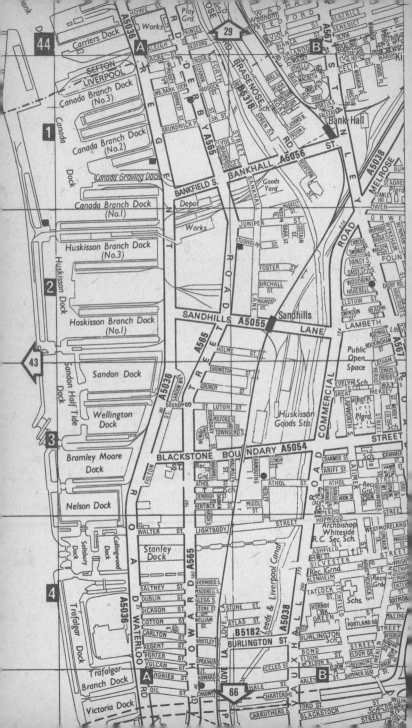

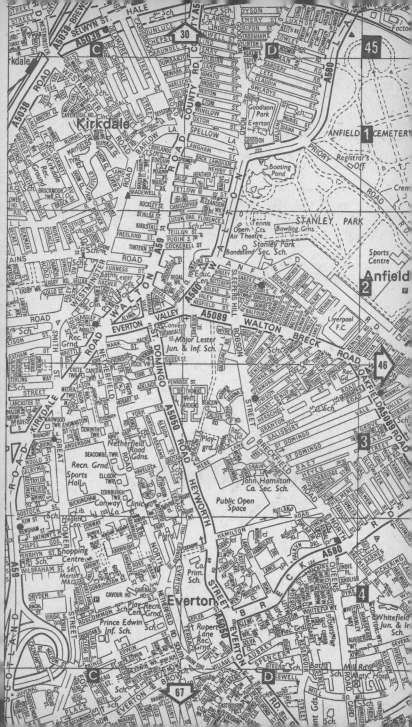

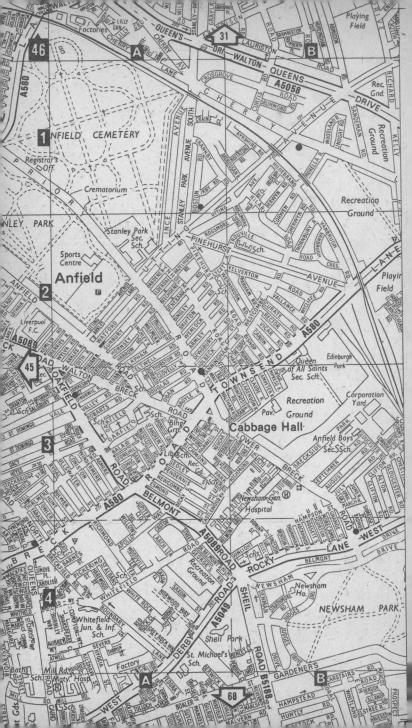

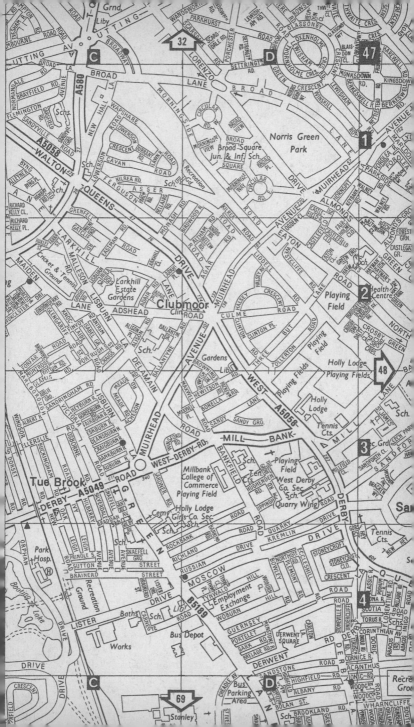

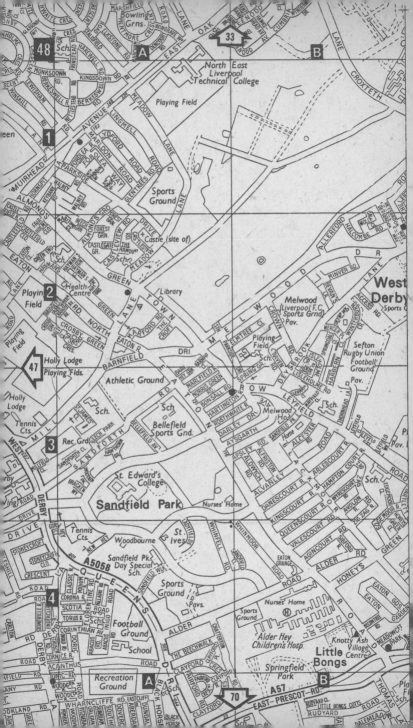

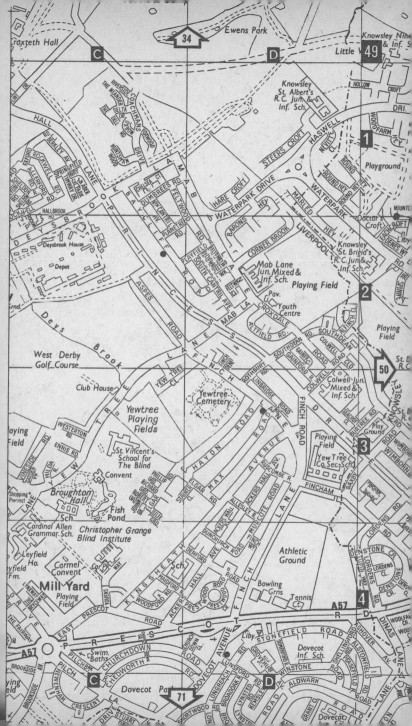

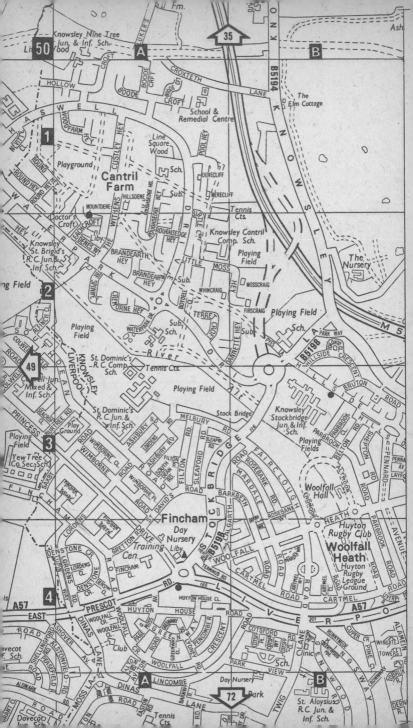

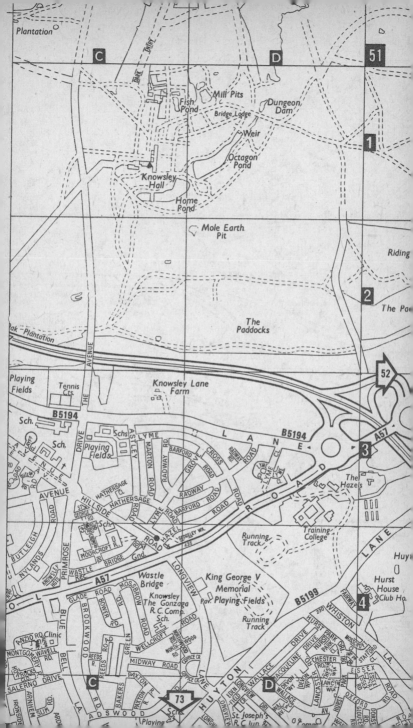

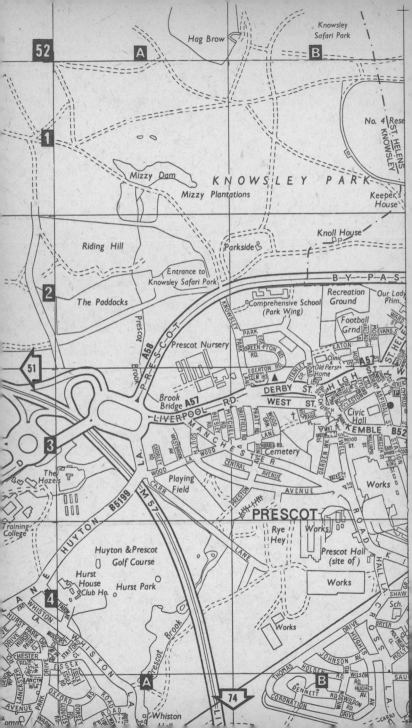

52

A · B

Hag Brow

Knowsley
Safari Park

1

No. 4 Rese
ST. HELENS
KNOWSLEY

Mizzy Dam

K N O W S L E Y   P A R K

Mizzy Plantations

Keeper's
House

Knoll House

Riding Hill

Parkside

2

Entrance to
Knowsley Safari Park

The Paddocks

B Y - P A S

Comprehensive School
(Park Wing)

Recreation
Ground

Our Lady
Prim.

Football
Grnd

Prescot Nursery

P
R
E
S
C
O
T

Prescot
Brook

A58

KNOWSLEY

PARK

GREENTON RD.

EGERTON RD.

ELM HO.

Clinic

Old Pers.
Home

STANLEY

GR.

Liby.

EATON

HALSHALL ST.

MOSS ST.

EVANS ST.

WARD

H I G H   S T.

S T.   H E L E
A57

51

Brook
Bridge · A57

DERBY ST.

WEST ST.

CROFT

ROAD

ECCLESTON

CHURCH

VICARAGE

Civic
Hall

K E M B L E

B52

ACKERS
CYPRUS

L I V E R P O O L   RD.

MANCHESTER

MITCHELL RD.

BESLEY RD.

DRIFFIELD RD.

PRATT ST.

WOOD

LANE

WOOD
GRN.

†

MKT. PL.

GARDEN WK.

LAWELL

WOOD
ST.

WILLIAMS

CHESTER ST.

KING

ST.

3

CHORLEY
RD.

SOUTH

LA.

WESTBROOK
AV.

WOOD

NORRIS RD.

CENTRAL

AVENUE

Cemetery

YATES CT.

Works

The
Hazels

WOOD

Playing
Field

CARR

A V E N U E

Training
College

HUYTON

B5199

M57

LANE

PRESTON

PRESCOT

Rye
Hey

Works

Works

Huyton & Prescot
Golf Course

Prescot Hall
(site of)

Hurst
House

Hurst Park

Club Ho.

Works

HALL LA.

CROSS

SHAW

Sch.

WHISTON
DRIVE

LANE

HURST PARK DR.

FAIRCLOUGH

STANTON
CL.

WISCOT RD.

4

W
H
I
S
T
O
N

Prescot
Brook

BRYER
RD.

HUGHES

DRIVE

JOHNSON

HUGHES AV.

WILSON
RD.

HUGHES
AV.

SAU

MANCHESTER

CHESTER

LANG-
TON
WAY

HURST
PARK
WK.

ESSEX

DRIVE

OXFORD

GLOUCES.

DORSET

ROAD

WARWI

AVENUE

PARK

ROAD

Whiston

THOMAS

HOLDEN

BENNETT

CORONATION

WILSON RD.

ROWSON

NEWLSON
RD.

DRIVE

CARRS

B

74

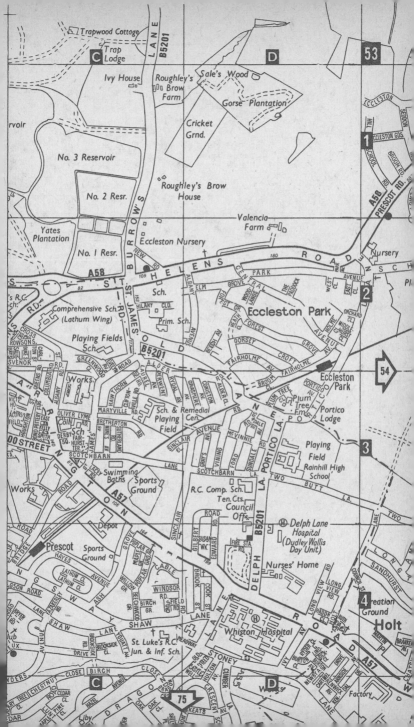

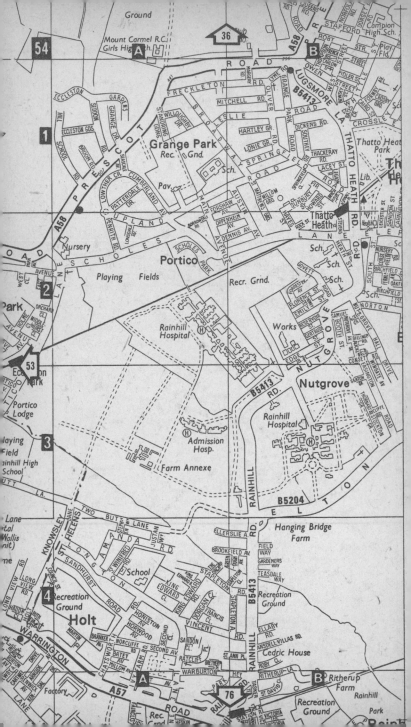

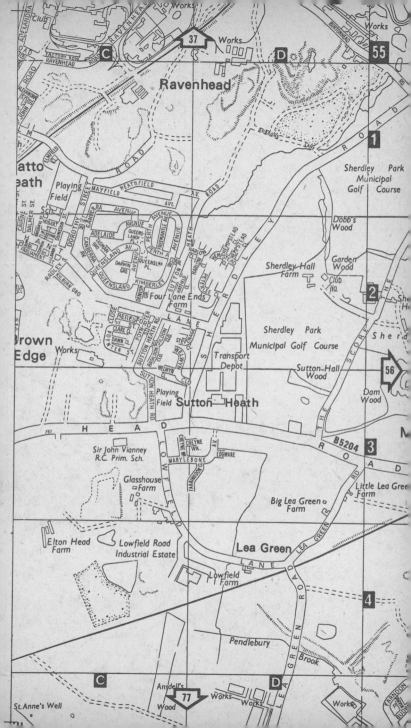

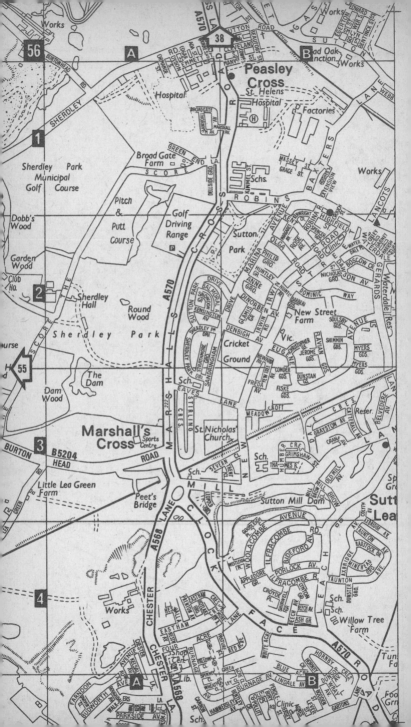

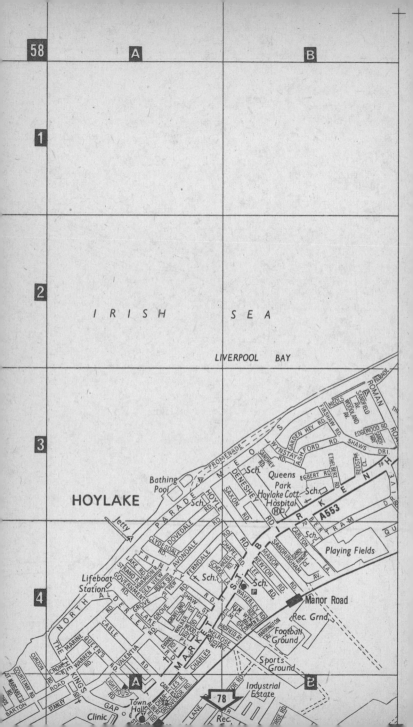

58

A   B

1

2

I R I S H   S E A

LIVERPOOL   BAY

3

Bathing
Pool

HOYLAKE

Queens
Park

Hoylake Cott.
Hospital

A553

Playing Fields

Jetty

Lifeboat
Station

4

Manor Road

Rec. Grnd.

Football
Ground

Sports
Ground

A

78

Industrial
Estate

Town
Hall

Clinic

B

Rec.

C   D   **59**

1

Wall

Parkfield House

LA.

Dove Point   Parkfields   **2**

P A R A D E

DOVEPOINT
ROAD

BENNET'S RD.

NEWLYN

ELWYN RD.

NEWLYN RD.

BEACHCROFT RD.

Gt. Meols
Prim. Sch.

MEADOWCROFT

GUFFITT'S
RAKE

GUFFITTS

LANE

CARR   60

RD.   P A R K   R D.

**Great
Meols**

FOREST CL.

MUMFORDS
LA.

Sch.

BINSTEADS LA.

GLADE

SCHOOL

LINNET LA.

GREENWOOD
RD.

PARK   ROAD

CENTURION DR.

PARK
WAY

CELTIC RD.

HAWL L.

OSBORNE
RD.

LYNDHURST
RD.

ASHLEY AV.

FLOWERMEAD

T h e

L A.

3

E

A

D

KING'S AV.

SUNDIAL CL.

BANK'S RD.

FORKFIELD RD.

GORSE R.

FRANKBY AVE.

AVENUE

NORTH

LEIGHTON AV.

BERTRAM

LEE'S

DRIVE

STATION

DERWENT

Meols

Fish
Pond

RYCROFT RD.

BIRCH RD.

CLEVELEY RD.

BARN LA.

HEY CRES.

SHERWOOD RD.

A553   R O A D

FORNALLS GREEN

RIDGEWAY

HERON

FIELDWAY

ACRES RD.

THE   CL.

BISPHAM

ROAD

Carr Farm   **4**

Fornall's
Green

C   D

79

HERO

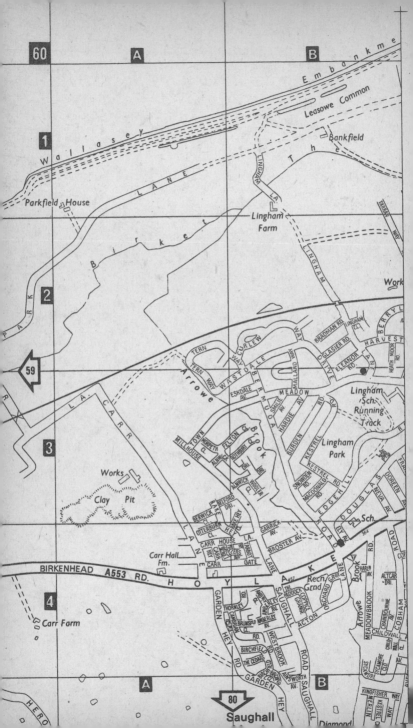

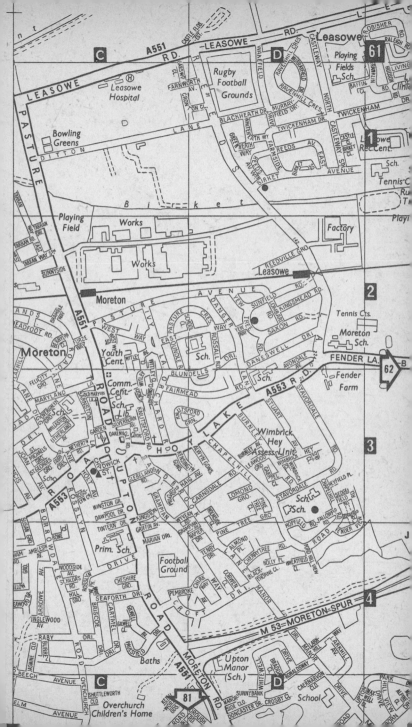

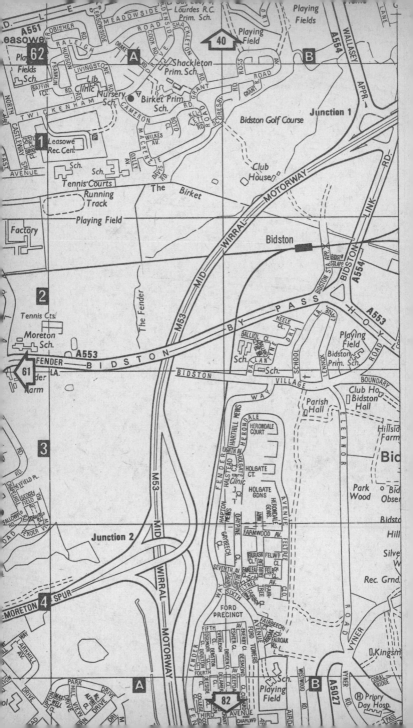

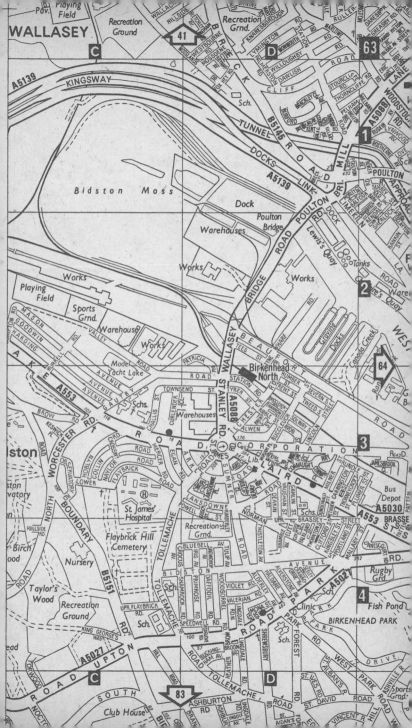

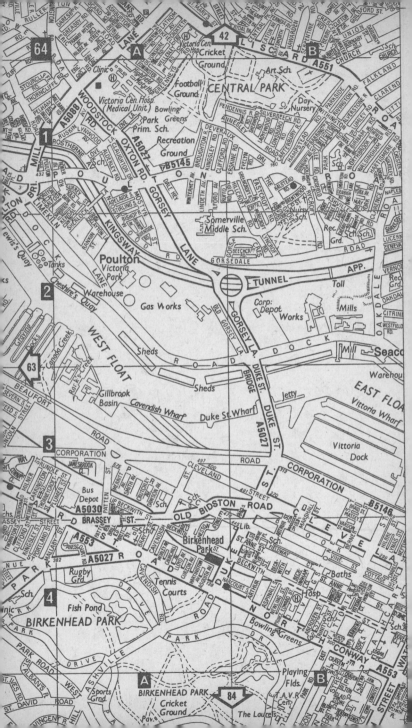

This page is a street map (page 64) of an area including Central Park, Poulton, West Float, East Float, and Birkenhead Park. Principal labels visible include:

64

42 A551 LISCARD

B CHURCH RD

CENTRAL PARK
Cricket Ground
Football Ground
Art Sch.
Day Nursery

A
Clinic
Victoria Cen. Hosp.
Victoria Cen. Hosp. (Medical Unit)
A5088
WOODSTOCK RD.
Bowling Greens
Park Prim. Sch.
Recreation Ground
A5027
OXTON RD
765145

1
MILL BRI.
Lewis's Quay

Somerville Middle Sch.
GORSEY LANE
GORSEDALE
Rec. Grd.

2
Poulton
Victoria Park
Warehouse
Cheshire's Quay
Gas Works
Corp. Depot
Works
Mills
TUNNEL
Toll
TUNNEL APP.

63
BEAUFORT
WEST FLOAT
Sheds
Canada Creek
Marks Creek
Gillbrook Basin
Cavendish Wharf
Duke St. Wharf
Sheds
DUKE ST. BRIDGE
Jetty
Mill
Seaco
EAST FLOAT
Vittoria Wharf
Warehou

3
CORPORATION
JAMESBROOK
Bus Depot
A5030 BRASSEY ST.
CLEVELAND
CORPORATION
ROAD
DUKE ST.
A5027
Vittoria Dock
B5148

A553
A5027
OLD BIDSTON ROAD
Birkenhead Park
Lib.
Baths
Hosp.

4
Rugby Grd
Tennis Courts
Fish Pond
BIRKENHEAD PARK
PARK DRIVE
Bowling Greens
NORTH
CONWAY
A553
Playing Flds.
T.A.V.R.

A
BIRKENHEAD PARK
Cricket Ground

84

B

The Laurel
ST. IVES RD
ST. DAVID
WEST
VINCENT ST.

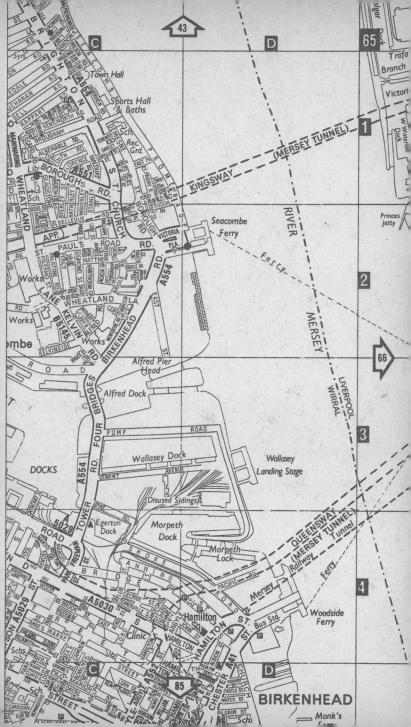

BIRKENHEAD

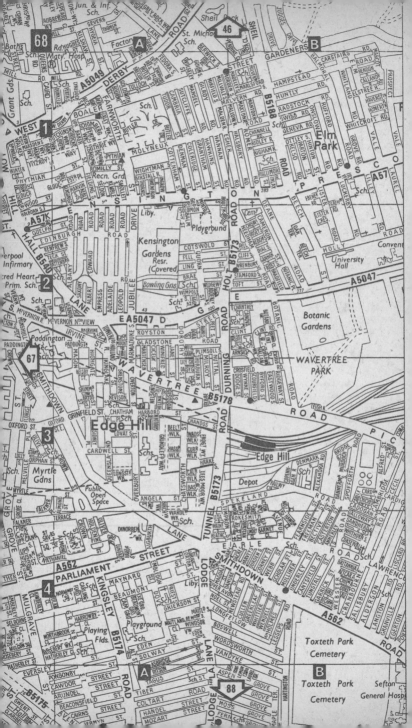

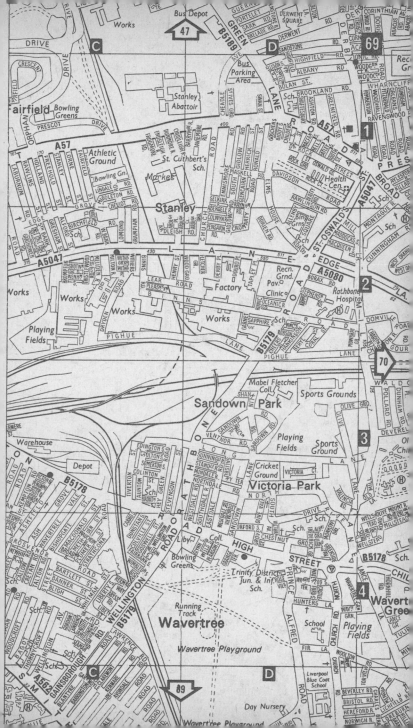

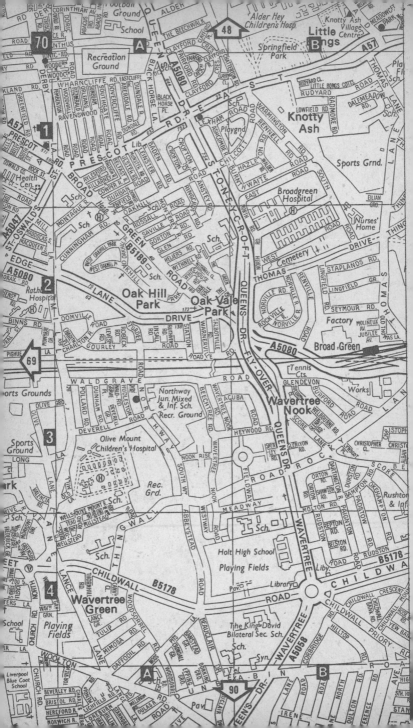

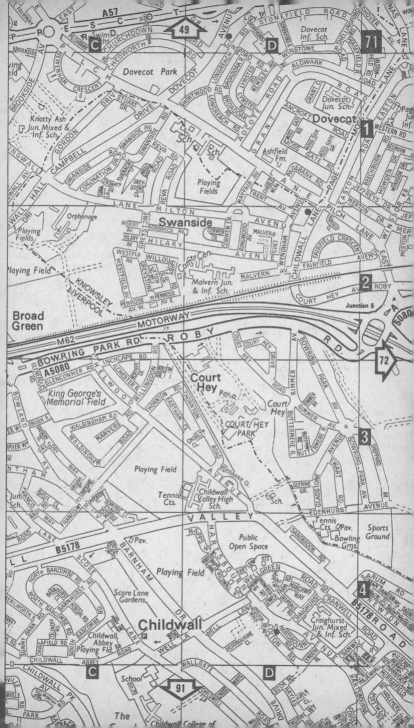

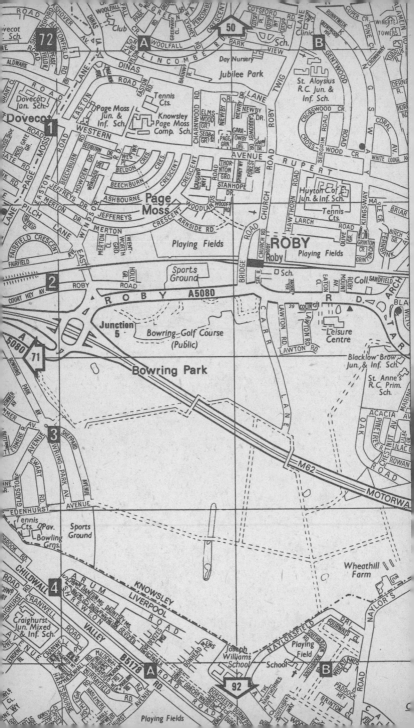

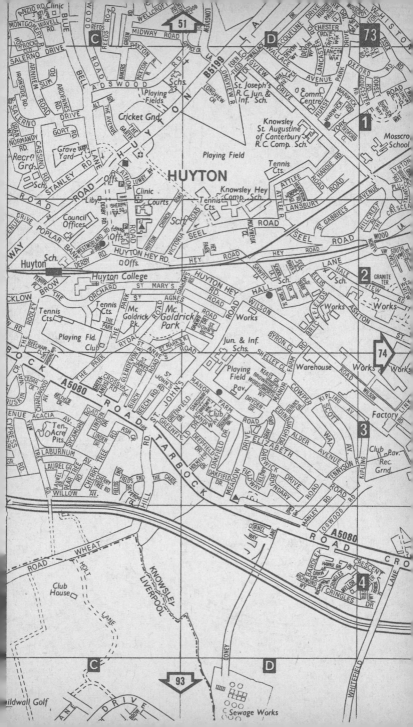

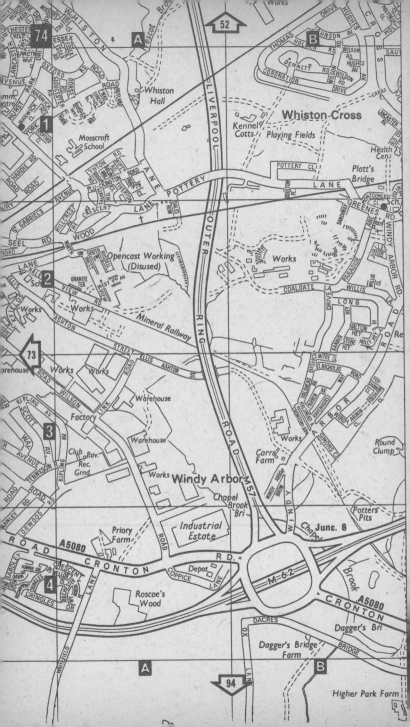

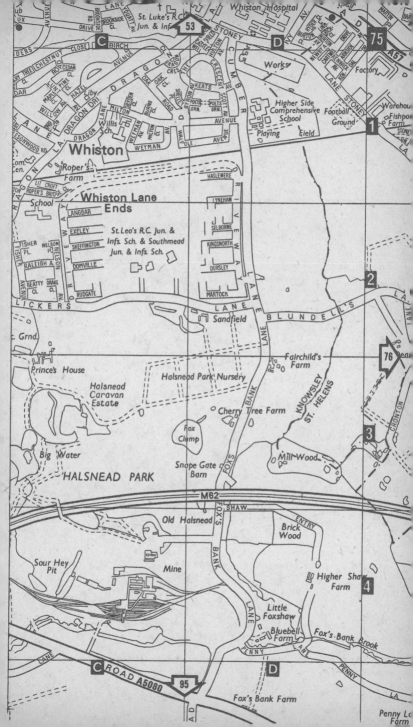

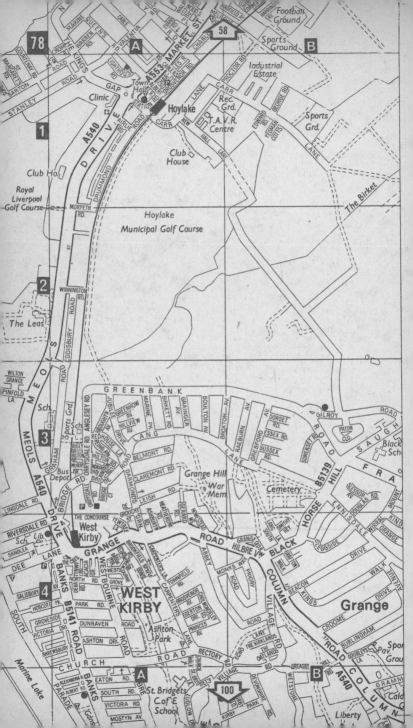

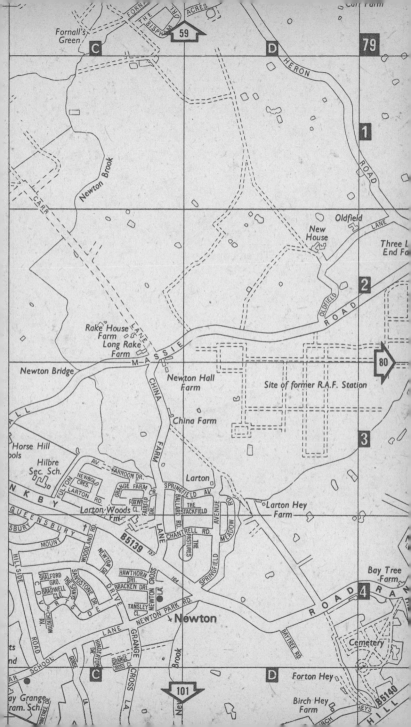

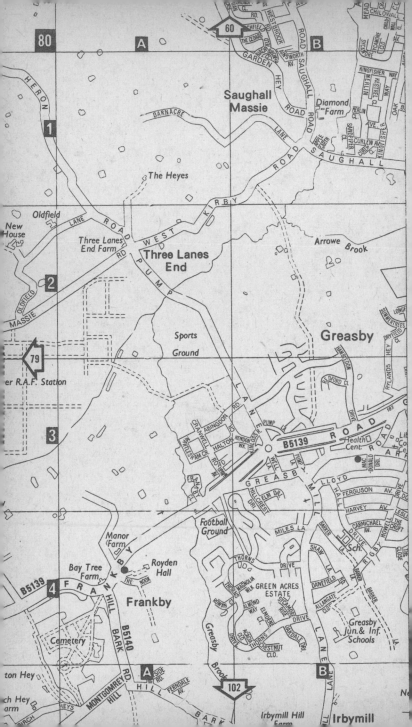

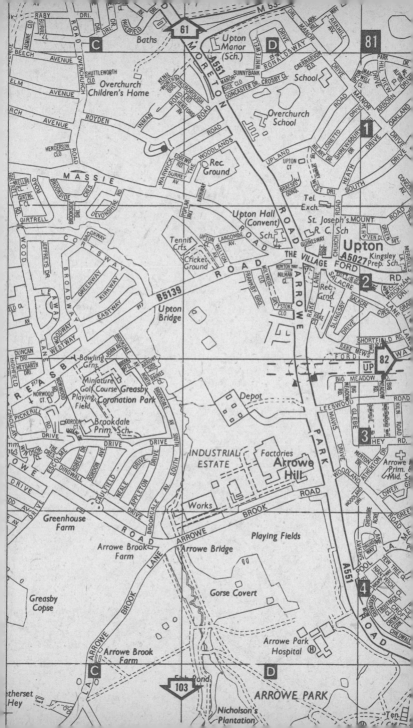

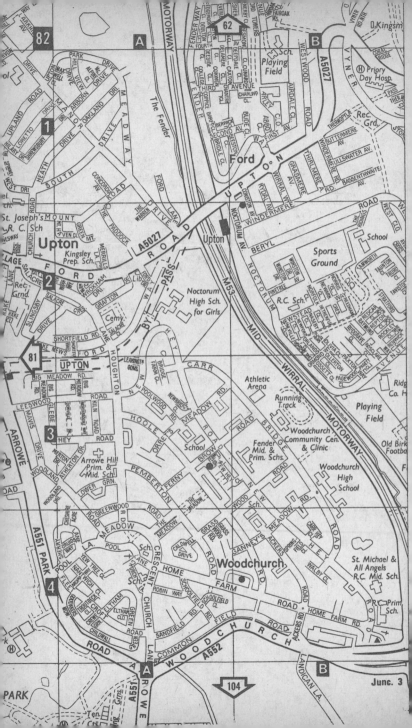

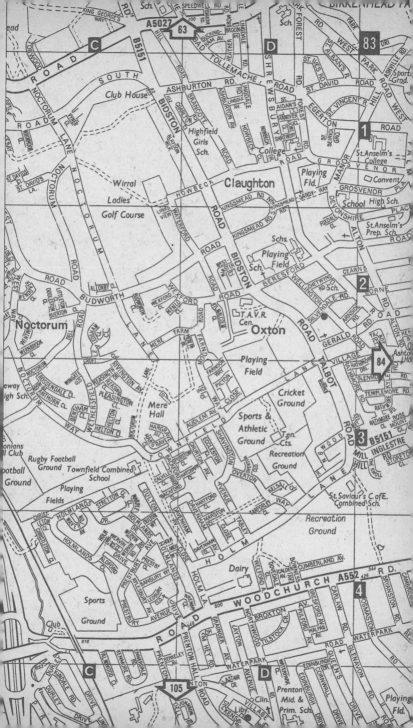

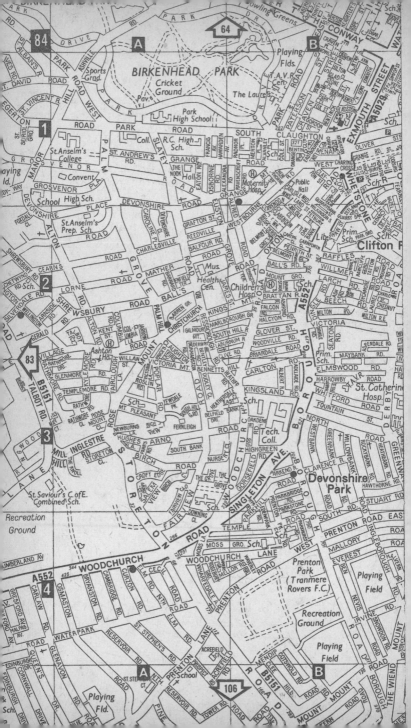

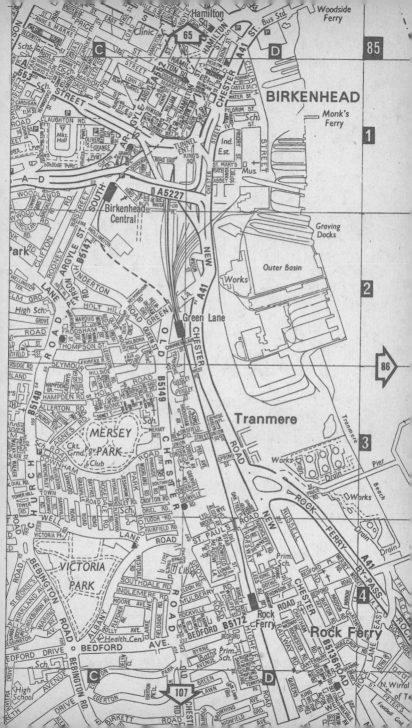

A

66

HEAD

Monk's
Ferry

1

King's (No.1)

Queens Branch
Dock (No.2) B

Queens Dock

CHALONER

SEFTO

A5036

Queens Branch Dock
(No.I)

Coburg Dock

Graving
Docks

Brunswick

2

Dock

Dock

85

LIVERPOOL

Tranmere

Floating
Stage

WIRRAL

3

Pier

Drain

Floating
Stage

M

Works

Beach

E

Drain

Floating Stage

R

Drain

Rock Ferry Pier

S

4

ROCK

A41

Slipway

FERRY

E

BEDFORD PL

WENSLEY RD

BEDFORD
ROAD

BUXTON RD

HALDON RD

CATSWAY RD

WEST LANE EAST

THE ROCK

ROCK PARK

Y

Rock Ferry

NEW

CHESTER

B5136

ROAD

N. Wirral Coll.
of Tech.

PETER'S
Cricket
Grnd.

BY-PASS

ROCK LANE EAST

ROCK PARK

ESPLANADE

ROCK PARK RD

A

DELTA
RD.

Football Grd.

B

108

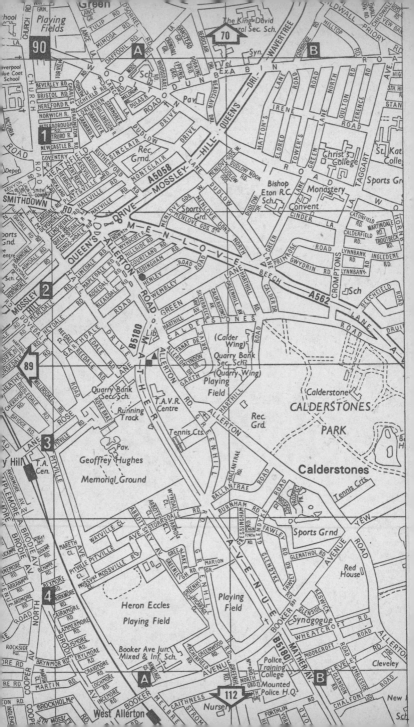

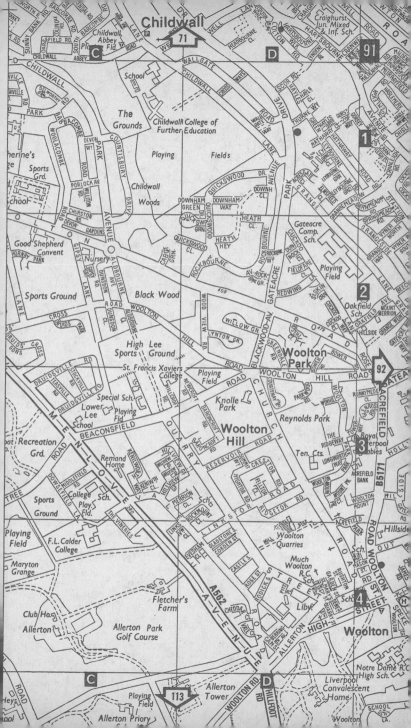

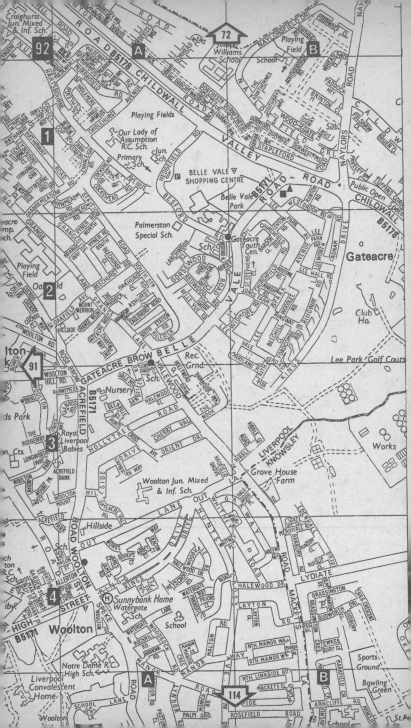

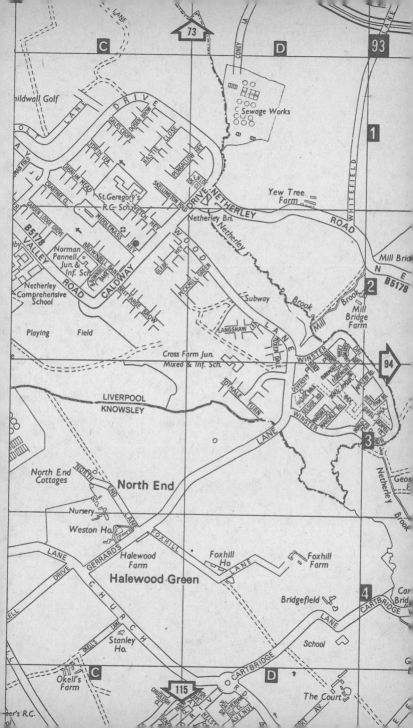

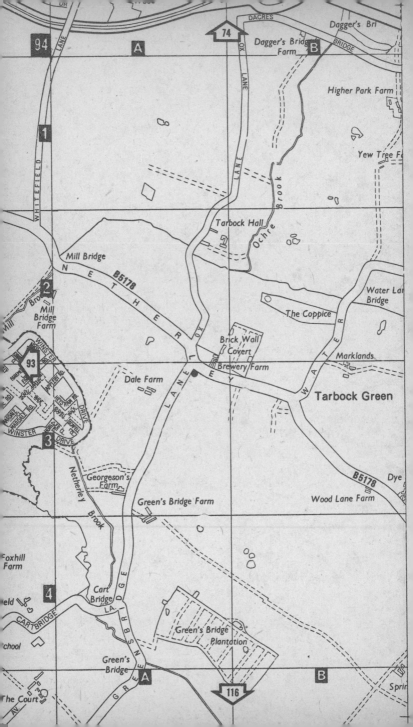

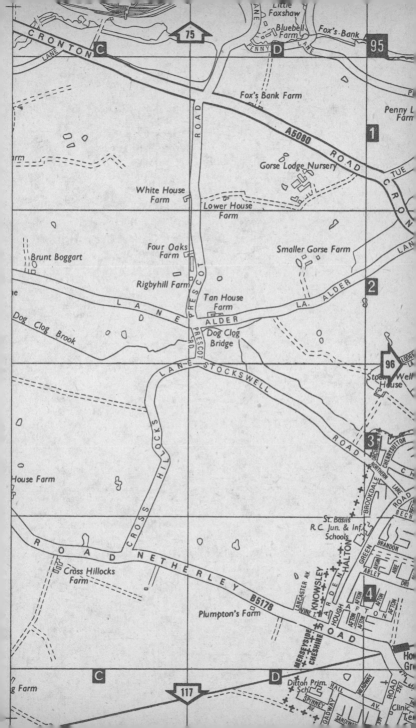

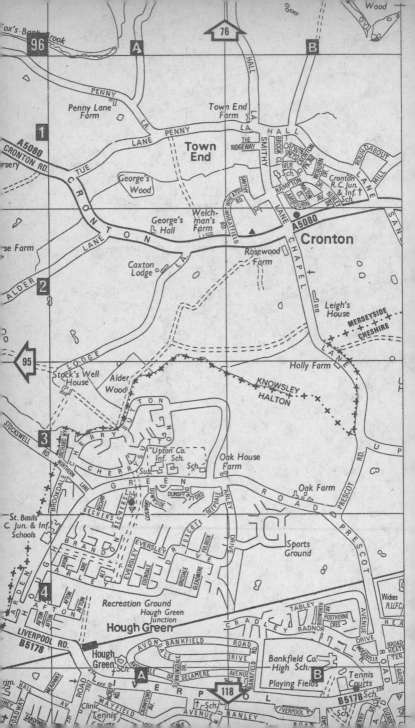

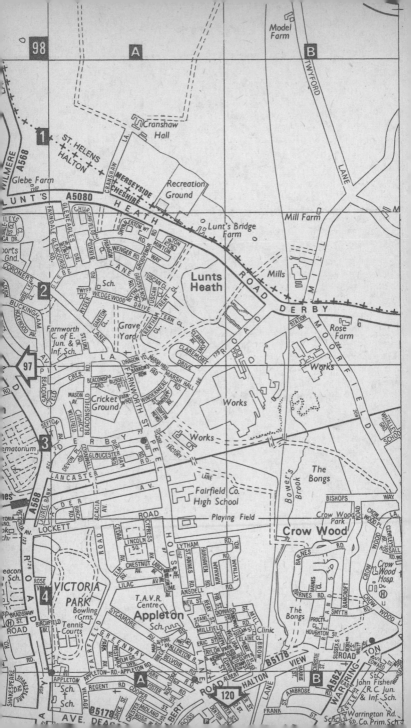

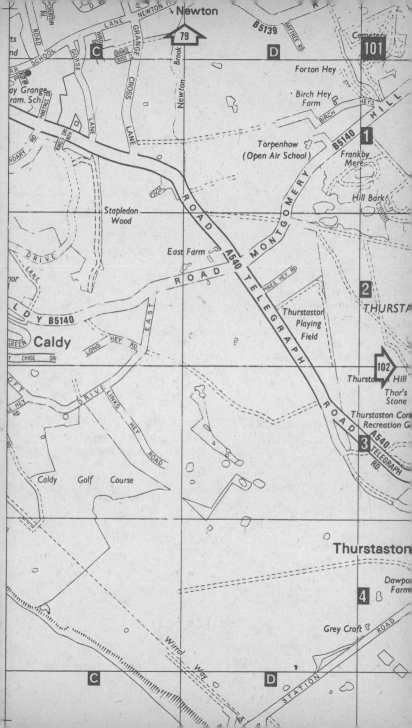

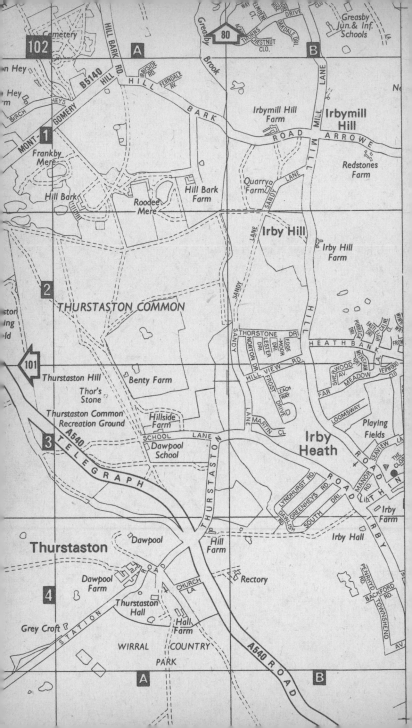

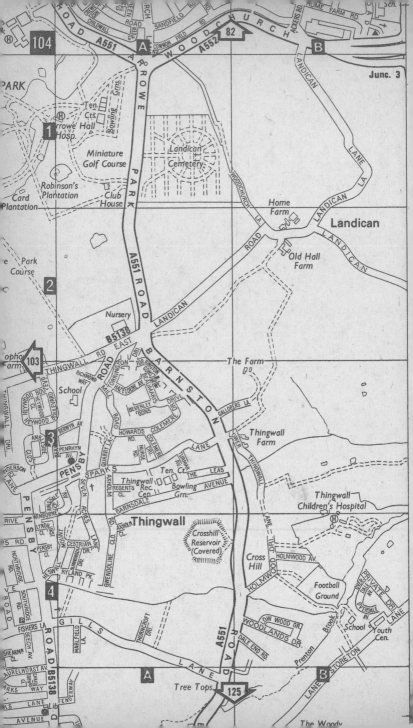

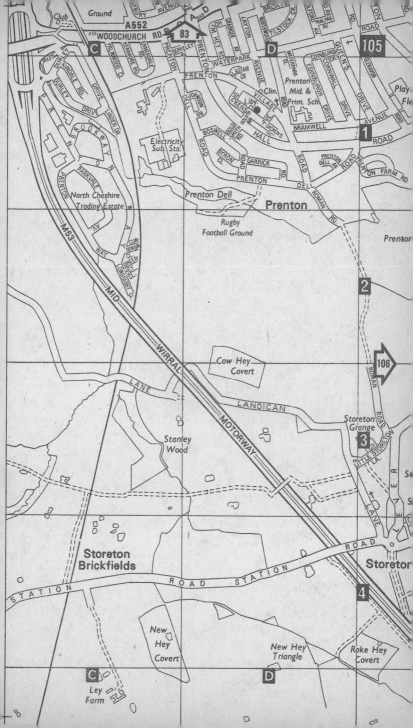

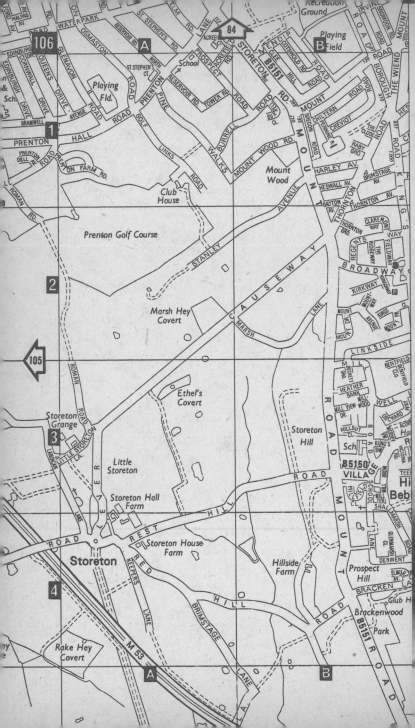

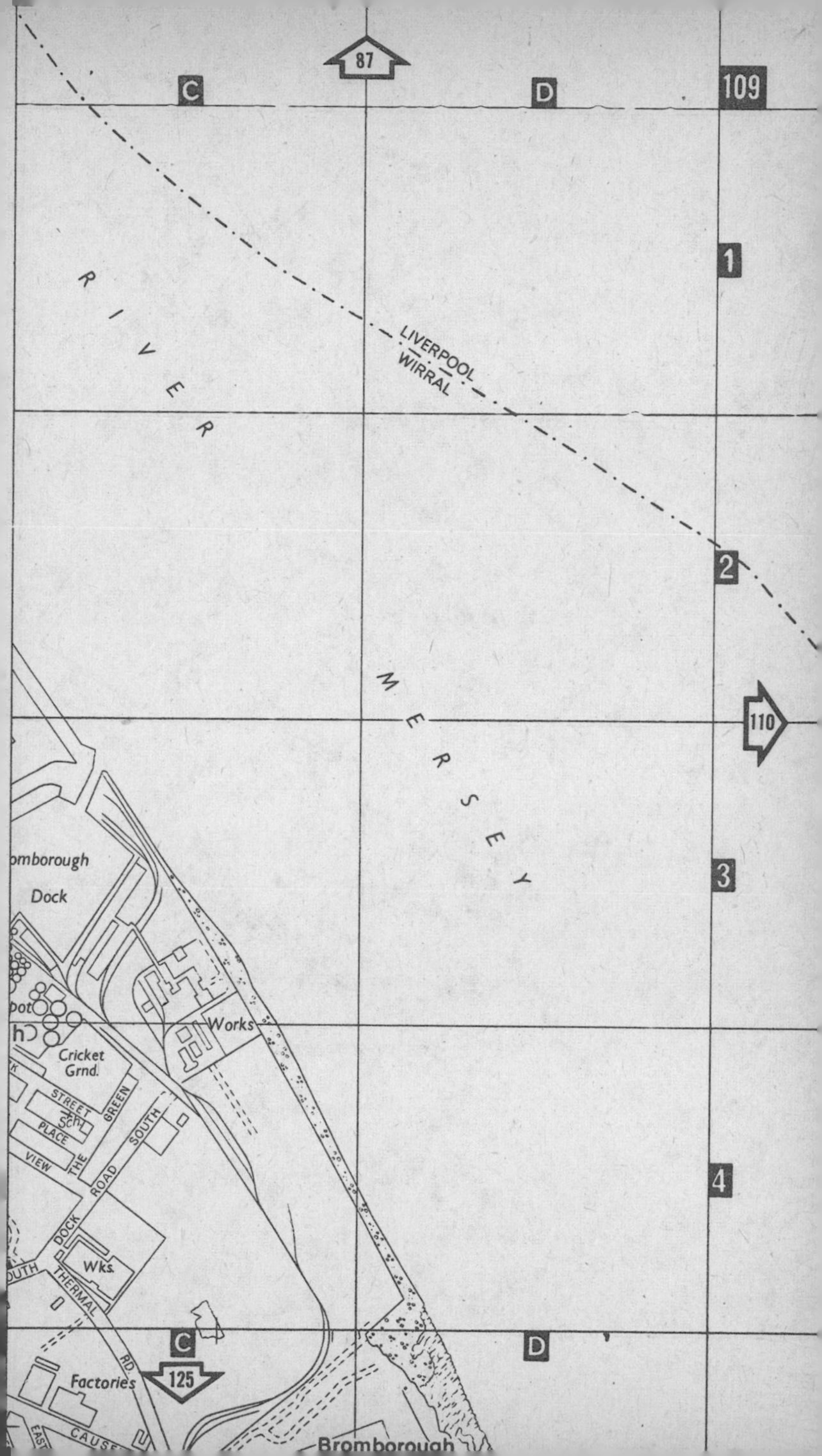

1

RIVER

LIVERPOOL — WIRRAL

2

110

MERSEY

3

omborough

Dock

pot

h

Works

Cricket
Grnd.

STREET SCH. PLACE

THE GREEN

ROAD SOUTH

VIEW

DOCK

4

Wks.

THERMAL

SOUTH

RD.

Factories

CAUSE

Bromborough

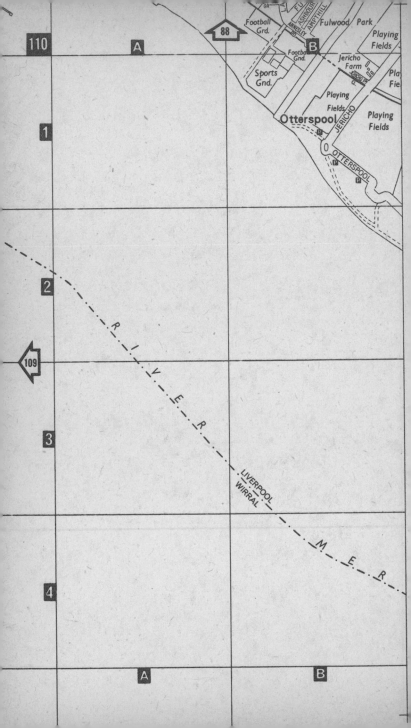

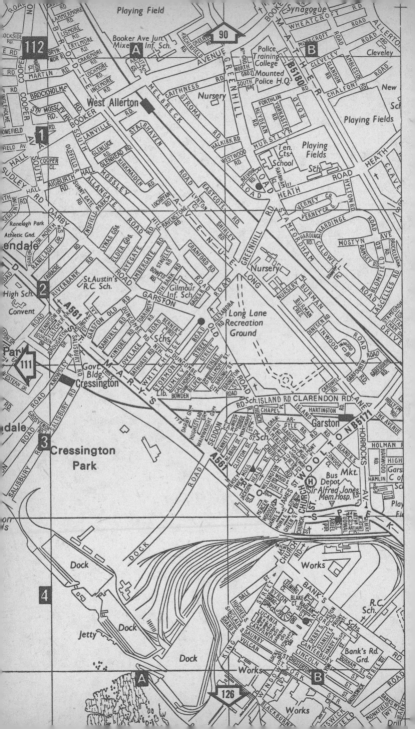

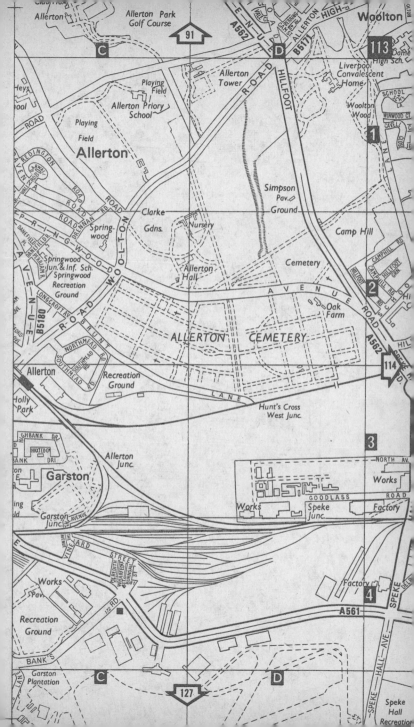

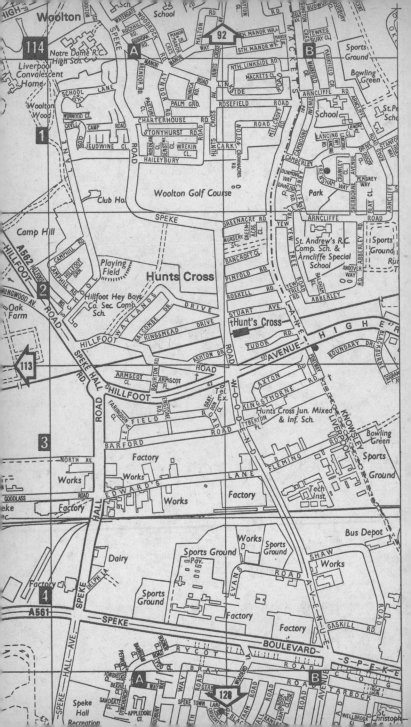

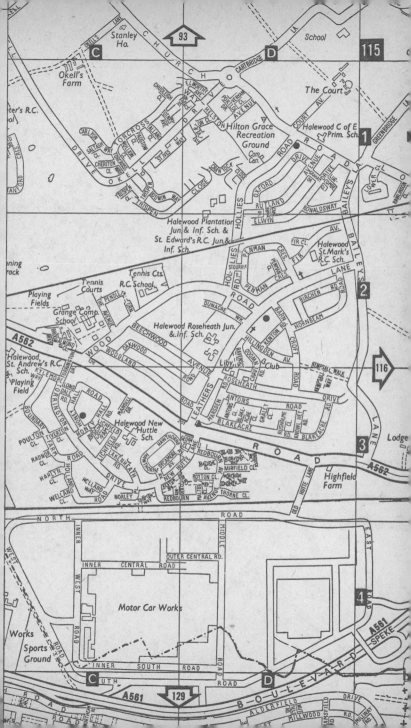

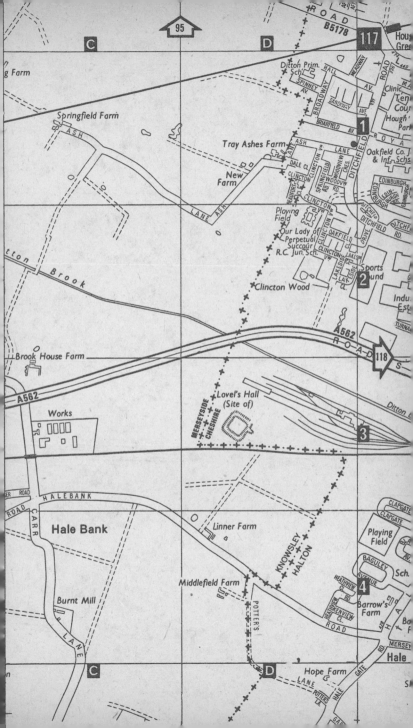

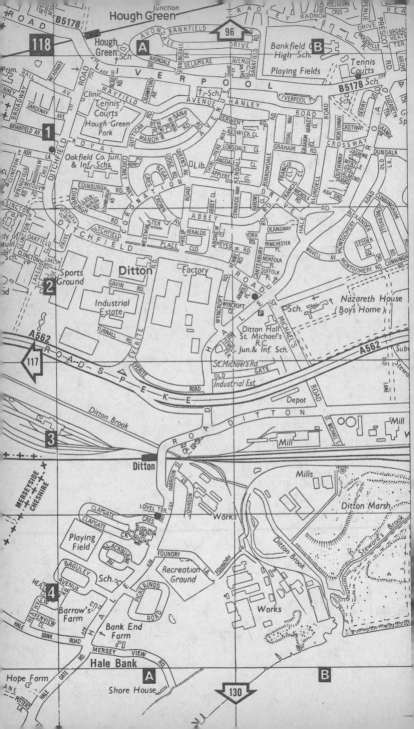

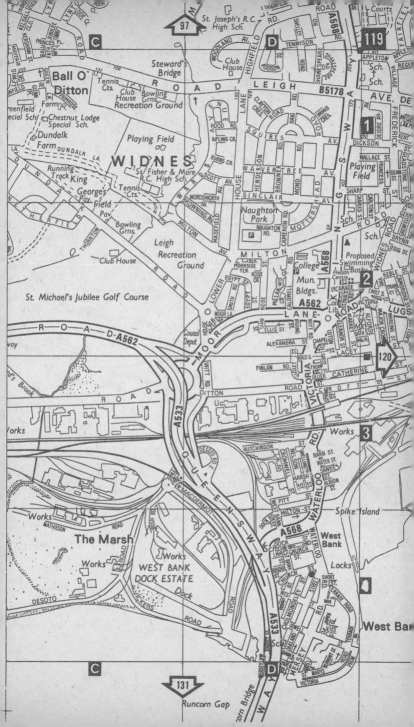

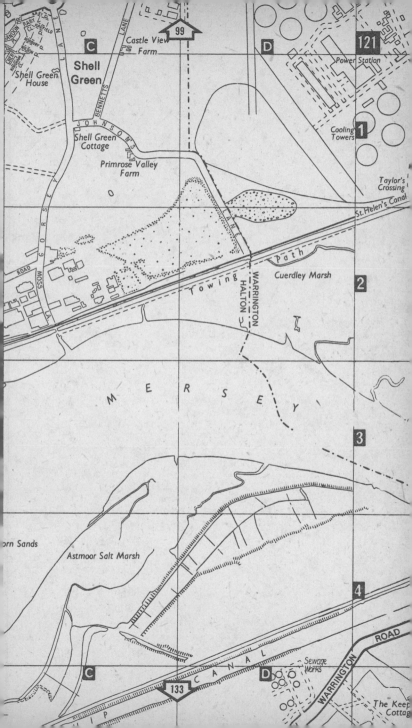

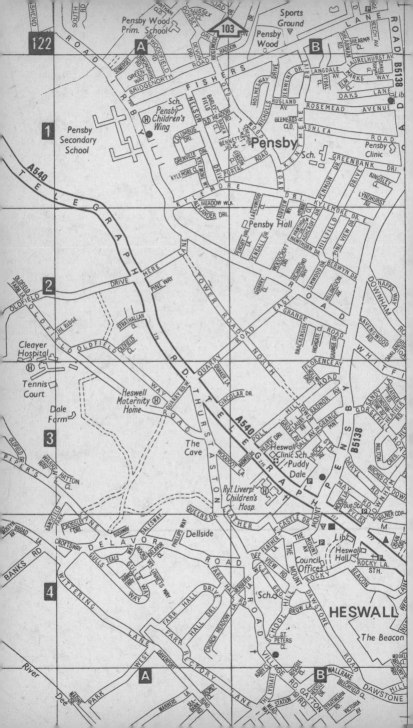

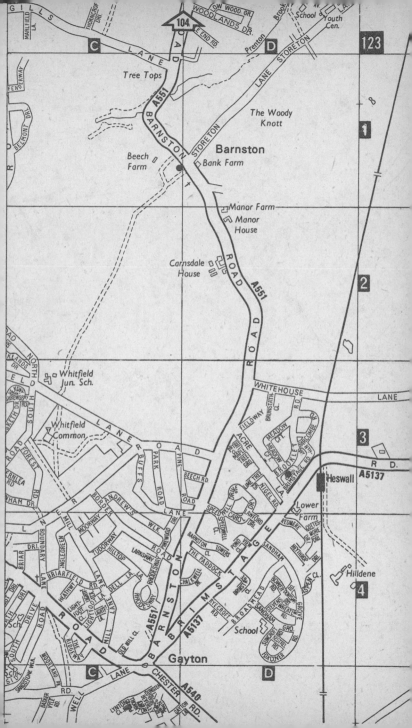

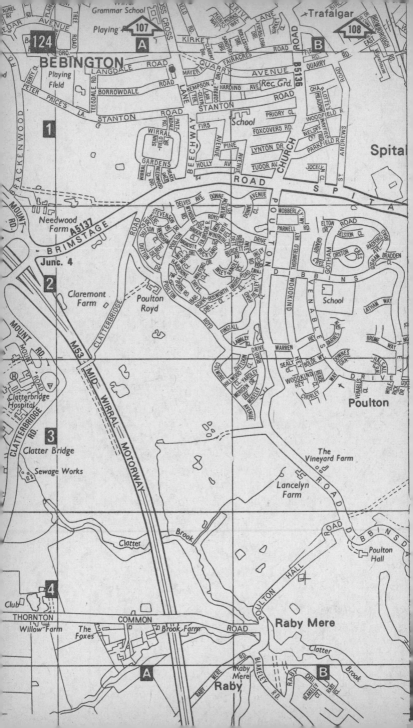

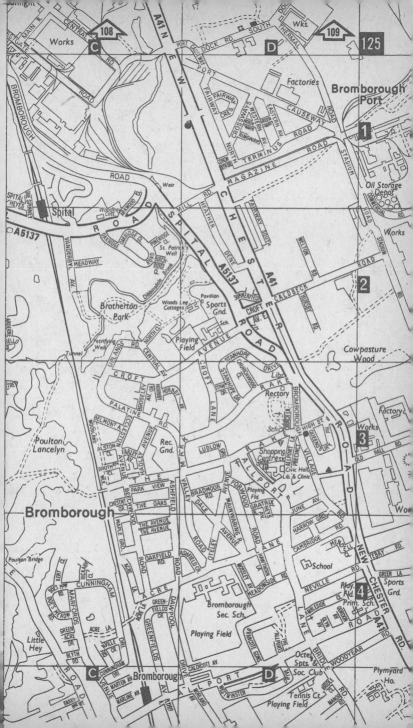

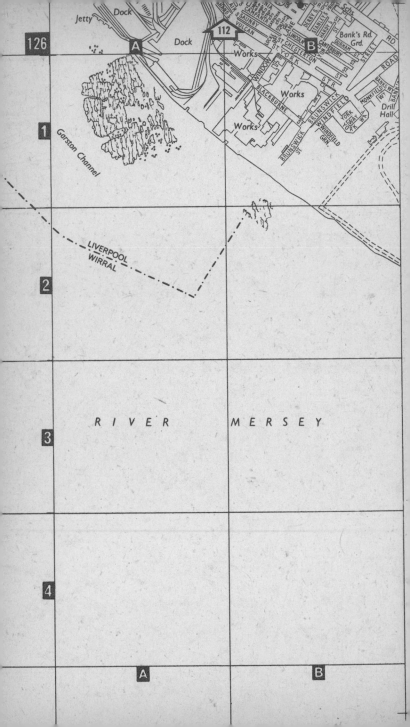

Jetty   Dock

Dock

A

112

B

Bank's Rd. Grd.

RD

Works   YORK

ROAD

STR

1   WINDSOR

Gorston Channel   BLACKBURNE   Works

Works   BRUNSWICK ST   WINDFIELD

Drill Hall

BRUNSWICK ST   WINDFIELD GRN.

LIVERPOOL
WIRRAL

2

3   *R I V E R*   *M E R S E Y*

4

A   B

Recreation Ground

A561

BANK'S

Garston Plantation

C

113

D

127

Speke Hall Recreation Ground

SPEKE HALL AV.

LIVERPOOL

AIRPORT

SPEKE HALL

BAILEY'S LA.

D

1

THE WALK

Speke Dams

Stockton's Wood

2

BANKS LANE

Speke Hall

Speke Home Farm

Home Farm Cottages

128

The Clough

3

4

C

D

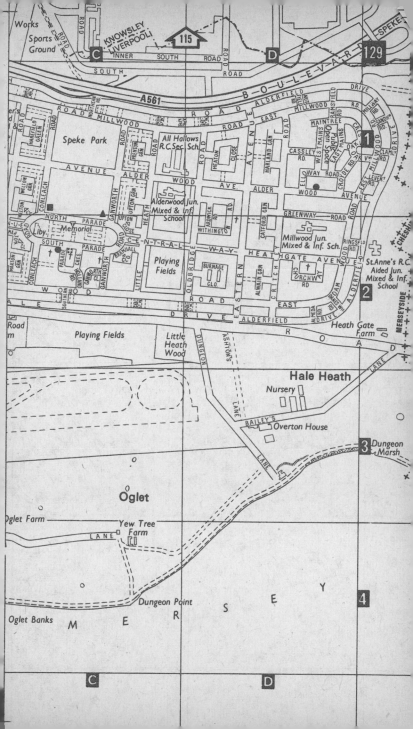

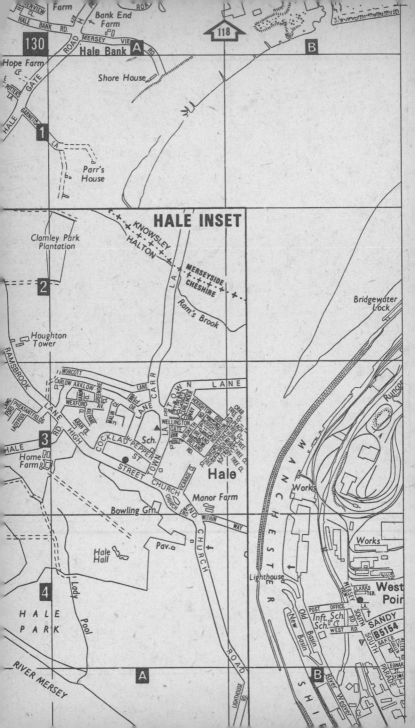

130

GRENVIEW CL.
HALE BANK RD.
Farm

Bank End Farm

ROAD H

MERSEY VIEW RD.

118

Hale Bank   A   B

Hope Farm

Shore House

HALE GATE RD.
MITERS LA.

GARNETTS LA.

1

LA.

Parr's House

HALE INSET

Clamley Park Plantation

KNOWSLEY

HALTON

LA.

MERSEYSIDE
CHESHIRE

Ram's Brook

Bridgewater Lock

2

Houghton Tower

RAMSBROOK LANE

MORCOTT CL.
CARLOW
ARKLOW CL.
GREENFORD CL.
WEXFORD
KILDARE
MALIN
LIVERPOOL
PHEASANTFIELDS
FORD LANE

HALE RD.

HIGH

3

COCKLAD ST.
PEPPER ST.
TOWN
LANE
CARR
LANE
TOWN LANE

WELLINGTON
GATE
HESKETH
BURLENGER WAY
HOUGHTON
IRELAND
CRAB TREE LA.
PEACH TREE CL.
PLUM TREE CL.
PEAR TREE CL.

VICARAGE CL.

Hale

Home Farm

CHURCH STREET

Manor Farm

Bowling Grn.

CHURCH END

WITHIN WAY

MANCHESTER

Works

4

Hale Hall

Pav.

CHURCH ROAD

Lady Pool

Works

Lighthouse

West Poir

CLARKS TER.

HALE PARK

POST OFFICE

HENLEY LA.

Inft. Sch.

New Basin

Old Basin

SANDY

B5154

SOUTH

WEST RD.

BAKER

RIVER MERSEY

A   B

SHI

River Weaver

LEONARD

LIGHTHOUSE RD.

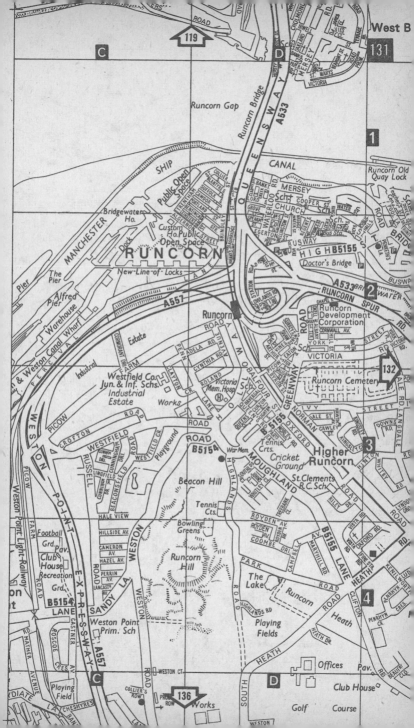

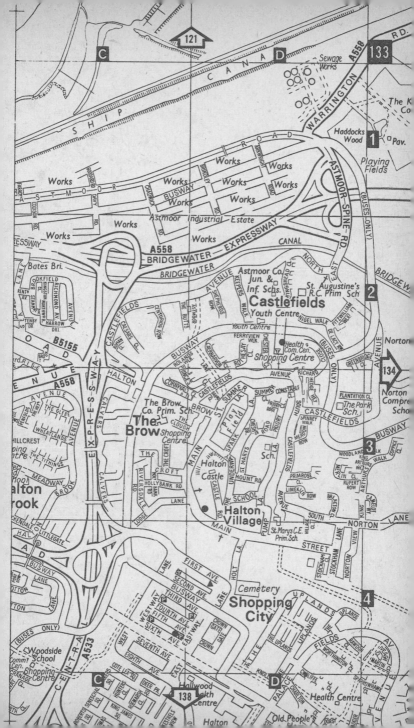

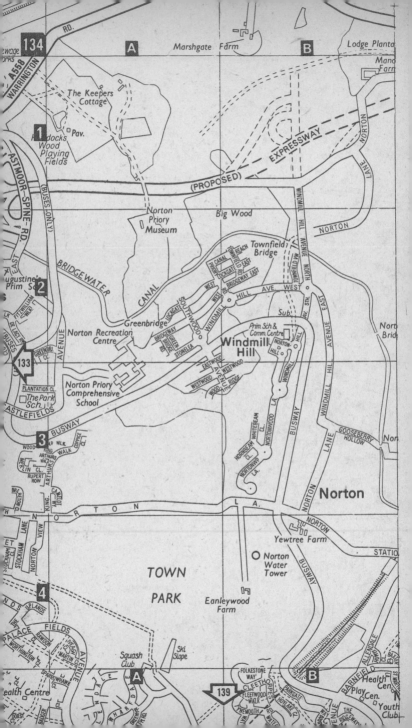

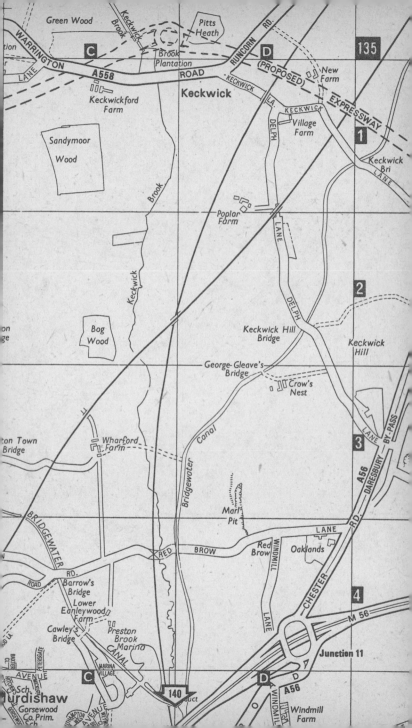

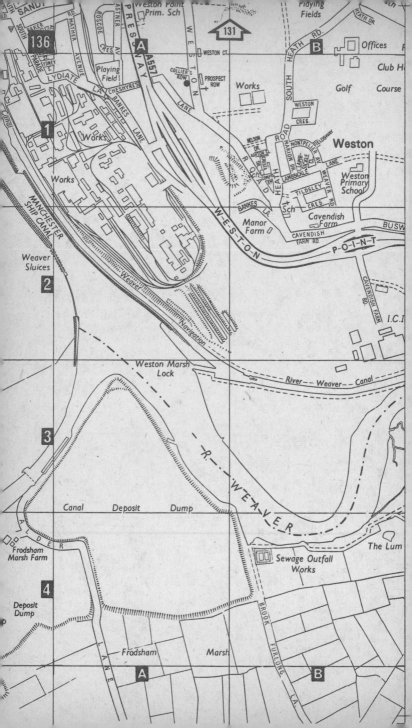

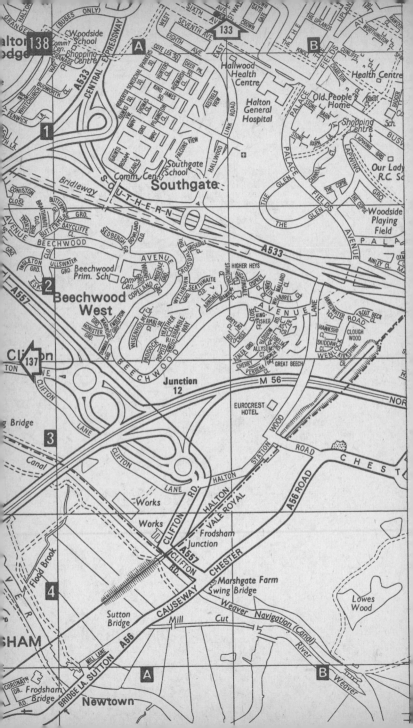

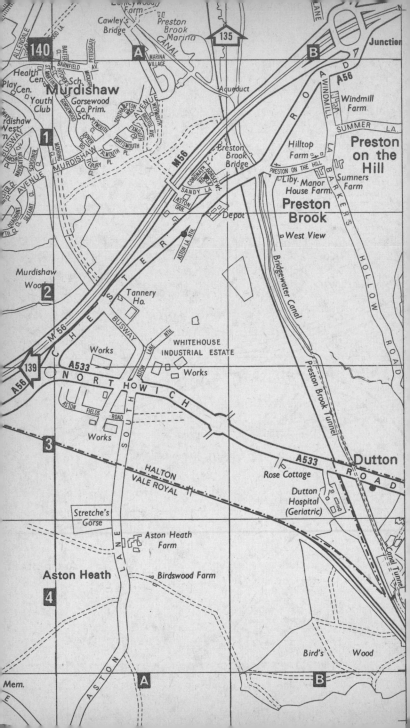

INDEX TO STREETS

HOW TO USE THIS INDEX

(a) A strict alphabetical order is followed in which Av., Rd., St., etc. are read in full and as part of the name preceding them, e.g. Ash Cres. follows Ashcombe Rd. but precedes Ashcroft Dri.

(b) Each street is followed by its Postal Code District Number and a map reference, e.g. Abacus Rd. L13 – 4A 48 is in the Liverpool 13 Postal Code District and is to be found in square 4A on page 48.

(c) Where necessary each street is also followed by its place name abbreviation, e.g. Abbey Clo. Wid WA8 – 2A 118 is located in Widnes but is in the Warrington 8 Postal Code District.

N.B. The Postal Code District Numbers given in this index are, in fact, only the first part of the Postcode to each address and are meant to indicate the Postal Code District in which each street is situated.

ABBREVIATIONS USED IN THIS INDEX:

Places covered by this atlas with their abbreviation, if used in this index, map reference and where applicable the Post Town and Postal Code District within which they are situated.

Ain: Aintree, LIVERPOOL, L9 & 10 – 1B 20
Allerton, LIVERPOOL, L18 & 19 – 1B 112
Ash: Ashton-in-Makerfield, WIGAN, WN4 – 3D 27
*Ast: Aston, RUNCORN, WA7 – 4A 140
*Augh: Aughton, ORMSKIRK, L39 – 1D 5
Barn: Barnston, WIRRAL, L60 & 61 – 1C 123
Beb: Bebbington-cum-Bromborough, WIRRAL, L63 & 62 – 4C 107
*Bic: Bickerstaffe, ORMSKIRK, L39 – 1D 15
*Bill: Billinge, WIGAN, WN5 – 1D 27
Birk: BIRKENHEAD, L41 to 43 – 1D 85
Bold, WIDNES, WA8 – 1C 99
Boo: BOOTLE, L20 – 2D 29
Bromborough, WIRRAL, L62 – 3D 125
Cal: Caldy, WIRRAL, L48 – 2B 100
Childwall, LIVERPOOL, L16 – 4C 71
Cron: Cronton, WIDNES, WA8 – 1B 96
Cro: Crosby, LIVERPOOL, L21 to 23 – 3B 16
Cuer: Cuerdley, WARRINGTON, WA5 & 8 – 4D 99
*Dar: Daresbury, WARRINGTON, WA4 – 3D 135
Dut: Dutton, WARRINGTON, WA4 – 3B 140
*East: Eastham, WIRRAL, L62 – 4D 125
Ecc: Eccleston, ST. HELENS, WA10 – 2A 36
Eccleston Park, PRESCOT, L34 – 2D 53
Everton, LIVERPOOL, L5 – 3C 45
Fazakerley, LIVERPOOL, L9 – 4C 21
Fra: Frankby, WIRRAL, L48 – 4A 80
*Frod: Frodsham, WARRINGTON, WA6 – 4D 137
Garston, LIVERPOOL, L19 – 3B 112
Gateacre, LIVERPOOL, L25 – 2A 92
*Gay: Gayton, WIRRAL, L60 – 4C 123
Gra: Grange, WIRRAL, L48 – 4B 78
Gre: Greasby, WIRRAL, L49 – 3B 80
Great Crosby, LIVERPOOL, L23 – 4B 6
Hale: LIVERPOOL, L24 – 3A 130
Hal: Halewood, LIVERPOOL, L26 & WIDNES, WA8 – 1D 115
Hay: Haydock, ST. HELENS, WA11 – 1D 39
Hes: Heswall, WIRRAL, L60 – 4B 122
Hoy: Hoylake, WIRRAL, L47 – 3A 58
Huy: Huyton-with-Roby, LIVERPOOL, L14 & 36 – 1C 73
*Ince B: Ince Blundell, LIVERPOOL, L23 & 29 – 1D 7
Irby, WIRRAL, L61 – 3B 102
Kir: Kirkby, LIVERPOOL, L10, 32 & 33 – 1B 22
Kno: Knowsley, LIVERPOOL, L28 & 36, & PRESCOT, L34 – 2D 35

Lith: Litherland, LIVERPOOL, L21 – 3A 18
LIVERPOOL – 2B 66
Lyd: Lydiate, LIVERPOOL, L31 – 1A 4
Mag: Maghull, LIVERPOOL, L31 – 4B 4
Mell: Melling, LIVERPOOL, L31 – 3D 11
*Moo: Moore, WARRINGTON, WA4 – 1D 135
Mor: Moreton, WIRRAL, L46 – 3C 61
Neth: Netherton, BOOTLE, L30 – 3D 9
Orr: Orrell, BOOTLE, L20 & 30 – 1A 30
Pen: Pensby, WIRRAL, L61 – 1B 122
Poul: Poulton-cum-Spital, WIRRAL, L63 – 3B 124
Pres: PRESCOT, L34 & 35 – 3B 52
Pres B: Preston Brook, WARRINGTON, WA4 – 1B 140
*Raby, WIRRAL, L63 – 4B 124
*Rainf: Rainford, ST. HELENS, WA11 – 1A 26
Rain: Rainhill, PRESCOT, L35 – 1B 76
Roby: LIVERPOOL, L36 – 2B 72
Run: RUNCORN, WA7 – 2D 131
St H: ST. HELENS, WA9 to 11 – 3D 37
Sef: Sefton, LIVERPOOL, L29 – 2D 9
Sim: Simonswood, LIVERPOOL, L33 – 3B 14
Speke, LIVERPOOL, L24 – 2C 129
Spital, WIRRAL, L63 – 1B 124
Stor: Storeton, WIRRAL, L63 – 4A 106
Sut W: Sutton Weaver, RUNCORN, WA7 – 3C 139
Tar: Tarbock: PRESCOT, L35 & WIDNES, WA8 – 3B 94
Thing: Thingwall, WIRRAL, L61 – 4A 104
Thor: Thornton, LIVERPOOL, L23 & 29 – 2A 8
*Thor H: Thornton Hough, WIRRAL, L63 – 4A 124
Thur: Thurstaston, WIRRAL, L61 – 4A 102
Toxteth, LIVERPOOL, L8 – 2D 87
Tranmere, BIRKENHEAD, L41 & 42 – 3D 85
Upt: Upton, WIRRAL, L49 – 2D 81
Wal: WALLASEY, L44 & 45 – 1C 65
Walton, LIVERPOOL, L4 & 9 – 3B 30
WA: WARRINGTON
Wavertree, LIVERPOOL, L15 – 4D 69
West Derby, LIVERPOOL, L12 – 2B 48
W Kir: West Kirby, WIRRAL, L48 – 4A 78
Whis: Whiston, PRESCOT, L35 – 1C 75
Wid: WIDNES, WA8 – 2D 119
WN: WIGAN
Win: Windle, ST. HELENS, WA10 – 1A 36
Woolton, LIVERPOOL, L25 – 4A 92

* The centre of these places is off the area covered by this atlas and the map reference given is to the nearest map square.

General abbreviations

All: Alley
App: Approach
Arc: Arcade
Av: Avenue
Bk: Back
Boulevd: Boulevard
Bri: Bridge
B'way: Broadway
Bldgs: Buildings
Chyd: Churchyard
Cir: Circus
Clo: Close
Comn: Common
Cotts: Cottages
Ct: Court
Cres: Crescent
Dri: Drive
E: East

Embkmt: Embankment
Est: Estate
Gdns: Gardens
Ga: Gate
Gt: Great
Grn: Green
Gro: Grove
Ho: House
Junct: Junction
La: Lane
Lit: Little
Lwr: Lower
Mans: Mansions
Mkt: Market
M: Mews
Mt: Mount
N: North

Pal: Palace
Pde: Parade
Pk: Park
Pas: Passage
Pl: Place
Prom: Promenade
Rd: Road
S: South
Sq: Square
Sta: Station
St: Street
Ter: Terrace
Up: Upper
Vs: Villas
Wlk: Walk
W: West
Yd: Yard

Abacus Rd. L13 – 4A 48
Abberley Clo. St H WA10 – 3C 37
Abberley Rd. L25 – 2B 114
Abbey Clo. Wid WA8 – 2A 118
Abbey Ct. L25 – 4A 92
Abbey Rd. L6 – 3A 46
Abbey Rd. St H WA10 – 4A 26
Abbey Rd. W Kir L48 – 4A 78
Abbey Rd. Wid WA8 – 2A 118
Abbeystead Av. Orr L30 – 2A 20
Abbeystead Rd. L15 – 4A 70
Abbey St. Birk L41 – 1D 85
Abbey View. L16 – 4C 71
Abbot Clo. Birk L43 – 1B 82
Abbotsfield Rd. St H WA9 – 3C 57
Abbotsford Gdns. Cro L23 – 1B 16
Abbotsford Rd. L11 – 4A 32
Abbotsford Rd. Cro L23 – 1B 16
Abbotsford St. Wal L44 – 2C 65
Abbots Way. Bill WN5 – 1D 27
Abbott Dri. Orr L20 – 1A 30
Abbotts Clo. L18 – 3A 90
Abbottshey Av. L18 – 3A 90
Abbotts Way. Bill WN5 – 1D 27
Abdale Rd. L11 – 3B 32
Abercrombie Rd. Kir L33 – 4A 24
Abercromby Sq. L69 – 3D 67
Aberdale Rd. L13 – 1A 70
Aberdeen St. Birk L41 – 4B 64
Aberford Av. Wal L45 – 4C 41
Abergele Rd. L13 – 2D 69
Abingdon Gro. L4 – 4D 31
Abingdon Rd. L4 – 4D 31
Abingdon Rd. Gre L49 – 3A 80
Abram St. L5 – 4C 45
    (in two parts)
Abyssinia Rd. L15 – 4C 69
Acacia Av. Huy L36 – 3B 72
Acacia Av. Wid WA8 – 3A 98
Acacia Clo. Gre L49 – 4B 80
Acacia Gro. L9 – 1C 31
Acacia Gro. Ecc WA10 – 2A 36
Acacia Gro. Run WA7 – 4B 132
Acacia Gro. Wal L44 – 2C 65
Acacia Gro. W Kir L48 – 4A 78
Acanthus Rd. L14 – 2A 70
Access Rd. L12 – 2B 48
Acheson Rd. L13 – 3C 47
Ackers Hall Av. L14 – 4C 49
Ackers Hall Clo. L14 – 4D 49
Ackers La. St H WA10 – 2C 37
Ackers Rd. Upt L49 – 4B 82
Ackers St. Pres L34 – 3B 52

Acland Rd. Wal L44 – 4A 42
Aconbury Clo. L11 – 3B 32
Aconbury Pl. L11 – 3B 32
Acorn Clo. Beb L63 – 3B 106 &
    3C 107
Acornfield Clo. Kir L33 – 3B 24
Acornfield Rd. Kir L33 – 3B 24
Acrefield Bank. L25 – 3A 92
Acrefield Ct. Birk L42 – 4A 84
Acrefield Pk. L25 – 4D 91
Acrefield Rd. L25 – 3A 92
Acrefield Rd. Birk L42 – 1A 106
Acrefield Rd. Wid WA8 – 1A 118
Acre La. Barn L60 – 3D 123
Acre La. Beb L63 & L62 – 4C 125
Acresgate Ct. L25 – 1D 91
Acres Rd. Beb L63 – 3D 107
Acres Rd. Hoy L47 – 4D 59
Acreville Rd. Beb L63 – 4D 107
Acton Gro. L6 – 3B 46
Acton La. Mor L46 – 4B 60
Acton Rake. Orr L30 – 3C 9
Acton Rd. Birk L42 – 1D 107
Acton Rd. Kir L32 – 2B 22
Acton Way L7 – 3B 68
Acuba Gro. Birk L42 – 3C 85
Acuba Rd. L15 – 3A 70
Adair Pl. L13 – 2C 47
Adair Rd. L13 – 2C 47
Adamson St. L7 – 2C 69
Adam St. L5 – 3D 45
Ada St. St H WA9 – 4A 38
Adcote Rd. L14 – 1D 71
Adderley St. L7 – 2A 68
Addingham Rd. L18 – 2A 90
Addington St. Wal L44 – 1B 64
Addison Sq. Wid WA8 – 1D 119
Addison St. L3 – 1B 66
Addison St. Boo L20 – 1B 28
Adelaide Av. St H WA9 – 2C 55
Adelaide Pl. L5 – 4C 45
Adelaide Rd. L7 – 2A 68
Adelaide Rd. Birk L42 – 3B 84
Adelaide Rd. Cro L21 – 4D 17
Adelaide St. L5 – 3C 45
Adelaide St. Wal L44 – 1A 64
Adelaide Ter. Cro L22 – 2B 16
Adela Rd. Run WA7 – 2D 131
Adelphi St. Birk L41 – 1C 85
Adkins St. L5 – 3D 45
Adlam Cres. L9 – 4C 21
Adlam Rd. L9 & L10 – 4C 21
Admin Rd. Kir L33 – 3B 24
Admiral Gro. L8 – 1D 87
Admiral St. L8 – 2D 87

Adshead Rd. L13 – 2C 47
Adstone Rd. L25 – 2B 92
Adswood Rd. Huy L36 – 1C 73
Africander Rd. St H WA11 – 3B 26
Afton. Wid WA8 – 4D 95
Agar Rd. L11 – 2D 47
Agate St. L5 – 4A 46
Agincourt Rd. L12 – 4B 48
Agnes Rd. Birk L42 – 3C 85
Agnes Rd. Cro L23 – 1B 16
Agnes St. L7 – 2A 68
Agnes St. St H WA9 – 4B 56
Aigburth Dri. L17 – 2B 88
Aigburth Gro. Mor L46 – 3B 60
Aigburth Hall Av. L19 – 1D 111
Aigburth Hall Rd. L19 – 1D 111
Aigburth Rd. L17 & L19 – 3A 88 to
    2D 111
Aigburth St. L8 – 4A 68
Aigburth Vale. L17 – 4C & 3C 89
Aigburth View. L17 – 3B 88
Aiken Clo. L8 – 2C 87
Ailsa Rd. Wal L45 – 4A 42
Ainley Clo. Run WA7 – 2B 138
Ainsdale Clo. Ain L10 – 3D 21
Ainsdale Clo. Thing L61 – 3D 103
Ainsdale Rd. Boo L20 – 1A 30
Ainsworth Av. Mor L46 – 1B 80
Ainsworth La. Kno L34 – 1C 35
Ainsworth Rd. St H WA10 – 2C 37
Ainsworth St. L3 – 2C 67
Aintree La. Ain L10 – 1B 20
Aintree La. Kir & Ain L10 – 3D 21
Aintree Rd. Boo L20 – 2A 30
Airdale Clo. Birk L43 – 1B 82
Airdale Rd. L15 – 1C 89
Aire. Wid WA8 – 4A 96
Airegate. Mag L31 – 4A 4
Airlie Gro. L13 – 2C 47
Airlie Rd. Hoy L47 – 1A 78
Akenside St. Boo L20 – 1C 29
Alamein Rd. Huy L36 – 4B 50
Alastair Cres. Birk L43 – 1D 105
Alban Rd. L16 – 3B 70
Albany Av. Ecc L34 – 2D 53
Albany Rd. L7 – 2A 68
Albany Rd. L9 – 4A 20
Albany Rd. L13 – 1D 69
Albany Rd. Birk L42 – 4C 85
Albany Rd. Pres L34 – 3C 53
Albany Ter. Run WA7 – 2D 131
Albermarle Rd. Wal L44 – 1C 65
Albert Dri. L8 – 4D 19
Albert Edward Rd. L7 – 2A 68
Albert Gro. L15 – 4D 69

142

Albert Gro. Cro L23 – 4B 6
Albert Rd. L13 – 3C 47
Albert Rd. Birk L42 – 3B 84
Albert Rd. Cro L22 – 3B 16
Albert Rd. Hoy L47 – 1A 78
Albert Rd. W Kir L48 – 1A 100
Albert Rd. Wid WA8 – 1A 120
(in two parts)
Albert Schweitzer Av. Orr L30 –
4D 9
Albert St. St H WA10 – 1D 37
Albert St. Wal L45 – 1B 42
Albion Pl. Wal L45 – 1A 42
Albion St. L5 – 3C 45
Albion St. Birk L41 – 1D 85 & 4D 65
Albion St. St H WA10 – 3C 37
Albion St. Wal L45 – 1D 41
Albion St. Wid WA8 – 3D 119
Albourne Rd. Kir L32 – 3D 23
Albury Rd. Kir L32 – 4D 23
Alcester Rd. L12 – 3B 48
Alcock St. Run WA7 – 2D 131
Aldams Gro. L4 – 1C 45
Aldbourne Av. L25 – 2C 91
Aldbourne Clo. L25 – 2C 91
Alder Av. Huy L36 – 3D 73
Alder Av. Wid WA8 – 3A 98
Alder Clo. Pres L34 – 3D 53
Alder Cres. Kir L32 – 1B 22
Alderfield Dri. L24 – 1D 129
Alder Gro. Cro L22 – 1B 16
Alder Hey Rd. St H WA10 – 3B 36
Alder La. Frod WA6 – 4A 136
Alder La. Kno L34 – 3C & 3D 35
Alder La. Tar & Cron WA8 – 2D 95
Alderley Av. Birk L41 – 4D 63
Alderley Rd. Hoy L47 – 4A 58
(in two parts)
Alderley Rd. Wal L44 – 1A 64
Alder Rd. L12 – 4A 48
Alder Rd. Beb L63 – 4C 107
Alder Rd. Pres L34 – 2C 53
Aldersley St. L3 – 1B 66
Alderson Rd. L15 – 4B 68
Alderville Rd. L4 – 4D 31
Alder Wood Av. L24 – 1C 129
Aldford Clo. Birk L43 – 4C 83
Aldford Rd. Kir L32 – 4C 23
Aldrins La. Orr L30 – 1C 19
Aldrin's La. Orr L30 – 4D 9
(in two parts)
Aldwark Rd. L14 – 1D 71
Aldwych Rd. L12 – 3B 48
Aldykes. Mag L31 – 1C 11
Alexander Dri. Lyd L31 – 2B 4
Alexander Dri. Pen L61 – 1A 122
Alexander Dri. Wid WA8 – 2B 118
Alexander Fleming Av. Orr L30 –
4D 9
Alexander Grn. Huy L36 – 4C 51
Alexander Gro. Run WA7 – 3A 132
Alexander Wlk. L4 – 1D 45
Alexandra Dri. L17 – 2A 88
Alexandra Dri. Birk L42 – 1C 107
Alexandra Dri. Orr L20 – 1A 30
Alexandra Dr. St H WA10 – 4C 37
Alexandra Gro. Run WA7 – 3A 132
Alexandra Mt. Lith L21 – 3A 18
Alexandra Rd. L7 – 3B 68
Alexandra Rd. L19 – 2A 112
Alexandra Rd. Birk L43 – 1A 84
Alexandra Rd. Cro L22 – 3C 17
Alexandra Rd. Cro L23 – 4B 6
Alexandra Rd. Wal L45 – 1D 41
Alexandra Rd. W Kir L48 – 1A 100
Alexandra St. St H WA10 – 1C 55
Alexandra St. Wid WA8 – 2D 119
Alfinch Clo. L14 – 2D 49
Alfonso Rd. L4 – 1C 45
Alford Av. St H WA9 – 4A 56
Alforde St. Wid WA8 – 2A 120

Alford St. L7 – 2C 69
Alfred Clo. Wid WA8 – 2A 120
Alfred Pl. L8 – 2D 87
Alfred Rd. Birk L43 – 2B 84
Alfred Rd. Wal L44 – 2C 65
Alfred St. L1 – 4C 67
Alfred St. L15 – 3B 68
Alfred St. St H WA10 – 2A 38
Alfred St. Wid WA8 – 2A 120
Alfriston Rd. L12 – 3B 48
Algernon St. Run WA7 – 2C 131
Alice St. St H WA9 – 2C 57
Alicia Wlk. Kir L10 – 4A 22
Alison Av. Birk L42 – 3D 85
Alison Pl. L13 – 2C 47
Alison Rd. L13 – 2C 47
Allandale Av. Rain L35 – 1B 76
Allangate Clo. Gre L49 – 4B 80
Allangate Rd. L19 – 1A 112
Allan Rd. St H WA11 – 4C 27
Allanson St. St H WA9 – 3B 38
Allcard St. L6 – 1A 68
Allcot Av. Birk L42 – 4C 85
Allenby Av. Cro L23 – 2D 17
Allenby Sq. L13 – 2D 69
Allendale Av. L9 – 4A 20
Allendale Rd. Run WA7 – 4B 134
Allendale. Run WA7 – 1C 139
Allengate. Cro L23 – 4C 7
Allen Rd. Run WA7 – 4B 130
Allerford Rd. L12 – 2B 48
Allerton Dri. L18 – 2A 90
Allerton Gro. Birk L42 – 3C 85
Allerton Rd. L18 – 2A 90 to 1C 113
Allerton Rd. L25 – 4D 91
Allerton Rd. Birk L42 – 3C 85
Allerton Rd. Wal L45 – 2D 41
Allerton Rd. Wid WA8 – 4A 98
Allesley Rd. L14 – 3D 49
Alleyne Rd. L4 – 1C 47
Allington St. L17 – 3A 88
Allonby Clo. Birk L43 – 2C 83
Allport La. Beb L62 – 3D 125
Allport La. Precinct. Beb L62 –
3D 125
Allport Rd. Beb L62 – 4C 125
Allports, The. Beb L62 – 4D 125
All Saints Clo. Orr L30 – 1C 19
All Saints Rd. L24 – 1A 128
Alma Clo. Kir L10 – 4A 22
Almacs Clo. Cro L23 – 1A 16
Alma Pl. St H WA9 – 4A 38
Alma Rd. L17 – 2C 111
Alma St. Beb L62 – 3A 108
Alma St. Birk L41 – 1C 85
Alma St. St H WA9 – 4A 38
Almeda Rd. L24 – 2D 129
Almond Av. Orr L30 – 1B 18
Almond Av. Run WA7 – 4A 132
Almond Clo. Hal L26 – 2C 115
Almond Gro. Wid WA8 – 1B 118
Almond Pl. L8 – 4A 68
Almond Pl. Mor L46 – 4D 61
Almonds Grn. L12 – 1D 47
Almond's Gro. L12 – 2A 48
Almond St. L8 – 3A 68
Almonds Turn. Orr L30 – 4B 8
Almond Ter. L8 – 4A 68
Almond Tree Clo. Hale L24 –
3A 130
Almond Way. Gre L49 – 4B 80
Alness Dri. Rain L35 – 2B 76
Alnwick Dri. Mor L46 – 3A 60
Alpass Rd. L17 – 3A 88
Alpha Dri. Birk L42 – 4A 86
Alpha St. Lith L21 – 1C 29
Alresford Rd. L19 – 1D 111
Alroy Rd. L4 – 2D 45
Alscot Av. Kir L10 – 4A 22
Alscot Clo. Mag L31 – 1B 10
Alston Clo. Beb L62 – 3C 125

Alstonfield Rd. L14 – 4A 50
Alston Rd. L17 – 1C 111
Alt. Wid WA8 – 4A 96
Alt Av. Mag L31 – 2A 10
Altbridge Rd. L11 – 2B 32
Altcar Av. L15 – 4B 68
Altcar Dri. Mor L46 – 4B 60
Altcar Rd. Boo L20 – 1D 29
Alt Ct. Kir L33 – 3C 13
Altcross Rd. L11 – 3D 33
Altcross Way. L11 – 2D 33
Altfield Rd. L14 – 2D 49
Altham Rd. L11 – 2D 47
Althorp St. L8 – 3D 87
Altmoor Rd. Huy L36 – 3B 50
Alton Av. Lith L21 – 2D 17
Alton Rd. L6 – 3B 46
Alton Rd. Birk L43 – 2A 84
Alt Rd. Huy L36 – 1C 73
Alt St. L8 – 4A 68
Altway. Ain L10 – 1B 20
Alvanley Grn. Kir L32 – 1B 22
Alvanley Pl. Birk L43 – 1B 84
Alvanley Rd. L12 – 3B 48
Alvanley Rd. Kir L32 – 1B 22
Alverstone Av. Birk L41 – 4D 63
Alverstone Rd. L18 – 2D 89
Alverstone Rd. Wal L44 – 1B 64
Alvina La. L4 – 2C 45
Alwain Grn. L24 – 2D 129
Alwen St. Birk L41 – 3D 63
Alwyn Av. Lith L21 – 2A 18
Alwyn Gdns. Mor L46 – 3D 61
Alwyn St. L17 – 3A 88
Alyssum Ct. Run WA7 – 2B 138
Amanda Rd. Kir L10 – 4A 22
Amanda Rd. Rain L35 – 4A 54
Amanda Way, Mell L31 – 4A 12
Amaury Rd. Cro L23 – 3A 8
Ambergate Rd. L19 – 2A 112
Amberley Av. Mor L46 – 4B 60
Amberley Clo. Mor L46 – 4B 60
Ambleside Clo. Beb L62 – 4D 125
Ambleside Clo. Run WA7 – 2A 138
Amberley St. L8 – 4D 67
Ambleside Av. Mor L46 – 4C 61
Ambleside Clo. Thing L61 – 3D 103
Ambleside Pl. St H WA11 – 3C 27
Ambleside Rd. L18 – 1B 112
Ambleside Rd. Mag L31 – 4C 5
Amersham Rd. L4 – 4C & 4D 31
Amery Gro. Birk L42 – 4A 84
Amherst Rd. L17 – 4B 88
Amity St. L8 – 2D 87
Amos Av. Lith L21 – 3B 18
Ampthill Rd. L17 – 4B 88
Ampulla Rd. L11 – 3D 33
Amy Wlk. Kir L10 – 4A 22
Ancaster Rd. L17 – 4B 88
Anchor Clo. Run WA7 – 1D 139
Ancient Meadows. L9 – 4A 20
Ancroft Rd. L14 – 1D 71
Anderson Av. Boo L20 – 2B 28
Anderson Clo. Irby L61 – 3D 103
Anderson Clo. Rain L35 – 3C 77
Anderson Rd. Lith L21 – 3B 18
Anderson St. L5 – 3C 45
(in two parts)
Anderson Way. Lith L21 – 3B 18
Anderton Ter. Huy L36 – 2B 72
Andover Way. L25 – 2B 114
Andrew Av. Mell L31 – 1A 22
Andrew Clo. Wid WA8 – 2A 118
Andrew St. L4 – 1D 45
Andrew St. Wal L44 – 2C 65
Andrew's Wlk. Barn L60 – 3C 123
Anfield Rd. L4 – 2D 45
Angela St. L7 – 3A 68
Angers La. Mell L31 – 3A 12
Anglesea Rd. L9 – 3B 30

143

Anglesea Way. L8 – 2D 87
Anglesey Rd. Wal L44 – 4A 42
Anglesey Rd. W Kir L48 – 3A 78
Angus Rd. L11 – 2D 47
Anne Gro. St H WA9 – 2B 56
Annerley St. L7 – 4B 68
Annesley Rd. L17 – 4B 88
Annesley Rd. Wal L44 – 1B 64
Annie Rd. Orr L20 – 4B 18
Ann St. Run WA7 – 1A 132
Ann St E. Wid WA8 – 2A 120
Ann St W. Wid WA8 – 2A 120
Anscot Av. Beb L63 – 3D 107
Ansdell Dri. Ecc WA10 – 2A 36
Ansdell Rd. Wid WA8 – 4A 98
Ansdell Vs. Rd. Rain L35 – 4B 54
Anson Pl. L3 – 2D 67
Anson St. L3 – 2D 67
Anson Ter. L3 – 2D 67
Anstey Rd. L13 – 1A 70
Ansty Clo. St H WA11 – 1B 38
Anthony's Way. Hes L60 – 4B 122
Anthorn Clo. Birk L43 – 3C 83
Antonio St. Boo L20 – 4A 30
Antons Clo. Hal L26 – 3D 115
Antons Rd. Hal L26 – 3D 115
Antons Rd. Irby L61 – 4D 103
Antrim St. L13 – 2C 47
Anzacs, The. Beb L62 – 3B 108
Anzio Rd. Huy L36 – 4C 51
Apollo Way. L6 – 4A 46
Apollo Way. Orr L30 – 4D 9
Appleby Clo. Wid WA8 – 1A 118
Appleby Dri. Orr L30 – 1B 18
Appleby Rd. L27 – 3D 93
Appleby Wlk. L27 – 3D 93
Appledore Gro. St H WA9 – 4B 56
Appledore Rd. L24 – 1A 128
Apple Garth. Mor L46 – 1B 80
Appleton Dri. Gre L49 – 3C 81
Appleton Rd. L4 – 4C 31
Appleton Rd. Lith L21 – 3D 17
Appleton Wid WA8 – 4A 98
Appleton St. St H WA9 – 4B 38
Appleton St. Wid WA8 – 3A 120
Appleton Village. Wid WA8 –
1A 120
Apple Tree Clo. Hale L24 – 3A 130
April Gro. L6 – 3B 46
Apsley Av. Wal L45 – 3A 42
Apsley Brow. Mag L31 – 4A 4
Apsley Rd. L12 – 3B 48
Aran Clo. Hale L24 – 3A 130
Arborn Dri. Upt L49 – 1A 82
Arbour La. Kir L33 – 2A 24
(in two parts)
Arbury Av. St H WA11 – 1B 38
Arcadia Av. Lyd L31 – 3B 4
Archer Clo. L4 – 2C 45
Archerfield Rd. L18 – 4A 90
Archer Gro. St H WA9 – 2C 39
Archer St. L4 – 2C 45
Archers Way. Upt L49 – 4A 82
Archway Rd. Huy L36 – 2B 72
Arc Rd. Kir L33 – 4A 14
Arctic Rd. Boo L20 – 3C 29
Arden. Wid WA8 – 4D 95
Ardennes Rd. Huy L36 – 1C 73
Arderne Clo. Poul L63 – 2C 125
Ardleigh Clo. L13 – 2C 69
Ardleigh Gro. L13 – 2D 69
Ardleigh Pl. L13 – 2C 69
Ardleigh Rd. L13 – 2C 69
Ardmore Rd. L18 – 4D 89
Ardrossan Rd. L4 – 1A 46
Ardville Rd. L11 – 3A 32
Ardwick Rd. L24 – 2D 129
Ardwick St. St H WA9 – 3A 38
Argo Rd. Cro L22 – 2C 17
Argos Pl. L20 – 1B 44
Argyle Rd. L4 – 3A 46

Argyle Rd. L19 – 3B 112
Argyle St. L1 – 3B 66
Argyle St. Birk L41 – 1C 85
Argyle St. St H WA10 – 1D 37
Argyle St. S. Birk L41 – 2C 85
Ariel Pde. L19 – 4B 112
Ariel St. L20 – 1B 44
Arkle Rd. Birk L43 & L41 – 3D 63
Arkles La. L4 – 2A 46
Arkles Rd. L4 – 2A 46
Arklow Dri. Hale L24 – 3A 130
Arkwood Clo. Beb L62 – 2D 125
Arkwright Rd. Run WA7 – 1D 133
Arkwright St. L5 – 4C 45
Arlescourt Rd. L12 – 3B 48
Arley Clo. Birk L43 – 1B 82
Arley Dri. Wid WA8 – 4A 96
Arley St. L3 – 1B 66
Arlington Av. L18 – 1C 89
Arlington Rd. Wal L45 – 2C 41
Armagh Vale. Lith L21 – 3A 18
Armill Rd. L11 – 3D 33
Armitage Gdns. L18 – 1A 112
Armley Rd. L4 – 2A 46
Armour Gro. L13 – 2D 69
Armoury, The. L12 – 2A 48
Armscot Clo. L25 – 3A 114
Armscot Pl. L25 – 3A 114
Arncliffe Rd. L25 – 1B 114
Arndale. Run WA7 – 2A 138
Arnheim Rd. Huy L36 – 1C 73
Arno Ct. Birk L43 – 3A 84
Arnold Av. St H WA10 – 2C 37
Arnold Clo. L8 – 1D 87
Arnold Gro. L15 – 4D 69
Arnold Pl. Wid WA8 – 2B 118
Arnold St. Wal L45 – 4A 42
Arno Rd. Birk L43 – 3A 84
Arnot St. L4 – 4B 30
Arnot Way. Beb L63 – 3C 107
Arnside. Lith L21 – 3C 19
Arnside Av. Hay WA11 – 1D 39
Arnside Av. Rain L35 – 1D 75
Arnside Rd. L7 – 2B 68
Arnside Rd. Birk L43 – 2D 83
Arnside Rd. Huy L36 – 2A 72
Arnside Rd. Wal L45 – 3A 42
Arrad St. L7 – 3D 67
Arran Clo. St H WA11 – 1C 39
Arranmore Rd. L18 – 4D 89
Arrowe Av. Mor L46 – 4C 61
Arrowe Brook La. Gre & Irby L49 –
1B 102
Arrowe Brook Rd. Upt L49 – 4D 81
Arrowe Pk Rd. Upt L49 – 2D 81 to
2A 104
Arrowe Rd. Gre L49 – 3B 80
Arrowe Side. Gre L49 – 3C 81
Arthur Pl. L19 – 4B 112
Arthur St. L9 – 3B 30
Arthur St. L19 – 4B 112
Arthur St. Birk L41 – 4B 64
(in two parts)
Arthur St. Run WA7 – 2D 131
Arundel Av. L17 – 1B 88
Arundel Av. Wal L45 – 3D 41
Arundel Clo. Pen L61 – 4D 103
Arundel St. L4 – 4A 30
Arundel St. L8 – 1A 88
Arvon St. Orr L20 – 4B 18
Asbridge St. L8 – 4A 68
Asbury Rd. Wal L45 – 3B 40
Ascot Av. Lith L21 – 3D 17
Ascot Av. Run WA7 – 1C 137
Ascot Dri. Beb L63 – 4D 107
Ascot Pk. Cro L23 – 4C 7
Ashbank Rd. L11 – 3C 33
Ashbourne Av. Cro L23 – 4B 6
Ashbourne Av. Orr L30 – 1C 19
Ashbourne Av. Run WA7 – 1C 137
Ashbourne Cres. Huy L36 – 1A 72

Ashbourne Rd. L17 – 4B 88
Ashbrook Ter. Beb L63 – 3D 107
Ashburton Av. Birk L43 – 1D 83
Ashburton Rd. Birk L43 – 1C 83
Ashburton Rd. Wal L44 – 4A 42
Ashburton Rd. W Kir L48 – 4A 78
Ashbury Rd. Huy L14 – 3A 50
Ashcombe Rd. L14 – 1A 70
Ash Cres. Huy L36 – 3C 73
Ashcroft Dri. Pen L61 – 2B 122
Ashcroft Rd. Ain L9 – 3A 20
Ashcroft Rd. Kir L33 – 1A 24
Ashcroft St. Boo L20 – 3C 29
Ashcroft St. St H WA9 – 3B 38
Ashdale Rd. L9 – 2C 31
Ashdale Rd. L18 – 2D 89
Ashdale Rd. Cro L22 – 2C 17
Asheton Wlk. Hale L24 – 3A 130
Ashfield. L15 – 4C 69
Ashfield. Rain L35 – 1B 76
Ashfield Cres. Beb L62 – 4D 125
Ashfield Rd. L17 – 4C 89
Ashfield Rd. Beb L62 – 3C 125
Ashfield St. L5 – 4B 44
Ashford Rd. Birk L41 – 2B 84
Ashford Rd. Hoy L47 – 3B 58
Ashford Way. Wid WA8 – 4B 98
Ash Gro. L4 – 1C 45
Ash Gro. L15 – 4C 69
Ash Gro. Cro L21 – 4D 17
Ash Gro. Pres L35 – 4C 53
Ash Gro. Run WA7 – 4B 132
Ash Gro. St H WA9 – 4B 56
Ash Gro. Wal L45 – 2B 42
Ash Gro. Wid WA8 – 1B 118
Ash La. Tar & Wid WA8 – 1C 117
Ashlar Gro. L17 – 4C 89
Ashlar Rd. L17 – 4C 89
Ashlar Rd. Cro L22 – 2C 17
Ashlea Rd. Pen L61 – 1B 122
Ashleigh Rd. Mag L31 – 2D 11
Ashley Av. Hoy L47 – 3D 59
Ashley Clo. Rain L35 – 2B 76
Ashley Rd. Run WA7 – 2B 132
Ashley St. Birk L42 – 4D 85
Ashmore Clo. Cal L48 – 3C 100
Ashmuir Hey. Kir L32 – 2D 23
Ashover Av. L14 – 4A 50
Ashridge St. Run WA7 – 2D 131
Ash Rd. Beb L63 – 2D 107
Ash Rd. Birk L42 – 2B 84
Ash Rd. Lith L21 – 4A 18
Ash St. Boo L20 – 2D 29
Ashton Av. Rain L35 – 2B 76
Ashton Clo. Run WA7 – 1B 136
Ashton Dri. L25 – 2A 114
Ashton Dri. Frod WA6 – 4D 137
Ashton Dri. W Kir L48 – 4A 78
Ashton Rd. L13 – 1D 69
Ashtons Grn Dri. St H WA9 –
4D 39
Ashton's La. L24 – 2D 129
Ashton St. L3 – 2D 67
Ashton St. St H WA9 – 3B 38
Ashurst Clo. L25 – 2A 92
Ashurst Clo. St H WA11 – 1C 39
Ashurst Dri. St H WA11 – 1B 38
Ashville Rd. Birk L43 & L41 – 1A 84
Ashville Rd. Wal L44 – 1B 64
Ashwell St. L8 – 4C 67
Askern Rd. Kir L32 – 3C 23
Askew St. L4 – 4B 30
Aspe Ho. Kir L33 – 4C 13
Aspen Clo. Barn L60 – 4D 123
Aspendale Rd. Birk L42 – 2B 84
Aspen Gro. L8 – 1A 88
Aspes Rd. L12 – 2C 49
Aspinall Rd. St H WA10 – 1B 54
Aspinall St. L5 – 2B 44
Aspinall St. Birk L41 – 4B 64
Aspinall St. Pres L34 – 3B 52

Asquith Av. Birk L41 – 4A 64
Asser Rd. L11 – 1C 47
Assissian Cres. Orr L30 – 4C 9
Aster Cres. Run WA7 – 2B 138
Asterfield Av. Beb L63 – 2C 107
Astley Rd. Kno & Huy L36 – 3C 51
Astmoor Industrial Est. Run WA7 –
2C 133
Astmoor La. Run WA7 – 2D 133
Astmoor Rd. Run WA7 – 1C 133
Astmoor Spine Rd. Run WA7 –
1D 133
Aston Fields Rd. Run WA7 –
3A 140
Aston Grn. Run WA7 – 1A 140
Ashla. Sut W & Ast WA7 –
3C 139
Aston La. N. Run WA7 – 2A 140
(in two parts)
Aston La. S. Ast & Run WA7 –
4A 140
Aston St. L19 – 4B 112
Astonwood Rd. Birk L42 – 3C 85
Astor St. L4 – 4B 30
Atheldene Rd. L4 – 4D 31
Atherton Clo. L5 – 3C 45
Atherton Dri. Upt L49 – 3A 82
Atherton Rake. Orr L30 – 4C 9
Atherton Rd. L9 – 1D 31
Atherton St. Birk L41 – 1B 84
Atherton St. Pres L34 – 3B 52
Atherton St. St H WA10 – 2D 37
Atherton St. Wal L45 – 1A 42
Atholl Cres. Ain L10 – 2B 20
Athol St. L5 – 3A & 3B 44
(in three parts)
Athol St. Birk L41 – 4C 65
Atlantic Rd. Boo L20 – 3C 29
Atlas St. St H WA9 – 3A 38
Atlas Rd. Boo L20 – 3C 29
Atlas St. L3 – 4B 44
Atlas St. St H WA9 – 3A 38
Attlee Rd. Huy L36 – 1D 73
Atwood St. L4 – 2D 45
Atwell St. L6 – 4A 46
Aubrey St. L6 – 4D 45
Aubrey Way. L6 – 4D 45
Auburn Rd. L13 – 3C 47
Auburn Rd. Wal L45 – 2A 42
Aubynes, The. Wal L45 – 2C 41
Auckland Gro. St H WA9 – 2B 54
Auckland Rd. L18 – 1A 90
Audlem Av. Birk L43 – 3D 83
Audley St. L3 – 2C 67
Audrey Wlk. Kir L10 – 4A 22
Aughton Rd. Boo L20 – 1D 29
August Rd. L6 – 3B 46
August St. Boo L20 – 2D 29
Austell Clo. St H WA11 – 4D 27
Austin Av. St H WA10 – 1B 54
Austin St. Wal L44 – 2A 64
Avelon Clo. Birk L43 – 2C 83
Avelon Clo. Lyd L31 – 1A 4
Avenue, The. L9 – 3B 30
Avenue, The. L19 – 4C 113
(Vineyard St)
Avenue, The. L19 – 3B 112
(Woolton Rd)
Avenue, The. Beb L62 – 4C 125
Avenue, The. Ecc WA10 – 3A 36
Avenue, The. Hal L26 – 2C 115
Avenue, The. Huy L36 – 1C 73
Avenue, The. Kno L34 – 3C 51
Aviemore Rd. L13 – 1D 69
Avison St. L8 – 4D 67 & 1D 87
Avis Wlk. Kir L10 – 4A 22
Avolon Rd. L12 – 3B 48
Avon. Wid WA8 – 4A 96
Avon Clo. Kir L33 – 2D 13
Avon Clo. L4 – 1C 45
Avon Ct. Cro L23 – 3C 7

Avondale Av. Mag L31 – 1B 10
Avondale Av. Mor L46 – 2D 61
Avondale Dri. Wid WA8 – 4A 96
Avondale Rd. L15 – 1C 89
Avondale Rd. Hoy L47 – 4A 58
Avonmore Av. L18 – 3D 89
Avon Rd. Bill WN5 – 1D 27
Avon St. Birk L41 – 3D 63
Axbridge Av. St H WA9 – 4B 56
Axholme Clo. Thing L61 – 4A 104
Axholme Rd. Thing L61 – 3A 104
Aycliffe Rd. St H WA9 – 3B 54
Aylesbury Av. Birk L43 – 4C 83
Aylesbury Rd. Wal L45 – 2B 42
Aylesford Rd. L13 – 1A 70
Aylton Rd. Huy L36 – 1A 72
Aylward Pl. Boo L20 – 2C 29
Ayr Rd. L4 – 4C 31
Ayrshire Rd. L4 – 1B 46
Aysgarth Av. L12 – 3A 48
Aysgarth Rd. Wal L45 – 3D 41
Azalea Gro. Run WA7 – 2B 138

Babbacombe Rd. L16 – 1C 91
Bk Barlow La. L4 – 1C 45
Bk Beau St. L5 – 1C 67
Bk Bedford St S. L7 – 3D 67
Bk Belmont Rd. L6 – 4A 46
Bk Berry St. L1 – 3C 67
Bk Bittern St. L3 – 3C 67
Bk Blackburne St. L8 – 4D 67
Bk Blackfield Ter. L4 – 2C 45
Bk Bold St. L1 – 3C 67
Bk Boundary St. L5 – 3C 45
Bk Burlington St. L3 – 4B 44
Bk Canning St. L8 – 4D 67
Bk Chadwick Mt. L5 – 2C 45
Bk Claremont St. L4 – 2C 45
Bk Colquitt St. L1 – 3C 67
Bk Devonport St. L8 – 1D 87
Bk Egerton St N. L8 – 4D 67
Bk Egerton St. L8 – 4D 67
Bk Eldon St. L3 – 4B 44
Bk Falkner St S. L8 – 4D 67
Backford Clo. Birk L43 – 3C 83
Backford Rd. Irby L61 – 4B 102
Backford Way. Birk L43 – 3C 83
Bk Gibson St. L8 – 4D 67
Bk Gillmoss La. L11 – 1D 33
Bk Granton Rd. L5 – 3D 45
Bk Guilford St. L6 – 1D 67
Bk Holland Pl. L7 – 2A 68
Bk Hood St. L1 – 2B 66
Bk Irvine St. L7 – 2A 68
Bk King St. Wal L44 – 4B 42
Bk Knight St. L1 – 3C 67
Back La. Augh L39 – 1C 5
Back La. Cro L23 – 1C 7
Back La. Cuer WA5 – 4D 99
Back La. Thor & Sef L29 – 2A 8
Bk Langham St. L4 – 1D 45
Bk Leeds St. L3 – 1A 66
Bk Maryland St. L1 – 3C 67
Bk Mersey View, Cro L22 – 1B 16
Bk Mount St. Cro L22 – 2B 16
Bk Mt Vernon View. L7 – 2D 67
Bk Mulberry St. L7 – 3D 67
Bk Nile St. L1 – 4C 67
Bk Parliament St. L1 – 4C 67
Bk Percy St. L8 – 4D 67
Bk Pickop St. L3 – 1B 66
Bk Price St. Birk L41 – 4B 64
Bk Renshaw St. L1 – 3C 67
Bk Rockfield Rd. L4 – 2D 45
Bk Roscommon St. L5 – 4C 45
Bk Sandon St. L8 – 4D 67
Bk Sea View. Hoy L47 – 4A 58
Bk Seel St. L1 – 3C 67
Bk Sir Howard St. L8 – 4D 67
Bk South Rd. Cro L22 – 3C 17
Bk Walker St. L6 – 1D 67

Bk Water St. Wal L44 – 4B 42
Bk Wellesley Rd. L8 – 2A 88
Bk Westminster Rd. L4 – 1C 45
Bk Windsor View. L8 – 4A 68
Bk Winstanley Rd. Cro L22 – 2C 17
Baden Rd. L13 – 1A 70
Bader Clo. Pen L61 – 1A 122
Badger Clo. Run WA7 – 1B 138
Badminton St. L8 – 3D 87
Baffin Clo. Mor L46 – 1D 61
Bagnall St. L4 – 2D 45
Bagot St. L15 – 4C 69
Baguley Av. Wid WA8 – 4A 118
Bailey Ct. Orr L20 – 4C 19
Bailey Dri. Orr L20 – 4C 19
Baileys Clo. Wid WA8 – 2D 97
Bailey's La. L24 – 3D 129
(Hale Heath)
Bailey's La. L24 – 1D 127
(Speke)
Bailey's La. Hal L26 – 1D to 3D 115
Bailey St. L1 – 4C 67
Bainton Clo. Kir L32 – 4D 23
Bainton Rd. Kir L32 – 4D 23
Baird Av. Boo L20 – 2B 28
Baker Rd. Run WA7 – 4B 130
Bakers Grn Rd. Huy L36 – 1C 73
Baker St. L6 – 1D 67
Baker St. Huy L36 – 2D 73
Baker St. St H WA9 – 3B 38
Baker Way. L6 – 1D 67
Bakewell Gro. L9 – 4A 20
Bala Gro. Wal L44 – 1D 63
Bala St. L4 – 3A 46
Balcarres Av. L18 – 1D 89
Baldwin St. St H WA10 – 2D 37
Balfe St. Cro L21 – 1B 28
Balfour Av. Boo L20 – 2C 29
Balfour Rd. Birk L43 – 2A 84
Balfour Rd. Boo L20 – 2C 29
Balfour Rd. Wal L44 – 1D 63
Balfour St. L4 – 2D 45
Balfour St. Run WA7 – 3D 131
Balfour St. St H WA10 – 3B 36
Balker Dri. St H WA10 – 1C 37
Ballantrae Rd. L18 – 3A 90
Ballantyne Dri. Birk L43 – 2B 62
Ballantyne Gro. L13 – 2C 47
Ballantyne Gro. Orr L20 – 1A 30
Ballantyne Rd. L13 – 2C 47
Ballard Rd. Gra L48 – 3C 79
Ball Av. Wal L45 – 1D 41
Balliol Clo. Birk L43 – 2B 62
Balliol Gro. Cro L23 – 1A 16
Balliol Ho. Boo L20 – 4D 29
Balliol Rd. Boo L20 – 4D 29
Balliol Rd E. Boo L20 – 3A 30
Ball Path Way, Wid WA8 – 1C 119
Ball's Rd. Birk L43 – 2A 84
Ball's Rd E. Birk L41 – 2B 84
Ball St. St H WA9 – 2B 38
Balmer St. St H WA9 – 2C 55
Balmoral Av. Cro L23 – 1C 17
Balmoral Av. St H WA9 – 2A 56
Balmoral Rd. L6 – 1B 68
Balmoral Rd. L9 – 1B 30
Balmoral Rd. Mag L31 – 4B 4
Balmoral Rd. Wal L45 – 1A 42
Balmoral Rd. Wid WA8 – 3D 97
Balm St. L7 – 2A 68
Balsham Clo. L25 – 2B 114
Baltic Rd. Boo L20 – 3C 29
Baltic St. L4 – 2D 45
Baltimore St. L1 – 3C 67
Bamber St. L7 – 2D 67
Bampton Rd. L16 – 3B 70
Banastre St. L3 – 1B 66
Banbury Av. L25 – 4B 92
Banbury Way. Birk L43 – 4C 83
Bancroft Clo. L25 – 2B 114
Bancroft Rd. Wid WA8 – 4B 98

145

Bangor Rd. Wal L45 – 3B 40
Bangor St. L5 – 3B 44
Bankburn Rd. L13 – 3C 47
Bank Dene. Birk L42 – 2D 107
Bankes La. Run WA7 – 1A 136
(Weston Point)
Bankes La. Run WA7 – 2B 136
(Weston)
Bankfield Rd. L13 – 3D 47
Bankfield Rd. Wid WA8 – 4A 96
Bankfield St. L20 – 1A 44
Bankhall La. L20 – 1B 44
Bankhall St. L20 – 1B 44
Bankland Rd. L13 – 4D 47
Bank La. Mell L31 & Kir L33 –
2B 12
Bank Rd. Boo L20 – 3C 29
Bankside Rd. Birk L42 – 2D 107
Bank's La. L19 – 1B 126
Bank's La. L24 – 2D 127
Bank's Rd. L19 – 4B 112
Bank's Rd. Hes L60 – 4A 122
Bank's Rd. W Kir L48 – 4A 78
Banks, The. Wal L45 – 2C 41
Bank St. Birk L41 – 1C 85
Bank St. St H WA10 – 3C 37
Bank St. Wid WA8 – 4D 119
Bank's Way. L19 – 1B 126
Bankville Rd. Birk L42 – 3C 85
Banner Hey. Whis L35 – 2B 74
Bannerman St. L7 – 3B 68
Banner St. L15 – 4C 69
Banner St. St H WA10 – 3C 37
Banning Clo. Birk L41 – 4B 64
Banstead Gro. L15 – 4A 70
Barbara Av. Kir L10 – 4A 22
Barberi Gdns. St H WA9 – 2B 56
Barber St. St H WA9 – 2A 38
Barbour Dri. Orr L20 – 1A 30
Barcombe Rd. Barn L60 – 3D 123
Bardley Cres. Tar L35 – 4D 73
Bardon Clo. L20 – 2B 92
Bardsay Rd. L4 – 1D 45
Barford Clo. Birk L43 – 1A 82
Barford Rd. L25 – 3A 114
Barford Rd. Kno L36 – 3C 51
Barkbeth Rd. Huy L36 – 3A 50
Barkbeth Wlk. Huy L36 – 4B 50
Barkeley Dri. Cro L21 – 1B 28
Barker La. Gre L49 – 4B 80
Barker Rd. Irby L61 – 3D 103
Barker's Hollow Rd. Pres B & Dut
WA4 – 1B 140
Barkerville Clo. L13 – 2B 46
Barkhill Rd. L17 – 1D 111
Bark Rd. Lith L21 – 3B 18
Barleyfield. Pen L61 – 1A 122
Barlow Av. Beb L63 – 3D 107
Barlow Gro. St H WA9 – 4D 39
Barlow La. L4 – 1C 45
Barlow's La. L9 – 3B 20
Barlow St. L4 – 1C 45
Barmouth Rd. Wal L45 – 3C 41
Barmouth St. L5 – 3B 44
Barnacre La. Mor L46 – 1A 80
Barnard Rd. Birk L43 – 2A 84
Barncroft Pl. Cro L23 – 3C 7
Barn Croft Rd. Hal L26 – 2D 115
Barndale Rd. L18 – 2D 89
Barnes Clo. Wid WA8 – 4B 98
Barnes Dri. Lyd L31 – 2B 4
Barnes Grn. Poul L63 – 2B 124
Barnes Rd. Wid WA8 – 4B 98
Barnes St. L6 – 4A 46
Barnet Clo. L7 – 4B 68
Barnfield Av. Run WA7 – 1D 139
Barnfield Clo. L12 – 2A 48
Barnfield Clo. Orr L30 – 1C 19
Barnfield Dri. L12 – 2A 48
Barnham Clo. L24 – 4A 114

Barnham Dri. L16 – 4C 71
Barn Hey Cres. Hoy L47 – 4D 59
Barn Hey Rd. L12 – 3A 48
Barn Hey Rd. Kir L33 – 2D 23
Barnhurst Clo. L16 – 4C 71
Barnhurst Rd. L16 – 4C 71
Barnmeadow Rd. L25 – 1A 92
Barnsbury Rd. L4 – 4C 31
Barnsdale Av. Thing L61 – 3A 104
Barnstaple Gro. St H WA9 – 3C 57
Barnston La. Mor L46 – 3C 61
Barnston Rd. L9 – 4A 20
Barnston Rd. Thing & Barn L61,
Barn & Gay L60 – 3A 104 to
4C 123
Barnston Towers Clo. Barn L60 –
4D 123
Barn St. Wid WA8 – 3D 119
Barnton St. Lith L21 – 1D 29
Barnwell Av. Wal L44 – 4A 42
Barnwood Rd. Huy L36 – 1A 72
Baroncroft Rd. L25 – 3D 91
Barons Hey. L28 – 2D 49
Barows Clo. Wid WA8 – 1B 118
Barren Gro. Birk L43 – 2A 84
Barrington Rd. L15 – 1C 89
Barrington Rd. Wal L44 – 1B 64
Barrow Clo. L12 – 4D 33
Barrowfield Rd. Ecc WA10 – 1A 36
Barrows Cotts. Whis L35 – 1C 75
Barrow's Grn La. Wid WA8 – 4C 99
Barrow's Row. Wid WA8 – 3A 98
Barrow St. St H WA10 – 3D 37
Barr St. L20 – 2B 44
Barrymore Rd. L13 – 1D 69
Barrymore Rd. Run WA7 – 1C 137
Barrymore Way. Beb L63 – 4C 125
Barry Pl. L4 – 2C 45
Bartlam St. L3 – 2C 67
Bartlegate Clo. Run WA7 – 2C 139
Bartlett St. L15 – 4C 69
Barton Clo. St H WA10 – 2D 37
Barton Hey Dri. Cal L48 – 3C 100
Barton Rd. Hoy L47 – 1A 78
Barton St. L3 – 1A 66
Barwell Av. St H WA11 – 1B 38
Barwise St. L3 – 1C 67
Base Tree Clo. Wid WA8 – 4D 97
Basil Clo. L16 – 3C 71
Basildon Clo. St H WA9 – 2C 55
Basil Rd. L16 – 4C 71
Basing St. L19 – 3A 112
Baskervyle Rd. Gay L60 – 4C 123
Baslow Wlk. L7 – 3A 68
Basnett St. L1 – 2B 66
Bassenthwaite Av. Birk L43 –
1B 82
Bassenthwaite Av. Kir L33 – 4C 13
Bassenthwaite Av. St H WA11 –
3B 26
Basset Way. L27 – 1B 92
Batchelor St. L2 – 2B 66
(in two parts)
Bates Cres. St H WA10 – 1B 54
Batey Av. Rain L35 – 4A 54
Bath St. L3 – 2A 66
Bath St. Beb L62 – 4A 108
Bath St. Cro L22 – 3C 17
Bath St. St H WA10 – 3D 37
Bath St. Wid WA8 – 2A 120
Bathurst Rd. L19 – 3A 112
Batley St. L13 – 1D 69
Battenburg St. L7 – 2A 68
Battery Clo. L17 – 4B 88
Baucher Dri. Orr L20 – 4C 19
Baxter Clo. Run WA7 – 4B 134 &
4C 135
Baxter's La. St H WA9 – 1B 56
Baycliffe Clo. Run WA7 – 2A 138
Baycliff Rd. L12 – 1C 49

Bayfield Rd. L19 – 2D 111
Bayhorse La. L3 – 2D 67
Bayswater Gdns. Wal L45 – 2C 41
Bayswater Rd. Wal L45 – 3B 40
Baythorne Rd. L4 – 4D 31
Baytree Rd. Birk L42 – 3C 85
Baytree Rd. Fra L48 – 4D 79
Beach Bank. Cro L22 – 2B 16
Beachcroft Rd. Hoy L47 – 3C 59
Beach Gro. Wal L45 – 2B 42
Beach Lawn. Cro L22 – 2B 16
Beach Rd. Lith L21 – 3D 17
Beach Wlk. W Kir L48 – 1A 100
Beacon Ct. L5 – 3D 45
Beacon Dri. Gra L48 – 4B 78
Beacon Gro. St H WA11 – 1C 39
Beacon La. L5 – 3D 45
Beacon La. Hes L60 – 4B 122
Beaconsfield. Pres L34 – 3C 53
Beaconsfield Clo. Birk L42 – 3C 85
Beaconsfield Cres. Wid WA8 –
3D 97
Beaconsfield Gro. Wid WA8 –
3A 98
Beaconsfield Rd. L9 – 3B 30
Beaconsfield Rd. L25 – 3C 91
Beaconsfield Rd. Beb L62 – 2A 108
Beaconsfield Rd. Cro L21 – 4D 17
Beaconsfield Rd. Run WA7 –
3C 131
Beaconsfield Rd. Wid WA8 – 3A 98
Beaconsfield St. L8 – 1A 88
Beaconsfield Rd. St H WA10 –
1B 36
Beamish St. L8 – 2D 87
Beamont St. Wid WA8 – 4D 119
Beatrice Rd. Beb L63 – 2C 107
Beatrice St. L5 – 4C 45
Beatrice St. Boo L20 – 4D 29
Beatty Clo. Cal L48 – 3C 100
Beatty Clo. Whis L35 – 2C 75
Beatty Rd. L13 – 1D 69
Beauclair Dri. L15 – 4A 70
Beaufort Clo. Run WA7 – 4A 132
Beaufort Clo. Wid WA8 – 1D 117
Beaufort Dri. Wal L44 – 4C 41
Beaufort Rd. Birk L41 – 2D 63
Beaufort St. L8 – 1C & 2C 87
Beaumaris Dri. Thing L61 – 3A 104
Beaumaris Rd. Wal L45 – 3B 40
Beaumaris St. L20 – 1A 44
Beaumont Av. St H WA10 – 2B 36
Beaumont Dri. Ain L10 – 2C 21
Beaumont Gro. L8 – 4A 68
Beaumont St. L8 – 4A 68
Beau St. L3 – 1C 67
Beaver Gro. L9 – 1C 31
Bebington Rd. Beb L63 & L62 –
3D 107 & 2A 108
Bebington Rd. Birk L42 – 4C 85
Bechers. Wid WA8 – 3A 96
Beckenham Av. L18 – 2D 89
Beckenham Rd. Wal L45 – 1A 42
Becket St. L4 – 2C 45
(in two parts)
Beckett Gro. Beb L63 – 3B 106
Beck Gro. Cro L23 – 2A 8
Beck Gro. St H WA11 – 3C 27
Beckingham Clo. Birk L41 – 4B 64
Beck Rd. Boo L20 – 1D 29
Beckwith Clo. Birk L41 – 4B 64
Beckwith St. Birk L41 – 4A 64
Beckwith St E. Birk L41 – 4C 65
Becky St. L6 – 3A 46
Becontree Clo. L12 – 4B 48
Bective St. L7 – 4B 68
Bedale Wlk. Kir L33 – 4D 13
Bedburn Dri. Huy L36 – 1A 72
Bedford Av. Birk L42 – 4C 85

Bedford Av. Mell L31 – 2C 11
Bedford Clo. L7 – 3D 67
Bedford Clo. Huy L36 – 1D 73
Bedford Ct. Birk L42 – 4D 85
Bedford Dri. Birk L42 – 4C 85
Bedford Pl. Birk L42 – 4D 85
Bedford Pl. Boo L20 – 4C 29
Bedford Pl. Cro L21 – 4D 17
(in two parts)
Bedford Rd. Birk L42 – 4D 85
Bedford Rd. Boo L20 & L4 – 4D 29
to 4B 30
Bedford Rd. Wal L45 – 2A 42
Bedford St. St H WA9 – 4B 38
Bedford St N. L7 – 3D 67
Bedford St S. L7 – 4D 67
Bedford Wlk. L7 – 4D & 3D 67
Beecham Clo. Huy L36 – 2C 73
Beech Av. Cro L23 – 3D 7
Beech Av. Ecc L34 – 2D 53
Beech Av. Mell L31 – 1A 22
Beech Av. Pen L61 – 4D 103
Beech Av. St H WA9 – 4B 56
Beech Av. Upt L49 – 1C 81
Beechbank Rd. L18 – 2C 89
Beechburn Cres. Huy L36 – 1A 72
Beechburn Rd. Huy L36 – 1A 72
Beech Clo. Kir L32 – 1B 22
Beechcroft Rd. Wal L44 – 2B 64
Beechdale Rd. L18 – 2D 89
Beechdene Rd. L4 – 2A 46
Beechfield. Mag L31 – 4C 5
Beechfield Clo. Hes L60 – 4B 122
Beechfield Rd. L18 – 2B 90
Beech Grn. L12 – 2A 48
Beech Gro. L9 – 1C 31
Beech Gro. Cro L21 – 1B 28
Beech Gro. Orr L30 – 2D 19
Beechill Clo. L25 – 2B 92
Beech La. L18 – 2B 90
Beech Lawn. L19 – 2D 111
Beech Pk. L12 – 3A 48
Beech Rd. L4 – 4C 31
Beech Rd. Barn L60 – 3D 123
Beech Rd. Beb L63 – 2D 107
Beech Rd. Birk L42 – 2B 84
Beech Rd. Huy L36 – 3C 73
Beech Rd. Run WA7 – 4B 132
Beech Rd. Sut W WA7 – 3C 139
Beech St. L7 – 2B 68
Beech St. Boo L20 – 2D 29
Beech St. St H WA10 – 1B 54
Beech Ter. L7 – 2B 68
Beech Ter. Wid WA8 – 1D 131
Beechtree Rd. L15 – 3A 70
Beechurst Clo. L25 – 2A 92
Beechurst Rd. L25 – 2A 92
Beechwalk, The. L14 – 4A 48
Beechway. Beb L63 – 1A 124
Beechway, The. Mell L31 – 4D 5
Beechwood Av. Hal L26 – 2C 115
Beechwood Av. Run WA7 – 1D 137
to 2B 138
Beechwood Av. Wal L45 – 3C 41
Beechwood Clo. L19 – 2D 111
Beechwood Ct. Mag L31 – 4C 5
Beechwood Gro. Pres L35 – 4C 53
Beechwood Rd. L19 – 2D 111
Beechwood Rd. Beb L62 – 3C 125
Beechwood Rd. Lith L21 – 1C 29
Beeley Wlk. L7 – 3A 68
Beerbolt Clo. Kir L32 – 4B 12
Beesley Rd. Pres L34 – 3A 52
Beeston Clo. Birk L43 – 1B 82
Beeston Dri. Pen L61 – 4D 103
Beeston Gro. L19 – 2D 111
Beeston St. L4 – 1C 45
Beetham Ho. Kir L33 – 3C 13
Beldon Cres. Huy L36 – 1A 72
Belfast Rd. L13 – 1A 70
Belfield Cres. Huy L36 – 3C 73

Belfield Dri. Birk L43 – 3A 84
Belford Dri. Mor L46 – 3A 60
Belfort Rd. L25 – 2A 92
Belgrave Av. Wal L44 – 4B 42
Belgrave Rd. L17 – 3A 88
Belgrave Rd. Cro L21 – 4D 17
Belgrave St. Wal L44 – 4A 42
Belgrave Ter. L6 – 4D 45
Belhaven Rd. L18 – 2D 89
Bellair Av. Cro L23 – 4D 7
Bellairs Rd. L11 – 1C 47
Bellamy Rd. L4 – 4A 30
Bellefield Av. L12 – 3A 48
Belle Vale Rd. L25 – 2A 92
Belle Vue Rd. L25 – 2A 92
Bellevue Rd. Wal L44 – 2C 65
Bellew Rd. L11 – 2D 47
Bellfield Cres. Wal L45 – 2D 41
Bellgreen Rd. L11 – 4B 32
Bell Ho Rd. Wid WA8 – 1B 120
Bell La. Rain L35 & St H WA9 –
2D 77
Bellmore St. L19 – 3A 112
Bell Rd. Wal L44 – 1C 65
Bells Clo. Lyd L31 – 2A 4
Bells La. Alt & Lyd L31 – 2A 4
Bell St. L13 – 1D 69
Belmont. Birk L41 – 2B 84
Belmont Av. Beb L62 – 3C 125
Belmont Dri. L6 – 4B 46
Belmont Dri. Barn L61 – 1C 123
Belmont Gro. L6 – 4A 46
Belmont Gro. Birk L43 – 2B 84
Belmont Pl. L19 – 3B 112
Belmont Rd. L6 – 3A 46
Belmont Rd. Wal L45 – 1A 42
Belmont Rd. W Kir L48 – 3A 78
Belmont Rd. Wid WA8 – 4C 99
Belmont St. St H WA10 – 3B 36
Belmont View. L6 – 4A 46
Beloe St. L8 – 3D 87
Beloe Wlk. L8 – 3D 87
Belper St. L19 – 3A 112
Belston Rd. L16 – 4B 70
Belton Rd. Huy & Kno L36 – 3B 50
Belvedere Av. St H WA9 – 3B 56
Belvidere Pk. Cro L23 – 1C 17
Belvidere Rd. L8 – 2A 88
Belvidere Rd. Cro L23 – 1C 17
Belvidere Rd. Wal L45 – 3D 41
Belvoir Rd. L18 – 1B 112
Belvoir Rd. Wid WA8 – 4A 98
Benbow St. Boo L20 – 4C 29
Benedict St. Boo L20 – 4D 29
Benmore Rd. L18 – 4D 89
Bennet's La. Hoy L47 – 2C 59
Bennett's Hill. Birk L43 – 3A 84
Bennetts La. Wid WA8 – 1C 121
Bennett St. L19 – 3A 112
Bennett Wlk. Pen L61 – 1A 122
Ben Nevis Rd. Birk L42 – 4B 84
Bennison Dri. L19 – 2D 111
Benson St. L1 – 3C 67
Bentfield Clo. Beb L63 – 3B 106
Bentfield Gdns. Beb L63 – 3B 106
Bentham Clo. Birk Y43 – 3C 83
Bentham Dri. L16 – 3B 70
Bentinck Clo. Birk L41 – 1B 84
Bentinck Ct. Birk L41 – 1B 84
Bentinck Pl. Birk L41 – 1B 84
Bentinck St. L5 – 3A 44
Bentinck St. Birk L41 – 1B 84
(in two parts)
Bentinck St. Run WA7 – 1D 131
Bentinck St. St H WA9 – 4B 38
Bentley Rd. L8 – 1A 88
Bentley Rd. Birk L43 – 2A 84
Bentley Rd. Irby L61 – 3D 103
Bentley St. St H WA9 – 4B 56
Bentway. Barn L60 – 3C 123
Benty Clo. Beb L63 – 4C 107

Benwick Rd. Kir L32 – 2A 22
Berbice Rd. L18 – 1A 90
Beresford Av. Beb L63 – 3D 107
Beresford Rd. L8 – 3D 87
Beresford Rd. Birk L43 – 2D 83
Beresford Rd. Wal L45 – 2D 41
Beresford St. L5 – 4C 45
Beresford St. St H WA9 – 2C 55
Berkeley Av. Birk L43 – 4C 83
Berkeley Dri. Wal L45 – 2B 42
Berkeley Rd. Cro L23 – 3B 6
Berkeswell Rd. L11 – 1A 48
Berkley Av. L12 – 1C 49
Berkley St. L8 – 4D 67 & 1D 87
Bermuda Rd. Mor L46 – 3B 60
Bernard Av. Wal L45 – 2B 42
Berner's Rd. L19 – 2A 112
Berner St. Birk L41 – 4B 64
Berrington Av. L25 – 4D 91
Berrington's La. St H WA11 –
3A 26
Berry Hill Rd. Kno L34 – 3D 35
Berrylands Clo. Mor L46 – 2C 61
Berrylands Rd. Mor L46 – 2B 60
Berry Rd. Wid WA8 – 1B 118
Berrys La. St H WA9 – 1C 57
Berry St. L1 – 3C 67
Berry St. Boo L20 – 3C & 4C 29
Bertha St. Birk L41 – 3D 63
Bertram Dri. Hoy L47 – 4B 58
Bertram Dri N. Hoy L47 – 3C 59
Bertram Rd. L17 – 2B 88
Berwick Clo. Birk L43 – 1A 82
Berwick Clo. Mor L46 – 3A 60
Berwick Dri. Cro L23 – 3B 6
Berwick St. L6 – 1A 68
Berwyn Av. Hoy L47 – 4B 58
Berwyn Av. Thing L61 – 3D 103
Berwyn Boulevd. Beb L63 – 2C 107
Berwyn Dri. Pen L61 – 2B 122
Berwyn Gro. St H WA9 – 3D 39
Berwyn Rd. L4 – 1B 46
Berwyn Rd. Wal L44 – 4B 42
Beryl Rd. Birk L43 – 2B 82
Beryl St. L13 – 2D 69
Beryl Wlk. Kir L10 – 4A 22
Besford Rd. L25 – 1A 92
Bessborough Rd. Birk L43 – 2A 84
Bessbrook Rd. L17 – 4C 89
Bessemer St. L8 – 2D 87
Beta Clo. Beb L62 – 2A 108
Bethany Cres. Beb L63 – 4D 107
Bevan's La. L12 – 2B 48
Beverley Dri. Gay L60 – 4C 123
Beverley Gdns. Thing L61 – 3A 104
Beverley Rd. L15 – 1D 89
Beverley Rd. Beb L62 – 2A 108
Beverley Rd. Wal L45 – 3D 41
Beversbrook Rd. L11 – 4C 33
Bevington Bush. L3 – 1B 66
Bevington Hill. L3 – 4B 44
Bevington St. L3 – 4B 44
Bevin La. L8 – 1C 87
Bewley Dri. Kir L32 – 3B 22
Bewsey St. St H WA10 – 1B 54
Bexhill Clo. L24 – 1A 128
Bianca St. Boo L20 – 4D 29
Bibbys La. Boo L20 – 2C 29
Bickerstaffe St. L3 – 1C 67
Bickerstaffe St. St H WA10 –
3D 37
Bickerton Av. Beb L63 – 1C 107
Biddy St. L13 – 1D 69
Bideford Av. St H WA9 – 4B 56
Bidston Av. Birk L41 – 4C 63
Bidston Av. St H WA11 – 2C 39
Bidston Av. Wal L45 – 3C 41
Bidston By-Pass. – 2B 62
Bidston Link Rd. 2B 62
Bidston Rd. L4 – 1A 46
Bidston Rd. Birk L43 – 1C 83

Bidston Sta. App. Birk L43 – 2B 62
Bidston Village Rd. Birk L43 – 3A 62
Bidston Way. St H WA11 – 1C 39
Bigdale Dri. Kir L33 – 1D 23
Bigham Rd. L6 – 1B 68
Big Meadow Rd. Upt L49 – 3D 81
Billinge Cres. St H WA11 – 1C 39
Billingham Rd. St H WA9 – 2B 54
Bilston Rd. L17 – 1C 111
Bilton Clo. Wid WA8 – 4C 99
Bingley Rd. L4 – 2A 46
Binns Rd. L7 & L13 – 2C 69
Birbeck Rd. Kir L33 – 1A 24
Birbeck Wlk. Kir L33 – 1A 24
Birchall St. L20 – 2B 44
Birch Av. St H WA10 – 4A 26
Birchcliffe Rd. Birk L42 – 4D 85
Birch Clo. Birk L43 – 3A 84
Birch Clo. Mag L31 – 4C 5
Birch Clo. Whis L35 – 4C 53
Birchdale Rd. L9 – 2C 31
Birchdale Rd. Cro L22 – 2C 17
Birchen Rd. Hal L26 – 2D 115
Birches Clo. Hes L60 – 3B 122
Birchfield. Mor L46 – 4B 60
Birchfield Av. Wid WA8 – 4D 97
Birchfield Clo. L7 – 2C 69
Birchfield Clo. Mor L46 – 4B 60
Birchfield Rd. L4 – 4B 30
Birchfield Rd. L7 – 2C 69
Birchfield Rd. Wid WA8 – 2D 97
Birchfield St. L3 – 1C 67
Birchfield St. St H WA9 – 2B 54
Birchfield Way. Lyd L31 – 1A 4
Birch Gdns. St H WA10 – 4A 26
Birch Gro. Huy L36 – 2B 72
Birch Gro. Pres L35 – 4C 53
Birch Gro. Wal L45 – 2B 42
Birch Heys. Fra L48 – 1D 101
Birchill Rd. Kir L33 – 2B 24
Birchley Av. Bill WN5 – 1D 27
Birchley Rd. St H WA11 & Bill WN5 – 1C 27
Birchley St. St H WA10 – 2D 37
Birchley View. St H WA11 – 1C 27
Birchmuir Hey. Kir L32 – 2C 23
Birchover Wlk. L7 – 3A 68
Birchridge Clo. Beb L62 – 2C 125
Birch Rd. Beb L63 – 4A 108
Birch Rd. Birk L43 – 3A 84
Birch Rd. Hoy L47 – 4C 59
Birch Rd. Huy L36 – 3C 73
Birch Rd. Run WA7 – 3A 132
Birch Rd. Wid WA8 – 3A 98
Birch St. L5 – 3A 44
Birch Tree Av. St H WA11 – 3B 26
Birchtree Rd. L17 – 3C 89
Bird St. L7 – 4B 68
Birdwood Rd. L11 – 2D 47
Birkdale Rd. Wid WA8 – 2A 98
Birkenhead Rd. Hoy L47 – 4B 58
Birkenhead Rd. Wal L44 – 2C 65
Birkenshaw Av. Cro L23 – 4A 6
Birket Av. Mor L46 – 1D 61
Birket Clo. Mor L46 – 1D 61
Birket Sq. Mor L46 – 1D 61
Birkett Rd. Birk L42 – 1C 107
Birkett Rd. W Kir L48 – 3A 78
Birkett St. L3 – 1C 67
Birkin Clo. Kir L32 – 3D 23
Birkin Rd. Kir L32 – 3D 23
Birkin Wlk. Kir L32 – 3D 23
Birnam Dri. Rain L35 – 2B 76
Birnam Rd. Wal L44 – 1B 64
Birstall Av. St H WA11 – 1B 38
Birstall Rd. L6 – 1A 68
Birtle Croft. Kno L28 – 2A 50
Bishopdale Dri. Rain L35 – 1C 77
Bishop Dri. Whis L35 – 3B 74

Bishopgate St. L15 – 4C 69
Bishop Rd. L6 – 2B 46
Bishop Rd. St H WA10 – 2C 37
Bishop Rd. Wal L44 – 2A 64
Bishops Ct. L25 – 4A 92
Bishops Way. Wid WA8 – 3B 98
Bisley St. L15 – 4C 69
Bisley St. Wal L45 – 4A 42
Bispham Dri. Hoy L47 – 4C 59
Bittern St. L3 – 3C 67
Bixteth St. L3 – 2B 66
Blackbrook Rd. St H WA11 – 2C 39
Blackburne Av. Wid WA8 – 4A 118
Blackburne Dri. L25 – 2B 114
Blackburne Pl. L8 – 4D 67
Blackburne St. L8 – 4D 67
Blackburne St. L19 – 1B 126
Black Denton's Pl. Wid WA8 – 1B 120
Blackdown Gro. St H WA9 – 4C 39
Blackfield St. L5 – 3C 45
Blackheath Dri. Mor L46 – 1D 61
Black Horse Hill. Gra L48 – 4B 78
Black Horse La. L13 – 1A 70
Black Horse Pl. L13 – 1A 70
Blackhorse St. St H WA9 – 2B 38
Blackhurst Rd. Lyd L31 – 1B 4
Blacklock Hall Rd. L24 – 1B 128
Blacklow Brow. Huy L36 – 2B 72
Blackmoor Dri. L12 & L14 – 3B 48
Blackpool St. Birk L41 – 1C 85
Blackrod Av. L24 – 1B 128
Blackstock Ct. Orr L30 – 4C 9
Blackstock St. L3 – 1B 66
Blackstone Av. St H WA11 – 1B 38
Blackstone St. L5 – 3A 44
Blackthorne Clo. Mor L46 – 4D 61
Blackthorne Rd. L4 – 3C 31
Blackwater Rd. L11 – 2D 33
Blackwood Av. L25 – 2D 91
Blair St. L8 – 4C 67
Blair Wlk. Boo L20 – 2C 29
Blair Wlk. Hal L26 – 3D 115
Blaisdon Clo. L11 – 4B 32
Blakeacre Clo. Hal L26 – 3D 115
Blakeacre Rd. Hal L26 – 3D 115
Blake Ct. L19 – 4B 112
Blakefield Rd. Cro L23 – 3A 8
Blakeley Ct. Raby L63 – 4B 124
Blakeley Rd. Raby L63 – 4B 124
Blake St. L3 – 2C 67
Blake St. Boo L20 – 4C 29
Blake Wlk. Boo L20 – 2C 29
Blaking Dri. Kno L34 – 2D 35
Bland Wlk. L6 – 1A 68
Blantyre Rd. L15 – 1C 89
Blantyre St. Run WA7 – 1D 131
Blay Clo. L25 – 1B 114
Blaydon Gro. St H WA9 – 2B 54
Blaydon Wlk. Birk L43 – 1C 83
Bleak Hill Rd. Ecc WA10 & Win WA10 – 1A 36
Bleasdale Av. Ain L10 – 2C 21
Bleasdale Rd. L18 – 2A 90
Bleasdale Way. Lith L21 – 4A 8
Blenheim Av. Lith L21 – 3B 18
Blenheim Rd. L18 – 1D 89
Blenheim Rd. Wal L44 – 3B 42
Blenheim St. L5 – 4B 44
Blessington Rd. L4 – 2D 45
Bletchley Av. Wal L44 – 4D 41
Bligh St. L15 – 4C 69
Blisworth St. Lith L21 – 1C 29
Blomfield Rd. L19 – 2B 112
Blossom St. Boo L20 – 2D 29
Blucher St. Cro L22 – 2B 16
Blue Acre. St H WA9 – 4B 56
Bluebell Av. Birk L41 – 4D 63
Blue Bell La. Huy L36 – 4C 51
Bluestone La. Mag L31 – 4C 5
Blundell Rd. Wid WA8 – 1B 118

Blundellsands Rd. E. Cro L23 – 4B 6
Blundellsands Rd. W. Cro L23 – 1A 16
Blundells Dri. Mor L46 – 3C 61
Blundell's La. Whis & Rain L35 – 2D 75
Blundell St. L1 – 4B 66
Blyth Clo. Run WA7 – 2D 139
Blythe Av. Wid WA8 – 2A 98
Blythe Wlk. L6 – 4D 45
Blyth Hey. Orr L30 – 4B 8
Blyth Rd. Beb L63 – 4C 125
Blythswood St. L17 – 3A 88
Boaler St. L6 – 1A 68
Boardsmans La. St H WA11 & St H WA9 – 2C 39
Bobbies La. Ecc WA10 – 3A 36
Bodden St. St H WA9 – 4B 56
Bodley St. L4 – 2D 45
Bodmin Clo. Run WA7 – 1C 139
Bodmin Gro. St H WA11 – 4D 27
Bodmin Rd. L4 – 4B 30
Bodmin Way. Hal L26 – 1C 115
Bodnant St. L5 – 4C 45
Bognor Clo. L24 – 4A 114
Bolan St. L13 – 1D 69
Bolde Way. Poul L63 – 3B 124
Bold Pl. L1 – 3C 67
Bold Rd. St H WA9 – 2D 57
Bold St. L1 – 3C 67
Bold St. Run WA7 – 1A & 2A 132
Bold St. St H WA10 – 3D 37
Bold St. Wid WA8 – 3D 119
Bolesworth St. L7 – 2B 68
Bolton Av. Kir L32 – 1B 22
Bolton Clo. St H WA9 – 3B 38
Bolton Rd. Beb L62 – 4A 108
Bolton Rd E. Beb L62 – 3B 108
Bolton St. L3 – 2C 67
Bolton St. St H WA9 – 2A, 2B & 3B 38
Bolton Wlk. Kir L32 – 1B 22
Bond St. L3 – 4B 44
Bond St. Pres L34 – 3C 53
Bonnington Av. Cro L23 – 3B 6
Bonshall Rd. L12 – 3A 48
Boode Croft. Kno L28 – 1A 50
Booker Av. L18 – 1A 112
Booth St. L13 – 1D 69
Booth St. St H WA9 – 2B 54
Borax Rd. L13 – 2D 69
Border Rd. Barn L60 – 3C 123
Borella Rd. L13 – 3D 47
Borough Pavement. Birk L41 – 1C 85
Borough Pl. Birk L41 – 1C 85
Borough Rd. Birk L42 & L41 – 1B 106 to 1C 85
Borough Rd. St H WA10 – 4C 37
Borough Rd. Wal L44 – 1C & 2C 65
Borough Rd E. Birk L41 – 1C 85
Borrowdale Rd. L15 – 1C 89
Borrowdale Rd. Beb L63 – 1A 124
Borrowdale Rd. Mor L46 – 4C 61
Borrowdale Rd. St H WA10 – 2A 54
Borrowdale Rd. Wid WA8 – 1B 118
Boscow Cres. St H WA9 – 2B 56
Bostock St. L5 – 3C 45
Boston Av. Run WA7 – 3A 132
Boswell Rd. Birk L43 – 1D 105
Boswell St. L8 – 4A 68
Boswell St. Boo L20 – 1C 29
Bosworth Clo. Poul L63 – 2A 124
Bosworth Rd. St H WA11 – 1B 38
Botanic Gro. L7 – 2B 68
Botanic Pl. L7 – 2B 68
Botanic Rd. L7 – 2B 68
Boulton Av. Beb L62 – 1A 108
Boulton Av. Gra L48 – 3A 78

148

Boundary Dri. L25 – 2B 114
Boundary Dri. Cro L23 – 3B 6
Boundary Farm Rd. Hal L26 –
3C 115
Boundary La. L6 – 4A 46
Boundary La. Hes L60 – 4C 123
Boundary La. Kir L33 – 1C 25
Boundary Rd. Beb L62 – 2A 108
Boundary Rd. Birk L43 – 3B 62
Boundary Rd. Gra L48 – 1B 100
Boundary Rd. Huy L36 – 3D 73
Boundary Rd. Orr L30 & Lith L21 –
2C 19
Boundary Rd. St H WA10 – 3C 37
Boundary St. L5 – 3A to 3B 44
Boundary St E. L5 – 3C 45
Boundary Wlk. Huy L36 – 4D 73
Bournemouth Clo. Run WA7 –
1D 139
Bourne St. L6 – 1A 68
Bourne St. St H WA9 – 4A 38
Bourton Rd. L25 – 3A 114
Bowden Rd. L19 – 3A 112
Bowden Rd. Wal L45 – 3D 41
Bowden St. Lith L21 – 1C 29
Bower Gro. Cro L21 – 4D 17
Bower Rd. L25 – 2D 91
Bower Rd. Barn L60 – 4D 123
Bower Rd. Huy L36 – 4C 51
Bower St. Wid WA8 – 1A 120
Bowfield Rd. L19 – 2A 112
Bowland Av. L16 – 3C 71
Bowland Av. St H WA9 – 1D 77
Bowland Clo. Run WA7 – 2A 138
Bowland Dri. Lith L21 – 4A 8
Bowles St. Boo L20 – 1B 28
Bowley Rd. L13 – 4D 47
Bowman St. L8 – 2D 87
Bowness Av. Birk L43 – 4D 83
Bowness Av. St H WA11 – 3C 27
Bowood St. L8 – 3D 87
Bowring Clo. L8 – 2D 87
Bowring Pk Av. Huy L16 – 2D 71
Bowring Pk Rd. L14 – 2C 71
Bowscale Rd. L11 – 4B 32
Boxdale Rd. L18 – 2D 89
Boxmoor Rd. L18 – 4D 89
Boycott St. L5 – 3A 46
Boyd Clo. Mor L46 – 1A 62
Boydell Clo. Kno L28 – 2A 50
Boyer Av. Mag L31 – 2B 10
Boyes's Brow. Kir L33 – 4C 13
Boyton Ct. L7 – 4B 68
Brabant Rd. L17 – 1C 111
Braby Rd. Lith L21 – 1D 29
Brack Clo. L6 – 4D 45
Brackendale. Run WA7 – 3C 133
Brackendale Av. L9 – 4A 20
Bracken Dri. Gra L48 – 4C 79
Brackenhurst Dri. Wal L45 – 2B 42
Bracken La. Beb L63 – 4B 106
Brackenside. Hes L60 – 2B 122
Bracken Way. L12 – 3A 48
Brackenwood Rd. Beb L63 –
1A 124
Brackley Av. Boo L20 – 2C 29
Brackley Clo. Boo L20 – 2C 29
Brackley Clo. Wal L44 – 1D 63
Brackley Ct. Boo L20 – 2C 29
Brackley St. Run WA7 – 2D 131
Bracknell Av. Kir L32 – 3C 23
Bracknell Clo. Kir L32 – 3C 23
Brack Wlk. L6 – 4D 45
Bradbury St. L6 – 1D 67
Bradda Clo. Upt L49 – 4D 61
Braddan Av. L13 – 3C 47
Bradden Clo. Poul L63 – 2B 124
Bradewell Clo. L4 – 1C 45
Bradewell St. L4 – 1C 45
Bradfield Av. Ain L10 – 1B 20
Bradfield St. L7 – 2B 68

Bradkirk Ct. Orr L30 – 4C 9
Bradley Pass. Wid WA8 – 1A 120
Bradley Rd. Lith L21 – 3A 18
Bradman Rd. Kir L33 – 1B 24
Bradman Rd. Mor L46 – 2B 60
Bradmoor Rd. Beb L62 – 3D 125
Bradshaw Pl. L6 – 1D 67
Bradshaw St. Wid WA8 – 4D 97
Bradshaw Wlk. Boo L20 – 2C 29
Bradville Rd. L9 – 4B 20
Bradwell Clo. Gra L48 – 4C 79
Braehaven Rd. Wal L45 – 2B 42
Braemar St. L20 – 4A 30
Braemore Rd. Wal L44 – 4D 41
Braeside Gdns. Upt L49 – 1D 81
Brae St. L7 – 2A 68
Braid St. Birk L41 – 3B 64
Brainerd St. L13 – 4C 47
Braithwaite Clo. Run WA7 –
1D 137
Bramberton Pl. L4 – 4D 31
Bramberton Rd. L4 – 4D 31
Bramble Av. Birk L41 – 4D 63
Bramble Way. Mor L46 – 2C 61
Bramble Way. Run WA7 – 2A 138
Brambling Clo. Run WA7 – 2B 138
Bramcote Av. St H WA11 – 1B 38
Bramcote Clo. Kir L33 – 4D 13
Bramcote Rd. Kir L33 – 4D 13
Bramcote Wlk. Kir L33 – 4D 13
Bramhall Clo. L24 – 2C 129
Bramhall Rd. Cro L22 – 3C 17
Bramley Av. Beb L63 – 2C 107
Bramley Wlk. L24 – 2B 128
Bramley Way. Kir L32 – 1B 22
Brampton Av. St H WA11 – 2C 27
Bramwell Av. Birk L43 – 1D 105
Bramwell St. St H WA9 – 2C 39
Brancote Gdns. Beb L62 – 4D 125
Brancote Rd. Birk L43 – 1D 83
Brandearth Hey. Kno L28 – 2A 50
Brandon. Wid WA8 – 4A 96
Brandon Clo. Hale L24 – 3A 130
Brandon St. Birk L41 – 1D 85
Branker Av. Rain L35 – 4A 54
Branstree Av. L11 – 3B 32
Bran St. L8 – 2C 87
Branthwaite Clo. L11 – 4B 32
Branthwaite Cres. L11 – 4B 32
Branthwaite Gro. L11 – 4B 32
Brasenose Rd. Boo L20 & L20 –
4C 29
Brassey St. L8 – 1C 87
Brassey St. Birk L41 – 3A 64
Brattan Rd. Birk L41 – 2B 84
Braunton Rd. L17 – 1C 111
Braunton Rd. Wal L45 – 3A 42
Braybrooke Rd. L11 – 3B 32
Braydon Clo. L25 – 3A 114
Brayfield Rd. L4 – 1C 47
Bray Rd. L24 – 4A 114
Bray St. Birk L41 – 4A 64
Brechin Rd. Kir L33 – 2D 23
Breckfield Pl. L5 – 3D 45
Breckfield Rd N. L5 – 3D 45
Breckfield Rd S. L6 – 4D 45
Breck Pl. Wal L44 – 1D 63
Breck Rd. L5 & L4 – 4D 45
Breck Rd. Wal L44 – 4D 41
Breck Rd. Wid WA8 – 4A 98
Breckside Av. Wal L44 – 4C 41
Breckside Pk. L6 – 3B 46
Brecon Av. Orr L30 – 2D 19
Brecon Rd. Birk L42 – 1B 106
Brecon St. L6 – 1A 68
Breeze Hill. Boo L20 & L9 – 3A 30
Breeze Hill Gdns. Boo L20 – 3A 30
Breeze La. L9 – 3B 30
Brelade Rd. L13 – 4D 47
Bremhill Rd. L11 – 3B 32
Bremner Clo. L7 – 2B 68

Brenda Cres. Thor L23 – 2A 8
Brendale Av. Mag L31 – 1B 10
Brendan's Way. Orr L30 – 1C 19
Brendon Av. Lith L21 – 2D 17
Brendon Gro. St H WA9 – 3D 39
Brendor Rd. L25 – 1A 114
Brenig St. Birk L41 – 4D 63
Brenka Av. Ain L9 – 2A 20
Brentfield. Wid WA8 – 4C 97
Brent Way. Hal L26 – 3D 115
Brentwood Av. L17 – 3B 88
Brentwood Av. Cro L23 – 3D 7
Brentwood St. Wal L44 – 1B 64
Brereton Av. L15 – 4D 69
Brereton Av. Beb L63 – 3D 107
Brereton Clo. Run WA7 – 3D 133
Bretherton Pl. Rain L35 – 4A 54
Bretherton Rd. Pres L34 – 3C 53
Bretlands Rd. Cro L23 – 3A 8
Brett St. Birk L41 – 4A 64
Brewery La. Mell L31 – 1C 21 to
3C 11
Brewster St. L4 & Boo L20 – 4A 30
Brian Av. Irby L61 – 3D 103
Briardale Rd. L18 – 2D 89
Briardale Rd. Beb L63 – 2D 107
Briardale Rd. Birk L42 – 2B 84
Briardale Rd. Wal L44 – 2C 65
Briar Dri. Hes L60 – 4C 123
Briar Dri. Huy L36 – 2B 72
Briarfield Av. Wid WA8 – 1D 117
Briarfield Rd. Gay L60 – 4C 123
Briars La. Mag L31 – 4C 5
Briar St. L4 – 2B 44
Briarwood Rd. L17 – 3C 89
Brickfields. Huy L36 – 2D 73
Brickfields La. L8 – 3C 87
Brick St. L1 – 4B 66 & 4C 67
Brickwall La. Sef L29 – 3C 9
Bride St. L4 – 4B 30
Bridge Ct. Orr L30 – 4C 9
Bridge Ct. W Kir L48 – 3A 78
Bridge Croft. Lith L21 – 1A 18
Bridgecroft Rd. Wal L45 – 3A 42
Bridge Farm Clo. Upt L49 – 3A 82
Bridge Farm Dri. Mag L31 – 4D 5
Bridgeford Av. L12 – 2D 47
Bridge La. Frod WA6 – 4D 137
Bridgeman St. St H WA10 – 3C 37
Bridgenorth Rd. Pen L61 – 1A 122
Bridge Rd. L7 – 3B 68
Bridge Rd. L18 – 3D 89
Bridge Rd. Cro L23 – 1B 16
Bridge Rd. Huy L36 – 2B 72
Bridge Rd. Lith L21 – 4A 18
Bridge Rd. Mag L31 – 2C 11
Bridge Rd. Pres L34 – 4C 53
Bridge Rd. W Kir L48 – 3A 78
Bridges La. Sef L29 & Mag L31 –
2D 9
Bridge St. Beb L62 – 4A 108
(in two parts)
Bridge St. Birk L41 – 4C 65
Bridge St. Boo L20 – 4C 29
Bridge St. Run WA7 – 2A 132
Bridge St. St H WA10 – 3D 37
Bridge St. Wid WA8 – 4D 119
Bridgewater Clo. Lith L21 – 2A 18
Bridgewater Expressway. Run
WA7 – 2C 133
Bridgewater St. L1 – 4B 66
Bridgewater St. Run WA7 – 2D 131
Bridgeway E. Run WA7 – 2B 134
Bridgeway W. Run WA7 – 2A 134
Bridle Av. Wal L44 – 2C 65
Bridle Clo. Beb L62 – 4D 125
Bridle Clo. Birk L43 – 1A 82
Bridle Rd. Beb & East L62 – 4D 125
Bridle Rd. Orr L30 – 4C 19
Bridle Rd. Wal L44 – 2C 65

149

Bridle Rd Industrial Est. Orr L30 – 3D 19
Bridle Way. Orr L30 – 3D 19
Bridport St. L3 – 2C 67
Brierfield Rd. L15 – 1D 89
Briery Hey Av. Kir L33 – 1D 23
Brighton Rd. Cro L22 – 2C 17
Brighton Rd. Huy L36 – 1A 74
Brighton St. Wal L44 – 4C 43
Brighton Vale. Cro L22 – 1A 16
Bright St. L6 – 1D 67
Bright St. Wal L44 – 1C 65
Bright Ter. L8 – 3D 87
Brill St. Birk L41 – 4A 64
Brimstage Av. Beb L63 – 1B 106
Brimstage Clo. Barn L60 – 4D 123
Brimstage La. Stor L63 – 4A 106
Brimstage Rd. L4 – 4A 30
Brimstage Rd. Beb & Poul L63 – 2A 124
Brimstage Rd. Gay & Barn L60 – 4D 123
Brimstage St. Birk L41 – 2B 84
Brindley Clo. Lith L21 – 2A 18
Brindley Rd. Kir L32 – 2B 22
Brindley Rd. Run WA7 – 1D 133
Brindley Rd. St H WA9 – 3C 57
Brindley St. Run WA7 – 2D 131
Brinton Clo. L27 – 1B 92
Brisbane Av. Wal L45 – 1D 41
Brisbane St. St H WA9 – 2C 55
Briscoe Av. Mor L46 – 4D 61
Briscoe Dri. Mor L46 – 4C 61
Bristol Av. Run WA7 – 1A 140
Bristol Av. Wal L44 – 4B 42
Bristol Rd. L15 – 1D 89
Britannia Av. L15 – 4B 68
Britannia Rd. Wal L45 – 4A 42
Britonside Av. Kir L32 – 3D 23
Briton Wood Trading Est. Kir L33 – 3A 24
Brittarge Brow. L27 – 2C 93
Britton St. L8 – 1C 87
Broadbelt St. L4 – 4A 30
Broadgate Av. St H WA9 – 1A 56
Broad Grn Rd. L13 – 1A 70
Broadheath Ter. Wid WA8 – 4B 96
Broad Hey. Cro. L23 – 3A 8
Broadhurst St. L17 – 3A 88
Broad La. L4 – 4A 32
Broad La. L11 – 1C 47
Broad La. Hes L60 – 4A 122
Broad La. Kir L32 – 3D 23
Broad La. St H WA11 – 2C 27
Broadmead. Barn L60 – 4D 123
Broad Oak Av. Hay WA11 – 1D 39
Broadoak Rd. L14 – 1D 71
Broadoak Rd. Mag L31 – 4C 5
Broad Oak Rd. St H WA9 – 3C 39
Broad Pl. L11 – 1D 47
Broad Sq. L11 – 1D 47
Broadstone Dri. Poul L63 – 2A 124
Broad View. L11 – 1D 47
Broadway. L9 – 3B 30
Broadway. L11 – 4A 32
Broadway. Beb L63 – 2B 106
Broadway. Ecc WA10 – 2A 36
Broadway. Gre L49 – 2C 81
Broadway. Run WA7 – 2C 133
Broadway. St H WA10 – 1A 54
Broadway. Wal L45 – 4D 41
Broadway. Wid WA8 – 1D 117
Broadway Av. Wal L45 – 3D 41
Broadwood Av. Mag L31 – 2B 10
Broadwood St. L15 – 4C 69
Brock Av. Mag L31 – 3C 5
Brockenhurst Rd. L9 – 1B 30
Brockholme Rd. L18 – 1A 112
Brocklebank Rd. L19 – 2B 112
Brocklebank St. Boo L20 – 4C 29
Brockley Av. Wal L45 – 1A 42

Brockmoor Tower. L4 – 1C 45
Brock St. L4 – 1C 45
Brodie Av. L18 & L19 – 4D 89 to 2B 112
Bromborough Rd. Beb L63 & L62 – 4A 108
Bromborough Village Rd. Beb L62 – 3D 125
Brome Way. Poul L63 – 2B 124
Bromilow Rd. St H WA9 – 4C 39
Bromley Av. L18 – 2D 89
Bromley Clo. Hes L60 – 4A 122
Bromley Rd. Wal L45 – 2A 42
Brompton Av. L17 – 1B 88
Brompton Av. Cro L23 – 1B 16
Brompton Av. Wal L44 – 4B 42
Brompton Rd. L7 – 2C 69
Bronner Rd. Wid WA8 – 1D 119
Bronte Clo. Cro L23 – 4A 6
Bronte St. L3 – 2C 67
Bronte St. St H WA10 – 2C 37
Brook Clo. Cron WA8 – 1B 96
Brookdale. Wid WA8 – 3A 96
Brookdale Av N. Gre L49 – 2C 81
Brookdale Av S. Gre L49 – 4C 81
Brookdale Clo. Gre L49 – 3C 81
Brookdale Rd. L15 – 1C 89
Brook End. St H WA9 – 4D 39
Brooke Rd E. Cro L22 – 1B 16
Brooke Rd W. Cro L22 – 2B 16
Brooke Wlk. Boo L20 – 2C 29
Brookfield Av. Cro L22 – 3D 17
Brookfield Av. Cro L23 – 1B 16
Brookfield Av. Rain L35 – 4A 54
Brookfield Av. Run WA7 – 2C 133
Brookfield Dri. L9 – 1D 31
Brookfield Gdns W. Kir L48 – 4A 78
Brookfield La. Augh L39 – 2D 5
Brookfield Rd. W Kir L48 – 4A 78
Brook Furlong La. Frod WA6 – 4B 136
Brook Hey Dri. Kir L33 – 4D 13
Brook Hey Wlk. Kir L33 – 4D 13
Brookhill Clo. Boo L20 – 3D 29
Brookhill Rd. Boo L20 – 2D 29
Brookland La. St H WA9 – 4D 39
Brookland Rd. L13 – 1D 69
Brookland Rd. Birk L41 – 2C 85
Brooklands Av. Cro L22 – 3C 17
Brooklands Dri. Mag L31 –1C 11
Brooklands Rd. Ecc WA10 –2A 36
Brooklands, The. Huy L36 – 3C 73
Brooklet Rd. Barn L60 –3D 123
Brook Pl. Birk L41 – 4C 65
Brook Rd. L9 – 2B 30
Brook Rd. Boo L20 –3C 29 (in two parts)
Brook Rd. Mag L31– 1C 11
Brook Rd. Thor L23– 2D 7
Brookside. L14 – 4C 49
Brookside Av. L14 – 1C 71
Brookside Av. Cro L22 – 3D 17
Brookside Av. Ecc WA10 – 1A 36
Brookside Clo. Pres L35 – 4C 53
Brookside Cres. Upt L49 – 1C 81
Brookside Dri. Upt L49 – 2C 81
Brookside Rd. Pres L35 – 4C 53
Brook St. L3 – 2A 66
Brook St. Beb L62 – 3A 108
Brook St. Birk L41 –4B 64
Brook St. Run WA7 – 2D 131
Brook St. St H WA10 – 3D 37
Brook St. Wal L44 – 4B 42
Brook St. Whis L35 – 4D 53
Brook St. Wid WA8 – 1A 120
Brook St. E. Birk L41 – 4C 65
Brook Ter. Run WA7 – 2C 133
Brook Ter. W Kir L48 – 4A 78
Brook Vale. Cro L22 – 3D 17
Brookvale Av. N. Run WA7 – 1C 139

Brookvale Av. S. Run WA7 – 1C 139
Brookway. Birk L43 – 1C 105
Brookway. Gre L49 – 2C 81
Brookway. Wal L45 – 3D 41
Brookway La. St H WA9 – 4D 39
Brookwood Rd. Huy L36 – 4C 51
Broom Clo. Ecc L34 – 3D 53
Broomfield Gdns. L9 –1B 30
Broomfield Rd. L9 – 1B 30
Broom Hill. Birk L43 – 4D 63
Broom Rd. St H WA10 – 1A 54
Brooms Gro. Ain L10 – 2C 21
Broom Way. Hal L26 – 2C 115
Broseley Av. Beb L62 – 3C 125
Broster Av. Mor L46 – 4B 60
Brosters La. Hoy L47 – 3C 59
Brotherton Clo. Beb L62 – 3C 125
Brotherton St. Wal L44 – 2C 65
Brougham Av. Birk L41 – 3D 85
Brougham Rd. Wal L44 – 1C 65
Broughton Av. W. Kir L48 – 3A 78
Broughton Dri. L19 – 2A 112
Broughton Rd. Wal L44 – 1A 64
Brow La. Hes L60 – 4B 122
Brownbill Bank. L27 – 2C 93
Browne St. Boo L20 – 3C 29
Brownheath Av. Bill WN5 – 1D 27
Browning Av. Birk L42 – 1D 107
Browning Av. Wid WA8 – 2D 119
Browning Clo. Boo L20 – 2C 29
Browning Clo. Huy L36 – 3D 73
Browning Rd. L13 – 2D 47
Browning Rd. Cro L22 – 2B 16
Browning Rd. Wal L45 – 3C 41
Browning St. Boo L20 – 2C 29
Brownlow Arc. St H WA10 – 3D 37
Brownlow Hill. L3 – 3C 67
Brownlow Rd. Beb L62 – 2A 108
Brownmoor Clo. Cro L23 – 4D 7
Brownmoor La. Cro L23 – 1D 17
Brownmoor Pk. Cro L23 – 1D 17
Brown's La. Orr L30 – 1D 19
Brown St. L3 – 2C 67
Brown St. Wid WA8 – 2B 120
Brownville Rd. L13 – 2C 47
Brow Rd. Birk L43 – 3C 63
Brow Side. L5 – 4D 45
Broxton Av. Birk L43 – 4D 83
Broxton Av. Gra L48 – 3A 78
Broxton Rd. Wal L45 – 3D 41
Broxton St. L15 – 3C 69
Bruce St. L8 – 2D 87
Bruce St. St H WA10 – 3C 37
Bruce St. Wal L44 – 3C 65
Bruen Clo. L27 – 1B 92
Brunel Clo. L6 – 4D 45
Brunel Dri. Lith L21 – 2A 18
Brunel M. L6 – 4D 45
Brunel Wlk. L6 – 4D 45
Brunsfield Clo. Mor L46 – 4B 60
Brunstath Clo. Barn L60 – 3D 123
Brunswick Clo. L4 – 1C 45
Brunswick M. Cro L22 – 3C 17
Brunswick Pde. Cro L22 – 3C 17
Brunswick Pl. L20 – 1A 44
Brunswick Rd. L6 – 1D 67
Brunswick St. L3 & L2 – 3A to 2B 66
Brunswick St. L19 – 1B 126
Brunswick St. St H WA9 – 3D 39
Brunt La. L19 – 2C 113
Bruton Rd. Kno L36 – 3B 50
Bryanston Rd. L17 – 3A 88
Bryanston Rd. Birk L42 – 4A 84
Bryant Rd. Lith L21 – 1C 22
Bryceway, The. L12 – 4C 49
Brydges St. L7 – 3A 68
Bryer Rd. Pres L35 – 4B 52
Bryn Bank. Wal L44 – 4B 42
Brynmor Rd. L18 – 4D 89

Brynmoss Av. Birk L42 – 4D 85
Brynmoss Av. Wal L44 – 1D 63
Brynn St. St H WA10 – 2D 37
Brynn St. Wid WA8 – 2A 120
Buccleuch St. Birk L41 – 3D 63
Buccleuch Way. Birk L41 – 3D 63
Buchanan Rd. L9 – 3B 30
Buchanan Rd. Wal L44 – 1C 65
Buckland St. L17 – 3A 88
Buckfast Clo. Orr L30 – 4D 9
Buckingham Av. L17 – 1B 88
Buckingham Av. Beb L63 – 2C 107
Buckingham Av. Birk L43 – 4D 63
Buckingham Av. Wid WA8 – 2D 97
Buckingham Clo. Orr L30 – 1B 18
Buckingham Rd. L9 – 1B 30
Buckingham Rd. L13 – 3C 47
Buckingham Rd. Mag L31 – 1B 10
Buckingham Rd. Wal L44 – 4D 41
Buckingham St. L5 – 3C 45
Buckland Dri. Poul L63 – 2A 124
Buckland St. L17 – 3A 88
Buckley Hill La. Sef L29 – 4B 8
Buckley Wlk. L24 – 2B 128
Buckley Way. Orr L30 – 3B 8
Bude Av. St H WA9 – 3C 57
Bude Clo. Birk L43 – 1B 82
Bude Rd. Wid WA8 – 4C 97
Budworth Av. St H WA9 – 4A 56
Budworth Av. Wid WA8 – 4B 96
Budworth Clo. Birk L43 – 2C 83
Budworth Clo. Run WA7 – 1D 137
Budworth Dri. L25 – 4B 92
Budworth Rd. Birk L43 – 2C 83
Buerton Clo. Birk L43 – 2C 83
Buffs La. Barn L60 – 3C 123
Bulford Rd. L9 – 2A 32
Bulkeley Rd. Wal. L44 – 1B 64
Bull Bri La. Ain L10 – 2C 21
Bullens Rd. L4 – 1D 45
Bullens Rd. Kir L32 – 3D 23
Bull La. L9 – 4D 19 & 4A 20
Bulwer St. L5 – 3A 46
Bulwer St. Birk L42 – 4D 85
Bulwer St. Boo L20 – 1B 28
Bunbury Dri. Run WA7 – 1C 137
Bundoran Rd. L17 – 4C 89
Bunter Rd. Kir L32 – 4D 23
Burbo Bank Rd. Cro L23 – 4A 6
Burbo Bank Rd N. Cro L23 – 3A 6
Burbo Band Rd S. Cro L23 – 1A 16
Burbo Cres. Cro L23 – 1A 16
Burbo Mans. Cro L23 – 1A 16
Burbo Way. Wal L45 – 2C 41
Burden Rd. Mor L46 – 3B 60
Burdett Av. Poul L63 – 2A 124
Burdett Clo. Poul L63 – 2A 124
Burdett Rd. Cro L22 – 2B 16
Burdett Rd. Wal L45 – 3C 41
Burdett St. L17 – 3A 88
Burford Av. Wal L44 – 1D 63
Burford Rd. L16 – 3B 70
Burgess Gdns. Mag L31 – 4B 4
Burgess St. L3 – 2C 67
Burleigh Rd N. L5 – 2D 45
Burleigh Rd S. L4 – 2D 45
Burlingham Av. Gra L48 – 4B 78
Burlington Rd Wal L45 – 1A 42
Burlington St. L3 – 4B 44
Burlington St. Birk L41 – 1C 85
Burman Cres. L19 – 2B 112
Burman Rd. L19 – 2B 112
Burnaby St. Wal L44 – 4B 42
Burnage Av. St H WA9 – 4A 56
Burnage Clo. L24 – 2D 129
Burnand St. L4 – 2D 45
Burnard Clo. Kir L33 – 2C 23
Burnard Cres. Kir L33 – 2D 23
Burnard Wlk. Kir L33 – 2D 23
Burnell Clo. Kir L33 – 1D 23
Burnell Clo. St H WA10 – 3C 37

Burnell Wlk. Kir L33 – 1D 23
Burnett St. L5 – 3B 44
Burnham Rd. L18 – 3A 90
Burnie Av. Boo L20 – 2A 30
Burnley Av. Mor L46 – 3D 61
Burnley Rd. Mor L46 – 3D 61
Burnley Way. L6 – 4D 45
Burnsall St. L15 – 4C 113
Burns Av. Wal L45 – 4A 42
Burns Clo. Whis L35 – 1C 75
Burns Cres. Wid WA8 – 1D 119
Burns Gro. Huy L36 – 3D 73
Burnside Av. Wal L44 – 2A 64
Burnside Rd. Wal L44 – 2A 64
Burns Rd. St H WA9 – 1D 77
Burns St. Boo L20 – 1B 28
Burnthwaite Rd. L14 – 1B 70
Burrell Clo. Birk L42 – 1B 106
Burrell Dri. Mor L46 – 4C 61
Burrell Rd. Birk L42 – 1A 106
Burrell St. L4 – 1D 45
Burroughs Gdns. L3 – 4B 44
Burrows Av. Hay WA11 – 1C 39
Burrow's La. Ecc L34 – 2C 53
Burrow's La. Ecc WA10 – 3A 36
Burrow's St. Hay WA11 – 1D 39
Burton Av. Wal L45 – 4C 41
Burton Av. Whis & Rain L35 –
        4D 53
Burton Clo. Whis L35 – 4D 53
Burtonhead Rd. St H WA9 – 4D 37
Burtree Rd. L14 – 3D 49
Burwen Dri. L9 – 1B 30
Busby's Cotts. Wal L45 – 2A 42
Bushey Rd. L4 – 4D 31
Bush Rd. Wid WA8 – 4C 119
Bushway. Hes L60 – 4A 122
Butchers La. Augh L39 – 1D 5
Bute St. L5 – 1C 67
        (in two parts)
Butleigh Rd. Huy L36 – 4C 51
Butler Cres. L6 – 1A 68
Butler Dri. L6 – 1A 68
Butler St. L6 – 1A 68
Butterfield St. L4 – 2D 45
Buttermere Av. Birk L43 – 1B 82
Buttermere Av. St H WA11 – 3C 27
Buttermere Clo. Kir L33 – 4B 12
Buttermere Clo. Mag L31 – 4C 5
Buttermere Gdns. Cro L23 – 1D 17
Buttermere Gro. Run WA7 –
        2D 137
Buttermere Rd. Huy L16 – 3D 71
Button St. L2 – 2B 66
Butts, The. Run WA7 – 2C 133
Buxted Rd. Kir L32 – 3D 23
Buxted Wlk. Kir L32 – 3D 23
Buxton La. Wal L44 – 4C 41
Buxton Rd. Birk L42 – 4D 85
Byerley St. Wal L44 – 2C 65
Byford St. L7 – 3B 68
Byles St. L8 – 2D 87
Byng Pl. L4 – 1C 47
Byng Rd. L4 – 1C 47
Byng St. Boo L20 – 4C 29
By-Pass, The. Cro L23 – 4C 7
Byrne Av. Birk L42 – 4D 85
Byrom St. L3 – 2B 66
Byron Av. L12 – 2A 48
Byron Av. Whis L35 – 1C 75
Byron Clo. Birk L43 – 1D 105
Byron Clo. Huy L36 – 2D 73
Byron Rd. Cro L23 – 4B 6
Byron Rd. Lyd L31 – 3B 4
Byron St. L19 – 4B 112
Byron St. Boo L20 – 1B 28
Byron St. Run WA7 – 3D 131
Byway, The. Cro L23 – 4C 7

Cable Rd. Hoy L47 – 4A 58

Cable Rd. Whis L35 – 4C 53
Cable Rd S. Hoy L47 – 1A 78
Cable St. L1 – 3B 66
Cabot Grn. L25 – 2C 91
Caddick Rd. Kno L34 – 2C 35
Cadmus Wlk. L6 – 4D 45
Cadnam Rd. L25 – 2B 92
Cadogan St. L15 – 3B 68
Cadwell Rd. Lyd L31 – 2A 4
Caernarvon Clo. Run WA7 – 2D 133
Caernarvon Clo. Upt L49 – 1D 81
Caerwys Gro. Birk L42 – 3C 85
Caesars Clo. Run WA7 – 2C 133
Caird St. L6 – 1D 67
Cairne St. St H WA9 – 2C 55
Cairnmore Rd. L18 – 4A 90
Cairns St. L8 – 1A 88
Cairo St. L4 – 4A 30
Cairo St. St H WA10 – 1B 54
Caithness Dri. Cro L23 – 1C 17
Caithness Dri. Wal L45 – 3B 42
Caithness Rd. L18 – 1A 112
Calcott Rake. Orr L30 – 4C 9
Caldbeck Gro. St H WA11 – 2D 27
Caldbeck Rd. Beb L62 – 2D 125
Calder Av. Birk L43 – 4D 83
Calder Clo. Kir L33 – 2D 13
Calder Dri. L18 – 2B 90
Calder Dri. Mag L31 – 3C 5
Calder Dri. Rain L35 – 1A 76
Calderfield Rd. L18 – 2B 90
Calderhurst Dri. Win WA10 – 1A 36
Calder Rd. L5 – 3D 45
Calder Rd. Beb L63 – 4C 107
Calderstones Av. L18 – 2A 90
Calderstones Rd. L18 – 2A 90
Caldicott Av. Beb L62 – 4D 125
Caldway Dri. L27 – 2C 93
Caldwell Dri. Upt L49 – 4A 82
Caldwell Rd. L19 – 2B 112
Caldwell Rd. Wid WA8 – 2D 119
Caldwell St. St H WA9 – 3B 38
Caldy Chase Dri. Cal L48 – 2B 100
Caldy Grange Clo. Gra L48 – 1C 101
Caldy Gro. St H WA11 – 1B 38
Caldy Rd. L9 – 4A 20
Caldy Rd. Wal L45 – 3A 42
Caldy Rd. W Kir & Cal L48 – 1A 100
        to 2D 101
Caledonia St. L7 – 3D 67
Calgarth Av. Huy L36 – 4A 50
California Rd. L13 – 2C 47
Callander Rd. L6 – 1B 68
Callestock Clo. L11 – 1D 33
Callon Av. St H WA11 – 2C 39
Callow Rd. L15 – 4C 69
Calne Clo. Irby L61 – 2B 102
Calthorpe St. L19 – 3A 112
Calton Av. L18 – 1D 89
Calveley Clo. Birk L43 – 3C 83
Calvers. Run WA7 – 3C 133
Calver Wlk. L7 – 3A 68
Calvin St. L5 – 3B 44
Camberley Dri. L25 – 1B 114
Camborne Av. L25 – 1B 114
Camborne Clo. Run WA7 – 1C 139
Cambourne Av. St H WA11 – 4D 27
Cambrian Clo. Mor L46 – 4A 60
Cambrian Rd. Mor L46 – 4B 60
Cambrian Way. L25 – 3A 92
Cambria St. L6 – 1A 68
Cambridge Av. Cro L23 – 4B 6
Cambridge Av. Lith L21 – 3A 18
Cambridge Dri. Cro L23 – 4B 6
Cambridge Dri. Hal L26 – 1D 115
Cambridge Rd. L9 – 3A 20
Cambridge Rd. Beb L62 – 4D 125
Cambridge Rd. Birk L42 – 4A 84
Cambridge Rd. Boo L20 – 4A 8
Cambridge Rd. Cro L22 & L21 –
        4C 17

151

Cambridge Rd. Cro L23 – 3B 6
Cambridge Rd. St H WA10 – 2C 37
Cambridge Rd. Wal L45 – 2A 42
Cambridge St. L7 – 3D 67
Cambridge St. L15 – 3B 68
Cambridge St. Pres L34 – 3B 52
Cambridge St. Run WA7 – 2A 132
Cambridge St. Wid WA8 – 2A 120
Camden St. L3 – 2C 67
Camden St. Birk L41 – 1C 85
Camelot Way. Run WA7 – 3A 134
Camelford Rd. L11 –2D 33
Cameron Av. Run WA7 – 4C 131
Cameron Rd. Mor L46 – 1A 62
Cameron Rd. Wid WA8 – 2D 119
Cameron St. L7 – 2B 68
Cam Gro. L8 – 4A 68
Campania St. L19 – 4B 112
Campbell Av. Run WA7 – 4D 131
Campbell Dri. Huy L14 – 1C 71
Campbell St. L1 – 3B 66
Campbell St. Boo L20 – 3C 29
Campbell St. St H WA10 – 2C 37
Camperdown St. Birk L41 – 1D 85
Camphill St. L25 – 2A 114
Campion Clo. St H WA11 – 4C 27
Camp Rd. L25 – 1A 114
Cam St. L8 – 4D 91
Canal Reach. Run WA7 – 2A 134
Canal St. Boo L20 – 3C 29
Canal St. Run WA7 – 2A 132
Canal St. St H WA10 – 4D 37
Canberra Av. St H WA9 – 2C 55
Candia Tower. L5 – 3C 45
Candlish Pl. L6 – 4D 45
Cannell Ct. Run WA7 – 1B 138
Canning Pl. L1 – 3B 66
Canning St. L8 – 4D 67
Canning St. Birk L41 – 4C 65
Canning St. Cro L22 – 3B 16
Cannington Rd. St H WA9 – 4A 38
Canniswood Rd. Hay WA11 – 1D 39
Cannock Grn. Mag L31 – 4A 4
Cannon St. St H WA9 – 4A 56
Canon Rd. L6 – 2B 46
Canon St. Run WA7 – 2D 131
Canova St. L7 – 2B 68
Canrow La. Kno L34 – 1D 35
Cansfield St. St H WA10 – 2D 37
Canterbury Av. Cro L22 – 1B 16
Canterbury Clo. Ain L10 – 2C 21
Canterbury Rd. Birk L42 – 4D 85
Canterbury Rd. Wal L44 – 1B 64
Canterbury Rd. Wid WA8 – 2B 118
Canterbury St. L3 – 1C 67
Canterbury St. L19 – 4B 112
Canterbury St. St H WA10 – 2C 37
Canterbury Way. L3 – 1C 67
Canterbury Way. Orr L30 – 4D 9
Cantsfield St. L7 – 4B 68
Canvey Clo. L15 – 4A 70
Cape Rd. L9 – 4B 20
Captain's Grn. Orr L30 – 3C 19
Captain's La. Orr L30 – 3C 19
Caradoc Rd. Cro L21 – 1B 28
Cardigan Rd. Wal L45 – 2A 42
Cardigan St. L15 – 3B 68
Cardigan St. Birk L41 – 1C 85
Cardwell Rd. L19 – 3B 112
Cardwell St. L7 – 3A 68
Carey Av. Beb L63 – 3C 107
Carey St. Wid WA8 – 1A 120
Carfax Rd. Kir L33 – 4D 13
Cargill Gro. Birk L42 – 1A 108
Carisbrooke Clo. W Kir L48 – 2B 100
Carisbrooke Pl. L4 – 1C 45
Carisbrooke Rd. Boo L20 & L4 – 4A 30
Carkington Rd. L25 – 1B 114
Carlaw Rd. Birk L42 – 4D 83

Carley Wlk. L24 – 2C 129
Carlingford Clo. L8 – 4A 68
Carlisle Av. Orr L30 – 2D 19
Carlisle Clo. Birk L43 – 2B 84
Carlisle M. Birk L41 – 1B 84
Carlisle St. L7 – 3A 68
Carlisle St. Wid WA8 – 4B 98
Carlis Rd. Kir L32 – 3D 23
Carlow Clo. Hale L24 – 3A 130
Carlow St. St H WA10 – 1B 54
Carlton Av. Run WA7 – 2B 132
Carlton La. L13 – 4D 47
Carlton La. Hoy L47 –4B 58
Carlton Mt. Birk L42 – 3C 85
Carlton Rd. Beb L63 – 4A 108
Carlton Rd. Birk L42 – 3B 84
Carlton Rd. Wal L45 – 2A 42
Carlton St. L3 – 4A 44
Carlton St. Pres L34 – 2C 53
Carlton St. St H WA10 – 3C 37
Carlton St. Wid WA8 – 1A 120
Carlton Wlk. Boo L20 – 2C 29
Carlyle St. L15 – 3B 68
Carlyon Way. Hal L26 – 1C 115
Carmel Clo. Wal L45 – 1A 42
Carmelite Cres. Ecc WA10 – 1A 36
Carmichael Av. Gre L49 – 4B 80
Carnarvon Rd. L9 – 3B 30
Carnarvon St. St H WA9 – 2B 54
Carnatic Rd. L18 – 3C 89
Carnegie Av. Cro L23 – 1B 16
Carnegie Cres. St H WA9 – 1C 57
Carnegie Rd. L13 – 4C 47
Carnegie Wlk. St H WA9 – 1C 57
Carnforth Clo. L12 – 4C 33
Carnforth Clo. Birk L41 – 2B 84
Carnforth Rd. L18 – 4B 90
Carno St. L15 – 4C 69
Carnoustie Gro. Hay WA11 – 1D 39
Carnsdale Rd. Mor L46 – 3D 61
Carol Dri. Barn L60 – 4D 123
Carole Clo. St H WA9 – 3C 57
Carolina St. Boo L20 – 3C 29
Caroline Pl. Birk L43 – 2A 84
Caroline St. Wid WA8 – 2A 120
Caronia St. L19 – 4B 112
Carpathia St. L19 – 4B 112
Carpenter's La. W Kir L48 – 4A 78
Carpenter's Row. L1 – 4B 66
Carr Bri Rd. Upt L49 – 3A 82
Carr Clo. L11 – 3C 33
Carr Croft. Lith L21 – 1A 18
Carrfield Av. Cro L23 – 1A 18
Carr Field Wlk. L11 – 3C 33
Carr Ga. Mor L46 – 4A 60
Carr Hey. Mor L46 – 4A 60
Carr Hey Clo. Upt L49 – 4B 82
Carr Ho La. Mor L46 – 4A 60
Carrick Ct. Cro L23 – 1D 17
Carrickmore Av. L18 – 4D 89
Carrington Rd. Wal L45 – 3A 42
Carrington St. Birk L41 – 3D 63
Carr La. L11 – 4B 32
Carr La. Gra L48 – 1C 79
Carr La. Hale L24 – 3A 130
Carr La. Hal WA8 – 4C 117
Carr La. Hoy L47 – 1A 78
Carr La. Hoy L47 & Mor L46 – 3D 59
Carr La. Huy L36 – 2B 72
Carr La. Pres L34 – 3A 52
Carr La E. L11 – 3C 33
Carr Meadows Hey. Orr L30 – 1B 18
Carr Mill Rd. St H WA11 & Bill WN5 – 4D to 1D 27
Carr Rd. Orr L20 – 4B 18
Carrs Ter. Whis L35 – 1B 74
Carr St. St H WA10 – 1B 36
Carruthers St. L3 – 1B 66
Carsdale Rd. L18 – 2D 89

Carsington Rd. L11 – 3C 33
Carstairs Rd. L6 – 1B 68
Cartbridge La. Hal & Tar L26 – 1D 115
Carter St. L8 – 4D 67
Cartmel Av. Mag L31 – 4C 5
Cartmel Clo. Birk L41 –2B 84
Cartmel Clo. Huy L36 – 4B 50
Cartmel Dri. L12 – 4D 33
Cartmel Dri. Mor L46 – 4C 61
Cartmel Dri. Rain L35 – 1D 75
Cartmell Av. St H WA10 – 4A 26
Cartmell Clo. Run WA7 – 1C 137
Cartmel Rd. Huy L36 – 4B 50
Cartmel Ter. L11 – 3C 33
Cartmel Way. Huy L36 – 4B 50
Cartwright Ho. L3 – 2C 67
Cartwright St. Run WA7 – 2A 132
Carver St. L3 – 1D 67
Caryl Gro. L8 – 2C 87
Caryl St. L8 – 1C 87
Cases St. L1 – 3C 67
Cassino Rd. Huy L36 – 1C 73
Cassio St. Boo L20 – 4A 30
Cassley Rd. L24 – 1D 129
Cassville Rd. L18 – 1A 90
Castell Gro. St H WA10 – 3C 37
Casterton St. L7 – 4B 68
Castle Av. St H WA9 – 3C 39
Castle Clo. Mor L46 – 1D 61
Castle Dri. Hes L60 – 4B 122
Castlefield Clo. L12 – 2D 47
Castlefield Rd. L12 – 2D 47
Castlefields Av E. Run WA7 – 3D 133
Castlefields Av N. Run WA7 – 2C 133
Castlefields Av S. Run WA7 – 3D 133
Castle Fields Est. Mor L46 – 1D 61
Castleford St. L15 – 4D 69
Castlegate Gro. L12 – 2A 48
Castle Rise. Run WA7 – 2B 132
Castle Rd. Run WA7 – 3D 133
Castle Rd. Wal L45 – 3A 42
Castlesite Rd. L12 – 2A 48
Castle St. L2 – 2B 66
Castle St. L25 – 4D 91
Castle St. Birk L41 – 1D 85
Castle St. Wid WA8 – 1B 120
Castleview Rd. L12 – 2A 48
Castleway N. Mor L46 – 1D 61
Castleway S. Mor L46 – 1D 61
Castlewell. Whis L35 – 4D 53
Castlewood Rd. L6 – 3A 46
Castner Av. Run WA7 – 4C 131
Castor St. L6 – 4A 46
Catford Grn. L24 – 2D 129
Catharine St. L8 – 4D 67
Cathcart St. Birk L41 – 4B 64
Cathedral Rd. L6 – 3A 46
Catherine St. Lith L21 – 4A 18
Catherine St. Wid WA8 – 3D 119
Catonfield Rd. L18 – 2B 90
Catterall Av. St H WA9 – 3B 56
Caulfield Dri. Gre L49 – 3C 81
Caunce Av. Hay WA11 – 1D 39
Causeway, The. Beb L62 – 3A 108
Cavan Rd. L11 – 1C 47
Cavell Clo. L25 – 1A 114
Cavendish Dri. Birk L42 – 1C 107
Cavendish Farm Rd. Run WA7 – 2B 136
(in two parts)
Cavendish Ho. L4 – 1C 45
Cavendish Rd. L9 – 3B 30
Cavendish Rd. Birk L41 – 4A 64
Cavendish Rd. Cro L23 – 1B 16
Cavendish Rd. Wal L45 – 1A 42
Cavendish St. Birk L41 – 4A 64

Cavendish St. Run WA7 – 2D 131
(in two parts)
Cavour Ho. L5 – 4C 45
Cawdor St. L8 – 1A 88
Cawdor St. Run WA7 – 1D 131
Cawfield Av. Wid WA8 – 1C 119
Cawley St. Run WA7 – 3D 131
Cawthorne Av. Kir L32 – 4C 23
Cawthorne Clo. Kir L32 – 4C 23
Cawthorne Wlk. Kir L32 – 3C 23
Caxton Clo. Birk L43 – 1B 82
Caxton Rd. Rain L35 – 3C 77
Cazneau St. L3 – 4C 45 & 1C 67
Cearns Rd. Birk L43 – 2D 83
Cecil Dri. Ecc WA10 – 2A 36
Cecil Rd. Beb L62 – 2A 108
Cecil Rd. Birk L42 – 4A 84
Cecil Rd. Cro L21 – 4D 17
Cecil Rd. Wal L44 – 4A 42
Cecil St. L15 – 3B 68
Cecil St. St H WA9 – 2C 57
Cedar Av. Beb L63 – 4C 107
Cedar Av. Run WA7 – 4B 132
Cedar Av. Sut W WA7 – 3C 139
Cedar Av. Wid WA8 – 4A 98
Cedar Cres. Huy L36 –3C 73
Cedardale Rd. L9 – 2C 31
Cedar Gro. L8 – 1A 88
Cedar Gro. Cro L22 – 1B 16
Cedar Gro. Mag L31 – 3B 10
Cedar Gro. Wal L44 – 2A 64
Cedar Rd. L9 – 1C 31
Cedar Rd. Whis L35 – 1C 75
Cedars, The. Mor L46 – 4B 60
Cedar St. Birk L41 – 2B 84
Cedar St. Boo L20 – 2D 29
Cedar St. St H WA10 – 4B 36
Celia St. L20 – 1B 44
Celtic Rd. Hoy L47 – 3C 59
Celtic St. L8 – 1D 87
Cement Av. Birk L41 – 3C 65
Central Av. L24 – 1B 128
Central Av. Beb L62 – 2C 125
Central Av. Ecc L34 – 2D 53
Central Av. Pres L34 – 3A 52
Central Expressway. Run WA7 –
1A 138
Central Pk Av. Wal L44 – 4B 42
Central Rd. Beb L62 – 3A 108
(New Ferry)
Central Rd. Beb L62 – 4A 108
(Port Sunlight)
Central Sq. Mag L31 – 4B 4
Central St. St H WA10 – 2D 37
Central Way. L24 – 2C 129
Centreville Rd. L18 – 1A 90
Centurion Clo. Hoy L47 – 2C 59
Centurion Row. Run WA7 – 2C 133
Centurion Dri. Hoy L47 – 3C 59
Century Rd. Cro L23 – 4C 7
Ceres St. L20 – 1B 44
Cestrian Dri. Thing L61 – 4A 104
Chadlow Rd. Kir L32 – 4D 23
Chadwell Rd. Kir L33 – 4D 13
Chadwick Rd. Run WA7 – 1C 133
Chadwick Rd. St H WA11 – 4C 27
Chadwick St. L3 – 1A 66
Chadwick St. Mor L46 – 3C 61
Chain La. St H WA11 – 4D 27
Chain Wlk. St H WA10 – 3A 36
Chalfont Rd. L18 – 1B 112
Chalkwell Dri. Barn L60 – 4D 123
Challis St. Birk L41 – 3C 63
Chaloner Gro. L19 – 3D 111
Chaloner St. L1 – 4B 66
Chalon Way. St H WA10 – 3D 37
Chamberlain St. Birk L41 – 2C 85
Chamberlain St. St H WA10 –
3B 36
Chamberlain St. Wal L44 – 1A 64

Chambers St. L5 – 3D 45
Chancel St. L4 – 2C 45
Chancery La. St H WA9 – 3C 39
Chandos St. L7 – 3A 68
Changford Rd. Kir L33 – 4A 14
Channell Rd. L6 – 1B 68
Channel Reach. Cro L23 – 1A 16
Channel Rd. Cro L23 – 1A 16
Channel, The. Wal L45 – 2C 41
Chantrell Rd. Gra L48 – 4C 79
Chantrey St. L7 – 2B 68
Chantry Clo. Birk L43 – 1A 82
Chapel Av. L9 – 1C 31
Chapel Gdns. L5 – 4C 45
Chapelhill Rd. Mor L46 – 3D 61
Chapel La. Cron WA8 – 2B 96
Chapel La. Ecc WA10 – 2A 36
Chapel La. Mell L31 – 4A 12
Chapel La. Neth L30 – 3D 9
Chapel La. Rain L35 & St H WA9 –
2C 77
Chapel Pl. L19 – 3B 112
Chapel Pl. Run WA7 – 2A 132
Chapel Rd. L6 – 2B 46
Chapel Rd. L19 – 3B 112
Chapel Rd. Hoy L47 – 4B 58
Chapel St. L3 – 2A 66
Chapel St. Boo L20 – 2C 29
Chapel St. Pres L34 – 3B 52
Chapel St. Run WA7 – 2D 131
Chapel St. St H WA10 – 1D 37
Chapel St. Wid WA8 – 2D 119
Chapman St. L8 – 1C 87
Charing Cross. Birk L41 – 1B 84
Charlcombe St. Birk L42 – 2B 84
Charlecote St. L8 – 3D 87
Charles Berrington Rd. L15 – 1A 90
Charles Best Grn. Orr L30 – 4D 9
Charles Rd. Hoy L47 – 1A 78
Charles St. Birk L41 – 4B 64
Charles St. St H WA10 – 2A 38
Charlesville. Birk L43 – 2A 84
Charles Wlk. L14 – 1D 71
Charlesworth Clo. Lyd L31 – 1A 4
Charley Wood Rd. Kir L33 – 2A 24
Charlotte Rd. Wal L44 – 4B 42
Charlotte's Meadow. Beb L63 –
1B 124
Charlotte St. Wid WA8 – 2A 120
Charlton Clo. Run WA7 – 1B 138
Charlton Ct. Birk L43 – 1D 83
Charlton Pl. L13 – 2A 70
Charlton Rd. L13 – 2A 70
Charlwood Av. Huy L36 – 3C 73
Charlwood Clo. Birk L43 – 1B 82
Charmalue Av. Cro L23 – 4D 7
Charnock Rd. L9 – 3D 31
Charnwood Rd. Huy L36 – 1A 72
Charnwood St. St H WA9 – 2C 39
Charterhouse Dri. Ain L10 – 2C 21
Charterhouse Rd. L25 – 1A 114
Charters St. L3 – 1B 66
Chartmount Way. L25 – 2A 92
Chase, The. Tar L36 – 3C 73
Chatburn St. L5 – 4C 45
Chatburn Wlk. L8 – 3D 87
Chatham Clo. Cro L21 – 4D 17
Chatham Pl. L7 – 3A 68
Chatham Rd. Birk L42 – 4D 85
Chatham St. L7 – 4D 67
Chatsworth Av. L9 – 1B 30
Chatsworth Av. Wal L44 – 4B 42
Chatsworth Rd. Birk L42 – 4D 85
Chatsworth Rd. Pen L61 – 4D 103
Chatsworth Rd. Rain L35 – 4A 54
Chatsworth St. L7 – 3A 68
Chatterton Rd. L14 – 4A 48
Chaucer Rd. St H WA10 – 1B 36
Chaucer St. L3 – 1C 67
Chaucer St. Boo L20 – 2C 29

Chaucer St. Run WA7 – 3D 131
Cheadle Av. L13 – 1D 69
Cheapside. L2 – 2B 66
Cheddar Clo. L25 – 4D 91
Cheddar Gro. Kir L32 – 4C 23
Chedworth Rd. L14 – 1C 71
Cheers St. L13 – 2D 69
Chellow Dene. Thor L23 – 2A 8
Chelmsford Clo. L4 – 2C 45
Chelsea Ct. L12 –1C 49
Chelsea Lea. L9 – 4D 19
Chelsea Rd. L9 – 1C 31
Chelsea Rd. Lith L21 – 1C 29
Cheltenham Av. L17 – 1B 88
Cheltenham Clo. Ain L10 – 2C 21
Cheltenham Cres. Run WA7 –
1C 137
Cheltenham Rd. Wal L45 – 3C 41
Chelwood Av. L16 – 3C 71
Chepstow Av. Wal L44 – 4B 42
Chepstow St. L4 – 4A 30
Chequers Gdns. L19 – 1D 111
Cheriton Av. Gra L48 – 4C 79
Cheriton Clo. Hal L26 – 1C 115
Chermside Rd. L17 – 4C 89
Cherry Av. L4 – 4C 31
Cherry Bank Rd. Wal L44 – 2B 64
Cherry Blossom Rd. Run WA7 –
3B 138
Cherry Clo. L4 – 4C 31
Cherrydale Rd. L18 – 3D 89
Cherryfield Cres. Kir L32 – 2C 23
Cherryfield Dri. Kir L32 – 2C 23
Cherry La. L4 – 4C 31
Cherry Sq. Wal L44 – 4A 42
Cherrysutton. Wid WA8 – 3A 96
Cherry Tree Av. Run WA7 – 4A 132
Cherry Tree Clo. Hale L24 – 3A 130
Cherry Tree Clo. Hay WA11 –
1D 39
Cherry Tree Clo. Whis L35 – 1B 74
Cherry Tree Dri. St H WA9 – 4D 39
Cherry Tree La. St H WA11 – 2C 27
Cherry Tree Rd. Huy L36 – 3C 73
Cherrytree Rd. Mor L46 – 4D 61
Cherry Vale. L25 – 3A 92
Cheryl Dri. Wid WA8 – 1C 121
Cheshire Acre. Upt L49 – 4A 82
Cheshire Av. Kir L10 – 4A 22
Cheshire Gro. Mor L46 – 4C 61
Cheshire Way. Pen L61 – 1B 122
Cheshyres Dri. Run WA7 – 3D 133
Cheshyre's La. Run WA7 – 1A 136
Chesnut Gro. Birk L42 – 2B 84
Chesnut Gro. Boo L20 – 2C 29
(in two parts)
Chesnut Rd. Cro L21 – 2D 17
Chester Av. Orr L30 – 2D 19
Chester Clo. Cro L23 – 4A 8
Chester Clo. Run WA7 – 2D 133
Chesterfield Clo. L4 – 2C 45
Chesterfield St. L8 – 4C 67
Chester La. St H WA9 – 4A 56
Chester Rd. L6 – 3B 46
Chester Rd. Gay L60 – 4C 123
Chester Rd. Huy L36 – 4D 51
Chester Rd. Sut W & Run WA7,
Pres B & Dar WA4 – 4A 138 to
4D 135
Chester St. Birk L41 – 1D 85
Chester St. Pres L34 – 2B 52
Chester St. Wal L44 – 1D 63
Chester St. Wid WA8 – 1A 120
Chesterton St. L19 – 4B 112
Chester Wlk. Huy L36 – 4D 51
Chestnut Av. Cro L23 – 3D 7
Chestnut Av. Hay WA11 – 1D 39
Chestnut Av. Huy L36 – 3B 72
Chestnut Av. Wid WA8 – 4A 98
Chestnut Clo. Gre L49 – 4B 80
Chestnut Clo. Whis L35 – 1C 75

Chestnut Gro. L15 – 4D 69
Chestnut Gro. Beb L62 – 3C 125
Chestnut Gro. St H WA11 – 4D 27
Chestnut Ho. Boo L20 – 2C 29
Chestnut Rd. L4 – 3C 31
Chestnut St. L7 – 3D 67
Chetwood Av. Cro L23 – 3D 7
Chetwood Dri. Wid WA8 – 2D 97
Chetwynd Dri. Birk L43 – 2D 83
Chetwynd St. L17 – 3A 88
Chevin Rd. L19 – 1B 30
Cheviot Av. St H WA9 – 3C 39
Cheviot Rd. L7 – 1C 69
Cheviot Av. St H WA9 – 3C 39
Cheviot Rd. Birk L42 – 1B 106
Cheviot Way. Kir L33 – 2D 13
Cheyne Clo. Cro L23 – 1A 16
Cheyne Gdns. L19 – 1D 111
Cheyne Wlk. St H WA9 – 3C 55
Chichester Clo. Run WA7 – 1D 139
Chichester St. L15 – 3B 68
Chilcott Rd. L14 – 1A 70
Childers St. L13 – 1D 69
Childwall Abbey Rd. L16 – 4C 71
Childwall Av. L15 – 4B 68
Childwall Av. Mor L46 – 4B 60
Childwall Bank Rd. L16 – 4B 70
Childwall Clo. Mor L46 – 4B 60
Childwall Cres. L16 – 4B 70
Childwall Grn. Upt L49 – 4A 82
Childwall Heights. L25 – 4D 71
Childwall La. L25 – 1D 91
Childwall La. Huy L14 – 2D 71
Childwall Mt Rd. L16 – 4B 70
Childwall Pk Av. L16 – 1C 91
Childwall Priory Rd. L16 – 4B 70
Childwall Rd. L15 – 4A 70
Childwall Valley Rd. L16 – 4B 70
Childwall Valley Rd. L25 & L27 – 4D 71 to 2C 93
Chillerton Rd. L12 – 1B 48
Chillingham St. L8 – 3D 87
Chiltern Clo. Kir L32 – 4B 12
Chiltern Dri. Kir L32 – 4B 12
Chiltern Rd. Birk L42 – 1B 106
Chiltern Rd. St H WA9 – 3D 39
China Farm La. Gra L48 – 3C 79
Chirkdale St. L4 – 1C 45
Chirk Way. Mor L46 – 4D 61
Chisenhale St. L3 – 1B 66
Chislehurst Av. L25 – 1A 92
Chisnall Av. St H WA10 – 2B 36
Chiswell St. L7 – 2B 68
Cholmondeley Rd. Run WA7 – 3D 137
Cholmondeley Rd. W Kir L48 – 4A 78
Cholmondeley St. Wid WA8 – 4D 119
Chorley Rd. Pres L34 – 3A 52
Chorley's La. Wid WA8 – 3C 99
Chorley St. St H WA10 – 2C 37
Chorley Way. Poul L63 – 3B 124
Chorlton Clo. L16 – 3D 71
Chorlton Gro. Wal L45 – 4B 40
Christchurch Rd. Birk L43 – 2A 84
Christian St. L3 – 1C & 2C 67
Christie St. Wid WA8 – 1B 120
Christleton Clo. Birk L43 – 4C 83
Christopher Clo. L16 – 3B 70
Christopher Gdns. St H WA9 – 2B 56
Christophers Clo. Pen L61 – 1B 122
Christopher St. L4 – 1C 45
Christopher Way. L16 – 3B 70
Christowe Wlk. L11 – 1D 33
Chudleigh Clo. Hal L26 – 1C 115
Chudleigh Rd. L13 – 1C 69
Church All. L1 – 3B 66
Church Av. L9 – 4A 20
Church Cres. Wal L44 – 2C 65
Churchdown Clo. L14 – 4D 49

Churchdown Gro. L14 – 4C 49
Churchdown Rd. L14 – 4C 49
Church Dri. Beb L62 – 3A 108
Church End. Hale L24 – 3A 130
Churchfield Rd. L25 – 2B 92
Churchfields. Wid WA8 – 1A 98
Church Grn. L16 – 4C 71
Church Grn. Kir L32 – 1C 23
Church Hill. Wal L44 – 4D 41
Churchill Av. Birk L41 – 4A 64
Churchill Gro. Wal L44 – 3B 42
Churchill Way N. L3 – 2B 66
Churchill Way S. L3 – 2B 66
Church La. L4 – 4B 30
Church La. L17 – 1C 111
Church La. Beb L62 – 3D 125
Church La. Upt L49 – 4A 82
Church La. Thur L61 – 4A 102
Church La. Wal L44 – 4B 42
Church Meadow La. Hes L60 – 4A 122
Church M. L24 – 1A 128
Church Mt. L7 – 2A 68
Church Pl. Birk L42 – 3C 85
Church Rd. L4 – 4B 30
Church Rd. L13 – 2D 69
Church Rd. L15 – 1D 89
Church Rd. L19 – 4B 112
Church Rd. L25 – 3D 91
Church Rd. Beb L63 – 1B 124
Church Rd. Birk L42 & L41 –3C 85
Church Rd. Cro L21 – 1B 28
Church Rd. Cro L22 – 3C 17
Church Rd. Cro L23 – 4C 7
Church Rd. Ecc WA10 – 3A 36
Church Rd. Hale L24 – 4A 130
Church Rd. Hal L26 – 4C 93
Church Rd. Kno L34 – 2D 35
Church Rd. Lith L21 – 3A & 4A 18
Church Rd. Mag L31 – 2C 11
Church Rd. Orr L20 – 4B 18
Church Rd. Roby. Huy L36 – 2B 72
Church Rd. Upt L49 – 2D 81
Church Rd. Wal L44 – 2C 65
Church Rd. W Kir L48 – 4A 78
Church Rd N. L15 – 4D 69
Church Rd S. L25 – 4A 92
Church Rd W. L4 – 4B 30
Church Sq. St H WA10 – 3D 37
Church St. L1 – 3B 66
Church St. Birk L41 – 1D 85
Church St. Boo L20 – 3C 29
Church St. Pres L34 – 3B 52
Church St. Run WA7 – 1D 131
Church St. St H WA10 & WA9 – 3D 37
Church St. Wal L44 – 4B 42
Church St. Wid WA8 – 4D 119
Church Ter. Birk L42 – 3C 85
Church View. Boo L20 – 3C 29
Church Wlk. W Kir L48 – 4A 78
Church Way. Kir L32 – 1C 23
Church Way. Orr L30 – 4C 9
Churchway Rd. L24 – 2D 129
Churchwood Clo. Beb L62 – 3D 125
Churnet St. L4 – 1C 45
Churston Rd. L16 – 1C 91
Churton Av. Birk L43 – 3D 83
Cicely St. L7 – 2A 68
Cinder La. L18 – 2B 90
Cinder La. Orr L20 – 4B 18
Circular Dri. Beb L62 – 2A 108
Circular Dri. Gre L49 – 3C 81
Circular Dri. Hes L60 – 3A 122
Circular Rd. Birk L41 – 2C 85
Circular Rd E. L11 – 1D 47
Circular Rd W. L11 – 1D 47
Citrine Rd. Wal L44 – 2B 64
City Gdns. St H WA10 – 4A 26
City Rd. L4 – 1D 45

City Rd. St H WA10 – 4B 26 to 1D 37
City View. St H WA11 – 2B 26
Civic Way. Beb L63 – 4D 107
Clamley Gdns. Hale L24 – 3A 130
Clamley Rd. L24 – 1D 129
Clandon Rd. L18 – 1B 112
Clanfield Rd. L11 – 4C 33
Clapgate Cres. Wid WA8 – 4A 118
Clapham Rd. L4 – 2A 46
Clare Clo. St H WA9 – 2C 55
Clare Cres. Wal L44 – 4C 41
Claremont Av. Mag L31 – 1A 10
Claremont Av. Wid WA8 – 2A 98
Claremont Clo. Cro L21 – 4D 17
Claremont Dri. Beb L63 – 4D 107
Claremont Dri. Wid WA8 – 2A 98
Claremont Rd. L15 – 1C 89
Claremont Rd. Cro L23 – 4C 7
Claremont Rd. Run WA7 – 2A 132
Claremont Rd. W Kir L48 – 3A 78
Claremont Way. Beb L63 – 2B 106
Claremont Rd. Wal L45 & L44 – 2D 41
Clarence Av. Wid WA8 – 2D 97
Clarence Rd. Birk L42 – 3B 84
Clarence Rd. Wal L44 – 1B 64
Clarence St. L3 – 3C 67
Clarence St. Run WA7 – 1D 131
Clarendon Clo. Birk L41 – 2B 84
Clarendon Gro. Lyd L31 – 1B 4
Clarendon Rd. L6 – 3B 46
Clarendon Rd. L19 – 3B 112
Clarendon Rd. Cro L21 – 1B 28
Clarendon Rd. Wal L44 – 1B 64
Clarendon Wlk. Birk L43 – 2B 84
Clare Rd. Boo L20 – 4A 30
Clare Ter. L5 – 3C 45
Clare Wlk. Kir L10 – 4A 22
Clare Way. Wal L45 – 3D 41
Claribel St. L8 – 1D 87
Clarke Av. Birk L42 – 4C 85
Clarke's Cres. Ecc WA10 – 2A 36
Clarks Ter. Run WA7 – 4B 130
Classic Rd. L13 – 4A 48
Clatterbridge Rd. Poul L63 – 2A 124
Clatterbridge Rd. Thor & Poul L63 – 4A 124
Claude Rd. L6 – 3B 46
Claudia St. L4 – 1D 45
Claughton Dri. Wal L44 – 1A 64
Claughton Firs. Birk L43 – 2A 84
Claughton Pl. Birk L41 – 1B 84
Claughton Rd. Birk L41 – 1B 84
Claughton St. St H WA10 – 2D 37
Clavell Rd. L19 – 1B 112
Claverton Clo. Run WA7 – 1C 137
Clayford Clo. L14 – 1A 70
Clayford Cres. L14 – 4A 48
Clayford Pl. L14 – 4A 48
Clayford Rd. L14 – 1A 70
Claypole Clo. L7 – 4B 68
Clay St. L3 – 4A 44
Clayton Cres. Run WA7 – 3C 131
Clayton Cres. Wid WA8 – 1D 119
Clayton La. Wal L44 – 2A 64
Clayton Sq. L1 – 3C 67
Clayton St. L1 – 2C 67
Clayton St. Birk L41 – 1B 84
Cleadon Clo. Kir L32 – 4D 23
Cleadon Rd. Kir L32 – 4D 23
Cleary St. Boo L20 – 2C 29
Clee Hill Rd. Birk L42 – 1B 106
Cleethorpes Rd. Run WA7 – 1D 139
Clegg St. L5 – 4C 45
Clementina Rd. Cro L23 – 4A 6
Clemmey Dri. Orr L20 – 1A 30
Clent Av. Lyd & Mag L31 – 3B 4

154

Clent Gdns. Lyd L31 – 3B 4
Clent Rd. Mag L31 – 3B 4
Clevedon St. L8 – 2D 87
Cleveland Clo. Kir L32 – 4B 12
Cleveland Gdns. Birk L41 – 4C 65
Cleveland Sq. L1 – 3B 66
Cleveland St. Birk L41 – 3A 64 to
 4C 65
Cleveland St. St H WA9 – 4B 38
Cleveley Rd. L18 – 1B 112
Cleveley Rd. Hoy L47 – 3C 59
Cleveleys Av. Wid WA8 – 4B 98
Clieves Rd. Kir L32 – 3D 23
Cliff Dri. Wal L44 – 3B 42
Cliffe St. Wid WA8 – 4B 98
Clifford Rd. Wal L44 – 1A 64
Clifford St. L3 – 2C 67
Clifford St. Birk L41 – 4D 63
Cliff Rd. Wal L44 – 1D 63
Cliff St. L7 – 2B 68
Cliff, The. Wal L45 – 1D 41
Clifton Cres. Birk L41 – 1C 85
Clifton Cres. Frod WA6 – 4D 137
Clifton Cres. St H WA10 – 4B 36
Clifton Dri. Ain L10 – 1B 20
Clifton Gro. Wal L44 – 4B 42
Clifton La. Run WA7 – 3D 137 &
 3A 138
Clifton Rd. L6 – 3B 46
Clifton Rd. Bill WN5 – 1D 27
Clifton Rd. Birk L41 – 2C 85
Clifton Rd. Run WA7 – 4D 131
Clifton Rd. Run & Sut WA7 –
 4A 138
Clifton Rd. E. L6 – 3B 46
Clifton St. L19 – 3B 112
Clifton St. St H WA10 – 2D 37
Clifton Ter. St H WA10 – 4B 36
Cliftonville Rd. Pres L34 – 3C 53
Clifton Wlk. Boo L20 – 2C 29
Clincton Clo. Wid WA8 – 1D 117
Clincton View. Wid WA8 – 1D 117
Clinton Pl. L12 – 2D 47
Clinton Rd. L12 – 2D 47
Clint Rd. L7 – 2B 68
(in two parts)
Clint Way. L7 – 2B 68
Clive Rd. Birk L43 – 2A 84
Clock Face Rd. St H & Bold WA9 –
 3A 56
Clock La. Cuer WA8 – 3D 99
Cloisters, The. Cro L23 – 1C 17
Clorain Clo. Kir L33 – 1D 23
Clorain Rd. Kir L33 – 1D 23
Close St. St H WA9 – 2C 55
Close, The. L9 – 2B 30
Close, The. Birk L42 – 1B 106
Close, The. Cro L23 – 1C 17
Close, The. Ecc WA10 –2A 36
Close, The. Gre L49 – 4B 80
Close, The. Hay WA11 – 1D 39
Close, The. Irby L61 – 3B 102
Clough Rd. L24 – 1B 128
Clough, The. Run WA7 – 3C 133
Clovelly Av. St H. WA9 – 3C 57
Clovelly Gro. Run WA7 – 2C 139
Clovelly Rd. L4 – 3A 46
Clover Ct. Run WA7 – 2C 139
Clover Hey. St H WA11 – 4C 27
Club St. St H WA11 – 2B 26
Clwyd St. Birk L41 – 1C 85
Clwyd St. Wal. L45 – 2A 42
Clydesdale Rd. Hoy L47 – 4A 58
Clydesdale Rd. Wal L44 – 4B 42
Clyde St. L20 – 1A 44
Clyde St. Birk L42 – 4D 85
Coachmans Dri. L12 – 1C 49
Coach Rd. Bic L39 – 1D 15
Coalgate La. Whis L35 – 2B 74
Coal St. L3 – 2C 67
Coalville Rd. St H WA11 – 1B 38

Coastal Dri, Wal L45 – 2B 40
Cobb Av. Lith L21 – 1C 29
Cobden Av. Birk L42 – 3D 85
Cobden Ct. Birk L42 – 3C 85
Cobden Pl. Birk L42 – 3C 85
Cobden St. L6 – 1D 67
Cobden St. L25 – 4D 91
Cobham Av. L9 – 1B 30
Cobham Rd. Mor L46 – 4B 60
Cobham Wlk. Orr L30 – 4C 9
Coburg St. Birk L41 – 1B 84
Cochrane St. L5 – 4D 45
Cockburn St. L8 – 3D 87
Cockerell St. L4 – 2C 45
Cockerham Way. L11 – 2C 33
Cocklade La. Hale L24 – 3A 130
Cockshead Rd. L25 – 1A 92
Cockshead Way. L25 – 1A 92
Cockspur St. L3 – 2B 66
Cockspur St W. L3 – 2B 66
Coerton Rd. L9 – 4A 20
Colbern Clo. Mag L31 – 1C 11
Colebrooke Rd. L17 – 3A 88
Colemere Dri. Thing L61 – 3A 104
Coleridge Av. St H WA10 – 2C 37
Coleridge St. L6 – 1A 68
Coleridge St. Boo L20 – 2C 29
Colesborne Rd. L11 – 4C 33
Coles Cres. Thor L23 – 3A 8
Coleshill Rd. L11 – 3A 32
Cole St. Birk L43 – 1B 84
Colette Rd. Kir L10 – 4A 22
Colin Clo. Huy L36 – 2B 72
Colindale Rd. L16 – 4C 71
Colinton St. L15 – 3C 69
College Av. Cro L23 – 1C 17
College Clo. Birk L43 – 1A 82
College Dri. Wal L45 – 3C 41
College Dri. Beb L63 – 2D 107
College La. L1 – 3B 66
College Rd. Cro L23 – 4B 6
College Rd. N. Cro L23 – 3B 6
College St. St H WA10 – 2D 37
College St N. L6 – 1D 67
College St S. L6 – 1D 67
College View. Boo L20 – 4D 29
College Wlk. L6 – 1D 67
College Way. L6 – 1D 67
Collette Rd. Kir L10 – 4A 22
Collier's Row, Run WA7 – 1A 131
Collier St. Run WA7 – 4D 131
Collingwood Rd. Beb L63 – 4A 108
Collin Rd. Birk L43 – 3C 63
Collins St. Boo L20 – 1C 29
Colmore Rd. L11 – 4A 32
Colquitt St. L1 – 3C 67
Coltart Rd. L8 – 1A 88
Colton Rd. L25 – 4D 71
Colton Wlk. L25 – 4D 71
Columban Clo. Orr L30 – 1C 19
Columbia La. Birk L43 – 2A 84
Columbia Rd. L4 – 4B 30
Columbia Rd. Birk L43 – 2A 84
Columbia Rd. Pres L34 – 3C 53
Columbus Dri. Pen L61 – 1A 122
Column Rd. W Kir, Gra, Cal & Fra
 L48 – 4B 78
Colville Rd. Wal L44 – 4D 41
Colville St. L15 – 4C 69
Colwall Clo. Kir L33 – 1D 23
Colwall Rd. Kir L33 – 1A 24
Colwall Wlk. Kir L33 – 1A 24
Colwell Clo. L14 – 2D 40
Colwell Rd. L14 – 3D 49
Colwyn Rd. L13 – 2D 69
Colwyn St. Birk L41 – 4D 63
Colyton Av. St H WA9 – 3B 56
Combermere St. L8 – 1C 87
Combermere St. L15 – 3B 68
Comely Av. Wal L44 – 4B 42
Comely Bank Rd. Wal L44 – 4B 42

Comer Gdns. Lyd L31 – 3B 4
Commercial Rd. L5 – 3B 44
Commercial Rd. Beb L62 – 2D 125
Common Field Rd. Upt L49 – 4A 82
Common St. St H WA9 – 2C 55
Commutation Row. L1 – 2C 67
Company's Row. Run WA7 –
 1B 136
Compass Clo. Run WA7 – 2D 139
Compton Rd. Birk L41 – 2C 63
Compton Wlk. Boo L20 – 2C 29
Compton Way. L6 – 4A 46
Compton Way. Hal L26 – 3C 115
Comus St. L3 – 1C 67
Concert St. L1 – 3C 67
Concordia Av. Upt L49 – 1A 82
Concourse, The. W Kir L48 – 4A 78
Concourse Way. St H WA9 – 4D 39
Conder Gdns. St H WA9 – 3B 56
Condor Clo. L19 – 3B 112
Condron Rd. Lith L21 – 2B 18
 (in two parts)
Coney Gro. Run WA7 – 2C 139
Coney La. Tar L35 & L36 – 4D 73
Coningsby Dri. Wal L45 – 4A 42
Coningsby Rd. L4 – 2D 45
Coniston Av. Birk L43 – 1B 82
Coniston Av. Pres L34 – 3D 53
Coniston Av. Wal L45 – 2C 41
Coniston Clo. Kir L33 – 4C 13
Coniston Clo. Run WA7 – 1D 137
Coniston Gro. St H WA10 – 4C 27
Coniston Rd. Irby L61 – 3C 103
Coniston Rd. Mag L31 – 4C 5
Coniston St. L5 – 3A 46
Conleach Rd. L24 – 2C 129
Connaught Clo. Birk L41 – 3D 63
Connaught Rd. L7 – 2A 68
Connaught Way. Birk L41 – 3D 63
Connolly Av. Boo L20 – 2A 30
Consett Rd. St H WA9 – 2B 54
Constable's Clo. Run WA7 –
 3D 133
Constance St. L3 – 2D 67
Constance St. St H. WA10 – 3B 36
Constantine Av. Hes L60 – 3B 122
Conville Boulevd. Beb L63 – 2C 107
Conway Clo. Beb L63 – 4C 107
Conway Ct. Birk L41 – 1B 84
Conway Pl. Birk L41 – 1C 85
Conway St. L5 – 4C 45
Conway St. Birk L41 – 4B 64 &
 1C 85
Conway St. St H WA10 – 3B 36
Cook Rd. Mor L46 – 4A 40
Cookson Rd. Cro L21 – 1B 28
Cookson St. L1 – 4C 67
Cook's Rd. Cro L23 – 4C 7
Cook St. L2 – 2B 66
Cook St. Birk L41 – 1B 84
Cook St. Pres L34 – 3B 52
Cook st. Whis L35 – 4D 53
Coombe Dri. Run WA7 – 4D 131
Coombe Rd. Irby L61 – 2C 103
Cooper Av N. L18 – 4D 89
Cooper Av S. L19 – 1D 111
Cooper Clo. L19 – 1D 111
Cooper's La. Kir L33 – 4B 24
Coopers Row. L1 – 3B 66
Coopers Row. Cro L22 – 3C 17
Cooper St. L8 – 1C 87
Cooper St. Run WA7 – 1D 131
Cooper St. St H WA10 – 2D 37
Cooper St. Wid WA8 – 1A 120
Copeland Gro. Run WA7 – 2A 138
Copenhagen Rd. L7 – 3B 68
Copperas Hill. L3 – 2C 67
Copperas St. St H WA10 – 3D 37
Copperfield St. L8 – 1D 87
Coppice Clo. Birk L43 – 1A 82
Coppice Clo. Run WA7 – 3A 134

155

Coppice Cres. Huy L36 – 4D 51
Coppice Grange. Mor L46 – 4B 60
Coppice La. Tar L35 – 4A 74
Coppice, The. L6 – 2B 46
Coppice, The. Kno L34 – 3D 35
Coppice, The. Wal L45 – 2D 41
Copple Ho La. Kir L32 – 4D 21
Coppull Rd. Lyd L31 – 2B 4
Copse, The. Run WA7 – 1B 138
Copthorne Rd. Kir L32 – 2A 22
Copthorne Wlk. Kir L32 – 2A 22
Copy La. Neth, Orr & Ain L30 –
 4D 9 to 1A 20
Coral Av. Huy L36 – 1B 72
Coral Av. St H WA9 – 2C 55
Coral Ridge. Birk L43 – 1B 82
Coral St. L13 – 2D 69
Corbet Clo. Kir L32 – 1B 22
Corbet Wlk. Kir L32 – 1B 22
Corbridge Rd. L14 – 4B 70
Corbyn St. Wal L44 – 2C 65
Corfu St. Birk L41 – 1B 84
Corinthian Av. L13 – 4A 48
Corinthian St. Birk L42 – 4D 85
Corinthian St. Cro L21 – 4D 17
Corinth Tower. L5 – 3C 45
Cormorant Dri. Run WA7 – 2C 131
Corncroft Rd. Kno L34 – 3D 35
Corndale Rd. L18 – 2D 89
Cornelius Dri. Irby L61 – 4D 103
Cornel Way. Tar L36 – 4D 73
Corner Brook. L28 – 2D 49
Cornett Rd. L9 – 4A 20
Corney St. L7 – 4B 68
Corn Hill. L1 – 4B 66
Cornice Rd. L13 – 4D 47
Corniche Rd. Beb L62 – 3A 108
Corn St. L8 – 2C 87
Cornubia Rd. Wid WA8 – 2B 120
Cornwall Av. Run WA7 – 2D 131
Cornwall Clo. Run WA7 – 3C 133
Cornwall Dri. Birk L43 – 1D 105
Cornwallis St. L1 – 4C 67
Cornwall Rd. Wid WA8 – 3A 98
Cornwall St. St H WA9 – 4C 39
Corona Av. Lyd L31 – 1A 4
Corona Rd. L13 – 4A 48
Corona Rd. Beb L62 – 3B 108
Corona Rd. Cro L22 – 2C 17
Coronation Av. Huy L14 – 1C 71
Coronation Av. Wal L45 – 2A 42
Coronation Ct. L9 – 2B 32
Coronation Dri. Beb L62 – 1D 125
Coronation Dri. Frod WA6 – 4D 137
Coronation Dri. Huy L14 – 1C 71
Coronation Dri. Pres L35 – 1B 74
Coronation Dri. Wid WA8 – 2A 118
Coronation Rd. Cro L23 – 4B 6
Coronation Rd. Lyd L31 – 3B 4
Coronation Rd. Run WA7 – 3A 132
Coronation Rd. Run WA7 – 1A 140
 (Preston Brook)
Coronation Rd. Win WA10 – 1B 36
Coroner's La. Wid WA8 – 2D 97
Coronet Rd. L11 – 3D 33
Coronet Way. Wid WA8 – 1A 118
Corporation Rd. Birk L41 – 3D 63 to
 4C 65
Corporation St. St H WA10 & St H
 WA9 – 2D 37
Corrie Dri. Beb L63 – 1A 124
Corsefield. St H WA9 – 2B 54
Corsewall Rd. L7 – 4B 68
Corsham Rd. Hal L26 – 3C 115
Cortsway. Gre L49 – 2C 81
Corwen Clo. Birk L43 – 1A 82
Corwen Clo. Mor L46 – 4D 61
Corwen Cres. Huy L14 – 2D 71
Corwen Rd. L4 – 2B 46
Corwen Rd. Hoy L47 – 4B 58

Costain St. L20 – 2B 44
Cote Lea Sq. Run WA7 – 4C 133
Cotham St. St H WA10 – 3D 37
Cotsford Clo. Huy L36 – 4B 50
Cotsford Pl. Huy L36 – 4B 50
Cotsford Rd. Huy L36 – 4B 50
Cotsford Way. Huy L36 – 4B 50
Cotswold Gro. St H WA9 – 3D 39
Cotswold Rd. Birk L42 – 4B 84
Cotswold St. L7 – 2A 68
Cottage Clo. Kir L32 – 4C 23
Cottage St. Birk L41 – 4B 64
Cottenham St. L6 – 1A 68
Cotterill. Run WA7 – 3B 132
Cotter St. L8 – 1C 87
Cottesbrook Clo. L11 – 3B 32
Cottesbrook Pl. L11 – 3B 32
Cottesbrook Rd. L11 – 3B 32
Cottesmore Dri. Barn L60 – 4D 123
Cotton La. Run WA7 – 4B 132
Cotton St. L3 – 4A 44
Cotton Way. Kir L32 – 1B 22
Coulsdon Pl. L8 – 2D 87
Coulthard Rd. Birk L42 – 1A 108
Council St. Rain L35 – 4D 53
Countisbury Dri. L16 – 1C 91
County Rd. L4 – 1D 45
County Rd. Kir L32 – 4C 13 to 2D 23
Court Av. Hal L26 – 1D 115
Courtenay Av. Cro L22 – 2B 16
Courtenay Rd. L25 – 3D 91
Courtenay Rd. L25 – 3D 91
Courtenay Rd. Cro L22 – 2B 16
Courtenay Rd. Hoy L47 – 1A 78
Court Hey Av. Huy L36 – 2D 71
Court Hey Dri. Huy L16 – 2D 71
Court Hey Rd. Huy L16 – 2D 71
Courthope Rd. L4 – 4C 31
Courtland Rd. L18 – 2A 90
Courtney Av. Wal L44 – 1D 63
Courtney Rd. Birk L42 – 1A 108
Covent Garden. L2 – 2A 66
Coventry Av. Orr L30 – 2D 19
Coventry Rd. L15 – 1D 89
Coverdale Av. Rain L35 – 2B 76
Covertside Gra. L48 – 4C 79
Cowan Way. L6 – 4D 45
Cowanway. Wid WA8 – 2D 97
Cow Hey La. Run WA7 – 2C 137
Cowley Hill La. St H WA10 – 1C 37
Cowley Rd. L4 – 4B 30
Cowley St. St H WA10 – 2D 37
Cowper Rd. L13 – 1A 70
Cowper St. Boo L20 – 1C 29
Cowper St. St H WA9 – 4B 38
Cowper Way. Huy L36 – 3D 73
Coylton Av. Rain L35 – 2B 76
Crab St. St H WA10 – 2D 37
Crabtree Clo. L27 – 1C 93
Crab Tree Clo. Hale L24 – 3B 130
Cradley. Wid WA8 – 4B 96
Crag Gro. St H WA11 – 2C 27
Craigburn Rd. L13 – 3C 47
Craighurst Rd. L25 – 4D 71
Craigmore Rd. L18 – 4A 90
Craigside Av. L12 – 2A 48
Craigs Rd. L13 – 2C 47
Craigwood Way. Huy L36 – 1A 72
Craine Clo. L4 – 1A 46
Cramond Av. L18 – 1D 89
Cranage Clo. Run WA7 – 1A 138
Cranborne Av. Hoy L47 – 3C 59
Cranbourne Av. Birk L41 – 4D 63
Cranborne Av. Mor L46 – 4B 60
Cranbourne Rd. L15 – 4B 68
Cranbrook St. St H WA9 – 4A 38
Crane Av. St H. WA9 – 3B 56
Cranehurst Rd. L4 – 4C 31
Cranfield Rd. Cro L23 – 4A 8
Cranford Rd. L19 – 2A 112
Cranford St. Wal L44 – 1B 64

Crank Rd. St H & Rainf WA11 –
 3A 26
Cranleigh Pl. L25 – 1A 92
Cranleigh Rd. L25 – 1A 92
Cranmer St. L5 – 3B 44
Cranmore Av. Cro L23 – 1C 17
Cranshaw La. Wid & Bold WA8 –
 1A 98
Crantock Clo. L11 – 2D 33
Crantock Clo. Hal L26 – 1D 115
Crantock Gro. Win WA10 – 1A 36
Cranwell Clo. Ain L10 – 1B 20
Cranwell Rd. L25 – 4D 71
Cranwell Rd. Gre L49 – 3A 80
Cranwell Wlk. L25 – 4A 72
Crask Wlk, Kir L33 – 4D 13
Craven Clo. Birk L41 – 1B 84
Craven Pl. Birk L41 – 4B 64
Craven Rd. L12 – 2B 48
Craven Rd. Rain L35 – 1B 76
Craven St. L3 – 2C 67
Craven St. Birk L41 – 1B 84
Cravenwood Rd. Hal L26 – 3D 115
Crawford Av. L18 – 1D 89
Crawford Av. Mag L31 – 3A 4
Crawford Av. Wid WA8 – 1A 118
Crawford Clo. Bold WA9 – 4C 57
Crawford Pl. Run WA7 – 1C 137
Crawford St. Bold WA9 – 4C 57
Crawford Way. L7 – 2C 69
Crawley Clo. L25 – 1B 114
Crediton Clo. L11 – 1D 33
Creek, The. Wal L45 – 1C 41
Creer St. L5 – 4C 45
Cremorne Av. Kno L28 – 2A 50
Crescent Rd. L9 – 2C 31
Crescent Rd. Cro L21 – 4D 17
Crescent Rd. Cro L23 – 4A 6
Crescent Rd. Wal L44 – 4B 42
Crescent, The. L24 – 1A 128
Crescent, The. Beb L63 – 4C 107
Crescent, The. Cro L22 – 2C 17
Crescent, The. Gre L49 – 3C 81
Crescent, The. Huy L36 – 2A 74
Crescent, The. Irby L61 – 3D 103
Crescent, The. Mag L31 – 2B 10
Crescent, The. Thor L23 – 2A 8
Crescent, The. W Kir L48 – 4A 78
Crescent, The. Whis L35 – 1D 75
Cressida Av. Beb L63 – 2C 107
Cressingham Rd. Wal L45 – 1A 42
Cressington Av. Birk L42 – 4C 85
Cressington Prom. L19 – 3D 111
Cresswell St. L6 – 1D 67
 (in two parts)
Cresta Dri. Run WA7 – 1B 136
Cresttor Rd. L25 – 3D 91
Creswell Clo. Orr L30 – 3D 19
Creswell St. St H WA10 – 3C 37
Cretan Rd. L15 – 4C 69
Crete Tower. L5 – 3C 45
Crewe Grn. Upt L49 – 4A 82
Cringles Dri. Tar L35 – 4D 73
Crispin St. St H WA10 – 3C 37
Critchley Rd. L24 – 2D 129
Croasdale Dri. Run WA7 – 2A 138
Crockett's Wlk. Ecc WA10 – 2A 36
Crocus Av. Birk L41 – 4C 63
Crocus St. L5 – 2B 44
Croft Av. Beb L62 – 3C 125
Croft Av. E. Beb L62 – 2D 125
Croft Clo. Birk L43 – 3C 83
Croft Dri. Cal L48 – 3C 100
Croft Dri. Mor L46 – 4C 61
Croft Dri W. Cal L48 – 2B 100
Croft Dri W. Cal L48 – 2B 100
Croft Edge, Birk L43 – 3A 84
Croft End. St H WA9 – 4C 39
Croftfield. Mag L31 – 4C 5
Croft La. L9 – 4B 20
Croft La. Beb L62 – 3D 125

Crofton Cres. L13 – 1A 70
Crofton Rd. L13 – 1A 70
Crofton Rd. Birk L42 – 3C 85
Crofton Rd. Run WA7 – 3C 131
Croft St. L6 – 2D 67
Croft St. Wid WA8 – 3D 119
Croftsway. Hes L60 – 4A 122
Croft, The. L12 – 2A 48
Croft, The. Gre L49 – 4B 80
Croft, The. Kir L32 – 4C 23
Croft, The. Lyd L31 – 2A 4
Croft, The. Run WA7 – 3C 133
Croft Way. Cro L23 – 3A 8
Cromarty Rd. L13 – 2D 69
Cromarty Rd. Wal L44 – 4D 41
Cromdale Gro. St H WA9 – 4C 39
Cromer Dri. Wal L45 – 4A 42
Cromer Rd. L17 – 4C 89
Cromer Rd. Hoy L47 – 4A 58
Cromer Way. Hal L26 – 3D 115
Cromford Rd. Huy L36 – 4C 51
Cromptons La. L18 – 2B 90
Crompton St. L5 – 3B 44
Cromwell Rd. L4 – 4A 30
Cromwell St. Wid WA8 – 3D 119
Crondall Gro. L15 – 4A 70
Cronton Av. Whis L35 – 3B 74
Cronton Clo. Mor L46 – 1C 61
Cronton La. Rain WA8 & Rain
  L35 – 3A 76
Cronton La. Wid WA8 – 1C 97
Cronton Pk Av. Cron WA8 – 1B 96
Cronton Pk Clo. Cron WA8 – 1B 96
Cronton Rd. L15 – 1D 89
Cronton Rd. Tar L35 – Tar & Cron
  WA8 – 4A 74 to 2C 97
Croome Dri. Gra L48 – 4B 78
Cropper St. L1 – 3C 67
Crosby Clo. Upt L49 – 1D 81
Crosby Grn. L12 – 2A 48
Crosby Gro. St H WA10 – 1B 54
Crosby Rd N. Cro L22 – 2C 17
Crosby Rd S. Cro L22 & L21 –
  3C 17 to 1B 28
Crosender Rd. Cro L23 – 1B 16
Crosfield Clo. L7 – 2B 68
Crosfield Rd. L7 – 3B 68
Crosfield Rd. Wal L44 – 1B 64
Crosfield Rd. Whis L35 – 4C 53
Crosfield Wlk. L7 – 2B 68
Crosgrove Rd. L4 – 1A 46
Crosland Rd. Kir L32 – 3D 23
Crossdale Rd. Cro L23 – 1B 16
Crossfield St. St H WA9 – 3A 38
Crosshall St. L1 – 2B 66
Cross Hey. Lith L21 – 1A 18
Cross Hey Av. Birk L43 – 2B 82
Cross Hillocks La. Tar WA8 – 4C 95
Cross La. Beb L63 – 4D 107
Cross La. Pres & Whis L35 – 4B 52
Cross La. Wal L45 – 4B 40
Crossley Dri. Hes L60 – 4A 122
Crossley Rd. St H WA10 – 1B 54
Cross St. Beb L62 – 4A 108
Cross St. Birk L41 – 1D 85
Cross St. Cro L22 – 3C 17
Cross St. Pres L34 – 2C 53
Cross St. Run WA7 – 2D 131
Cross St. St H WA10 – 3D 37
Cross St. Wal L44 – 2C 65
Cross St. Wid WA8 – 1A 120
Crossvale Rd. Huy L36 – 3C 73
Crossway. Birk L43 – 3C 63
Crossway. Wid WA8 – 1B 118
Crossways. L25 – 1D 91
Crossways. Beb L62 – 1D 125
Crosswood Cres. Huy L36 – 1B 72
Crouch St. L13 – 3A 46
Crouch St. St H WA9 – 1B 56
Crownacres Rd. L25 – 1B 114
Crown Av. Wid WA8 – 1A 118

Crown Ga. Run WA7 – 4D 133
Crown Rd. L12 – 2B 48
Crown St. L7 – 2D 67
Crown St. St H WA9 – 2C 55
Crownway. Huy L36 – 1B 72
Crow St. L8 – 1C 87
Crowther St. St H WA10 – 3C 37
Crow Wood La. Wid WA8 – 4B 98
Crow Wood Pl. Wid WA8 – 3B 98
Croxdale Rd. L14 – 2D 49
Croxteth Av. Lith L21 – 4A 18
Croxteth Av. Wal L44 – 4A 42
Croxteth Clo. Mag L31 – 3C 5
Croxteth Dri. L17 – 2B 88
Croxteth Ga. L17 – 1B 88
Croxteth Gro. L8 – 1A 88
Croxteth Hall La. L11 & L12 – 3D 33
Croxteth La. Kno L34 – 1A 50
Croxteth Rd. L8 – 1A 88
Croxteth Rd. Boo L20 – 1C 29
Croxteth View. Kir L32 – 4D 23
  (in two parts)
Croxton St. L4 – 2C 45
Croyde Pl. St H WA9 – 4B 56
Croyde Rd. L24 – 1D 129
Croydon Av. L18 – 2D 89
Croylands St. L4 – 1C 45
Crump St. L1 – 4C 67
Crutchley Av. Birk L41 – 3A 64
Cubert Rd. L11 – 2D 33
Cuckoo Clo. L25 – 2D 91
Cuckoo La. L25 – 2D 91
Cuckoo Way. L25 – 2D 91
Cuerdley Grn. Cuer WA5 – 4D 99
Cullen Av. Boo L20 – 1A 30
Cullen Rd. Run WA7 – 4B 130
Cullen St. L8 – 4B 68
Culme Rd. L12 – 2D 47
Cumberland Av. L17 – 1C 89
Cumberland Av. Birk L43 – 4D 83
Cumberland Av. Orr L30 – 1B 18
Cumberland Av. St H WA10 –
  1A 54
Cumberland Cres. Hay WA11 –
  1D 39
Cumberland Ga. Orr L30 – 4A 10
Cumberland Rd. Wal L45 – 2B 42
Cumberland St. L1 – 2B 66
Cumber La. Whis L35 – 1D 75
Cumbria Way. L12 – 4D 33
Cummings St. L1 – 3C 67
Cumpsty Rd. Lith L21 – 2B 18
Cunard Av. Wal L44 – 3B 42
Cunard Clo. Birk L43 – 1B 82
Cunard Rd. Lith L21 – 4A 18
Cunliffe Clo. Run WA7 – 1B 138
Cunliffe Pl. L2 – 2B 66
Cunningham Clo. Birk L43 – 2C 105
Cunningham Clo. Cal L48 – 3C 100
Cunningham Dri. Beb L63 – 4C 125
Cunningham Dri. Run WA7 –
  3C 131
Cunningham Rd. L13 – 2A 70
Cunningham Rd. Wid WA8 –
  2B 118
Cuper Cres. Huy L36 – 4B 50
Curate Rd. L6 – 2B 46
Curbar Wlk. L7 – 3A 68
Curlender Clo. Birk L41 – 3C 63
Curlender Way. Hale L24 – 3A 130
Curlew Av. Upt L49 – 1B 80
Curlew Clo. Upt L49 – 1B 80
Curlew Way. Mor L46 – 2B 60
Curtana Cres. L11 – 3D 33
Curtis Rd. L4 – 1B 46
Curzon Av. Birk L41 – 4A 64
Curzon Av. Wal L45 – 2A 42
Curzon Rd. Birk L42 – 4A 84
Curzon Rd. Cro L22 – 2C 17
Curzon Rd. Hoy L47 – 4A 58
Curzon St. Run WA7 – 3D 131

Cusson Rd. Kir L33 – 3A 24
Custley Hey. Kno L28 – 1A 50
Cut La. Kir L33 – 4C 25
Cynthia Rd. Run WA7 – 2D 131
Cypress Av. Wid WA8 – 4A 98
Cypress Gro. Run WA7 – 4B 132
Cypress Rd. Huy L36 – 3C 73
Cyprian's Way. Orr L30 – 1C 19
Cyprus St. Pres L34 – 3B 52
Cyprus Ter. Wal L45 – 2A 42
Cyril Gro. L17 – 4C 89

Dacre's Bri. La. Tar L35 – 4B 74
Dacre St. L7 – 4B 68
Dacre St. Birk L41 – 1C 85
Dacre St. Boo L20 – 1A 44
Dacy Rd. L5 – 3D 45
Daffodil Rd. L15 – 4A 70
Daffodil Rd. Birk L41 – 4D 63
Dagnall Rd. Kir L32 – 2B 22
Dairy Farm Rd. Bic L39 – 3D 15
Daisey Gro. Wal L44 – 2C 65
Daisy Gro. L7 – 3A 68
Daisy Mt. Mag L31 – 1C 11
Daisy St. L5 – 2B 44
Dakin Wlk. Kir L33 – 1D 23
Dale Acre Dri. Orr L30 – 1B 18
Dale Av. Beb L62 – 3D 125
Dale Av. Hes L60 – 3B 122
Dale Clo. Mag L31 – 3B 4
Dale Clo. Wid WA8 – 1D 117
Dale Cres St H WA9 – 3B 56
Dale End Rd. Barn L61 – 4B 104
Dalehead Pl. St H WA11 – 2C 27
Dale Hey. Wal L44 – 1A 64
Dale La. L33 – 4A 14
Dalemeadow Rd. L14 – 1B 70
Dale M. L25 – 3A 92
Daleside Clo. Irby L61 – 3D 103
Daleside Rd. Kir L33 – 1D 23
Daleside Wlk. Kir L33 – 1D 23
Dales Row. Whis L35 – 2A 74
Dale St. L2 – 2B 66
Dale St. L19 – 4B 112
Dale St. Run WA7 – 3D 131
Dalesway. Hes L60 – 4A 122
Daley Pl. Orr L20 – 4C 19
Daley Rd. Lith L21 – 3B 18
Dallas Gro. L9 – 1B 30
Dalmeny St. L17 – 3A 88
Dalmorton Rd. Wal L45 – 2A 42
Dalry Cres. Kir L32 – 4D 23
Dalrymple St. L5 – 3C 45
Dalry Wlk. Kir L32 – 4D 23
Dalton Clo. L12 – 4D 33
Dalton Rd. Wal L45 – 2B 42
Dalton St. Run WA7 – 2B 132
Daltry Clo. L12 – 2D 47
Damerham Croft. L25 – 4A 72
Damerham M. L25 – 4A 72
Damerham Wlk. L25 – 4A 72
Damfield La. Mag L31 – 1B 10
Dam Row. St H WA10 – 4C 37
Dam Wood Rd. L24 – 2B 128
Danby Clo. L5 – 4D 45
Dane Clo. Irby L61 – 3D 103
Dane Ct. Rain L35 – 1A 76
Danefield Pl. L19 – 2C 113
Danefield Rd. L19 – 2C 113
Danefield Rd. Gre L49 – 4B 80
Danehurst Rd. Wal L45 – 2D 41
Danescourt Rd. L12 – 3B 48
Danescourt Rd. Birk L41 – 4A 64
Danescroft. Wid WA8 – 3A 96
Dane St. L4 – 1D 45
Daneswell Dri. Mor L46 – 2D 61
Danes Well Rd. L24 – 2D 129
Daneville Rd. L4 – 4D 31
Danger La. Mor L46 – 2D 61
Daniel Ho. Boo L20 – 3D 29
Dannette Hey. Kno L28 – 2B 50

Dansie St. L3 – 2C 67
Dan's Rd. Wid WA8 –4C 99
Danube St. L8 – 4A 68
Daphne Clo. Kir L10 – 4A 22
Darby Gro. L19 – 3A 112
Darby Rd. L19 – 2A 112
Daresbury By-Pass. 3D 135
Daresbury Rd. Ecc WA10 – 2A 36
Daresbury Rd. Wal L44 – 4A 42
Dark Entry. Kno L34 – 1C 51
Dark La. Mag L31 – 4C 5
Darley Dri. L12 – 3A 48
Darlington St. Wal L44 – 4B 42
Darmond Rd. Kir L33 – 1D 23
Darmond's Grn. W Kir L48 – 3A 78
Darrel St. L7 – 4A 68
Daresfield Rd. L16 – 4C 71
Dartington Rd. L16 – 3B 70
Dartmouth Av. Ain L10 – 1B 20
Dartmouth Dri. Orr L30 – 4B 8
Dart St. L4 – 2C 45
Darwall Rd. L19 – 1C 113
Darwen St. L5 – 3A 44
Darwick Dri. Huy L36 – 3D 73
Darwin Gro. St H WA9 – 2C 55
Daryl Rd. Hes L60 – 3B 122
Daulby St. L3 – 2D 67
Dauntsey Brow, L25 – 4A 72
Dauntsey M. L25 – 4A 72
Dauntsey Wlk. L25 – 4A 72
Davenham Av. Birk L43 – 4D 83
Davenham Clo. Birk L43 – 4D 83
Davenhill Pk. Ain L10 – 2B 20
Davenport Clo. Cal L48 – 3C 100
Davenport Rd. Hes L60 – 4A 122
Daventree Rd. Wal L45 – 3A 42
Daventry Rd. L17 – 4C 89
Davidson Rd. L13 – 1D 69
David St. L8 – 2D 87
Davies Clo. Wid WA8 – 4D 119
Davies St. Boo L20 – 2D 29
Davies St. St H WA9 – 2A 38
Davis Rd. Mor L46 – 1A 62
Davy Rd. Run WA7 – 1C 133
Davy Clo. Ecc WA10 – 2A 36
Davy St. L5 – 3D 45
Dawlish Clo. L25 – 1B 114
Dawlish Rd. Irby L61 – 4B 102
Dawlish Rd. Wal L44 – 1D 63
Dawn Wlk. Kir L10 – 4A 22
Dawpool Dri. Beb L62 – 4C 125
Dawpool Dri. Mor L46 – 3C 61
Dawson Av. Birk L41 – 3A 64
Dawson Av. St H WA9 – 2B 56
Dawson Gdns. Mag L31 – 4B 4
Dawson St. L1 – 2B 66
Dawstone Rd. Hes & Gay L60 –
4B 122
Day St. L13 – 1D 69
Deacon Ct. L25 – 4A 92
Deacon Rd. Wid WA8 – 1A 120
Deakin St. Birk L41 – 3D 63
Dean Av. Wal L45 – 2C 41
Dean Clo. Bill WN5 – 1D 27
Deane Rd. L7 – 2B 68
Deane St. L1 – 2C 67
Deansburn Rd. L13 – 3C 47
Deanscales Rd. L11 – 4B 32
Dean St. Cro L22 – 3C 17
Dean St. Wid WA8 – 1A 120
Deans Way. Birk L41 – 3D 63
Deansway. Wid WA8 – 2B 118
Dean Way. St H WA9 – 2D 77
Dearham Av. St H WA11 – 4C 27
Dearnley Av. St H WA11 – 1C 39
Deauville Rd. L9 – 4B 20
Debra Clo. Mell L31 – 4A 12
Dee Clo. Kir L33 – 2C 13
Dee La. W Kir L48 – 4A 78
Deepdale. Wid WA8 – 3A 96
Deepdale Av. Boo L20 – 1B 28

Deepdale Av. St H WA11 – 2D 27
Deepdale Clo. Birk L43 – 1B 82
Deepdale Dri. Rain L35 – 1B 76
Deepdale Rd. L25 – 4D 71
Deepfield Dri. Huy L36 – 3D 73
Deepfield Rd. L15 – 1D 89
Deerbarn Dri. Orr L30 – 4A 10
Deerbolt Cres. Kir L32 – 1B 22
Deerbolt Way. Kir L32 – 1B 22
Dee Rd. Rain L35 – 1A 76
Deeside Clo. Birk L43 – 1A 82
Dee St. L6 – 1A 68
Dee View Rd. Hes L60 – 4B 122
De Grouchy St. W Kir L48 – 3A 78
Deidre Av. Wid WA8 – 1A 120
Delabole Rd. L11 – 2D 33
De Lacy Row, Run WA7 – 2D 133
Delagoa Rd. L10 – 4D 21
Delamain Rd. L13 – 2C 47
Delamere Av. St H WA9 – 1D 77
Delamere Av. Wid WA8 – 1A 118
Delamere Clo. Birk L43 – 1A 82
Delamere Gro. Wal L44 – 1C 65
Delamore St. L4 – 4A 30
Delavor Clo. Hes L60 – 4A 122
Delavor Rd. Hes L60 – 4A 122
Delaware Cres. Kir L32 – 1B 22
Delfby Cres. Kir L32 – 2D 23
Delf La. L4 – 4B 30
Dellfield. Mag L31 – 1C 11
Dell Gro. Birk L42 – 1A 108
Dell La. Gay L60 – 4C 122
Dellside Gro. St H WA9 – 1A 56
Dell St. L7 – 2B 68
Dell, The. L12 – 1C 49
Dell, The. Birk L42 – 1A 108
Delph La. Whis L35 – 4D 53
Delph La. Dara WA4 – 1D to
3D 135
Delph la. Whis L35 – 4D 53
Delta Dri. L12 – 1C 49
Delta Rd. Birk L42 – 1A 108
Delta Rd. L20 – 1A 108
Delta Rd. St H WA9 – 3C 39
Delta Rd. W. Birk L42 – 1A 108
Delves Av. Poul L63 – 1A 124
Delyn Clo. Birk L42 – 4C 85
Demesne St. Wal L44 – 1C 65
Denbigh Av. St H WA9 – 2B 56
Denbigh Rd. L9 – 3B 30
Denbigh Rd. Wal L44 – 1B 64
Denbigh St. L5 – 3A 44
Dencourt Rd. L11 – 4C 33
Deneacres L25 – 4D 91
Denebank Rd. L4 – 2A 46
Denecliff. Kno L28 – 1A 50
Deneshey Rd. Hoy L47 – 3B 58
Denes Way, Kno L28 – L28 – 2A 50
Denford Rd. L14 – 4D 49
Denise Rd. Kir L10 – 4A 22
Denison Gro. St H WA9 – 2C 55
Denman Dri. L6 – 4B 46
Denman Gro. Wal L44 – 1C 65
Denman St. L6 – 1A 68
Denmark Rd. L7 – 3B 68
Denmark St. Cro L22 – 2B 16
Dennett Clo. Mag L31 – 2B 10
Dennett Rd. Pres L36 – 1B 74
Denning Dri. Irby L61 – 2C 103
Dennis Av. St H WA10 – 2A 54
Dennis Rd. Wid WA8 – 2B 120
Denston Clo. Birk L43 – 4A 62
Denstone Av. Ain L10 – 1B 20
Denstone Clo. L25 – 1A 114
Denstone Clo. Huy L14 – 4A 50
Denstone Cres. Huy L14 – 4A 50
Denton Dri. Wal L45 – 3B 42
Denton Gro. L6 – 4B 46
Dentons Grn La. St H WA10 –
1B 36

Denton St. L8 – 2D 87
Denton St. Wid WA8 – 1A 120
Dentwood St. L8 – 3D 87
Denver Rd. Kir L32 – 2B 22
Depot Rd. Kir L33 – 4B 14
Derby Gro. L6 – 1A 68
Derby Gro. Mag L31 – 2B 10
Derby La. L13 – 4D 47
Derby Pl. L13 – 2D 69
Derby Rd. Birk L42 – 3B 84
Derby Rd. Boo L20 & L20 – 3C 29
to 2A 44
Derby Rd. Huy L36 – 2C 73
Derby Rd. Wal L45 – 3A 42
Derby Rd. Wid WA8 – 3A 98 to
2C 99
Derbyshire Hill Rd. St H WA9 –
3D 39
Derby Sq. L2 – 3B 66
Derby Sq. Birk L43 – 2B 84
Derby Sq. Pres L34 – 3C 53
Derby St. L19 – 4B 112
Derby St. Birk L43 – 2B 84
Derby St. Huy L36 – 2D 73
Derby St. Pres L34 – 3B 52
Derby Ter. Huy L36 – 1C 73
Dereham Cres. L10 – 4D 21
Derna Rd. Huy L36 – 1B 72
Derwent Av. Pres L34 – 3C 53
Derwent Clo. Beb L63 – 4C 107
Derwent Clo. Kir L33 – 4B 12
Derwent Clo. Mag L31 – 3D 5
Derwent Clo. Rain L35 – 1A 76
Derwent Dri. Lith L21 – 3B 18
Derwent Dri. Pen L61 – 1B 122
Derwent Dri. Wal L45 – 3A 42
Derwent Rd. L13 – 4D 47
Derwent Rd. Beb L63 – 4B 106
Derwent Rd. Birk L43 – 2A 84
Derwent Rd. Cro L32 – 1D 17
Derwent Rd. Hoy L47 – 3C 59
Derwent Rd. St H WA11 – 4C 27
Derwent Rd. Wid WA8 – 1A 118
Derwent Sq. L13 – 4D 47
Desborough Cres. L12 – 2A 48
Desford Dri. L19 – 1C 111
Desford Rd. St H WA10 – 4D 27
De Silva St. Huy L36 – 2D 73
Desmond Clo. Birk L43 – 4B 62
Desmond Gro. Cro L23 – 1D 17
Desoto Rd E. Wid WA8 –
3C 3D 119
Desoto Rd W. Wid WA8 – 3C 119
Deva Clo. Kir L33 – 2C 13
Deva Rd. W. Kir L48 – 4A 78
Devereaux Dri. Wal L44 – 1A 64
Deverell Gro. L15 – 3A 70
Deverell Rd. L15 – 3A 70
Deverill Rd. Birk L42 – 1C 107
De Villiers Av. Cro L23 – 3C 7
Devizes Clo. L25 – 4A 72
Devizes Dri. Irby L61 – 2C 103
Devizes M. L25 – 4A 72
Devizes Wlk. L25 – 4A 72
Devoke Rd. St H WA11 – 3B 26
Devon Av. Wal L45 – 3B 42
Devon Clo. Cro L23 – 4A 6
Devon Ct. L5 – 4D 45
Devondale Rd. L18 – 2D 89
Devon Dri. Pen L61 – 4C 103
Devonfield Rd. L9 – 1B 30
Devon Gdns. L16 – 2C 91
Devon Pl Wid WA8 – 3A 98
Devonport Row. Run WA7 –
4C 133
Devonport St. L8 – 1D 87
Devonshire Clo. Birk L43 – 2A 84
Devonshire Pl. L5 – 2C 45
(in two parts)
Devonshire Pl. Birk L43 – 1D 83

Devonshire Pl Run WA7 – 2D 131
Devonshire Rd. L8 – 2A 88
Devonshire Rd. Birk L43 – 1A 84
Devonshire Rd. Cro L23 – 1B 16
Devonshire Rd. Pen L61 – 1A 122
Devonshire Rd. St H WA10 – 1B 36
Devonshire Rd. Upt L49 – 2C 81
Devonshire Rd. Wal L44 – 4A 42
Devonshire Rd. W Kir L48 – 1B 100
Devonshire Rd. W. L8 – 2D 87
Devon St. L3 – 2C 67
Devon St. St H WA10 – 2B 36
Devon Way. L16 – 1C 91
Devon Way. Huy L36 – 1D 73
Dewey Av. L9 – 3A 20
Dewlands Rd. Cro L21 – 3D 17
Dewsbury Rd. L4 – 2A 46
Dexter St. L8 – 1C 87
Deyburn Wlk. L12 – 2B 48
Deycroft Av. Kir L33 – 4D 13
Deycroft Wlk. Kir L33 – 4D 13
Deyes End. Mag L31 – 4C 5
Deyes La. Mag L31 – 4B 4 to 4D 5
Deysbrook La. L12 – 3B 48
Deysbrook Way. L12 – 1B 48
Dial Rd. Birk L42 – 3C 85
Dial St. L7 – 2B 68
Diana Rd. Orr L20 – 4B 18
Diana St. L4 – 1D 45
Dibbinsdale Rd. Poul & Beb L63 –
    4B124
Dibbins Hey. Poul L63 – 2B 124
Dibb La. Cro L23 – 2B 6
Dicconson St. St H WA10 – 2D 37
Dickens Av. Birk L43 – 1D 105
Dickens Clo. Birk L43 – 1D 105
Dickens Rd. St H WA10 – 1B 54
Dickens St. L8 – 1D 87
Dickinson Clo. May WA11 – 1D 39
Dickson St. L3 – 4A 44
Dickson St. Wid WA8 – 1A 120
Didcot Clo. L25 – 1B 114
Didsbury Clo. Kir L33 – 2D 23
Digg La. Mor L46 – 3C 61
Digmoor Rd. Kir L32 – 4D 23
Dignum Mead. L27 – 1C 93
Dilloway St. St H WA10 – 2C 37
Dinas La. Huy L36 – 4A 50
Dinesen Rd. L19 – 2B 112
Dingle Gro. L8 – 3D 87
Dingle La. L8 – 3D 87
Dingle Mt. L8 – 3D 87
Dingle Rd. L8 – 3D 87
Dingle Rd. Birk L42 – 2B 84
Dingle Ter. L8 – 3D 87
Dingle Vale. L8 – 3D 87
Dingley Av. L9 – 1B 30
Dingwall Dri. Gre L49 – 3C 81
Dinmore Rd. Wal L44 – 4A 42
Dinorben Av. St H WA9 – 2B 56
Dinorben St. L8 – 4A 68
Dinorben Wlk. L8 – 4A 68
Dinorwic Rd. L4 – 3A 46
Ditchfield Pl. Wid WA8 – 2A 118
Ditchfield Rd. Wid WA8 – 2A 118
Ditton La. Mor L46 – 1C 61
Ditton Rd. Wid WA8 – 3B 118 to
    3D 119
Dixon Rd. Kir L33 – 3A 24
Dobson St. L6 – 4D 45
Dobson Wlk. L6 – 4D 45
Dock Rd. L19 – 4A 112
Dock Rd. Wal L41 – 2D 63 to 3C 65
Dock Rd. Wid WA8 – 4D 119
Dock Rd N. Beb L62 – 3B 108
Dock Rd. S. Beb L62 – 4B 108
Docks Link – 1D 63
Dock St. Wid WA8 – 4D 119
Dodd Av. Gre L49 – 3B 80
Dodd Av. St H WA10 – 2B 36
Dodd's La. Mag L31 – 3B 4

Dodge St. L7 – 3B 68
Dodleston Clo. Birk L43 – 2C 83
Dodman Rd. L11 – 2D 33
Doel St. L6 – 1A 68
Doe's Meadow Rd. Beb L63 –
    4C 125
Domar Clo. Kir L32 – 3C 23
Dombey St. L8 – 1D 87
Dominic Clo. L16 – 3C 71
Dominic Rd. L16 – 3C 71
Dominic Way. St H WA9 – 2B 56
Dominion St. L6 – 4B 46
Domville. Whis L35 – 2C 75
Domville Dri. Upt L49 – 3A 82
Domville Rd. L13 – 2A 70
Donaldson St. L5 – 3D 45
Doncaster Dri. Upt L49 – 1D 81
Donegal Rd. L13 – 1A 70
Donhead M. L25 – 4A 72
Donhead Pl. L25 – 1A 92
Donne Av. Poul L63 – 1A 124
Donne Clo. Poul L63 – 2B 124
Donsby Rd. L9 – 1C 31
Dooley Dri. Orr L30 – 4A 10
Doon Clo. L4 – 1C 45
Dorans La. L2 – 2B 66
Dora St. L7 – 2A 68
Dorbett Dri. Cro L23 – 1D 17
Dorchester Clo. L25 – 1A 92
Dorchester Pk. L25 – 1A 92
Dorchester Wlk. L25 – 1A 92
Doreen Av. Mor L46 – 3B 60
Dorgan Clo. Rain L35 – 4A 54
Doric Rd. L13 – 4A 48
Doric St. Birk L42 – 4D 85
Doric St. Cro L21 – 4D 17
Dorien Rd. L13 – 2D 69
Dorincourt. Birk L43 – 3D 83
Dorking Gro. L15 – 1A 90
Dorothy St. L7 – 2A 68
Dorothy St. St H WA9 – 2C 55
Dorrington St. L5 – 4C 45
Dorrit St. L8 – 1D 87
Dorset Av. L15 – 4B 68
Dorset Clo. Boo L20 – 3D 29
Dorset Ct. Run WA7 – 1B 138
Dorset Dri. Pen L61 – 4C 103
Dorset Rd. L6 – 3C 47
Dorset Rd. Gra L48 – 3B 78
Dorset Rd. Huy L36 – 1A 74
Dorset Rd. St H WA10 – 4B 36
Dorset Rd. Wal L45 – 2A 42
Dosen Brow. L27 – 1C 93
Douglas Av. Bill WN5 – 1D 27
Douglas Av. St H WA9 – 3D 57
Douglas Dri. Mag L31 – 4D 5
Douglas Dri. Mor L46 – 3B 60
Douglas Pl. Boo L20 – 4C 29
Douglas Rd. L4 – 3A 46
Douglas Rd. Gra L48 – 3B 78
Douglas St. Birk L41 – 1C 85
Douglas St. St H WA10 – 3C 37
Douglas Way. Kir L33 – 2D 13
Doulton Clo. Birk L43 – 4A 62
Doulton Pl. Whis L35 – 1B 74
Doulton St. St H WA10 – 3B 36
Douro St. L13 – 2D 69
Douro St. L5 – 1C 67
Dovecot Av. L14 – 1C 71
Dovedale Av. Mag L31 – 4B 4
Dovedale Clo. Birk L43 – 4D 83
Dovedale Rd. L18 – 2D 89
Dovedale Rd. Hoy L47 – 4A 58
Dovedale Rd. Wal L45 – 2D 41
Dovepoint Rd. Hoy L47 – 2C 59
Dovercliffe Rd. L13 – 1A 70
Dover Clo. Birk L41 – 4B 64
Dover Clo. Run WA7 – 1A 140
Dove Rd. L9 – 1B 30
Dover Rd. Mag L31 – 3B 10
Dover St. Run WA7 – 1A 132

Dovesmead Rd. Barn L60 – 4D 123
Dove St. L8 – 4A 68
Dovey st. L8 – 1D 87
Doward St. Wid WA8 – 4A 98
Dowhills Dri. Cro L23 – 3A 6
Dowhills Pk. Cro L23 – 3A 6
Dowhills Rd. Cro L23 – 3A 6
Down Clo. St H WA9 – 2C 55
Downes Grn. Poul L63 – 3B 124
Downham Clo. L25 – 1D 91
Downham Dri. Hes L60 – 3B 122
Downham Grn. L25 – 1D 91
Downham Rd. Birk L42 – 3C 85
Downham Rd N. Barn L61 – 2B 122
Downham Rd S. Hes & Barn L60 –
    3B 122
Downham Way. L25 – 1D 91
Downing Clo. Birk L43 – 4A 84
Downing Rd. Boo L20 – 4A 30
Downland Way. St H WA9 – 4D 39
Downside. Wid WA8 – 3A 96
Downside Clo. Orr L30 – 4C 9
Downside Dri. Ain L10 – 2D 21
Downs Rd. Run WA7 – 3A 132
Downs Rd. St H WA10 – 3C 37
Downs, The. Cro L23 – 1A 16
Downway La. St H WA9 – 4D 39
Dowsefield La. L18 – 3C 91
Dragon Clo. L11 – 2D 33
Dragon Cres. Whis L35 – 1C 75
Dragon Dri. Whis L35 – 1C 75
Dragon La. Whis L35 – 1C 75
Dragon Wlk. L11 – 2D 33
Dragon Yd. Wid WA8 – 2A 98
Drake Clo. L10 – 4D 21
Drake Clo. Whis L35 – 2C 75
Drake Cres. L10 – 4D 21
Drakefield Rd. L11 – 3A 32
Drake Pl. L10 – 4D 21
Drake Rd. L10 – 4D 21
Drake Rd. Mor L46 – 4A 40
Drake St. St H WA10 – 2C 37
Drake Way. L10 – 4D 21
Draw Well Rd. Kir L33 – 2B 24
Draycott St. L8 – 3D 87
Drayton Cres. St H WA11 – 1B 38
Drayton Rd. L4 – 4B 30
Drayton Rd. Wal L44 – 1B 64
Drennan Rd. L19 – 2C 113
Drewell Rd. L18 – 3D 89
Driffield Rd. Pres L34 – 3B 52
Drinkwater Gdns. L3 – 1C 67
Driveway. Whis L35 – 2C & 2D 75
Dromore Av. L18 – 4D 89
Dronfield Way. L25 – 4D 71
    (in two parts)
Druid's Cross Gdns. L18 – 2C 91
Druids' Cross Rd. L18 – 2B 90
Druids Pk. L18 – 2C 91
Druidsville Rd. L18 – 3C 91
Druids Way. Upt L49 – 4A 82
Drummond Rd. L4 – 1B 46
Drummond Rd. Hoy L47 – 1A 78
Drury La. L2 – 2B 66
Dryburgh Way. L4 – 1C 45
Dryden Clo. Birk L43 – 4B 62
Dryden Clo. Whis L35 – 1C 75
Dryden Gro. Huy L36 – 3D 73
Dryden Rd. L7 – 2C 69
Dryden St. L5 – 4C 45
Dryden St. Boo L20 – 1C 29
Dryfield Clo. Gre L49 – 2B 80
Drysdale St. L8 – 2D 87
Dublin St. L3 – 4A 44
Ducie St. L8 – 1A 88
Duckinfield St. L3 – 3D 67
Duddingston Av. Cro L23 – 1C 17
Duddington Av. L18 – 1D 89
Duddon Av. Mag L31 – 4C 5
Dudley Av. Run WA7 – 2B 132
Dudley Clo. Birk L43 – 3A 84

159

Dudley Gro. L23 – 1C 17
Dudley Pl. St H WA9 – 3B 38
Dudley Rd. L18 – 1D 89
Dudley Rd. Wal L45 – 1D 41
Dudlow Dri. L18 – 1B 90
Dudlow Gdns. L18 – 1B 90
Dudlow La. L18 – 1A 90
Dudlow Nook Rd. L18 – 1B 90
Dukes Rd. L5 – 3C 45
Duke St. L1 – 3B 66
Duke St. L19 – 3B 112
Duke St. Birk L41 – 3B to 4A 64
Duke St. Cro L22 – 3B 16
Duke St. Pres L34 – 2C 53
Duke St. St H WA10 – 2C 37
Duke St. Wal L45 – 1A 42
Duke St. Bri Wal. L41 – 3B 64
Dulas Grn. Kir L32 – 2D 23
Dulas Rd. L15 – 1A 90
Dulas Rd. Kir L32 – 3D 23
Dulverton Rd. L17 – 1C 111
Dumbardon St. L4 – 1C 45
Dumbrees Rd. L12 – 1C 49
Dunacre Wlk. Hal L26 – 2D 115
Dunbabin Rd. L15 & L16 – 1A 90
Dunbar St. L4 – 4B 30
Dunbeath Av. Rain L35 – 2B 76
Dunbeath Clo. Rain L35 – 2B 76
Duncan Av. Run WA7 – 3A 132
Duncan Clo. St H WA10 – 3C 37
Duncan Dri. Gre L49 – 2C 81
Duncan Pl. Boo L20 – 4C 29
Duncan St. L1 – 4C 67
Duncan St. Birk L41 – 1D 85
Duncan St. St H WA10 – 3C 37
Dunchurch Rd. L14 – 4D 49
Duncombe Rd. N. L19 – 2A 112
Duncombe Rd S. L19 – 2A 112
Dundale Rd. L13 – 1A 70
Dundalk La. Wid WA8 – 1B 118
Dundalk Rd. Wid WA8 – 1C 119
Dundee Gro. Wal L44 – 1D 63
Dundee St. L3 – 1A 66
Dundonald Rd. L17 – 1C 111
Dundonald St. Birk L41 – 3D 63
Dunedin St. St H WA9 – 2C 55
Dunfold Clo. Kir L32 – 2C 23
Dungeon La. L24 – 2D 129
Dunham Rd. L15 – 3A 70
Dunkeld St. L6 – 1A 68
Dunlin Clo. Run WA7 – 2B 138
Dunlop Dri. Mell L31 – 4A 12
Dunlop Rd. L24 – 2A 128
Dunluce St. L4 – 4A 30
Dunmail Av. St H WA11 – 2C 27
Dunmail Gro. Run WA7 – 2A 138
Dunmore Rd. L13 – 1C 69
Dunmow Way. L25 – 1B 114
Dunnerdale Rd. L11 – 4C 33
Dunnett Rd. L20 – 1A 44
Dunnings Bri Rd. Orr L30, Neth &
    Mag L31 – 2C 19 to 3B 10
Dunnock Clo. L25 – 2D 91
Dunraven Rd. W Kir L48 – 4A 78
Dunriding La. St H WA10 – 3B 36
Dunsdon Clo. L18 – 2C 91
Dunsdon Rd. L18 – 2C 91
Dunsford. Wid WA8 – 3A 96
Dunsop Av. St H WA9 – 4B 56
Dunstan Gdns. St H WA9 – 3B 56
Dunstan La. L7 – 4B 68
Dunstan St. L15 – 4C 69
Dunster Gro. Gay L60 – 4C 123
Dunster Gro. St H WA9 – 4B 56
Durban Av. Cro. L23 – 3C 7
Durban Rd. L13 – 1A 70
Durban Rd. Wal L45 – 3A 42
Durden St. L7 – 4B 68
Durham Av. Orr L30 – 2D 19
Durham Rd. Cro L21 – 4C 17

Durham Rd. Wid WA8 – 3A 98
Durham St. L19 – 4B 112
Durham Way. Huy L36 – 1A 74
Durley Dri. Birk L43 – 1C 105
Durley Rd. L9 – 1C 31
Durnford Hey. L25 – 1B 92
    (in two parts)
Durnford Wlk. L25 – 1A 92
Durning Rd. L7 – 3A 68
Durrant Rd. L11 – 1C 47
Durrington Bank. L25 – 1B 92
Durrington Rd. L25 – 1B 92
Durrington Wlk. L25 – 1B 92
Dursley. Whis L35 – 2D 75
Durston Rd. L16 – 3B 70
Durweston M. L25 – 1B 92
Durweston Rd. L25 – 1B 92
Dutton Dri. Poul L63 – 2A 124
Duxbury Clo. Mag L31 – 3C 5
Dwerryhouse La. L11 – 4C 33
Dwerryhouse St. L8 – 1C 87
Dyke St. L6 – 4D 45
Dykin Clo. Wid WA8 – 3C 99
Dykin Rd. Wid WA8 – 3C 99
Dymchurch Rd. L24 – 1A 128
Dymoke Rd. L11 – 3D 33
Dymoke Wlk. L11 – 3D 33
Dyson St. L4 – 4B 30
Dyson St. St H WA9 – 4A 38

Eagle Dene. L10 – 4D 21
Eaglehall Rd. L9 – 2B 32
Eaglehurst Rd. L25 – 2A 92
Ealing Rd. L9 – 4A 20
Eardisley Rd. L18 – 1A 90
Earle Rd. L7 – 4B 68
Earle St. L3 – 2B 66
Earle St. Wid WA8 – 2A 120
Earl Rd. Boo – 2A 30
Earls Clo. Cro L23 – 1B 16
Earlsfield Rd. L15 – 1D 89
Earlston Rd. Wal L45 – 3A 42
Earl St. Beb L62 – 2A 108
Earl St. St H WA9 – 2A 38
Earls Way. Run WA7 – 1A 138
Earp St. L19 – 3B 112
Easby Rd. L4 – 2B 44 & 2C 45
Easby Wlk. L4 – 2C 45
Easedale Wlk. Kir L33 – 4C 13
Easington Rd. St H. WA9 – 3B 54
E Albert Rd. L17 – 2A 88
E Bank. Birk L43 – 3A 84
Eastbourne Precinct. L6 – 1D 67
Eastbourne Rd. L9 – 4A 20
Eastbourne Rd. Birk L41 – 1B 84
Eastbourne Rd. Cro L22 – 1A 16
Eastbourne Wlk. L6 – 1D 67
Eastbourne Way. L6 – 1D 67
Eastbrook St. L5 – 3D 45
East Clo. Ecc L34 – 2D 53
Eastcote Rd. L19 – 1A 112
Eastcroft. Kir L33 – 3D 13
Eastcroft Rd. Wal L44 – 1B 64
Eastdale Rd. L15 – 4D 69
E Dam Wood Rd. L24 – 2D 129
Eastern Av. L24 – 2D 129
Eastern Av. Beb L62 – 1D 125
Eastern Dri. L19 – 2D 111
Eastfield Dri. L17 – 3B 88
Eastfield Wlk. Kir L32 – 2A 22
E. Gate Rd. Beb L62 – 4A 108
Eastham Clo. L16 – 3C 71
Eastham Cres. St H WA9 – 4A 56
Eastlake Av. L4 – 4D 45
E Lancashire Rd. L11, Kir L32, L33
    & L34 – 3A 32 to 4D 25
E Lancashire Rd. St H WA10 &
    WA11, & Ash WN4 – 4A 26
East La. Run WA7 – 4C 133
Eastleigh Dri. Irby L61 – 2B 102
Eastmains. L24 – 1D 129

Eastman Rd. L13 – 2C 47
E Meade, Mag L31 – 3B & 4B 4
E Millwood Rd. L24 – 1D 129
Easton Rd. Beb L62 – 1A 108
Easton Rd. Huy L36 – 1D 71
E Orchard La. L9 – 4C 21
E Park Ct. Wal L44 – 1C 65
E Prescot Rd. L14 – 1A 70 to 4D 49
East Rd. L14 – 1B 70
East Rd. L24 – 4A 116
East Rd. Mag L31 – 4D 5
East St. L3 – 2A 66
East St. Cro L22 – 3B 16
East St. Pres L34 – 3C 53
East St. Wal L44 – 2C 65
East St. Wid WA8 – 1B 120
Eastway. Gre L49 – 2C 81
Eastway, Mag L31 – 4B 4 to 1C 11
East Way. Mor L46 – 2C 61
Eastway, Wid WA8 – 1B 118
Eastwood. Run WA7 – 3A 134
Eastwood St. L7 – 3B 68
Eaton Av. Boo L20 – 1D 29
Eaton Av. Lith L21 – 4A 18
Eaton Av. Wal L44 – 4B 42
Eaton Clo. L12 – 2D 47
Eaton Clo. Huy L36 – 2B 72
Eaton Gdns. L12 – 4B 48
Eaton Grange. L12 – 4B 48
Eaton Rd. L12 – 3A 48
Eaton Rd. L19 – 3D 111
Eaton Rd. Birk L43 – 1A 84
Eaton Rd. Mag L31 – 3B 10
Eaton Rd. St H WA10 – 1B 36
Eaton Rd. W Kir L48 – 1A 100
Eaton Rd. N. L12 – 2D 47
Eaton St. L3 – 1B 66
Eaton St. Pres L34 – 2B 52
Eaton St. Run WA7 – 2D 131
Eaton St. Wal L44 – 4A 42
Eaves La. St H WA9 – 3A 56
Ebenezer Howard Rd. Lith L21 –
    2B 18
Ebenezer Rd. L7 – 1B 68
Ebenezer St. Hay WA11 – 1D 39
Eberle St. L2 – 2B 66
Ebrington St. L19 – 3B 112
Ecclesall Av. Lith L21 – 3B 18
Ecclesfield Rd. Ecc WA10 – 1A 36
Eccleshall Rd. Beb L62 – 3B 108
Eccleshill Rd. L13 – 4D 47
Eccles St. L3 – 1B 66
Eccleston Av. Beb L62 – 3C 125
Eccleston Clo. Birk L43 – 3D 83
Eccleston Gdns. St H WA10 –
    1A 54
Eccleston Rd. L9 – 1B 30
Eccleston St. Pres L34 – 3B 52
Eccleston St. St H WA10 – 3C 37
Echo La. W Kir L48 – 4B 78
Edale Rd. L18 – 2A 90
Eddisbury Rd. Wal L44 – 4A 42
Eddisbury Rd. W Kir L48 – 2A 78
Eddison Rd. Run WA7 – 1C 133
Edendale. Wid WA8 – 4A 96
Eden Clo. Kir L33 – 3D 13
Eden Clo. Rain L35 – 2A 76
Eden Dri N. Cro L23 – 4D 7
Eden Dri S. Cro L23 – 1D 17
Edenfield Cres. Huy L36 – 1D 73
Edenfield Rd. L15 – 1D 89
Edenhall Dri. L25 – 3B 92
Edenhurst Av. Huy L16 – 3D 71
Edenhurst Av. Wal L44 – 4B 42
Edenpark Rd. Birk L42 – 4B 84
Eden St. L8 – 4A 68
    (in two parts)
Eden Vale. Orr L30 – 4C 9
Edgar St. Birk L41 – 4B 64
Edgar St. L3 – 1B 66
Edgar St. St H WA9 – 4A 38

160

Edgefold Rd. Kir L32 – 2D 23
Edge Gro. L7 – 2C 69
Edgehill Rd. Mor L46 – 3B 60
Edge La. L7 & L13 – 2A 68
Edge La. Thor, Cro & Sef L23 – 3A 8
Edge La Dri. L13 – 2D 69
Edgeley Gdns. L9 – 4D 19
Edgemoor Clo. L12 – 3B 48
Edgemoor Clo. Birk L43 – 4A 62
Edgemoor Dri. Irby L61 – 2B 102
Edgemoor Dri. Kir L10 – 4D 21
Edgemoor Dri. Thor, Cro & Sef L23 – 3D 7
Edgemoor Rd. L12 – 4B 48
Edge St. St H WA9 – 2B 54
Edgewood Rd. Hoy L47 – 3B 58
Edgewood Rd. Upt L49 – 1C 81
Edgeworth St. St H WA9 – 2C 57
Edgmond St. Wal L44 – 2C 65
Edgware. St H WA9 – 3D 55
Edgworth Rd. L4 – 3A 46
Edinburgh Clo. Orr L30 – 3D 19
Edinburgh Dri. Huy L36 – 3D 73
Edinburgh Rd. L7 – 2D 67
Edinburgh Rd. Birk L43 – 1D 105
Edinburgh Rd. Wal L45 – 3A 42
Edinburgh Rd. Wid WA8 – 1A 118
Edinburgh Tower. L5 – 3C 45
Edington St. L15 – 3C 69
Edith Rd. L4 – 2A 46
Edith Rd. Orr L20 – 1D 29
Edith Rd. Wal L44 – 1C 65
Edith St. St H WA9 – 2D 57
Edmondson St. St H WA9 – 3C 39
Edmund St. L3 – 2B 66
Edmund St. Wid WA8 – 2A 120
Edna Av. Kir L10 – 4A 22
Edward Jenner Av. Orr L30 – 1D 19
Edward Rd. Hoy L47 – 1B 78
Edward Rd. Whis L35 – 4D 53
Edward's La. L24 – 3A 114
Edward St. L3 – 2C 67
Edward St. Hay WA11 – 1D 39
Edward St. St H WA9 – 4B 38
Edward St. Wid WA8 – 4B 98
Edwards Way. Wid WA8 – 2B 118
Edwin St. Wid WA8 – 4A 98
Effingham St. Boo L20 – 4C 29
Egan Rd. Birk L43 – 3C 63
Egbert Rd. Hoy L47 – 3B 58
Egdon Clo. Wid WA8 – 4C 99
Egerton Dri. W Kir L48 – 4A 78
Egerton Gro. Wal L45 – 4A 42
Egerton Pk. Birk L42 – 1C 107
Egerton Pk Clo. Birk L42 – 1C 107
Egerton Rd. L15 – 4B 68
Egerton Rd. Beb L62 – 2A 108
Egerton Rd. Birk L43 – 1D 83
Egerton Rd. Pres L34 – 2B 52
Egerton St. L8 – 4D 67
Egerton St. Run WA7 – 2D 131
Egerton St. St H WA9 – 4B 38
Egerton St. Wal L45 – 1A 42
Eglington Av. Whis L35 – 1B 74
Egremont Clo. L27 – 3D 93
Egremont Lawn. L27 – 2D 93
Egremont Prom. Wal L45 & L44 – 3B 42
Egremont Rd. L27 – 3D 93
Egypt St. Wid WA8 – 2D 119
Eighth Av. Birk L43 – 3B 62
Eighth Av. Run WA7 – 4C 133
Eilian Gro. L14 – 1B 70
Elaine Clo. Wid WA8 – 4B 98
Elaine St. L8 – 1D 87
Elbow La. L1 – 3B 66
Elderdale Rd. L4 – 2A 46
Elder Gdns. L19 – 2A 112
Elder Gro. W Kir L48 – 4A 78
Eldersfield Rd. L11 – 4C 33

Elderwood Rd. Birk L42 – 3C 85
Eldon Gdns. Birk L41 – 4C 65
Eldon Gro. L3 – 4B 44
Eldon Pl. L3 – 4B 44
Eldon Rd. Birk L42 – 4D 85
Eldon Rd. Wal L44 – 4A 42
Eldon St. L3 – 4B 44
Eldon St. Birk L41 – 1C 85
Eldon St. St H WA10 – 3C 37
Eldred Rd. L16 – 1B 90
Eleanor Rd. Birk L43 – 3B 62
Eleanor Rd. Mor L46 – 2B 60
Eleanor Rd. Orr L20 – 1D 29
Eleanor St. L20 – 1A 44
Eleanor St. Wid WA8 – 2D 119
Elephant La. St H WA9 – 2B 54
Elfet St. Birk L41 – 4D 63
Elgar Rd. L14 – 3C & 3D –49
Elgin Dri. Wal L45 – 3B 42
Elgin St. Birk L41 – 4C 65
Eliot St. Boo L20 – 1C 29
Elizabeth Rd. Huy L36 – 3D 73
Elizabeth Rd. Kir L10 – 4A 22
Elizabeth Rd. Orr L20 – 1D 29
Elizabeth St. L3 – 2D 67
Elizabeth St. St H WA9 – 1C 57
Elizabeth St. Wid WA8 – 2A 120
Elizabeth Ter. Wid WA8 – 1B 118
Eliza St. St H WA9 – 2D 57
Elkan Clo. Wid WA8 – 4C 99
Elkan Rd. Wid – 4C 99
Elkstone Rd. L11 – 4C 33
Ellaby Rd. Rain L35 – 4B 54
Ellams Bri Rd. St H WA9 – 2C 57
Ellel Gro. L6 – 4B 46
Ellen Gdns. St H WA9 – 2C 57
Ellen's La. Beb L63 – 4A 108
Ellen St. St H WA9 – 2C 57
Elleray Pk Rd. Wal L45 – 2D 41
Ellergreen Rd. L11 – 4B 32
Ellerslie Av. Rain L35 – 4A 54
Ellerslie Rd. L13 – 3C 47
Ellesmere Dri. Ain L10 – 1B 20
Ellesmere Gro. Wal L45 – 2A 42
Elliot St. L1 – 2C 67
Elliot St. St H WA10 – 3C 37
Elliot St. Wid WA8 – 1A 120
Ellis Ashton St. Huy L36 – 2D 73
Ellison Dr. St H WA10 – 2B 36
Ellison St. L13 – 1D 69
Ellison Tower. L5 – 3C 45
Ellis Pl L8 – 2D 87
Ellis Rd. Bill WN5 – 1D 27
Ellis St. Wid WA8 – 2D 119
Ellon Av. Rain L35 – 2B 76
Elloway Rd. L24 – 1D 129
Elmar Rd. L17 – 4C 89
  (in two parts)
Elm Av. Cro L23 – 3D 7
Elm Av. Upt L49 – 1C 81
Elm Av. Wid WA8 – 4A 98
Elmbank Rd. L18 – 1C 89
Elmbank Rd. Beb L62 – 3A 108
Elmbank St. Wal L44 – 1B 64
Elm Clo. Pen L61 – 1B 122
Elmdale Rd. L9 – 2C 31
Elmdene Ct. Gre L49 – 4B 80
Elm Dri. Cro L21 – 4D 17
Elm Dri. Gre L49 – 3B 80
Elmfield Clo. St H WA9 – 1C 55
Elmfield Rd. L9 – 1B 30
Elm Gro. Birk L42 – 2C 85
Elm Gro. Ecc L34 – 2D 53
Elm Gro. Hoy L47 – 4B 58
Elm Gro. Wid WA8 – 4A 98
Elm Hall Dri. L18 – 2D 89
Elmham Cres. L10 – 4D 21
Elm Ho. Pres L34 – 3B 52
Elm Ho. M. L25 – 3A 92
Elmore Clo. L5 – 4D 45
Elm Pk Rd. Wal L45 – 2A 42

Elm Rd. L4 – 4B 30
Elm Rd. Beb L63 – 2D 107
Elm Rd. Birk L42 – 3B 84
  (Devonshire Park)
Elm Rd. Birk L42 – 4A 84
  (Prenton)
Elm Rd. Cro L21 – 3D 17
Elm Rd. Irby L61 – 3D 103
Elm Rd. Kir L32 – 1B 22
Elm Rd. Run WA7 – 3B 132
Elm Rd. St H WA10 & WA9 – 1B 54
Elm Rd N. Birk L42 – 4A 84
Elmsdale Rd. L18 – 2A 90
Elmsfield Clo. L25 – 1D 91
Elmsfield Rd. Cro L23 – 3A 8
Elms Ho Rd. L13 – 1D 69
Elmsley Rd. L18 – 3D 89
Elms Rd. Mag L31 – 3B 10
Elms, The. L8 – 3A 88
Elms, The. Lyd L31 – 2B 4
Elm St. Birk L41 – 1C 85
Elm St. Boo L20 – 3D 29
Elm St. Huy L36 – 2D 73
Elmswood Av. Rain L35 – 2C 77
Elmswood Gro. Huy L36 – 1A 72
Elmswood Rd. L17 – 4C 89
Elmswood Rd. Birk L42 – 3B 84
Elmswood Rd. Wal L44 – 4C 43
Elm Ter. Hoy L47 – 4B 58
Elmtree Clo. L12 – 2B 48
Elmure Av. Beb L63 – 4B 106
Elm Vale. L6 – 1B 68
Elmwood Av. Cro L23 – 4D 7
Elmwood Dri. Pen L61 – 2B 122
Elmworth Av. Wid WA8 – 2D 97
Elphin Gro. L4 – 4B 30
Elric Wlk. Kir L33 – 1D 23
Elsie Rd. L4 – 4A 46
Elsmere Av. L17 – 3B 88
Elsteed Rd. L9 – 2A 32
Elstead Rd. Kir L32 – 3B 22
Elstow St. L5 – 2B 44
Elstree Rd. L6 – 1B 68
Elswick St. L8 – 3D 87
Eltham Av. Lith L21 – 2A 18
Eltham Clo. Upt L49 – 4A 82
Eltham Grn. Upt L49 – 4A 82
Eltham St. L7 – 2C 69
Elton Av. Cro L23 – 4B 6
Elton Av. Orr L30 – 1C 19
Elton Dri. Poul L63 – 2B 124
Elton Head Rd. St H WA9 – 3B 54
Elton St. L4 – 4B 30
Elworthy Av. Hal L26 – 1D 115
Elwyn Dri. Hal L26 – 2D 115
Elwyn Rd. Hoy L47 – 2C 59
Elwy St. L8 – 1D 87
Ely Av. Mor L46 – 4B 60
Ely Clo. Orr L30 – 2D 19
Embledon St. L8 – 4A 68
Embleton Gro. Run WA7 – 2A 138
Emerald Clo. Orr L30 – 1A 20
Emerson St. L8 – 1D 87
Emery St. L4 – 4B 30
Emily St. St H WA9 – 2B 54
Emily St. Wid WA8 – 2A 120
Emlyn St. St H WA9 – 4B 38
Emmett St. St H WA9 – 4A 38
Empire Rd. Lith L21 – 1C 29
  (in two parts)
Empress Rd. L6 – 3B 46
Empress Rd. L7 – 2A 68
Empress Rd. Wal L44 – 4B 42
Emstry Wlk. Kir L32 – 1B 22
Endborne Rd. L9 – 1B 30
Endbutt La. Cro L23 – 4C 7
Enderby Av. St H WA11 – 1B 38
Endfield Pk. L19 – 2A 112
Endmoor Rd. Huy L36 – 3B 50
Endsleigh Rd. L13 – 1C 69
Endsleigh Rd. Cro L22 – 2A 16

Enerby Clo. Birk L43 – 4B 62
Enfield Av. Cro L23 – 4C 7
Enfield Rd. L13 – 1A 70
Enfield St. St H WA10 – 3C 37
Enfield Ter. Birk L43 – 2A 84
Enid St. L8 – 1D 87
Ennerdale Av. Mag L31 – 3C 5
Ennerdale Av. St H WA11 – 3C 27
Ennerdale Clo. Kir L33 – 4B 12
Ennerdale Dri. Lith L21 – 3C 19
Ennerdale Rd. Birk L43 – 4C 83
Ennerdale Rd. Wal L45 – 1D 41
Ennerdale St. L3 – 4B 44,
Ennis Clo. Hale L24 – 3A 130
Ennisdale Dri. Gra L48 – 3B 78
Ennismore Rd. L13 – 1D 69
Ennismore Rd. Cro L23 – 3B 6
Ennis Rd. L12 – 3C 49
Ensor St. L20 – 1A 44
Enstone Av. Lith L21 – 2A 18
Enstone Rd. L25 – 3A 114
Ensworth Rd. L18 – 2A 90
Epping Av. St H WA9 – 1D 77
Epping Clo. Rain L35 – 2B 76
Epping Gro. L15 – 1A 90
Epsom Clo. Ain L10 – 2C 21
Epsom St. L5 – 3B 44
Epsom St. St H WA9 – 2C 39
Epsom Way. L5 – 3B 44
Epworth St. L6 – 2D 67
Eric Gro. Wal L44 – 1A 64
Eric Rd. Wal L44 – 4A 42
Eric St. Wid WA8 – 4A 98
Eridge St. L8 – 3D 87
Erl St. L9 – 4A 20
Errington Ct. L17 – 2C 111
Errington St. L5 – 3B 44
Errol St. L17 – 3A 88
Erskine Clo. St H WA11 – 1C 39
Erskine Rd. Wal L44 – 1B 64
Erskine St. L6 – 1D 67
Erskine St. Birk L41 – 1C 85
Erylmore Rd. L18 – 4A 90
Escolme Dri. Gre L49 – 3C 81
Escor Rd. L25 – 1D 91
Eshelby Clo. Cro L22 – 3C 17
Esher Clo. Beb L62 – 2A 108
Esher Clo. Birk L43 – 4B 62
Eshe Rd. Cro L23 – 4B 6
Eshe Rd N. Cro L23 – 3A 6
Esher Rd. L6 – 1A 68
Esher Rd. Beb L62 – 2A 108
Eskburn Rd. L13 – 3C 47
Eskdale Av. Mor L46 – 3B 60
Eskdale Av. St H WA11 – 3C 27
Eskdale Clo. Run WA7 – 2D 137
Eskdale Dri. Mag L31 – 3C 5
Eskdale Rd. L9 – 1B 30
Esk St. L20 – 1A 44
Eslington St. L19 – 2A 112
Esmond St. L6 – 3A 46
Esonwood Rd. Whis L35 – 1C 75
Espin St. L4 – 1D 45
Esplanade, The. Birk L42 – 4A 86
Esplen Av. Cro L23 – 3C 7
Essex Rd. Gra L48 – 3B 78
Essex Rd. Huy L36 – 4A 52
Essex St. L8 – 1C 87
Essex Way. Boo L20 – 2D 29
Esther St. Wid WA8 – 1A 120
Esthwaite Av. St H WA11 – 3C 27
Ethelbert Rd. Hoy L47 – 3B 58
Ethel Rd. Wal L44 – 1C 65
Eton Dri. Ain L10 – 1B 20
Eton St. L4 – 1D 45
Etruria St. L19 – 4B 112
Etruscan Rd. L13 – 4D 47
Ettington Rd. L4 – 2C 45
Eugene Av. St H WA9 – 2B 56
Euston Gro. Birk L43 – 2A 84
Euston St. L4 – 4B 30

Evans Rd. L24 – 4B 114
Evans Rd. Hoy L47 – 4A 58
Evans St. Pres L34 – 2B 52
Evelyn Av. Pres L34 – 2C 53
Evelyn Rd. Wal L44 – 1B 64
Evelyn St. L5 – 3B 44
(in two parts)
Evelyn St. St H WA9 – 3C 39
Evered Av. L9 – 2B 30
Everest Rd. Birk L42 – 4B 84
Everest Rd. Cro L23 – 4C 7
Everite Rd. Wid WA8 – 2A &
3A 118
Everleigh Clo. Birk L43 – 4A 62
Eversleigh Dri. Beb L63 – 4D 107
Eversley. Wid WA8 – 4A 96
Eversley St. L8 – 1D 87
Everton Brow. L3 – 1C 67
Everton Gro. St H WA11 – 1B 38
Everton Rd. L6 – 4D 45
Everton Ter. L5 – 4C 45
Everton Valley L4 – 2C 45
Everton View. Boo L20 – 4C 29
Every St. L6 – 1A 68
(in two parts)
Evesham Clo. L25 – 4D 91
Evesham Rd. L4 – 4A 32
Evesham Rd. Wal L45 – 3D 41
Ewart Rd. Cro L21 – 4D 17
Ewart Rd. Huy L16 – 3D 71
Ewart Rd. St H WA11 – 1A 38
Ewart St. Birk L41 – 1C 85
Exchange Pas E. L2 – 2B 66
Exchange Pas W. L2 – 2B 66
Exchange Pl. Rain L35 – 1B 76
Exchange St. St H WA10 – 3D 37
Exchange St E. L2 – 2B 66
Exchange St. W. L2 – 2B 66
Exe Gro. L8 – 4A 68
Exeley. Whis L35 – 2C 75
Exeter Clo. Ain L10 – 2C 21
Exeter Rd. Boo L20 – 4D 29
Exeter Rd. Wal L44 – 4B 42
Exeter St. St H WA10 – 3B 36
Exford Rd. L12 – 1C 49
Exley Wlk. L6 – 1A 68
Exmoor Clo. Irby L61 – 3D 103
Exmouth Cres. Run WA7 – 1A 140
Exmouth Gdns. Birk L41 – 1B 84
Exmouth St. Birk L41 – 1B 84
Exmouth Way. Birk L41 – 1B 84
Extension View. St H WA9 – 1B 56
Eyes St. L5 – 3D 45

Factory La. Wid WA8 – 3A 98
Factory Row. St H WA10 – 4C 37
Fairacre Rd. L19 – 2D 111
Fairacres Rd. Beb L63 – 1B 124
Fairash Clo. Birk L43 – 4B 62
Fairbairn Rd. Cro L22 – 2C 17
Fairbank St. L15 – 4C 69
Fairbeech Ct. Birk L43 – 4B 62
Fairbeech M. Birk L43 – 4B 62
Fairburn Rd. L13 – 3C 47
Fairclough Cres. Hay WA11 – 1D 39
Fairclough La. Birk L43 – 3A 84
Fairclough Rd. Huy L36 – 3B 50
Fairclough Rd. Rain L35 – 1A 76
Fairclough Rd. St H WA10 – 2B 36
Fairclough St. L1 – 3C 67
Fairfax Dri. Run WA7 – 2B 132
Fairfax Pl. L11 – 4A 32
Fairfax Rd. L11 – 4A 32
Fairfax Rd. Birk L41 – 2C 85
Fairfax Rd. Wal L44 – 2C 65
Fairfield Av. Huy L36 – 2D 71
Fairfield Clo. Huy L36 – 2D 71
Fairfield Cres. L6 – 1C 69
Fairfield Cres. Huy L36 – 2D 71
Fairfield Cres. Mor L46 – 3C 61

Fairfield Dri. Gra L48 – 3C 79
Fairfield Rd. Birk L42 – 4C 85
Fairfield Rd. St H WA10 – 1B 36
Fairfield Rd. Wid WA8 – 4A 98
Fairfield St. L7 – 1C 69
Fairford Cres. L14 – 1A 70
Fairford Rd. L14 – 1A 70
Fairhaven Rd. Birk L42 – 4D 85
Fairhaven Rd. Wid WA8 – 4A 98
Fairholme Av. Ecc L34 – 2D 53
Fairholme Clo. L12 – 2D 47
Fairholme Rd. Cro L23 – 4C 7
Fairhurst Ter. Pres L34 – 3C 53
Fairleaf Clo. Birk L43 – 4B 62
Fairleaf Way. Birk L43 – 3B &
4B 62
Fairlie Cres. Orr L20 – 4C 19
Fairlie Dri. Rain L35 – 2B 76
Fairmead Rd. L11 – 4A 32
Fairmead Rd. Mor L46 – 3C 61
Fairoak Clo. Birk L43 – 4B 62
Fairoak M. Birk L43 – 4B 62
Fairthorne Wlk. Kir L33 – 1A 24
Fairtree Clo. Birk L43 – 4B 62
Fairview Av. Wal L45 – 4A 42
Fairview Clo. Birk L43 – 3A 84
Fair View Pl. L8 – 2D 87
Fairview Rd. Birk L43 – 4A 84
Fairview Way. Pen L61 – 2B 122
Fairway. Huy L36 – 4D 51
Fairway. Win WA10 – 1B 36
Fairway Cres. Beb L62 – 1D 125
Fairway N. Beb L62 – 1D 125
Fairways. Cro L23 – 3B 6
Fairway S. Beb L62 – 2D 125
Fairway, The. L14 – 4C 49
Fairy St. L5 – 4C 45
Falconer St. Boo L20 – 1C 29
Falconhall Rd. L9 – 2B 32
Falcon Hey. L10 – 4D 21
Falcon Rd. Birk L41 – 2B 84
Falcon View. Run WA7 – 1A 138
Falkland Rd. Wal L44 – 1B 64
Falkland St. L3 – 2D 67
Falkland St. Birk L41 – 4D 63
Falkner Pl. L8 – 3D 67
Falkner Sq. L8 – 4D 67
Falkner St. L8 – 3D 67
Falkner Ter. L8 – 4D 67
(in two parts)
Fallow Clo. St H WA9 – 4A 56
Fallowfield. Kir L33 – 4C 13
Fallowfield. Run WA7 – 3B 132
Fallowfield Rd. L15 – 1D 89
Fallowfield Rd. Mor L46 – 3D 61
Falmouth Pl. Run WA7 – 1A 40
Falmouth Rd. L11 – 1D 33
Falstaff St. L20 – 1B 44
Falstone Rd. Kir L33 – 4D 13
(in two parts)
Faraday Rd. Run WA7 – 1C 133
Faraday St. L5 – 3D 45
Fareham Rd. L7 – 1B 68
Faringdon Clo. L25 – 3A 114
Farley Av. Beb L62 – 3C 125
Farlow Rd. Birk L42 – 1C 107
Farmdale Clo. L18 – 4A 90
Farmdale Dri. Mag L31 – 4C 5
Far Meadow La. Irby L61 – 3B 102
Farmer Pl. Orr L20 – 4C 19
Far Moss Rd. Cro L23 – 3A 6
Farm Rd. Rain L35 – 4A 54
Farmside. Mor L46 – 1D 61
Farm View. Lith L21 – 2A 18
Farmwood Av. Birk L43 – 4B 62
Farndale. Wid WA8 – 2A 98
Farndon Av. St H WA9 – 4A 56
Farndon Av. Wal L45 – 3C 41
Farndon Dri. Gra L48 – 3C 79
Farndon Way. Birk L43 – 2D 83

Farnworth Av. Mor L46 – 1C 61
Farnworth Clo. Wid WA8 – 3A 98
Farnworth Rd. Bold WA8 & WA5 – 2C 99
Farnworth St. La 18 – 1A 68
Farnworth St. St H WA9 – 2B 38
Farnworth St. Wid WA8 – 3A 98
Farrant St. Wid WA8 – 1A 120
Farrar St. L13 – 2C 47
Farrell Clo. Mell L31 – 4A 12
Farr Hall Dri. Hes L60 – 4A 122
Farr Hall Rd. Hes L60 – 4A 122
Farrier St. Kir L33 – 2D 23
Farringdon Clo. St H WA9 – 3D 55
Fatherside Dri. Orr L30 – 1B 18
Faversham Rd. L11 – 3A 32
Fawcett Rd. Lyd L31 – 3C 5
Fawley Rd. L18 – 4B 90
Fawley Rd. Rain L35 – 3C 77
Fazakerley Clo. L9 – 2B 30
Fazakerley Rd. L9 – 2B 30
Fazakerley Rd. Pres L35 – 4C 53
Fazakerley St. L3 – 2A 66
Fearnley Rd. Birk L41 – 1B 84
Fearnside St. L7 – 4B 68
Feather La. Hes L60 – 4B 122
Fedora St. L6 – 1A 68
Feeny St. St H WA9 – 2D 77
Felbeech Clo. Birk L43 – 4B 62
Felicity Gro. Mor L46 – 3C 61
Fell Gro. St H WA11 – 3B 26
Fell St. L7 – 2A 68
Fell St. Wal L44 – 2C 65
Felltor Clo. L25 – 3D 91
Felmersham Av. L11 – 3A 32
Felspar Rd. Kir L32 – 4C 23
Felsted Av. L25 – 4B 92
Felsted Dri. Ain L10 – 2C 21
Felton Clo. Mor L46 – 3A 60
Felton Gro. L13 – 1D 69
Feltree Av. Birk L43 – 4B 62
Feltree Clo. Birk L43 – 4B 62
Feltwell Rd. L4 – 2A 46
Feltwood Clo. L12 – 2D 49
Feltwood Manor. L12 – 2D 49
Feltwood Rd. L12 – 1C 49
Feltwood Wlk. L12 – 2D 49
Felwood Clo. Birk L43 – 4B 62
Fender La. Mor L46 – 2D 61
Fender View Rd. Mor L46 – 4D 61
Fenderway. Barn L61 – 1C 123
Fender Way. Birk L43 – 1A 82 to 3B 62
Fenneys La. St H WA9 – 2C 57
Fenton Clo. L24 – 2B 128
Fenton Clo. St H WA10 – 2C 37
Fenton Grn. L24 – 2B 128
Fenwick La. Run WA7 – 1D 137
Fenwick St. L2 – 2B 66
Ferguson Av. Gre L49 – 3B 80
Ferguson Rd. L11 – 1C 47
Ferguson Rd. Lith L21 – 2B 18
Fernbank Av. Huy L36 – 2B 72
Ferndale Av. Fra L48 – 1A 102
Ferndale Av. Wal L44 – 4B 42
Ferndale Clo. Bold WA8 – 1C 99
Ferndale Rd. L15 – 1C 89
Ferndale Rd. Cro L22 – 2C 17
Ferndale Rd. Hoy L47 – 4A 58
Fern Gro. L8 – 1A 88
Fern Hey. Cro L23 – 3A 8
Fern Hill. Wal L45 – 2A 42
Fernhill Av. Boo L20 – 3A 30
Fernhill Gdns. Boo L20 – 3A 30
Fernhill M E. Boo L20 – 3A 30
Fernhill M W. Boo L20 – 3A 30
Fernhill Rd. Boo L20 – 1A to 3A 30
Fernhill St. L8 – 1D 87
Fernhill Way. Boo L20 – 3A 30
Fernhurst. Run WA7 – 3B 132
Fernhurst Rd. Kir L32 – 2B 22

Fernie St. L8 – 2C 87
Fernlea Av. St H WA9 – 2B 54
Fernlea Rd. Hes L60 – 3C 123
Fernleigh. Birk L43 – 3A 84
Fernleigh Rd. L13 – 1A 70
Ferns Rd. Beb L63 – 4C 107
Fernwood Rd. L17 – 4C 89
Fernybrow Gdns. Upt L49 – 3A 82
Ferny Brow Rd. Upt L49 – 3A 82
Ferrey Rd. L10 – 4D 21
Ferry View Rd. Wal L44 – 1C 65
Ferryview Wlk. Run WA7 – 2D 133
Festival Way. Run WA7 – 3B 132
Ffrancon Dri. Beb L63 – 2C 107
Fidler St. St H WA10 – 1B 54
Field Av. Lith L21 – 3D 17
Field Clo. Beb L62 – 2A 108
Fielden Rd. Beb L63 – 1B 124
Fieldfare Clo. L25 – 2D 91
Field Ho. Row. Run WA7 – 4B 132
Fielding St. L6 – 1A 68
Field La. Kir L10 – 4A 22
Field La. Lith L21 – 2D 17
Field Rd. Wal L45 – 2A 42
Fields End. Huy L36 – 3C 73
Fieldside Rd. Birk L42 – 4C 85
Field St. L3 – 1C 67
Fieldsway. Run WA7 – 1B 136
Fieldton Rd. L11 – 3C 33
Field View. Lith L21 –3D 17
Field Wlk. Cro L23 – 3A 8
Fieldway. L15 – 3B 70
Fieldway. Barn L60 – 3D 123
Fieldway. Beb L63 – 2B 106
Fieldway. Hoy L47 – 4D 59
Fieldway. Huy L36 – 3D 73
Fieldway. Mag L31 – 2C 11
Field Way. Rain L35 – 4B 54
Fieldway. Wid WA8 – 4C 99
Fieldway Ct. Birk L41 – 4B 64
Fifth Av. L9 – 4B 20
Fifth Av. Birk L43 – 4A 62
Fifth Av. Run WA7 – 4C 133
Filton Rd. Huy L14 – 3A 50
Finborough Rd. L4 – 4D 31
Fincham Clo. Huy L14 – 4A 50
Fincham Grn. Huy L14 – 4A 50
Fincham Rd. L14 & Huy L14 – 3D 49
Fincham Sq. Huy L14 – 3A 50
Finch Clo. L14 – 3D 49
Finch Dene. L14 – 2D 49
Finch La. L14 – 2D to 4D 49
Finch La. Hal L26 – 3A 116
Finchley Rd. L4 – 2A 46
Finch Pl. L3 – 2D 67
Finch Rd. L14 – 3D 49
Finch Way. L14 – 4D 49
Findon Rd. Kir L32 – 3D 23
Fingland Rd. L15 – 4C 69
Finlan Rd. Wid WA8 – 3D 119
Finlay St. L6 – 1B 68
Finstall Rd. Poul L63 – 2A 124
Finvoy Rd. L13 – 2C 47
Fir Av. Hal L26 – 2D 115
Fir Clo. Hal L26 – 2D 115
Firdale Rd. L9 – 2C 31
Fire Sta. Rd. Run WA7 – 4A 132
Fire Sta Rd. Whis L35 – 4D 53
Fir Gro. L9 – 3A 20
Fir La. L15 – 4D 69
Fir Rd. Cro L22 – 2C 17
Firs Av. Beb L63 – 1A 124
Firscraig. Kno L28 – 2B 50
Firshaw Rd. Hoy L47 – 3B 58
First Av. L9 – 4B 20
First Av. Birk L43 – 1B 82
First Av. Cro L23 – 4C 7
First Av. Rain L35 – 1A 76
First Av. Run WA7 – 4C 133
Fir St. St H WA10 – 1B 54

Fir St. Wid WA8 – 4A 98
Firthland Way. St H WA9 – 4D 39
Fisher Av. Whis L35 – 2C 75
Fisher Pl. Whis L35 – 2C 75
Fishers La. Pen L61 – 1A 122
Fisher St. St H WA9 – 2C 57
Fiske Gdns. St H WA9 – 3B 56
Fistral Dri. Win WA10 – 1A 36
Fitzclarence Wlk. L6 – 1D 67
Fitzclarence Way. L6 – 1D 67
Fitzgerald Rd. L13 – 1A 70
Fitzroy Way. L6 – 1D 67
Fitzwilliam Wlk. Run WA7 – 2D 133
Fiveways. Ecc WA10 – 2A 36
Flatfield Way. Mag L31 – 4C 5
Flavian Gdns. St H WA9 – 2B 56
Flawn Rd. L11 – 1C 47
Flaxhill. Mor L46 – 3C 61
Fleck La. Gra, W Kir & Cal L48 – 1B 100 to 2C 101
Fleet Croft Rd. Upt L49 – 4A 82
Fleet La. St H WA9 – 3C 39
Fleet St. L1 – 3C 67
Fleetwoods La. Orr L30 – 4B 8
Fleetwood Wlk. Run WA7 – 1D 139
Fleming Rd. L24 – 3B 114
Flemington Av. L4 – 1C 47
Fletcher Av. Birk L42 – 4C 85
Fletcher Dri. L19 – 2A 112
Fletcher Gro. L13 – 2D 69
Flint Dri. L12 – 1C 49
Flint St. L1 – 4C 67
Florence Av. Hes L60 – 3B 122
Florence Nightingale Clo. Orr L30 – 4D 9
Florence Rd. L9 – 3B 30
Florence Rd. Wal L44 – 1C 65
Florence St. L4 – 2D 45
Florence St. Birk L41 – 1B 84
Florence St. St H WA9 – 2B 54
Florentine Rd. L13 – 4A 48
Florist St. L7 – 3D 67
Flowermead Clo. Hoy L47 – 3D 59
Fluker's Brook La. Kno L34 – 4C 35
Flyde St. L8 – 1D 87
Folds La. St H WA11 – 4C 27
Folds Rd. Hay WA11 – 1D 39
Foley Clo. L4 – 2C 45
Foley St. L4 – 2C 45
(in two parts)
Folkestone Way. Run WA7 – 1D 139
Folly La. Wal L44 – 4C 41
Fontenoy Gdns. L3 – 1B 66
Fontenoy St. L3 – 1B 66
(in two parts)
Fonthill Rd. L4 – 1C 45
Forbes Pl. Orr L20 – 4C 10
Ford Clo. Lith L21 – 2A 18
Ford Clo. Orr L20 – 4C 19
Fordcombe Rd. L25 – 2B 92
Ford Dri. Upt L49 – 2A 82
Fordham St. L4 – 1C 45
Ford Hill View. Mor L46 – 4D 61
Ford La. Lith L21 – 1A 18
Ford La. Upt L49 – 1A 82
Fordlea Rd. L12 – 1A 48
Fordlea Way. L12 – 1A 48
Ford Precinct. Birk L43 – 4A 62
Ford Rd. Upt L49 – 2A 82
Ford Rd. Whis L35 – 3D 53
Fords Bldgs. L3 – 1B 66
Ford St. L3 – 1B 66
Ford Towers. Birk L43 – 4B 62
Ford View. Lith L21 – 1A 18
Ford Way. Upt L49 – 2D 81
Forefield La. Cro L23 – 3D 7
Forest Clo. Hoy L47 – 3C 59
Forest Dri. Huy L36 – 1B 72
Forest Grn. L12 – 2A 48
Forest Gro. Ecc L34 – 2D 53

Forest Mead. Ecc WA10 – 3A 36
Forest Rd. Birk L43 – 4D 63 to
1D 83
Forest Rd. Hes L60 – 3C 123
Forest Rd. Hoy L47 – 3C 59
Forest Rd. St H WA9 – 1D 77
Forfar Rd. L13 – 2C 47
Forge Cotts. L17 – 3B 88
Forge St. L20 – 1A 44
Formby Av. St H WA10 – 1B 54
Formby St. L3 – 1A 66
Formosa Dri. L10 – 4D 21
Formosa Rd. L10 – 4D 21
Formosa Way. L10 – 4D 21
Fornalls Grn La. Hoy L47 – 4C 59
Forrester Av. St H WA9 – 2B 54
Forrest St. L1 – 3B 66
Forshaw Av. St H WA10 – 1A 54
Forsythia Clo. L4 – 3C 31
Forthlin Rd. L18 – 1B 112
Forth St. L20 – 1A 44
Fort St. Wal L45 – 2B 42
Forwood Rd. Beb L62 – 3D 125
Foscote Rd. Kir L33 – 4D 13
Foster Gro. Hay WA11 – 1C 39
Fosters Rd. Hay WA11 – 1D 39
Foster St. L20 – 2B 44
Foster St. Wid WA8 – 1A 120
Foundry La. Wid WA8 – 4A 118
Fountain Ct. Cro L23 – 3A 6
Fountain Rd. Kno L34 – 3D 35
Fountain Rd. Wal L45 – 2A 42
Fountains Rd. L4 – 2B 44
Fountain St. Birk L42 – 3B 84
Fountain St. St H WA9 – 2B 54
Four Acre Dri. Lith L21 – 1A 18
Four Acre La. St H WA9 – 4A 56
Four Acre La. Shopping Centre.
St H WA9 – 4A 56
Fouracres. Mag L31 – 2A 10
Four Bridges. Wal L41 – 3C 65
Fourth Av. L9 – 4B 20
Fourth Av. Birk L43 – 4A 62
Fourth Av. Run WA7 – 4C 133
Fourways Clo. L27 – 4B 72
Fowell Rd. Wal L45 – 1A 42
Fowler St. L5 – 3D 45
Foxcote. Wid WA8 – 4A 96
Foxcover Rd. Barn L60 – 4D 123
Foxcovers Rd. Beb L63 – 1B 124
Foxdale Clo. Birk L43 – 2D 83
Foxdale Rd. L15 – 1C 89
Foxfield Rd. Hoy L47 – 3C 59
Foxglove Rd. Birk L41 – 4D 63
Fox Hey Rd. Wal L44 – 1D 63
Foxhill La. Hal L26 – 4C 93
Foxhill St. L8 – 1D 87
Foxhouse La. Mag L31 – 1C 11
Fox Pl. St H WA10 – 2D 37
Foxs Bank La. Whis L35 – 4D to
3D 75
Foxshaw Clo. Whis L35 – 3B 74
Fox St. L3 – 1C 67
Fox St. Run WA7 – 2D 131
Foxwood. L12 – 1C 69
Foxwood Clo. Gra L48 – 3C 79
Frampton Rd. L4 – 4D 31
Franceys St. L3 – 3C 67
Francis Av. Birk L43 – 1A 84
Francis Av. Mor L46 – 3B 60
Francis Clo. Rain L35 – 4A 54
Francis Clo. Wid WA8 – 1B 118
Francis St. St H WA9 – 2D 57
Francis Way. L16 – 3C 71
Frankby Av. Wal L44 – 4A 42
Frankby Clo. Gre L48 – 3A 80
Frankby Gro. Upt L49 – 2D 81
Frankby Rd. L4 – 1A 46

Frankby Rd. Gra & Fra L48, & Gre
L49 – 3B 78 to 3B 80
Frankby Rd. Hoy L47 – 3C 59
Franklin St. Mor L46 – 1A 62
Frank St. Wid WA8 – 1B 120
Franton Wlk. Kir L32 – 1B 22
Fraser Pl. L3 – 2C 67
Fraser St. L3 – 2C 67
Frazer St. St H WA9 – 3A 38
Freckleton Rd. St H WA10 – 1A 54
Freda Av. St H WA9 – 3B 56
Frederick Banting Clo. Orr L30 –
4D 9
Frederick Gro. L15 – 4D 69
Frederick Lunt Av. Kno L34 – 3D 35
Frederick St. Run WA7 – 2A 132
Frederick St. St H WA9 – 2D 57
Frederick St. Wid WA8 – 1A 120
Freehold St. L7 – 1C 69
Freeland St. L4 – 2C 45
Freeman St. L7 – 4B 68
Freeman St. Birk L41 – 4C 65
Freemantle Av. St H WA9 – 2C 55
Freemasons Row. L3 – 1B 66
Freeport Gro. L9 – 4A 20
French St. St H WA10 – 4B 36
French St. Wid WA8 – 1B 120
Frensham Clo. Poul L63 – 2A 124
Frensham Way. L25 – 1B 114
Freshfield Rd. L15 – 1D 89
Friars Clo. Beb L63 – 4D 107
Friar's Ga. Birk L41 – 1D 85
Friar St. St H WA10 – 4B 36
Frinstead Rd. L11 – 4C 33
Frobisher Rd. Mor L46 – 4A 40
Frodsham Dri. St H WA11 – 1B 38
Frodsham St. L4 – 4B 30
Frodsham St. Birk L41 – 2C 85
(in two parts)
Froggatt Way. L7 – 3A 68
Frogmore Rd. L13 – 1C 69
Frome Clo. Irby L61 – 2B 102
Frome Way. L25 – 1B 114
Frost Dri. Irby L61 – 3B 102
Frost St. L7 – 2B 68
Fry St. St H WA9 – 3C 39
Fulbeck. Wid WA8 – 4A 96
Fulbrook Clo. Poul L63 – 2A 124
Fulbrook Rd. Poul L63 – 2A 124
Fulshaw Clo. L27 – 1B 92
Fulton Av. Gra L48 – 3C 79
Fulton St. L5 – 3A 44
Fulwood Dri. L17 – 4B 88
Fulwood Rd. L17 – 4B 88
Fulwood Way. Lith L21 – 4A 8
Furness Av. L12 – 4D 33
Furness Av. St H WA10 – 4A 26
Furness St. L4 – 2C 45
Furze Way. Mor L46 – 2C 61

Gabriel Clo. Mor L46 – 3D 61
Gaerwen St. L6 – 1A 68
Gainford Clo. L14 – 2D 49
Gainford Rd. L14 – 2D 49
Gainsborough Av. Mag L31 – 1A 10
Gainsborough Rd. L15 – 1C 89
Gainsborough Rd. Upt L49 – 1C 81
Gainsborough Rd. Wal L45 – 4C 41
Gale Rd. Lith L21 – 3A 18
Gales Croft. L27 – 1C 93
Gallopers La. Thing L43 – 3A 104
Galloway Rd. Cro L22 – 2C 17
Galloway St. L15 – 4B 68
Galston Av. Rain L35 – 2B 76
Galsworthy Av. Orr L30 – 3C 19
Galsworthy Pl. Orr L30 – 3C 19
Galsworthy Wlk. Orr L30 – 4C 19
Galton St. L3 – 1A 66
Galtres Pk. Beb L63 – 2C 107
Gambier Ter. L1 – 4C 67
Gamble Av. St H WA10 – 1C 37

Gamlin St. Birk L41 – 3D 63
Ganney's Meadow Rd. Upt L49 –
4B 82
Gannock St. L7 – 2B 68
Ganton Clo. Wid WA8 – 2A 98
Ganworth Clo. L24 – 2C 129
Ganworth Rd. L24 – 2C 129
Gardener's Dri. L6 – 1B 68
Gardeners Way. Rain L35 – 4B 54
Garden Hey Rd. Hoy L47 – 3B 58
Garden Hey Rd. Mor L46 – 4A 60
Garden La. L9 – 3C 21
Garden La. Mor L46 – 3C 61
Garden Lodge Gro. L27 – 2C 93
Garden Pl. Boo L20 – 3D 29
Gardenside. Mor L46 – 4A 40
Gardens Rd. Beb L63 – 4A 108
Garden St. L25 – 4D 91
Garden View. L12 – 3C 49
Garden View. Boo L20 – 3D 29
Garden Wlk. Pres L34 – 3B 52
Garden Way. Boo L20 – 3D 29
Gardner Av. Orr L20 – 4C 19
Gardner Rd. L13 – 3C 47
Gardner's Row. L3 – 1B 66
Gareth Av. St H WA11 – 1A 38
Garfield Ter. Upt L49 – 2D 81
Garforth Rd. L19 – 3B 112
Garibaldi Ho. L5 – 4C 45
Garmoyle Rd. L15 – 1C 89
Garnet St. L13 – 2D 69
Garnet St. St H WA9 – 2B 56
Garnett Av. L4 – 1C 45
Garnett's La. Wid WA8 – 1A 130
Garrick Av. Mor L46 – 4B 60
Garrick Rd. Birk L43 – 1D 105
Garrick St. L7 – 4B 68
Garrowby Dri. Huy L36 – 1B 72
Garsdale Av. Rain L35 – 2C 77
Garsfield Rd. L4 – 1C 47
Garston Old Rd. L19 – 2A 112
Garswood Clo. Mag L31 – 3C 5
Garswood Clo. Mor L46 – 1C 61
Garswood St. L8 – 3D 87
Garswood St. St H WA10 – 2D 37
Garter Clo. L11 – 3D 33
Garth Boulevd. Beb L63 – 2C 107
Garthdale Rd. L18 – 2A 90
Garthowen Rd. L7 – 2C 69
Garth Rd. Kir L32 – 3D 23
Garth, The. Huy L36 – 1C 73
Garth Wlk. Kir L32 – 3D 23
Gartons La. St H & Bold WA9 –
4B 56
Garway. L25 – 3B 92
Gascoyne St. L3 – 1B 66
Gaskell Rake. Orr L30 – 3C 9
Gaskell St. L8 – 1D 87
Gaskell St. St H WA9 – 4B 38
Gaskill Rd. L24 – 4B 114
Gas St. Run WA7 – 2A 132
Gatcliff Rd. L13 – 2C 47
Gateacre Brow. L25 – 3A 92
Gateacre Pk Dri. L25 – 2D 91
Gateacre Rise. L25 – 2A 92
Gateacre Vale Rd. L25 – 3A 92
Gates La. Thor L29 – 1A 8
Gatley Dri. Mag L31 – 1C 11
Gatley Wlk. L24 – 1D 129
Gaunts Way. Run WA7 – 1A 138
Gautby Rd. Birk L41 – 3C 63
Gavin Rd. Wid WA8 – 2A 118
Gaybeech Clo. Birk L43 – 4B 62
Gayhurst Cres. L11 – 4C 33
Gaypine Clo. Birk L43 – 3B 62
Gayton Av. Beb L63 – 1B 106
Gayton Av. Wal L45 – 1A 42
Gayton La. Gay L60 – 4C 123
Gayton Rd. Hes L60 – 4B 122
Gaytree Ct. Birk L43 – 4B 62

Gaywood Av. Kir L32 – 3D 23
Gaywood Clo. Birk L43 – 4B 62
Gaywood Clo. Kir L32 – 3D 23
Gaywood Grn. Kir L32 – 3D 23
Gellings Rd. Kno L34 – 1B 34
Gelling St. L8 – 1C 87
Geneva Rd. L6 – 1B 68
Geneva Rd. Wal L44 – 2B 64
Gentwood Rd. Huy L36 – 4B 50
George Rd. Hoy L47 – 1B 78
George's Dock Gates. L2 – 2A 66
George's Pierhead. L3 – 2A 66
George's Rd. L6 – 4A 46
George St. L3 – 2B 66
George St. Birk L41 – 4C 65
George St. St H WA10 – 3A 38
George St. Wid WA8 – 2A 120
Georgian Clo. Hal L26 – 3D 115
Geraint St. L8 – 1D 87
Gerald Rd. Birk L43 – 2D 83
Gerard Av. Wal L45 – 2D 41
Gerard Cres. L3 – 2C 67
Gerard Gdns. L3 – 2C 67
Gerard Rd. Wal L45 – 2D 41
Gerard Rd. W Kir L48 – 3A 78
Gerards La. St H WA9 – 2B 56
Gerneth Clo. L24 – 1A 128
Gerneth Rd. L24 – 1A 128
Gerrard's La. Hal L26 – 4C 93
Gerrard St. Wid WA8 – 2A 120
Gertrude Rd. L4 – 3A 46
Gertrude St. St H WA9 – 2B 54
Geves Gdns. Cro L22 – 3C 17
Ghyll Gro. St H WA11 – 2C 27
Gibbons Av. St H WA10 – 3B 36
Gibson Clo. Pen L61 – 1B 122
Giddigate La. Mell L31 – 2A 12
Gidlow Rd. L13 – 1D 69
Gidlow Rd S. L13 – 2D 69
Gilbert Clo. Poul L63 – 2A 124
Gilbert Rd. Whis L35 – 4D 53
Gilbert St. L1 – 3B 66
Gilbert St. L19 – 4B 112
Gildart St. L3 – 2C 67
Gilead St. L7 – 1A 68
Gillmoss Clo. L11 – 2D 33
Gillmoss La. L11 – 2D 33
Gills La. Barn L61 – 4A 104
Gill St. L3 – 2C 67
Gilman St. L4 – 2D 45
Gilmour Mt. Birk L43 – 2A 84
Gilpin Av. Mag L31 – 3C 5
Gilroy Rd. L6 – 1A 68
Gilroy Rd. Gra L48 – 3B 78
Gilsecroft Av. Kir L33 – 4D 13
Gilsecroft Wlk. Kir L33 – 4D 13
Gilwell Av. Mor L46 – 4D 61
Gilwell Clo. Mor L46 – 4D 61
Ginnel, The. Beb L62 – 3A 108
Gipsy Gro. L18 – 2C 91
Gipsy La. L18 – 2C 91
Girton Av. Boo L20 – 3A 30
Girtrell Clo. Upt L49 – 1C 81
Girtrell Rd. Upt L49 – 1C 81
Gisburn St. L5 – 4C 45
Givenchy Clo. L16 – 4C 71
Glade Rd. Huy L36 – 4C 51
Glade, The. Hoy L47 – 3C 59
Gladeville Rd. L17 – 4C 89
Gladstone Av. Birk L41 – 1B 84
Gladstone Av. Cro L21 – 4D 17
Gladstone Av. Huy L16 – 3D 71
Gladstone Clo. Birk L41 – 1B 84
Gladstone Hall Rd. Beb L62 –
    4A 108
Gladstone Rd. L7 – 2A 68
Gladstone Rd. L9 – 3B 30
Gladstone Rd. L19 – 3B 112
Gladstone Rd. Cro L21 – 4D 17
Gladstone Rd. Wal L44 – 1C 65

Gladstone St. L3 – 1B 66
Gladstone St. L25 – 4D 91
Gladstone St. Birk L41 – 1B 84
Gladstone St. St H WA10 – 3B 36
Gladstone St. Wid WA8 – 1A 120
Glaisher St. L5 – 3D 45
Glamis Gro. St H WA9 – 2B 56
Glamis Rd. L13 – 3C 47
Glan Aber Pk. L12 – 1C 49
Glasgow St. L3 – 1A 66
Glasgow St. Birk L42 – 4D 85
Glasier Rd. Mor L46 – 2B 60
Glassonby Cres. L11 – 4B 32
Glassonby Way. L11 – 4B 32
Glasven Rd. Kir L33 – 1D 23
Gleadmere. Wid WA8 – 4A 96
Gleave Sq. L6 – 1D 67
Gleave St. St H WA10 – 2D 37
Glebe Clo. Mag L31 – 4A 4
Glebe End. Sef L29 – 2C 9
Glebe Hey. L27 – 2C 93
Glebe Hey Rd. Upt L49 – 3D 81
Glebelands Rd. Mor L46 – 3C 61
Glebe La. Wid WA8 – 2A 98
Glebe Rd. Wal L45 – 2D 41
Glebe, The. Run WA7 – 3C 133
Gleggside.Gra L48 – 4B 78
Glegg St. L3 – 4A 44
Glegside Rd. Kir L33 – 2D 23
Glenalmond Rd. Wal L44 – 4B 42
Glenathol Rd. L18 – 4B 90
Glenavon Rd. L16 – 3B 70
Glenavon Rd. Birk L43 – 4A 84
Glenbank Clo. L9 – 1B 30
Glenburn Rd. Wal L44 – 1C 65
Glenby Av. Cro L23 – 1D 17
Glencairn Rd. L13 – 1D 69
Glencoe Rd. Wal L45 – 3A 42
Glenconner Rd. L16 – 3C 71
Glendale Rd. St H WA11 – 4C 27
Glendevon Rd. L16 – 3B 70
Glendevon Rd. Huy L36 – 3C 73
Glendower Rd. Cro L22 – 2C 17
Glendyke Rd. L18 – 4B 90
Gleneagles Clo. Pen L61 – 1B 122
Gleneagles Dri. Hay WA11 – 1D 39
Gleneagles Dri. Wid WA8 – 2A 98
Gleneagles Rd. L16 – 3C 71
Glenfield Rd. L15 – 1D 89
Glengariff St. L13 – 2C 47
Glenhead Rd. L19 – 1A 112
Glenholm Rd. Mag L31 – 2B 10
Glenluce Rd. L19 – 1A 112
Glenlyon Rd. L16 –3B 70
Glenmarsh Clo. L12 – 3B 48
Glenmarsh Clo. Beb L63 – 4B 106
Glenmore Av. L18 – 3D 89
Glenmore Rd. Birk L43 – 3A 84
Glenn Bank. Cro L22 – 2B 16
Glenn Pl. Wid WA8 – 1C 119
Glen Pk Rd. Wal L45 – 2D 41
Glen Rd. L13 – 2A 70
Glenrose Rd. L25 – 3A 92
Glenside. L18 – 4B 90
Glen, The. Run WA7 – 3B 138
Glentrees Rd. L12 – 1A 48
Glentwood Pde. Huy L36 – 4B 50
Glenvale Wlk. L6 – 4D 45
Glenville Clo. L25 – 3A 92
Glenville Clo. Run WA7 – 1C 137
Glenwood Dri. Irby L61 – 2D 103
Glenwyllin Rd. Cro L22 – 2C 17
Globe Rd. Boo L20 – 2C 29
Globe St. L4 – 2C 45
Gloucester Pl. L6 – 1D 67 & 1A 68
Gloucester Rd. L6 – 3B 46
Gloucester Rd. Boo L20 – 2A 30
Gloucester Rd. Huy L36 – 1A 74
    (in two parts)
Gloucester Rd. Wal L45 – 2C 41

Gloucester Rd. Wid WA8 – 3A 98
Gloucester St. L3 – 2C 67
Gloucester St. St H WA9 – 3B 38
Glover Pl. Boo L20 – 2C 29
Glover's Brow. Kir L32 – 4B 12
Glover's La. Orr L30 – 4C 9
Glover St. Birk L42 – 2B 84
Glover St. St H WA10 – 3C 37
Glyn Av. Beb L62 – 4D 125
Glynne Gro. Huy L16 – 3D 71
Glynne St. Orr L20 – 1D 29
Glynn St. L15 – 4D 69
Glyn Rd. Wal L44 – 4A 42
Goddard Rd. Run WA7 – 1C 133
Goldcrest Clo. Run WA7 – 2B 138
Golden Gro. L4 – 4B 30
Goldfinch Farm Rd. L24 – 1B 128
Goldie St. L4 – 2D 45
Goldsmith Rd. Birk L43 – 1D 105
Goldsmith St. L6 – 1A 68
Goldsmith St. Boo L20 – 2C 29
Goldsmith Way. Birk L43 – 1D 105
Golf Links Rd. Birk L42 – 1A 106
Gondover Av. L9 – 1B 30
Gonville Rd. Boo L20 – 4A 30
Goodacre Rd. L9 – 4A 20
Goodakers Meadow, Upt L49 –
    4A 82
Goodall Pl. L4 – 1C 45
Goodall St. L4 – 1C 45
Goodban St. St H WA9 – 1C 57
Goodison Av. L4 – 1D 45
Goodison Pl. L4 – 1D 45
Goodison Rd. L4 – 4B 30
Goodlass Rd. L24 – 3D 113
Goodleigh Pl. St H WA9 – 4B 56
Goodwin Av. Birk L41 – 2C 63
Goodwood St. L5 – 3B 44
Gooseberry Hollow. Run WA7 –
    3B 134
Goose Grn, The. Hoy L47 – 3C 59
Goostrey Clo. Poul L63 – 3B 124
Gordon Av. Beb L62 – 4D 125
Gordon Av. Cro L22 – 2B 16
Gordon Av. Gre L49 – 3C 81
Gordon Av. Mag L31 – 3B 4
Gordon Ct. Gre L49 – 3C 81
Gordon Dri. L19 – 2D 111
Gordon Dri. Huy L14 – 1C 71
Gordon Rd. Cro L21 – 4D 17
Gordon Rd. Wal L45 – 2A 42
Gordon St. L15 – 4C 69
Gordon St. Birk L41 – 1B 84
Goree. L2 – 2A 66
Gores Rd. Kir L33 – 3A 24
Gore St. L8 – 1C 87
Gorsebank Rd. L18 – 1C 89
Gorsebank St. Wal L44 – 1B 64
Gorseburn Rd. L13 – 3C 47
Gorse Cres. Wal L44 – 2B 64
Gorsedale Rd. L18 3D 89
Gorsedale Rd. Wal L44 – 2A 64
Gorsefield Rd. Birk L42 – 3B 84
Gorsefield Rd. Cro L23 – 3A 8
Gorse Hey. L13 – 4D 47
Gorsehill Rd. Hes L60 – 3B 122
Gorsehill Rd. Wal L45 – 2D 41
Gorse La. Gra L48 – 1C 101
Gorse Rd. Hoy L47 – 3C 59
Gorsewood Clo. L25 – 2A 92
Gorsewood Gro. L25 – 2A 92
Gorsewood Rd. L25 – 2A 92
Gorsewood Rd. Run WA7 – 1A 140
Gorsey Av. Orr L30 – 1B 18
Gorsey Cop Rd. L25 – 1D 91
Gorsey Cop Way. L25 – 1D 91
Gorsey Croft. Ecc L34 – 2D 53
Gorsey La. Bold WA9 – 4C 57
Gorsey La. Lith L21 & L30 – 2A 18
Gorsey La. Wal L44 – 1A to 2B 64
Gorsey La. Wid WA8 – 2C 121

165

Gorseyville Cres. Beb L63 – 4C 107
Gorseyville Rd. Beb L63 – 4C 107
Gorsey Well La. Run WA7 – 1A 140
Gorst St. L4 – 2D 45
Gorton Rd. L13 –2A 70
Gort Rd. Huy L36 – 1C 73
Goschen St. L5 – 2D 45
Goschen St. L13 – 1D 69
Goschen St. Birk L43 – 3D 63
Gosford St. L8 – 3D 87
Goswell St. L15 – 4C 69
Gotham Rd. Poul L63 – 2B 124
Gothic St. Birk L42 – 4D 85
Gough Rd. L13 – 2C 47
Goulden St. L7 – 3A 68
Goulders Ct. Run WA7 – 2C 139
Gourley Rd. L13 – 2A 70
Gourleys La. Gra L48 – 4B 78
'Government Rd. Hoy L47 – 4A 58
Govett Rd. St H WA9 – 2B 54
Gower St. Boo L20 – 1C 29
Gower St. St H WA9 – 4B 38
Grace Av. Kir L10 – 4A 22
Grace Rd. L9 – 1C 31
Grace St. L8 – 2D 87
Grace St. Birk L41 – 3B 64
Grace St. St H WA9 – 1B 56
Gradwell St. L1 – 3B 66
Grafton Dri. Upt L49 – 2A 82
Grafton Gro. L8 – 2C 87
Grafton Rd. Wal L45 – 2A 42
Grafton St. L8 – 1C 87
Grafton St. Birk L43 – 2A 84
Grafton St. St H WA10 – 3B 36
Grafton Wlk. Gra L48 – 4B 78
Graham Clo. Wid WA8 – 1B 118
Graham Dri. Hal L26 – 1D 115
Graham Rd. W Kir L48 – 3A 78
Graham Rd. Wid WA8 – 1B 118
Graham's Rd. Huy L36 – 2D 73
Graham St. St H WA9 – 3A 38
Grainger Av. Birk L43 – 4D 83
Grainger Av. Gra L48 – 3A 78
Grainger Av. Orr L20 – 1A 30
Grain St. L8 – 2C 87
Graley Clo. Hal L26 – 3D 115
Grammar School La. Gra L48 –
 1B 100
Grampian Av. Mor L46 – 4C 61
Grampian Rd. L7 – 2C 69
Grampian Way. Mor L46 – 3C 61
Granans Croft. Orr L30 – 4B 8
Granard Rd. L15 – 1A 90
Granby Cres. Poul L63 – 2B 124
Granby St. L8 – 4A 68
Grandison Rd. L4 – 4C 31
Grange Av. L25 – 3B 114
Grange Av. Wal L45 – 3A 42
Grange Cross Clo. Gra L48 – 4C 79
Grange Cross La. Gra L48 – 4C 79
Grange Dri. Hes L60 – 2B 122
Grange Dri. St H WA10 – 1A 54
Grange Dri. Wid WA8 – 1B 118
Grange Farm Cres. Gra L48 – 3C 79
Grange Gro. L8 – 1A 88
Grangehurst Ct. L25 – 2A 92
Grange La. L25 – 1D 91
Grangemeadow Rd. L25 – 1D 91
Grangemoor. Run WA7 – 4B 132
Grange Mt. Birk L43 – 1B 84
Grange Mt. Gra L48 – 4B 78
Grange Mt. Hes L60 – 3B 122
Grange Old Rd. W Kir L48 – 4B 78
Grange Pk. Mag L31 – 2C 11
Grange Pk. Run WA7 – 2B 132
Grange Pk Rd. St H WA10 – 1B 54
Grange Pavement. Birk L41 – 1C 85
Grange Pl. Birk L41 – 1B 84
Grange Rd. Birk L41 – 1B 84
Grange Rd. Hes L60 – 2B 122
Grange Rd. Orr L30 – 1A 20

Grange Rd. Run WA7 – 2A 132
Grange Rd. W Kir L48 – 4A 78
Grange Rd E. Birk L41 – 1C 85
Grange Rd W. Birk L43 & L41 –
 1A 84
Grangeside. L25 – 2A 92
Grange St. L6 – 4B 46
Grange Ter. L15 – 4D 69
Grange, The. Wal L44 – 4B 42
Grange Vale. Birk L42 – 4D 85
Grange Way. L25 – 2A 92
Grangeway. Run WA7 – 4B 132
Granite Ter. Huy L36 – 2A 74
Grant Av. L15 – 1D 89
Grant Clo. L14 – 1D 71
Grantham Clo. Pen L61 – 4C 103
Grantham St. L6 – 1A 68
Grantley Rd. L15 – 1A 90
Granton Rd. L5 – 3D 45
Grant Rd. L14 – 1D 71
Grant Rd. Mor L46 – 1A 62
Grant St. St H WA10 – 2C 37
Granville Av. Mag L31 – 3B 4
Granville Clo. Wal L45 – 3C 41
Granville Rd. L15 – 4B 68
Granville Rd. L19 – 3B 112
Granville St. Run WA7 – 2D 131
Granville St. St H WA9 – 3C 39
Grasmere Av. Birk L43 – 1B 82
Grasmere Av. Pres L34 – 3D 53
Grasmere Av. St H WA11 – 4C 27
Grasmere Clo. Kir L33 – 4B 12
Grasmere Dri. Lith L21 – 3C 19
Grasmere Dri. Wal L45 – 3A 42
Grasmere Gdns. Cro L23 – 1D 17
Grasmere Rd. Mag L31 – 4C 5
Grasmere St. L5 – 3A 46
Grassendale La. L19 – 2D 111
Grassendale Prom. L19 – 3D 111
Grassendale Rd. L19 – 3D 111
Grassington Cres. L25 – 4B 92
Grass Wood Rd. Upt L49 – 4A 82
Grasville Rd. Birk L42 – 3C 85
Gratrix Rd. Beb L62 – 3D 125
Gray Gro. Huy L36 – 3D 73
Graylands Pl. L4 – 4C 31
Graylands Rd. L4 – 4C 31
Graylands Rd. Beb L62 – 3B 108
Grays Av. Whis L35 – 3D 53
Grayson St. L1 – 4B 66
Grayston Av. St H WA9 – 3B 56
Gray St. Boo L20 – 1C 29
Greasby Hill Rd. W Kir L48 –
 1B 100
Greasby Rd. Gre & Upt L49 – 3B 80
 to 2D 81
Greasby Rd. Wal L44 – 4A 42
Gt Charlotte St. L1 – 2B 66 & 2C 67
Gt Crosshall St. L3 – 2B 66
Gt George Pl. L1 – 4C 67
Gt George's Rd. Cro L22 – 3C 17
Gt George St. L1 – 4C 67
Gt Hey. Orr L30 – 3C 9
Gt Homer St. L5 – 3C 45
Gt Howard St. L3, L5 & L20 – 1A 66
Gt Mersey St. L5 – 3B 44
Gt Nelson St. L3 – 4C 45
Gt Newton St. L3 – 2D 67
Gt Orford St. L3 – 3D 67
Gt Richmond St. L3 – 1C 67
Greaves St. L8 – 2D 87
Grecian St. Cro L21 – 3D 17
Grecian Ter. L5 – 3C 45
Gredington St. L8 – 3A 88
Greek St. L3 – 2C 67
Greek St. Run WA7 – 1D 131
Greenacre Clo. L25 – 2B 114
Green Acre Clo. St H WA9 – 4B 56
Greenacre Dri. Beb L63 – 4C 125
Greenacre Rd. L25 – 2B 114
Green Acres Est. Gre L49 – 4B 80

Greenall Ct. Pres L34 – 3B 52
Greenall St. St H WA10 – 2C 37
Green Av. Wal L45 – 1A 42
Greenbank. Cro L22 – 3C 17
Greenbank Av. Mag L31 – 3B 4
Greenbank Av. Wal L45 – 2A 42
Greenbank Cres. St H WA10 –
 3D 37
Greenbank Dri. L17 – 2C 89
Greenbank Dri. Pen L61 – 1B 122
Greenbank La. L17 – 2C 89
Greenbank Rd. Birk L42 – 3B 84
Greenbank Rd. W Kir & Gra L48 –
 3A 78
Greenbank Rd N. L18 – 1C 89
Greenbridge Clo. Run WA7 –
 2D 133
Greenbridge Rd. Run WA7 –
 2A 134
Greenburn Av. St H WA11 – 2C 27
Green Croft. Cro L23 – 3A 8
Greencroft Rd. Wal L44 – 1B 64
Greendale Rd. L25 – 2D 91
Greendale Rd. Beb L62 – 3A 108
Green End La. St H WA9 – 1A 56
Green End Pk. L12 – 2D 47
Greenes Rd. Whis L35 – 2B 74
Greenfield Dri. Huy L36 – 3C 73
Greenfield Gro. Huy L36 – 3C 73
Greenfield La. Lith L21 – 2D 17
Greenfield Rd. L13 – 1D 69
Greenfield Rd. St H WA10 – 1B 36
Greenfields Av. Beb L62 – 4C 125
Greenfields Cres. Beb L62 – 4C 125
Greenfield Wlk. Huy L36 – 3D 73
Greenfield Way. Wal L44 – 4A 42
Greenheath Way. Mor L46 – 1D 61
Greenhey Clo. Birk L43 – 2C 105
Greenhey Dri. Orr L30 – 1B 18
Green Heys Dri. Mag L31 – 4D 5
Green Heys Rd. L8 – 1A 88
Greenheys Rd. Irby L61 – 3B 102
Greenheys Rd. Wal L44 – 1A 64
Greenhill Av. L18 – 2B 90
Greenhill Clo. L18 – 4A 90
Greenhill Rd. L18 – 3A to 4B 90
Greenhill Rd. L19 – 2B 112
Green Ho Farm Rd. Run WA7 –
 1C 139
Greenhow Av. W Kir L48 – 3A 78
Greenlake Rd. L18 – 4A 90
Greenlands. Huy L36 – 3C 73
Greenland St. L1 – 4C 67
Green La. L3 – 3C 67
Green La. L13 – 3C 47
Green La. L18 – 2A to 1B 90
Green La. Beb L62 – 4D 125
Green La. Beb L63 – 4D 107
Green La. Birk L41 – 2C 85
Green La. Cro L21 – 4D 17
Green La. Cro L22 – 1A 16
Green La. Lith L21 – 1A 18
Green La. Mag L31 – 3A to 4B 4
Green La. Thor L23 – 2A 8.
Green La. Wal L45 – 3A 40
Green La. Wid WA8 – 1C 119
Green La N. L16 – 1B 90
Green Lawn. Birk L42 – 1D 107
Green Lawn Gro. Birk L42 – 1D 107
Green Leach Av. St H WA11 –
 4C 27
Green Leach Ct. St H WA11 –
 4C 27
Green Leach La. St H WA11 –
 4C 27
Greenlea Clo. Beb L63 – 3D 107
Greenleaf St. L8 – 4B 68
Greenleas Rd. Wal L45 – 3B 40
Greenleigh Rd. L18 – 4A 90
Green Link. Mag L31 – 3A 4
Green Mt. Upt L49 – 2A 82

Green Oaks Path. Wid WA8 – 1B 20
Greenock St. L3 – 1A 66
Greenodd Av. L12 – 4D 33
Greenore Clo. Hale L24 – 3A 130
Greenough Av. Rain L35 – 4A 54
Green Pk. Orr L30 – 3D 9
Green Pk Dri. Mag L31 – 4A 4
Green Rd. Pres L34 – 2B 52
Greensbridge La. Hal L26 & Tar L35 – 1A 116
Greenside. L6 – 1D 67
Greenside Av. L15 – 4D 69
Greenside Av. Ain L10 – 2C 21
Green St. L5 – 4B 44
Green, The. L13 – 2A 70
Green, The. Beb L62 – 4C 109
Green, The. Birk L43 – 3A 84
Green, The. Cal L48 – 2C 101
Green, The. Cro L23 – 4C 7
Green Town Row. L12 – 2A 48
Greenville Clo. Beb L63 – 4D 107
Greenville Dri. Mag L31 – 4B 4
Greenville Rd. Beb L63 – 4D 107
Greenway. Beb L62 – 1D 125
Greenway. Cro L23 – 3D 7
Greenway. Gre L49 – 2C 81
Greenway. Huy L36 – 4A 50
Greenway. Pen L61 – 1A 122
Greenway Clo. Huy L36 – 4A 50
Greenway Rd. L24 – 1D 129
Greenway Rd. Birk L42 – 3B 84
Greenway Rd. Run WA7 – 3D 131
Greenway Rd. Wid WA8 – 4A 98
Greenway Sq. Huy L36 – 4A 50
Greenwich Rd. L9 – 3A 20
Greenwood Clo. Pres L34 – 2C 53
Greenwood La. Wal L44 – 4B 42
Greenwood Rd. L18 – 4A 90
Greenwood Rd. Hoy L47 – 3C 59
Greenwood Rd. Upt L49 – 4A 82
Greetham St. L1 – 3B 66
Gregory Clo. L16 – 3C 71
Gregory Way. L16 – 3C 71
Gregson Ho. St H WA10 – 2D 37
Gregson Rd. Pres L35 – 4B 52
Gregson Rd. Wid WA8 – 1B 120
Gregson St. L6 – 1D 67
(in two parts)
Gregson Way. L6 – 1D 67
Greig Way. L8 – 2D 87
Grenfell Rd. L13 – 1C 47
Grenfell St. Wid WA8 – 2A 120
Grenloe Clo. L27 – 1D 93
Grenville Cres. Beb L63 – 4C 125
Grenville Dri. Pen L61 – 1A 122
Grenville Rd. Birk L42 – 3D 85
Grenville St S. L1 – 4C 67
Grenville Way. Birk L42 – 3D 85
Gresford Av. L17 – 1C 89
Gresford Av. Birk L43 – 4D 83
Gresford Av. Gra L48 – 3B 78
Gresford Pl. Wal L44 – 4B 42
Gresham St. L7 – 2C 69
Gressingham Rd. L18 – 4B 90
Greta St. L8 – 2D 87
Gretton Rd. Huy L14 – 4A 50
Greyhound Farm Rd. L24 – 1A 128
Greylag Clo. Run WA7 – 2B 138
Grey Rd. L9 – 2B 30
Grey Rock Wlk. L6 – 4A 46
Greystoke Clo. Upt L49 – 2D 81
Greystone Clo. Huy L14 – 1C 71
Greystone Pl. L10 – 4C 21
Greystone Rd. L10 – 4C 21
Greystone Rd. Huy L14 – 2C 71
Grey St. L8 – 1D 87
Gribble Rd. L10 – 4D 21
Grierson St. L8 – 4A 68
Grieve Rd. L10 – 4D 21

Griffin Av. Mor L46 – 4C 61
Griffin Clo. L11 – 2D 33
Griffin M. Wid WA8 – 3A 98
Griffin St. St H WA9 – 2C 57
Griffin Wlk. L11 – 2D 33
Griffiths Rd. Huy L36 – 2C 73
Grimley Av. Boo L20 – 2B 28
Grimshaw St. Boo L20 – 3C 29
Grimshaw St. St H WA9 – 3B 36
Grindleford Way. L7 – 3A 68
Grinfield St. L7 – 3A 68
Grinshill St. L8 – 1D 87
Grinton Cres. Huy L36 – 2B 72
Grisedale Clo. Run WA7 – 2A 138
Grisedale Rd. L5 – 3D 45
Grist St. L4 – 1C 45
Grizdale. Wid WA8 – 4A 96
Grizedale Av. St H WA11 – 3C 27
Groes Rd. L19 – 2A 112
Grogan Sq. Boo L20 – 1D 29
Gronow Pl. Orr L20 – 1A 30
Grosmont Rd. Kir L32 – 3D 23
Grosvenor Av. Cro L23 – 1C 17
Grosvenor Av. W Kir L48 – 4A 78
Grosvenor Dri. Wal L45 – 1A 42
Grosvenor Pl. Birk L43 – 1D 83
Grosvenor Rd. L4 – 4A 30
Grosvenor Rd. L15 – 4C 69
Grosvenor Rd. L19 – 3D 111
Grosvenor Rd. Birk L43 – 1D 83
Grosvenor Rd. Hoy L47 – 1A 78
Grosvenor Rd. Mag L31 – 2B 10
Grosvenor Rd. Pres L34 – 2B 52
Grosvenor Rd. St H WA10 – 4B 36
Grosvenor Rd. Wal L45 – 1A 42
Grosvenor Rd. Wid WA8 – 2A 98
Grosvenor St. L3 – 1C 67
Grosvenor St. Run WA7 – 1A 132
Grosvenor St. Wal L44 – 4A 42
Grove Av. Hes L60 – 3B 122
Grove Clo. L8 – 3D 67
Grovedale Rd. L18 – 2D 89
Grovehurst Av. L14 – 4D 49
Groveland Av. Hoy L47 – 4A 58
Groveland Av. Wal L45 – 3C 41
Groveland Rd. Wal L45 – 2C 41
Grove Lands. L8 – 4D 67
Grove Mead. Mag L31 – 4D 5
Grove Mt. Birk L41 – 3C 85
Grove Pk. L8 – 1A 88
Grove Pl. Hoy L47 – 4A 58
Grove Pl. St H WA10 – 4C 37
Grove Rd. L6 – 1B 68
Grove Rd. Birk L42 – 4D 85
Grove Rd. Hoy L47 – 4A 58
Grove Rd. Wal L45 – 2C 41
Groveside. L8 – 4D 67
Groveside. W Kir L48 – 4A 78
Grove Sq. Beb L62 – 2A 108
Groves, The. Kir L32 – 4C 23
Grove St. L7 – 3D 67
Grove St. L15 – 4D 69
Grove St. Beb L62 – 2A 108
Grove St. Boo L20 – 2B 28
Grove St. Run WA7 – 1D 131
Grove St. St H WA10 – 3D 37
Grove, The. L13 – 3D 47
Grove, The. Beb L63 – 3D 107
Grove, The. Birk L43 – 3A 84
Grove, The. Wal L44 – 1B 64
Grove, The. Win WA10 – 1B 36
Grove Way. L7 – 4D 67
Grundy St. L5 – 3A 44
Guelph Pl. L7 – 2D 67
Guelph St. L7 – 2D 67
Guernsey Clo. Wid WA8 – 3C 99
Guernsey Rd. L13 – 4D 47
Guest St. Wid WA8 – 3D 119
Guffitts Clo. Hoy L47 – 2C 59
Guffitt's Rake. Hoy L47 – 3C 59

Guildford Av. Orr L30 – 2D 19
Guildford St. Wal L44 – 4B 42
Guildhall Rd. L9 – 4A 20
Guild Hey. Kno L34 – 2D 35
Guilford Clo. L6 – 1D 67
Guilsted Rd. L11 – 4B 32
Guion Rd. Lith L21 – 4A 18
Guion St. L6 – 1A 68
Gulls Way. Hes L60 – 4A 122
Gunning Av. Ecc WA10 – 1A 36
Gunning Clo. Ecc WA10 – 1A 36
Gurnall St. L4 – 2D 45
Guthrie Way. L6 – 1A 68
Gutticar Rd. Wid WA8 – 1A 118
Gwendoline Clo. Thing L61 – 4A 104
Gwendoline St. L8 – 1D 87
Gwenfron Rd. L6 – 1A 68
Gwent St. L8 – 1D 87
Gwladys St. L4 – 1D 45
Gwydir St. L8 – 2D 87
Gwydrin Rd. L18 – 2B 90

Hackett Av. Boo L20 – 1D 29
Hackett Pl. Boo L20 – 1D 29
Hackins Hey. L2 – 2B 66
Hackthorpe St. L5 – 2C 45
Hadassah Gro. L17 – 3B 88
Haddock St. L20 – 1A 30
Haddon Av. L9 – 1B 30
Haddon Clo. Whis L35 – 4D 53
Haddon Dri. Pen L61 – 4D 103
Haddon Rd. Birk L42 – 4D 85
Hadfield Av. Hoy L47 – 4B 58
Hadfield Clo. Wid WA8 – 4C 99
Hadfield Gro. L25 – 3A 92
Hadleigh Rd. Kir L32 – 2D 23
Hadley Av. Beb L62 – 3C 125
Hadlow Gdns. Birk L42 – 3C 85
Haggerston Rd. L4 – 4B 30
Hahneman Rd. L4 – 4A 30
Haig Av. Mor L46 – 3C 61
Haigh Cres. Lyd L31 – 2B 4
Haigh Rd. Cro L22 – 2C 17
Haigh St. L3 – 1C & 1D 67
Haig Rd. Wid WA8 – 1D 119
Haileybury Av. Ain L10 – 1C 21
Haileybury Rd. L25 – 1A 114
Hailsham Rd. L19 – 1C 111
Halby Rd. L9 – 1C 31
Halcombe Rd. L12 – 2B 48
Halcyon Rd. Birk L41 – 2B 84
Haldane Av. Birk L41 – 4D 63
Haldane Rd. L4 – 4B 30
Hale Bank Rd. Hal & Wid WA8 – 3C 117
Hale Dri. L24 – 2C 129
Halefield St. St H WA10 – 2D 37
Hale Ga Rd. Wid WA8 – 1A 130
Hale Rd. L4 – 4A 30
Hale Rd. L24 & Hale L24 – 1A 128 to 2D 129 & 3A 130
Hale Rd. Wal L45 – 2B 42
Hale Rd. Wid WA8 – 4A to 1B 118
Hale St. L2 – 2B 66
Hale View. Run WA7 – 3C 131
Hale View Rd. Huy L36 – 2D 73
Halewood Clo. L25 – 3A 92
Halewood Dri. L25 – 4A 92
Halewood Pl. L25 – 3B 92
Halewood Rd. L25 – 3A 92
Halewood Way. L25 – 4B 92
Halifax Cres. Thor L23 – 3A 8
Halkirk Rd. L18 – 1A 112
Halkyn Av. L17 – 1C 89
Halkyn Dri. L5 – 4D 45
Hallam Wlk. L7 – 2B 68
Hall Av. Wid WA8 – 1D 117
Hallbrook Ho. L12 – 2C 49
Hall Dri. Gre L49 – 3B 80
Hall Dri. Kir L32 – 1C 23

Hall La. L7 – 2D 67
Hall La. L9 – 4A 20
Hall La. Cron & Rain WA8, & L35 – 1B 96 to 2B 76
Hall La. 'Huy L36 – 2D 73
Hall La. Kir L32 – 1C 23
Hall La. Kir & Sim L33 – 2D 13
Hall La. Mag L31 – 1B 10
Hall La. Pres L34 – 4B 52
Hall Rd E. Cro L23 – 3A 6
Hall Rd W. Cro L23 – 3A 6
Hallsands Rd. Kir L32 – 3C 23
Hallside Clo. L19 – 2D 111
Hall St. St H WA10 – 3D 37
Halltine Clo. Cro L23 – 3A 6
Hallville Rd. L18 – 1A 90
Hallwood Clo. Run WA7 – 1C 137
Hallwood Link Rd. Run WA7 – 1A 138
Halsall Clo. Cro L23 – 3C 7
Halsall Grn. Poul L63 – 3B 124
Halsall Rd. Boo L20 – 1D 29
Halsall St. Pres L34 – 2B 52
Halsbury Rd. L6 – 1B 68
Halsbury Rd. Wal L45 – 3A 42
Halsey Av. L12 – 2D 47
Halsey Cres. L12 – 2D 47
Halsnead Av. Whis L35 – 3B 74
Halstead Ct. Birk L43 – 3B 62
Halstead Rd. L9 – 1A 30
Halstead Rd. Wal L44 – 1B 64
Halstead Wlk. Kir L32 – 2B 22
Halton Brook Av. Run WA7 – 3B 132
Halton Brow. Run WA7 – 3C 133
Halton Cres. Gre L47 – 3A 80
Halton Hey. Whis L35 – 2B 74
Halton Lodge Av. Run WA7 – 4B 132
Halton Rd. Lyd L31 – 3C 5
Halton Rd. Run WA7 – 2A 132
Halton Rd. Wal L45 – 3D 41
Halton Sta Rd. Run & Sut W WA7 – 3A 138
Helton View Rd. Wid WA8 – 1B 120
Halton Wlk. L25 – 1A 92
Hambledon Dri. Gre L49 – 3B 80
Hambleton Clo. L11 – 2C 33
Hamblett Cres. St H WA11 – 4C 27
Hamer St. St H WA10 – 2D 37
Hamil Clo. Hoy L47 – 3C 59
Hamilton Ct. Cro L23 – 4A 6
Hamilton La. Birk L41 – 4C 65
Hamilton Rd. L5 – 4D 45
Hamilton Rd. Wal L45 – 2D 41
Hamilton Rd. Win WA10 – 1A 36
Hamilton Sq. Birk L41 – 4C 65
Hamilton St. Birk L41 – 1C 85
(in two parts)
Hamlet Rd. Wal L45 – 3D 41
Hamlin Rd. L19 – 3B 112
Hammersley Av. St H WA9 – 4A 56
Hammill Av. St H WA10 – 1C 37
Hammill St. St H WA10 – 1B 36 & 1C 37
Hammond Rd. Kir L33 – 1B 24
Hammond St. St H WA9 – 4B 38
Hampden Gro. Birk L42 – 3C 85
Hampden Rd. Birk L42 – 3C 85
Hampden St. L4 – 4B 30
Hampshire Av. Orr L30 – 1B 18
Hampson St. L6 – 3B 46
Hampstead Rd. L6 – 1B 68
Hampstead Rd. Wal L44 – 1B 64
Hampton Ct Rd. L12 – 3B 48
Hampton Dri. Cron WA8 – 1B 96
Hampton St. L8 – 4D 67
Hanbury Rd. L4 – 1C 47
Handel St. L8 – 1A 88

Handfield Pl. L5 – 3D 45
Handfield Rd. Cro L22 – 2C 17
Handfield St. L5 – 3D 45
Handforth La. Run WA7 – 1D 137
Handley Ct. L19 – 2D 111
Hands St. Lith L21 – 4A 18
Hanford Av. L9 – 1B 30
Hankey Dri. Orr L20 – 1A 30
Hankey St. Run WA7 – 2D 131
Hankinson St. L13 – 2D 69
Hankin St. L5 – 3B 44
(in two parts)
Hanley Clo. Wid WA8 – 1B 118
Hanley Rd. Wid WA8 – 1B 118
Hanlon Av. Boo L20 – 1D 29
Hanmer Rd. Kir L32 – 1A 22
Hannan Rd. L6 – 1A 68
Hanover Clo. Birk L43 – 1D 83
Hanover Ct. Run WA7 – 1C 139
Hanover St. L1 – 3B 66
Hanson Rd. L9 – 2D 31
Hans Rd. L4 – 1D 45
Hanwell St. L6 – 3A 46
Hapsford La. Lith L21 – 4A 18
Hapton M. Birk L43 – 3A 62
Hapton St. L5 – 3C 45
Harbern Clo. L12 – 3B 48
Harbord Rd. Cro L22 – 2B 16
Harbord St. L7 – 3A 68
Harbord Ter. Cro L22 – 2B 16
Harborne Dri. Poul L63 – 2A 124
Harcourt Av. Wal L44 – 1C 65
Harcourt St. L4 – 2B 44
Harcourt St. Birk L41 – 4A 64
Hardie Av. Mor L46 – 3B 60
Hardie Rd. Huy L36 – 1D 73
Harding Av. Beb L63 – 1A 124
Harding Av. Birk L41 – 2C 63
Hardinge Rd. L19 – 2B 112
Harding St. L8 – 4A 68
Hard La. St H WA10 – 1B 36
Hardman St. L1 – 3C 67
Hardshaw St. St H WA10 – 3D & 2D 37
Hardy St. L1 – 4C 67
Hardy St. L19 – 4B 112
Harebell St. L5 – 2B 44
Hare Croft. L28 – 1D 49
Harefield Grn. L24 – 1C 129
Harefield Rd. L24 – 2B 128
Haresfinch Rd. St H WA11 – 1A 38
Haresfinch View. St H WA11 – 4C 27
Harewell Rd. L11 – 4C 33
Harewood Rd. Wal L45 – 2A 42
Harewood St. L6 – 4A 46
Hargate Rd. Kir L33 – 2D 23
Hargate Wlk. Kir L33 – 2D 23
Hargrave Av. Birk L43 – 3C 83
Hargrave Clo. Birk L43 – 3C 83
Hargreaves Rd. L17 – 3B 88
Hargreaves St. St H WA9 – 3C 39
Harker St. L3 – 1C 67
Harke St. L7 – 3A 68
Harland Grn. L24 – 1D 129
Harland Rd. Birk L42 – 3B 84
Harlech St. L4 – 1C 45
Harlech St. Wal L44 – 2C 65
Harleston Rd. Kir L33 – 1D 23
Harleston Wlk. Kir L33 – 1D 23
Harley Av. Beb L63 – 1B 106
Harley St. L9 – 1B 30
Harlian Av. Mor L46 – 4B 60
Harlow Clo. St H WA9 – 2D 55
Harlow St. L8 – 2C 87
Harlyn Clo. Hal L26 – 3C 115
Harper Rd. L9 – 2B 30
Harps Croft. Orr L30 – 1B 18
Harradon Rd. L9 – 4A 20
Harringay Av. L18 – 2D 89

Harrington Av. Hoy L47 – 4B 58
Harrington Rd. Cro L23 – 4C 7
Harrington Rd. Lith L21 – 3B 18
Harrington St. L2 – 2B 66
Harris Clo. Poul L63 – 2A 124
Harris Dri. Orr L20 & L30 – 4B 18
Harrismith Rd. L10 – 4C 21
Harrison Dri. Boo L20 – 3A 30
Harrison Dri. Hay WA11 – 1D 39
Harrison Dri. Wal L45 – 1D 41
Harrison St. St H WA9 – 2B 56
Harrison St. Wid WA8 – 3A 118
Harris St. St H WA10 – 2C 37
Harris St. Wid WA8 – 2B 118
Harrocks Clo. Orr L30 – 3C 9
Harrock Wood Clo. Irby L61 – 3C 103
Harrogate Dri. L5 – 4D 45
Harrogate Rd. Birk L42 – 1D 107
Harrogate Wlk. Birk L42 – 1D 107
Harrop Rd. Run WA7 – 3A 132
Harrops Croft. Orr L30 – 4C 9
Harrowby Clo. L8 – 4A 68
Harrowby Rd. Birk L42 – 3B 84
Harrowby Rd. Cro L21 – 4D 17
Harrowby Rd. Wal L44 – 1C 65
Harrowby Rd S. Birk L42 – 3B 84
Harrowby St. L8 – 4D 67
Harrow Dri. Ain L10 – 1B 20
Harrow Dri. Run WA7 – 2C 133
Harrow Gro. Beb L62 – 4D 125
Harrow Rd. L4 – 2A 46
Harrow Rd. Wal L44 – 4D 41
Hartdale Rd. L18 – 2D 89
Hartdale Rd. Thor L23 – 4A 8
Hartford Clo. Birk L43 – 3D 83
Harthill Av. L18 – 2A 90
Harthill M. Birk L43 – 3B 62
Harthill Rd. L18 – 2B 90
Hartington Av. Birk L41 – 4A 64
Hartington Rd. L8 – 1B 88
Hartington Rd. L12 – 3A 48
Hartington Rd. L19 – 3B 112
Hartington Rd. St H WA10 – 1B 36
Hartington Rd. Wal L44 – 4A 42
Hartismere Rd. Wal L44 – 1B 64
Hartland Rd. L11 – 3A 32
Hartley Av. L9 – 1C 31
Hartley Clo. L4 – 2C 45
Hartley Gro. St H WA10 – 1B 54
Hartley St. Run WA7 – 1A 132
Hartnup Pl. L5 – 3D 45
Hartnup St. L5 – 3D 45
(in two parts)
Hartopp Rd. L25 – 1A 92
Hartsbourne Av. L25 – 4D 71 to 1A 92
Hartsbourne Clo. L25 – 4D 71
Hartsbourne Heights. L25 – 4D 71
Hartsbourne Wlk. L25 – 4D 71
Hart St. L3 – 2C 67
Hartwell St. Lith L21 – 1C 29
Hartwood Clo. Kir L32 – 4D 23
Hartwood Rd. Kir L32 – 4D 23
Hartwood Sq. Kir L32 – 4D 23
Harty Rd. Hay WA11 – 1D 39
Harvest La. Mor L46 – 2B 60
Harvey Av. Gre L49 – 3B 80
Harvey Rd. Wal L45 – 3D 41
Harvey St. L7 – 4B 68
Harwood Rd. L19 – 3B 112
Haselbeech Cres. L11 – 3B 32
Hasfield Rd. L11 – 4C 33
Haslemere. Whis L35 – 1D 75
Haslemere Rd. L25 – 1A 92
Haslemere Way. L25 – 1A 92
Hassal Rd. Birk L42 – 1A 108
Hassop Wlk. L7 – 3A 68
Hastie Clo. L27 – 1C 93
Hastings Rd. Cro L22 – 1A 16
Haswell Dri. L28 & Kno L28 – 1D 49

Haswell St. St H WA10 – 2D 37
Hatchmere Clo. Birk L43 – 3D 83
Hatfield Clo. St H WA9 – 2C 55
Hatfield Rd. Boo L20 – 3A 30
Hathaway. Mag L31 – 1A 10
Hathaway Clo. L25 – 1D 91
Hathaway Rd. L25 – 1D 91
Hatherley Av. Cro L23 – 1C 17
Hatherley Clo. L8 – 4A 68
Hatherley St. L8 – 4D 67
Hatherley St. Birk L42 – 3C 85
Hatherley St. Wal L44 – 2C 65
Hathersage Clo. Huy L36 – 3C 51
Hathersage Rd. Huy L36 – 3C 51
Hatton Clo. Hes L60 – 3A 122
Hatton Garden. L3 – 2B 66
Hatton Hill Rd. Lith L21 – 3A 18
Hatton's La. L16 – 1B 90
Hauxwell Gro. St H WA11 – 4C 27
Havelock Clo. St H WA10 – 3C 37
Havelock St. L5 – 3C 45
Havelock St. Birk L41 – 3A 64
Haven Av. Lyd L31 – 2B 4
Haven Rd. L10 – 3D 21
Havergal St. Run WA7 – 3D 131
Haverstock Rd. L6 – 1B 68
Hawarden Av. L17 – 1C 89
Hawarden Av. Birk L43 – 1A 84
Hawarden Av. Wal L44 – 4B 42
Hawarden Gro. Cro L21 – 1B 28
Hawdon Ct. L7 – 4B 68
Hawes Av. St H WA11 – 3C 27
Haweswater Av. Hay WA11 –
1D 39
Haweswater Clo. Kir L33 – 4B 12
Haweswater Clo. Run WA7 –.
2B 138
Haweswater Gro. Mag L31 – 4D 5
Hawgreen Rd. Kir L32 – 2A 22
Hawke Grn. Tar L35 – 4D 73
Hawke St. L3 – 2C 67
Hawkesworth St. L4 – 3A 46
Hawkins St. L6 – 1A 68
Hawkshead Av. L12 – 4D 33
Hawkshead Clo. Mag L31 – 3C 5
Hawkshead Clo. Run WA7 – 2B 138
Hawkshead Dri. Lith L21 – 3C 19
Hawksmoor Clo. L10 – 4D 21
Hawksmoor Rd. L10 – 4D 21
Hawkstone St. L8 – 2D 87 & 2A 88
Hawkstone Wlk. L8 – 2D 87
Hawks View. Run WA7 – 1A 138
Hawks Way. Hes L60 – 4A 122
Haworth Dri. Orr L20 – 4C 19
Hawthorn Av. Wid WA8 – 4A 98
Hawthorndale Rd. Wal L44 – 2B 64
Hawthorn Dri. Ecc WA10 – 2A 36
Hawthorn Dri. Gra L48 – 4C 79
Hawthorn Dri. Pen L61 – 2B 122
Hawthorne Av. Hal L26 – 3C 115
Hawthorne Av. Run WA7 – 3D 131
Hawthorne Gro. Wal L44 – 2C 65
Hawthorne Rd. Birk L42 – 3B 84
Hawthorne Rd. Frod WA6 – 4C 137
Hawthorne Rd. Lith L21, Orr & Boo
L20 – 3A 18 to 4A 30
Hawthorne Rd. Pres L34 – 3C 53
Hawthorne Rd. St H WA9 – 3C 57
Hawthornes, The. L27 – 1B 92
Hawthorn Gro. L12 – 3A 48
Hawthorn La. Beb L62 – 4D 125
Hawthorn Rd. Huy L36 – 2B 72
Hawthorn St. L7 – 2A 68
Haxted Gdns. L19 – 3C 113
Haydn Rd. L10 – 3D 49
Haydock Clo. L8 – 2D 87
Haydock Pk Rd. Ain L10 – 1C 21
Haydock Rd. Wal L45 – 2B 42
Haydock St. St H WA10 – 3A 38
Hayes Av. Pres L35 – 4C 53

Hayes Cres. Frod WA6 – 4C 137
Hayes Dri. Mell L31 – 1A 22
Hayes St. St H WA10 – 2B 54
Hayfield St. L4 – 2D 45
Hayles Clo. L25 – 1D 91
Hayles Grn. L25 – 1D 91
Hayles Gro. L25 – 1D 91
Hayman's Clo. L12 – 2A 48
Hayman's Grn. L12 – 2A 48
Haymans Grn. Mag L31 – 4C 5
Hayman's Gro. L12 – 2A 48
Haymarket. L1 – 2B 66
Hazel Av. Kir L32 – 1B 22
Hazel Av. Run WA7 – 4C 131
Hazel Av. Whis L35 – 1C 75
Hazeldale Rd. L9 – 2C 31
Hazeldene Av. Thing L61 – 3A 104
Hazeldene Av. Wal L45 – 4A 42
Hazeldene Way. Thing L61 –
3A 104
Hazel Gro. L9 – 1C 31
Hazel Gro. Beb L63 – 4C 107
Hazel Gro. Cro L23 – 1D 17
Hazel Gro. Irby L61 – 3C 103
Hazel Gro. St H WA10 – 3B 36
Hazelhurst Rd. L4 – 2A 46
Hazel M. Mell L31 – 1A 22
Hazel Rd. Birk L41 – 1B 84
Hazel Rd. Hoy L47 – 4B 58
Hazel Rd. Huy L36 – 4C 51
Hazelslack Rd. L11 – 4B 32
Hazelton Rd. L14 – 1B 70
Headbolt La. Kir L33 – 4C 13
Headbourne Clo. L25 – 4D 71
Headland Clo. W Kir L48 – 1A 100
Headley Clo. St H WA10 – 3C 37
Head St. L8 – 1C 87
Heald St. L19 – 3B 112
Healy Clo. L27 – 3D 93
Hearne Rd. St H WA10 – 3B 36
Heathbank Av. Irby L61 – 2B 102
Heathbank Av. Wal L44 – 1D 63
Heathbank Rd. Birk L42 – 3B 84
Heath Clo. L25 – 2D 91
Heath Clo. Ecc L34 – 2D 53
Heath Clo. W Kir L48 – 1A 100
Heathcote Rd. L4 – 4B 30
Heathcote St. L7 – 4A 68
Heath Dale. Beb L63 – 1A 124
Heath Dri. Hes L60 – 3B 122
Heath Dri. Run WA7 – 4D 131
Heath Dri. Upt L49 – 1B 81
Heather Bank. Beb L63 – 3B 106
Heather Brow. Birk L43 – 4D 63
Heather Clo. Run WA7 – 2A 138
Heather Ct. L4 – 1D 45
Heatherdale Clo. Birk L43 – 3A 84
Heatherdale Rd. L18 – 3D 89
Heather Dene. Beb L62 – 2D 125
Heatherdene Rd. W Kir L48 –
3A 78
Heather Rd. Beb L63 – 4C 107
Heather Rd. Hes L60 – 3B 122
Heather St. L4 – 1D 45
Heathfield. Kir L33 – 4C 13
Heathfield Av. St H WA9 – 1C 55
Heathfield Rd. L15 – 1A 90
Heathfield Rd. Beb L63 – 4D 107
Heathfield Rd. Birk L43 – 3A 84
Heathfield Rd. Cro L22 – 2B 16
Heathfield Rd. Mag L31 – 2D 11
Heathfield St. L1 – 3C 67
Heathfield St. Lith L21 – 4A 18
Heathgate Av. L24 – 2D 129
Heath Hey. L25 – 2D 91
Heath Moor Rd. Mor L46 – 2B 60
Heath Rd. L19 – 1B 112
Heath Rd. Beb L63 – 4C 107
Heath Rd. Huy L36 – 4A 50
Heath Rd. Run WA7 – 4D 131 to
1A 132

Heath Rd. Wid WA8 – 4B 96
Heath Rd S. Run WA7 – 1B 136
Heath St. St H WA9 – 2B 54
Heath View. Lith L21 – 1A 18
Heathview Clo. Wid WA8 – 4D 117
Heathview Rd. Wid WA8 – 4D 117
Heathwaite Cres. L11 – 4B 32
Heathway. Gay L60 – 4C 123
Heaton Clo. L24 – 1D 129
Hebden Rd. L11 – 3C 33
Heber St. L6 – 4A 46
Hector Pl. L20 – 1B 44
Hedgecote. Kir L32 – 4C 23
Hedgefield Rd. L25 – 1A 92
Hedge Hey. Run WA7 – 3D 133
Hedges Cres. L13 – 2C 47
Hedley St. L5 – 3B 44
Helena Rd. St H WA9 – 2D 57
Helena St. L7 – 3A 68
Helena St. L9 – 3B 30
Helena St. Birk L41 – 2C 85
Helford Rd. L11 – 1D 33
Heliers Rd. L13 – 2A 70
Helmdon Clo. L11 – 4B 32
Helmingham Gro. Birk L41 – 2C 85
Helmingham Rd. Birk L41 – 2C 85
Helsby Rd. L9 – 4A 20
Helsby St. L7 – 3A 68
Helsby St. St H WA9 – 1C 57
Helston Av. Hal L26 – 1D 115
Helston Av. St H WA11 – 4D 27
Helston Clo. Run WA7 – 2C 139
Helston Grn. Huy L36 – 1A 74
Helston Rd. L11 – 1D 33
Helton Clo. Birk L43 – 3C 83
Hemans St. Boo L20 – 2C 29
Hemer Pl. Boo L20 – 2B 28
Hemer Ter. Boo L20 – 2B 28
Hemingford St. Birk L41 – 1C 85
Hempstead Clo. St H WA9 – 2D 55
Hermitage Gro. Orr L20 – 4B 18
Henbury Pl. Run WA7 – 1C 137
Henderson Clo. Upt L49 – 1C 81
Henderson Rd. Huy L36 – 1D 73
Henderson Rd. Wid WA8 – 1D 119
Hendon Rd. L6 – 1B 68
Hendon Wlk. Gre L49 – 3B 80
Henley Av. Lith L21 – 3D 17
Henley Clo. Poul L63 – 2B 124
Henley Rd. L18 – 2A 90
Henlow Av. Kir L32 – 3C 23
Henry Edward St. L3 – 1B 66
Henry Hickman Clo. Orr L30 – 4D 9
Henry St. L1 – 3B 66
Henry St. L13 – 2C 69
Henry St. Birk L41 – 1C 85
(in two parts)
Henry St. St H WA10 – 2D 37
Henry St. Wid WA8 – 4B 98
Henthorne Rd. Beb L62 – 1A 108
Henthorne St. Birk L43 – 1B 84
Herald Clo. L11 – 3D 33
Heralds Clo. Wid WA8 – 2A 118
Herald Wlk. L11 – 3D 33
Herbert Pl. Birk L41 – 1C 85
Herberts La. Hes L60 – 4B 122
Herbert St. L9 – 3B 30
Herbert St. St H WA9 – 2C 57
Herculaneum Rd. L8 – 3C 87
Hereford Av. Upt L49 – 1C 81
Hereford Dri. Orr L30 – 2D 19
Hereford Rd. L15 – 1D 89
Hereford Rd. Cro L21 – 4C 17
Heriot Pl. L5 – 3B 44
Heriot St. L5 – 3B 44
Heriot Wlk. L5 – 3B 44
Herondale Av. Birk L43 – 3B 62
Herondale Ct. Birk L43 – 3B 62
Herondale Gdns. Birk L43 – 3B 62
Herondale Rd. L18 – 2D 89
Heronhall Rd. L9 – 2B 32

Heron Rd. Hoy L47 & Gra L48 – 4D 59
Hero St. Boo L20 – 4A 30
Herrick St. L13 – 1D 69
Herschell St. L5 – 3D 45
Hertford Dri. Wal L45 – 3B 42
Hertford Rd. Boo L20 – 4D 29
Hertford St. St H WA9 – 4B 38
Hesketh Av. Birk L42 – 1B 106
Hesketh Dri. Hes & Barn L60 – 3B 122
Hesketh Dri. Mag L31 – 4D 5
Hesketh Rd. Hale L24 – 3A 130
Hesketh St. L17 – 3B 88
Heskin Clo. Kir L32 – 4C 23
Heskin Clo. Lyd L31 – 2B 4
Heskin Clo. Rain L35 – 1A 76
Heskin Rd. Kir L32 – 4C 23
Heskin Wlk. Kir L32 – 4C 23
Hessle Dri. Hes L60 – 4B 122
Heswall Mt. Thing L61 – 4D 103
Heswall Rd. L9 – 4A 20
Heswell Av. Beb L63 – 1B 106
Heswell Av. St H WA9 – 4A 56
Heward Av. St H WA9 – 2B 56
Hewitson Av. L13 – 3D 47
Hewitson Rd. L13 – 3D 47
Hewitt Av. St H WA10 – 2B 36
Hewitt's La. Kir L34 & L33 – 4C 25
Hewitts Pl. L2 – 2B 66
Hexham Clo. St H WA9 – 2B 54
Heyburn Rd. L13 – 3C 47
Heydale Rd. L18 – 2D 89
Heydean Rd. L18 – 1B 112
Heyes Dri. Wal L45 – 4B 40
Heyes Mt. Rain L35 – 2A 76
Heyes Rd. Wid WA8 – 2A 118
Heyes St. L5 – 3D 45
Heyes, The. L25 – 4A 92
Heyes, The. Run WA7 – 3C 133
Heyfield Pl. Mor L46 – 3D 61
Heygarth Dri. Gre L49 – 3C 81
Hey Grn Rd. L15 – 3C 69
Hey Pk. Huy L36 – 2D 73
Hey Rd. Huy L36 – 2D 73
Heys Av. Beb L62 – 3D 125
Heyscroft Rd. L25 – 4A 92
Heysham Clo. Run WA7 – 1D 139
Heysham Rd. L27 – 3A 94
Heysham Rd. Orr L30 – 1D 19
Heysome Clo. Rainf WA11 – 1A 26
Heythrop Dri. Barn L60 – 4D 123
Heyville Rd. Beb L63 – 3C 107
Heywood Boulevd. Thing L61 – 3D 103
Heywood Clo. Thing L61 – 3D 103
Heywood Rd. L15 – 3B 70
Heyworth St. L5 – 3D 45
Hibbert St. Wid WA8 – 1A 120
Hickson Av. Mag L31 – 3B 4
Hicks Rd. Cro L21 – 4D 17
Hicks Rd. Cro L22 – 2C 17
Highacre Rd. Wal L45 – 2A 42
High Bank Clo. Birk L43 – 2C 83
Highbank Dri. L19 – 3C 113
Highcroft Av. Beb L63 – 4D 107
Higher Bebington Rd. Beb L63 – 3C 107
Higher End Pk. Orr L30 – 3C 9
Higher La. L9 – 4B 20 to 2A 32
Higher Parr St. St H WA9 – 3A 38
Higher Rd. L25, Hal L26 & WA8 – 2B 114 to 3C 117
Highfield. Kir L33 – 3C 13
Highfield Cres. Birk L42 – 1D 107
Highfield Cres. Wid WA8 – 4D 97
Highfield Dri. Gre L49 – 3C 81
Highfield Gro. Birk L42 – 1D 107
Highfield Gro. Cro L23 – 4D 7
Highfield Pk. Mag L31 – 4D 5
Highfield Pl. Pres L34 – 3B 52

Highfield Rd. L9 – 2B 30
Highfield Rd. L13 – 1D 69
Highfield Rd. Birk L42 – 4D 85
Highfield Rd. Lith L21 – 3D 17
Highfield Rd. Wid WA8 – 1D 119
Highfields. Hes L60 – 3B 122
Highfield S. Birk L42 – 2D 107
Highfield St. L3 – 1B 66
Highfield St. Wid WA9 – 2B 56
Highfield View. L13 – 1D 69
Highgate Clo. Hes L60 – 2B 122
Highgate Rd. Lyd L31 – 3B 4
Highgate St. L7 – 2A 68
Highgreen Rd. Birk L42 – 3B 84
Highlands Rd. Run WA7 – 3D 131
Highoak Rd. L25 – 4A 92
Highpark Rd. Birk L42 – 3B 84
High Pk St. L8 – 2D 87
High St. L2 – 2B 66
High St. L15 – 4D 69
High St. L25 – 4D 91
High St. Beb L62 – 3D 125
High St. Hale L24 – 3A 130
High St. Pres L34 – 3B 52
High St. Run WA7 – 2D 131
Hightor Rd. L25 – 3D 91
Highville Rd. L16 – 1B 90
Hignett Av. St H WA9 – 4D 39
Hilary Av. Huy L14 – 2C 71
Hilary Clo. L4 – 1B 46
Hilary Clo. Ecc L34 – 2C 53
Hilary Clo. Wid WA8 – 3C 99
Hilary Dri. Upt L49 – 1D 81
Hilary Rd. L4 – 1B 46
Hilberry Av. L13 – 3C 47
Hilbre Av. Wal L44 – 4A 42
Hilbre Rd. W Kir L48 – 1A 100
Hilbre St. L3 – 2C 67
Hilbre St. Birk L41 – 4B 64
Hilbre View. W Kir L48 – 4B 78
Hilda Rd. L12 – 3C 49
Hildebrand Clo. L4 – 1B 46
Hildebrand Rd. L4 – 1B 46
Hillam Rd. Wal L45 – 3C 41
Hillary Cres. Mag L31 – 4C 5
Hillary Dri. Cro L23 – 4A 8
Hillary Wlk. Cro L23 – 4A 8
Hill Bark Rd. Fra, Gre & Irby L48 – 4A 80
Hillbrae Av. St H WA11 – 3B 26
Hill Crest. Boo L20 – 3A 30
Hillcrest. Mag L31 – 1C 11
Hillcrest. Run WA7 – 3C 133
Hillcrest Av. Huy L36 – 2A 74
Hillcrest Dri. Gre L49 – 3B 80
Hillcrest Rd. L4 – 4D 31
Hillcrest Rd. Cro L23 – 4D 7
Hillcroft Rd. L25 – 3C 91
Hillcroft Rd. Wal L44 – 1B 64
Hillfield Dri. Pen L61 – 2B 122
Hillfoot Av. L25 – 3A 114
Hillfoot Grn. L25 – 2A 114
Hillfoot Rd. L25 – 1D 113 to 3A 114
Hill Gro. Mor L46 – 4C 61
Hillhead Rd. Boo L20 – 4A 30
Hillingden Av. Hal L26 – 2D 115
Hillingdon Av. Pen L61 – 2B 122
Hillingdon Rd. L15 – 1A 90
Hill Pl. St H WA10 – 2D 37
Hill Rd. Birk L43 – 4C 63
Hill Schoof Rd. St H WA10 – 1A 54
Hillsdene. Kno L28 – 1A 50
Hillside. L25 – 2A 92
Hillside Av. Kno L36 – 3B 50
Hillside Av. Run WA7 – 4C 131
Hillside Clo. Boo L20 – 4A 30
Hillside Ct. Birk L41 – 3C 85
Hillside Cres. Kno L36 – 2B 50
Hillside Dri. L25 – 3A 92
Hillside Rd. L18 – 2A 90
Hillside Rd. Birk L41 – 3C 85

Hillside Rd. Birk L43 – 4C 63
Hillside Rd. Gra L48 – 4C 79
Hillside Rd. Hes L60 – 4B 122
Hillside Rd. Huy L36 – 3C 51
Hillside Rd. St H WA10 – 1C 37
Hillside Rd. Wal L44 – 4C 41
Hills Moss Rd. St H WA9 – 2D 57
Hill St. L8 – 1C 87
Hill St. Cro L23 – 4D 7
Hill St. Pres L34 – 3B 52
Hill St. Run WA7 – 2D 131
Hill St. St H WA10 – 2D 37
Hilltop La. Gay L60 – 4C 123
Hilltop Rd. L16 – 4B 70
Hill View. Wid WA8 – 2D 97
Hillview Av. L17 – 4C 89
Hillview Av. W Kir L48 – 3A 78
Hill View Dri. Upt L49 – 1A 82
Hillview Gdns. L25 – 3C 91
Hill View Rd. Irby L61 – 3B 102
Hilton Clo. Birk L41 – 1B 84
Hilton Ct. Orr L30 – 4B 8
Hilton Gro. W Kir L48 – 3A 78
Hinchley Grn. Mag L31 – 4A 4
Hinckley Rd. St H WA11 – 1B 38
Hindburn Av. Mag L31 – 3C 5
Hinderton Dri. Gra L48 – 4C 79
Hinderton Rd. Birk L41 – 2C 85
Hindley Beech. Mag L31 – 3A 4
Hindley Wlk. L24 – 2B 128
Hindlip St. L8 – 3A 88
Hind St. Birk L41 – 1C 85
Hinson St. Birk L41 – 1C 85
Hinton Rd. Run WA7 – 3A 132
Hinton St. L6 – 1B 68
Hinton St. Lith L21 – 1C 29
Hitchen's Clo. Run WA7 – 1A 140
Hobart St. L5 – 3C 45
Hobart St. St H WA9 – 2C 55
Hob La. Kir L32 – 2A 22
Hoblyn Rd. Birk L43 – 3C 63
Hobs Hey. Cro L23 – 3A 8
Hockenhull Clo. Poul L63 – 2B 124
Hodder Av. Mag L31 – 4D 5
Hodder Clo. St H WA11 – 4C 27
Hodder Pl. L5 – 3D 45
Hodder Rd. L5 – 3D 45
Hodder St. L5 – 2C 45
Hodson Pl. L6 – 4D 45
Hogarth St. Cro L21 – 4A 18
Hogarth Wlk. L4 – 1C 45
Hoghton Clo. St H WA9 – 1D 57
Hoghton Rd. St H WA9 – 1C 57
Holbeck St. L4 – 2A 46
Holborn Hill. Birk L41 – 2C 85
Holborn St. L6 – 2D 67
Holden Gro. Cro L22 – 2B 16
Holden Rd. Cro L22 – 2A 16
Holden Rd. Pres L35 – 4B 52
Holden Rd E. Cro L22 – 1B 16
Holden St. L8 – 4A 68
Holden Ter. Cro L22 – 2A 16
Holdsworth St. L7 – 2A 68
Holgate. Thor L23 – 2A 8
Holgate Clo. Birk L43 – 3B 62
Holgate Ct. Birk L43 – 3B 62
Holgate Gdns. Birk L43 – 3B 62
Holland Ct. Orr L30 – 4B 8
Holland Gro. Hes L60 – 3B 122
Holland Pl. L7 – 2A 68
Holland Rd. L24 – 2C 129
Holland Rd. Hal L26 – 3C 115
Holland Rd. Wal L45 – 2B 42
Holland St. L7 – 1C 69
Holland Way. Hal L26 – 3C 115
Hollies Rd. Hal L26 – 2D 115
Hollingbourne Pl. L11 – 3B 32
Hollingbourne Rd. L11 – 3B 32
Hollin Bay Clo. Bill WN5 – 1D 27
Hollins Way. Wid WA8 – 4A 118
Holloway. Run WA7 – 3D 131

170

Hollow Croft. Kno L28 – 1A 50
Holly Av. Beb L63 – 1A 124
Holly Bank. L7 – 3A 68
Holly Bank Gro. St H WA9 – 2B 38
Hollybank Rd. L18 – 1C 89
Hollybank Rd. Birk L41 – 2B 84
Hollybank Rd. Run WA7 – 3C 133
Holly Bank St. St H WA9 – 2B 38
Hollydale Rd. L18 – 2D 89
Holly Farm Rd. L19 – 3B 112
Hollyfield Rd. L9 – 1B 30
Holly Gro. Cro L21 – 1B 28
Holly Gro. Birk L42 – 3C 85
Holly Gro. Huy L36 – 2A 72
Holly Hey. Whis L35 – 2B 74
Hollymead Clo. L25 – 3A 92
Holly Pl. Mor L46 – 4D 61
Holly Rd. L7 – 2B 68
Holly Rd. Hay WA11 – 1D 39
Holly St. Boo L20 – 2D 29
Hollytree Rd. L25 – 3A 92
Hollywood Rd. L17 – 3C 89
Holman Rd. L19 – 3B 112
Holme Clo. Ecc L34 – 2D 53
Holmefield Av. L19 – 1D 111
Holmefield Gro. Mag L31 – 4B 4
Holmefield Rd. L19 – 1D 111
Holme Rd. St H WA10 – 3A 36
Holmes St. L8 – 4B 68
Holme St. L5 – 2A 44
Holmesway. Pen L61 – 1B 122
Holmfield Av. Run WA7 – 2B 132
Holmfield Gro. Huy L36 – 3D 73
Holm Hey Rd. Birk L43 – 4D 83
Holmlands Cres. Birk L43 – 4C 83
Holmlands Dri. Birk L43 – 4C 83
Holmlands Way. Birk L43 – 4C 83
Holm La. Birk L43 – 4D 83
Holmleigh Rd. L25 – 1A 92
Holmrook Rd. L11 – 3B 32
Holmside Clo. Mor L46 – 3D 61
Holmville Rd. Beb L63 – 3C 107
Holmway. Beb L63 – 4C 107
Holmwood Av. Thing L61 – 4B 104
Holmwood Dri. Thing L61 – 4B 104
Holt Av. Mor L46 – 3C 61
Holt Hill. Birk L41 – 2C 85
Holt Hill Ter. Birk L41 – 2C 85
Holt La. L27 – 4C 73 & 1C 93
Holt La. Run WA7 – 4D 133
Holt La. Whis L35 – 4D 53
Holt Rd. L7 – 2A 68
Holt Rd. Birk L41 – 3C 85
Holt Ter. Birk L41 – 3C 85
Holt Way. Kir L32 – 1B 22
Holyrood Av. Wid WA8 – 2D 97
Home Farm Rd. Kno L34 – 4D 35
Home Farm Rd. Upt L49 – 4A 82
Homer Rd. Kno L34 – 3D 35
Homerton Rd. L6 – 1B 68
Homestall Rd. L11 – 4B 32
Homestead Av. Orr L30 – 4A 10
Homestead M. W Kir L48 – 4A 78
Honey's Grn Clo. L12 – 4B 48
Honey's Grn La. L12 – 4B 48
Honey's Grn La. Precinct L12 – 3C 49
Honey Hall Rd. Hal L26 – 3C 115
Honey St. St H WA9 – 2B 54
Honister Av. St H WA11 – 3C 27
Honister Clo. L27 – 3D 93
Honister Gro. Run WA7 – 2A 138
Honiston Av. Rain L35 – 4A 54
Honiton Rd. L17 – 1C 111
Hood Rd. Wid WA8 – 1D 119
Hood St. L1 – 2B 66
Hood St. Wal L44 – 1C 65
Hook St. L5 – 3B 44
Hook, The. Win WA10 – 1A 36
Hoole Rd. Upt L49 – 3A 82

Hooton Rd. L9 – 4A 20
Hope Pl. L1 – 3C 67
Hope St. L1 – 4C 67
Hope St. Birk L41 – 4B 64
Hope St. Pres L34 – 2B 52
Hope St. St H WA10 – 2C 37
Hope St. Wal L45 – 1A 42
Hope Ter. Birk L42 – 3C 85
Hope Way. L8 – 4D 67
Hopfield Rd. Mor L46 – 4D 61
Hopwood St. L5 – 4B 44
Horace St. St H WA10 – 2C 37
Horatio St. Birk L41 – 1B 84
Hornbeam Clo. Run WA7 – 3B 134
Hornbeam Rd. L4 – 3C 31
Hornbeam Rd. Hal L26 – 2D 115
Hornby Av. Beb L62 – 3C 125
Hornby Av. Boo L20 – 2C 29
Hornby Boulevd. Lith L21 & Boo L20 – 1C 29
Hornby Clo. L9 – 2B 30
Hornby Cres. St H WA9 – 4B 56
Hornby La. L18 – 2B 90
Hornby Pk. L18 – 2C 91
Hornby Pl. L9 – 2B 30
Hornby Rd. L9 – 2B 30
Hornby Rd. Beb L62 – 3C 125
Hornby Rd. Boo L20 – 2C & 2D 29
Hornby St. Birk L41 – 1D 85
Hornby St. Cro L21 – 4A 18
Hornby St. Cro L23 – 4C 7
Hornby Wlk. L5 – 4B 44
Horne St. L6 – 4A 46
Horn Ho La. Kir L33 – 3A 24
Hornsey Rd. L4 – 2A 46
Hornspit La. L11 – 1D 47
Horringford Rd. L19 – 1C 111
Horrocks Av. L19 – 3B 112
Horrocks Clo. Huy L36 – 4C 51
Horrocks Rd. Huy L36 – 1B 72
Horsfall Gro. L8 – 2C 87
Horsfall St. L8 – 2C 87
Hotham Pl. L3 – 2C 67
Hotham St. L3 – 2C 67
Hothfield Rd. Wal L44 – 1B 64
Hotspur St. L20 – 1B 44
Hough Grn Rd. Wid WA8 – 4D 95
Houghton Gdns. Hale L24 – 3A 130
Houghton La. L1 – 2C 67
Houghton Rd. Hale L24 – 3A 130
Houghton Rd. Upt L49 – 3A 82
Houghton St. L1 – 2B 66
Houghton St. Pres L34 – 3C 53
Houghton St. Rain L35 – 1B 76
Houghton St. Wid WA8 – 4B 98
Hougoumont Av. Cro L22 – 3C 17
Hougoumont Gro. Cro L22 – 3C 17
Houlding St. L4 – 3A 46
Houlston Rd. Kir L32 – 2A 22
Houlston Wlk. Kir L32 – 2A 22
Houlton St. L7 – 1A 68
House La. Wid WA8 – 2D 119
Hove, The. Run WA7 – 1D 139
(in two parts)
Howard Clo. Mag L31 – 4D 5
Howard Florey Av. Orr L30 – 4D 9
Howards Rd. Thing L61 – 3A 104
Howard St. St H WA10 – 1B 54
Howarth Grn. L5 – 4C 45
Howbeck Clo. Birk L43 – 1D 83
Howbeck Dri. Birk L43 – 1D 83
Howbeck Rd. Birk L43 – 1D 83
Howden Dri. Huy L36 – 1A 72
Howell Dri. Gre L49 – 4B 80
Howells Clo. Mag L31 – 3B 4

Howe St. Boo L20 – 4C 29
Howson St. Birk L42 – 4D 85
Hoylake Clo. Run WA7 – 1D 139
(in two parts)
Hoylake Gro. St H WA9 – 4A 56
Hoylake Rd. Birk L43 & L41 – 2B 62
Hoylake Rd. Mor L46 – 4A 60
Hoyle Rd. Hoy L47 – 3A 58
Hudleston Rd. L15 – 3A 70
Hudson Rd. Mag L31 – 2C 11
Hudson Rd. Mor L46 – 4A 40
Hudson St. St H WA9 – 3B 38
Hughenden Rd. L13 – 3D 47
Hughes Av. Pres L35 – 4B 52
Hughes Dri. Orr L20 – 1A 30
Hughes La. Birk L43 – 3A 84
Hughes St. L6 – 4A 46
Hughes St. L19 – 4B 112
Hughes St. St H WA9 – 1B 56
Hughestead Gro. L19 – 3A 112
Hughson St. L8 – 1C 87
Hulton Av. Whis L35 – 1D 75
Humber Clo. L4 – 1C 45
Humber Cres. St H WA9 – 3B 56
Humber St. Birk L41 – 3D 63
Humphreys Clo. Run WA7 – 4B 134
Humphreys Hey. Cro L23 – 3A 8
Humphrey St. Orr L20 – 1D 29
Huncote Av. St H WA11 – 1B 38
Hunslet Rd. L9 – 1C 31
Hunters Clo. Run WA7 – 1A 138
Hunters La. L15 – 4D 69
Hunter St. L3 – 2C 67
Hunter St. St H WA9 – 4A 38
Huntingdon Gro. Lyd L31 – 2B 4
Huntley Av. St H WA9 – 2B 56
Huntley Gro. St H WA9 – 2B 56
Huntly Rd. L6 – 1B 68
Hunt Rd. Mag L31 – 4B 4
Hunts Cross Av. L25 – 3A & 4A 92
Huntsman Wood. L12 – 1C 49
Hunt St. L5 – 3D 45
Hurlingham Rd. L4 – 4D 31
Hurrell Rd. Birk L41 – 2C 63
Hursley Rd. L9 – 2A 32
Hurst Bank. Birk L42 – 2D 107
Hurstlyn Rd. L18 – 1B 112
Hurst Pk Clo. L36 – 4D 51
Hurst Pk Dri. Huy L36 – 1D 73
Hurst Rd. Mag L31 – 1C 11
Hurst St. L1 – 3B & 4B 66
Hurst St. Wid WA8 – 1D 131
Huskisson St. L8 – 4D 67
Hutchinson St. L6 – 1A 68
Hutchinson St. Wid WA8 – 3D 119
Hutchinson Wlk. L6 – 1A 68
Hutton St. L5 – 3B 44
Huxley St. L13 – 2C 47
Huyton Av. St H WA10 – 1C 37
Huyton Church Rd. Huy L36 – 2C 73
Huyton Hey Rd. Huy L36 – 2C 73
Huyton Ho Clo. Huy L36 – 4A 50
Huyton Ho Rd. Huy L36 – 4A 50
Huyton La. Huy L36 & Pres L34 – 1C 73 to 3A 52
Hyde Rd. Cro L22 – 3C 17
Hydro Av. W Kir L48 – 1A 100
Hygeia St. L6 – 4A 46
Hylton Av. Wal L44 – 4A 42
Hylton Rd. L19 – 1B 112
Hyslop St. L8 – 1C 87
Hythe Av. Lith L21 – 3B 18

Ibbotson's La. L17 – 3C 89
Ibstock Rd. Boo L20 – 1C 29
Ilchester Rd. L16 – 3C 71
Ilchester Rd. Birk L41 – 3D 63
Ilchester Rd. Wal L44 – 1B 64
Ilford Av. Cro L23 – 3B 6
Ilford Av. Wal L44 – 1A 64

172

Keene Ct. Orr L30 – 4B 8
Keepers La. Stor L63 – 4A 106
Keepers Wlk. Run WA7 – 2D 133
Keighley Av. Wal L45 – 4C 41
Keightley St. Birk L41 – 4B 64
Keir Hardie Av. Boo L20 – 1A 30
Keith Av. L4 – 4B 30
Keithley Wlk. L24 – 1C 129
Kelday Clo. Kir L33 – 1C 23
Kelkbeck Clo. Mag L31 – 3D 5
Kellet's Pl. Birk L42 – 3D 85
Kellett Rd. Mor L46 – 1A 62
Kellitt Rd. L15 – 4C 69
Kelly Dri. Boo L20 – 2A 30
Kelly St. Pres L34 – 3C 53
Kelmscott Dri. Wal L44 – 4C 41
Kelsall Av. St H WA9 – 4A 56
Kelsall Clo. Birk L43 – 3D 83
Kelsall Clo. Wid WA8 – 4C 97
Kelso Rd. L6 – 1B 68
Kelton Av. L17 – 4C 89
Kelvin Gro. L8 – 1A 88
Kelvin Rd. Birk L41 – 3C 85
Kelvin Rd. Wal L44 – 2C 65
Kelvinside. Cro L23 – 1D 17
Kelvinside. Wal L44 – 2C 65
Kemble St. L6 – 1A 68
Kemble St. Pres L34 – 3B 52
Kemlyn Rd. L4 – 2D 45
Kempsall Wlk. Hal L26 – 3D 115
Kempsall Way. Hal L26 – 3D 115
Kempson Ter. Beb L63 – 1A 124
Kempston St. L3 – 2C 67
Kempton Clo. Run WA7 – 1D 137
Kempton Pk Rd. Ain L10 – 1C 21
Kempton Rd. L15 – 3C 69
Kempton Rd. Beb L62 – 2A 108
Kemsley Rd. L14 – 1D 71
Kenbury Clo. Kir L33 – 4D 13
Kenbury Rd. Kir L33 – 4D 13
Kendal Clo. Beb L63 – 3D 107
Kendal Dri. Mag L31 – 3C 5
Kendal Dri. Rain L35 – 1D 75
Kendal Dri. St H WA11 – 3C 27
Kendal Rise. Run WA7 – 2D 137
Kendal Rd. L16 – 4C 71
Kendal Rd. Wal L44 – 2A 64
Kendal Rd. Wid WA8 – 1B 118
Kendal St. Birk L41 – 1C 85
Kenilworth Av. Run WA7 – 4A 132
Kenilworth Clo. L25 – 3C 91
Kenilworth Dri. Pen L61 – 4C 103
Kenilworth Gdns. Upt L49 – 1C 81
Kenilworth Rd. L16 – 4C 71
Kenilworth Rd. Cro L23 – 4B 6
Kenilworth Rd. Wal L44 – 1C 65
Kenilworth St. Boo L20 – 3C 29
Kenilworth Way. L25 – 3C 91
Kenley Av. Cron WA8 – 1B 96
Kenmare Rd. L15 – 1C 89
Kenmay Wlk. Kir L33 – 1D 23
Kenmore Rd. Birk L43 – 4C 83
Kennelwood Av. Kir L33 – 1D 23
Kennessee Clo. Mag L31 – 1C 11
Kenneth Clo. Orr L30 – 1C 19
Kenneth Rd. Wid WA8 – 2B 118
Kennet Rd. Beb L63 – 4C 107
Kennford Rd. L11 – 1D 33
Kensington L7 – 1A 68
Kensington Av. St H WA9 – 2A 56
Kensington Gdns. Mor L46 – 3C 61
Kensington St. L6 – 1A 68
Kent Av. Lith L21 – 3A 18
Kent Clo. Beb L63 – 4C 125
Kent Clo. Boo L20 – 2D 29
Kent Gro. Run WA7 – 3A 132
Kentmere Av. St H WA11 – 3D 27
Kenton Rd. Hal L26 – 2D 115
Kent Pl. Birk L41 – 1C 85

Kent Rd. St H WA9 – 2B 56
Kent Rd. Wal L44 – 1D 63
Kents Bank. L12 – 4D 33
Kent St. L1 – 4C 67
Kent St. Birk L43 – 2A 84
Kent St. Wid WA8 – 1A 120
Kenview Clo. Wid WA8 – 4D 117
Kenwright Cres. St H WA9 – 2B 56
Kenwyn Rd. Wal L45 – 3A 42
Kenyon Rd. L15 – 1D 89
Kenyons La. Lyd & Mag L31 – 2C 5
Kepler St. L5 – 4D 45
Kepler St. Cro L21 – 1C 29
Kerford St. L6 – 4D 45
Kerr Gro. St H WA9 – 3C 39
Kerr St. L6 – 4A 46
Kersey Rd. Kir L32 – 3D 23
Kersey Wlk. Kir L32 – 3D 23
Kershaw Av. Cro L23 – 1D 17
Kershaw St. Wid WA8 – 4C 97
Keston Wlk. Hal L26 – 3C 115
Kestrel Clo. Upt L49 – 1B 80
Kestrel Dene. L10 – 4D 21
Kestrel Rd. Barn L60 – 4D 123
Kestrel Rd. Mor L46 – 3B 60
Kestrels View. Run WA7 – 1A 138
Keswick Clo. Mag L31 – 3C 5
Keswick Clo. Wid WA8 – 1B 118
Keswick Dri. Lith L21 – 3C 19
Keswick Pl. Birk L43 – 3C 63
Keswick Rd. L18 – 4B 90
Keswick Rd. St H WA10 – 2C 37
Keswick Rd. Wal L45 – 2C 41
Kevelioc Clo. Poul L63 – 2A 124
Kew St. L5 – 4C 45
Keybank Rd. L12 – 1D 47
Kiddman St. L9 – 3B 30
Kilburn Gro. St H WA9 – 2C 55
Kilburn St. Lith L21 – 1C 29
Kildale Clo. Mag L31 – 3B 4
Kildare Clo. Hale L24 – 3A 130
Kildonan Rd. L17 – 4C 89
Kilgraston Gdns. L17 – 1C 111
Killarney Gro. Wal L44 – 1D 63
Killarney Rd. L13 – 1A 70
Killester Rd. L25 – 2A 92
Kilmalcolm Clo. Birk L43 – 2D 83
Kilmory Av. L25 – 4B 92
Kiln Clo. Ecc WA10 – 2A 36
Kilncroft. Run WA7 – 2C 139
   (in two parts)
Kiln La. Ecc, Win & St H WA10 – 1A 36
Kiln Rd. Upt L49 – 3A 82
Kilnyard Rd. Cro L23 – 4C 7
Kilrea Rd. L11 – 1C & 1D 47
Kilsail Rd. Kir L32 – 4D 23
Kilsby Dri. Wid WA8 – 4C 99
Kilshaw St. L6 – 4A 46
Kimberley Av. Cro L23 – 1B 16
Kimberley Av. St H WA9 – 2C 55
Kimberley Clo. L8 – 4D 67
Kimberley Dri. Cro L23 – 4C 7
Kimberley Rd. Wal L45 – 3A 42
Kimberley St. Birk L43 – 3D 63
Kindale Rd. Birk L43 – 1C 105
Kinder St. L6 – 1D 67
King Arthur's Wlk. Run WA7 – 3D 133
King Av. Orr L20 – 1A 30
King Edward Clo. Rain L35 – 4A 54
King Edward Dri. Beb L62 – 3A 108
King Edward Rd. Rain L35 – 4A 54
King Edward Rd. St H WA10 – 1C 37
King Edward St. L3 – 2A 66
Kingfield Rd. L9 – 1B 30
Kingfisher Clo. Kir L33 – 2C 13
Kingfisher Ct. Run WA7 – 2B 138
Kingfisher Way. Upt L49 – 1B 80
King George Dri. Wal L44 – 3B 42

King George's Dri. Beb L62 – 3A 108
King George's Way. Birk L43 – 4C 63
Kingham Clo. L25 – 4B 92
Kingham Clo. Wid WA8 – 1C 121
King James Sq. Run WA7 – 1A 138
Kinglake Rd. Wal L44 – 4C 43
Kinglake St. L7 – 3A 68
King's Av. Hoy L47 – 3C 59
King's Brow. Beb L63 – 3B 106
Kingsbury. Gra L48 – 4B 78
Kings Clo. L17 – 4B 88
Kings Clo. Beb L63 – 2B 106
Kings Ct. Cro L21 – 4D 17
Kingscourt Rd. L12 – 3B 48
Kingsdale Av. Birk L42 – 4C 85
Kingsdale Av. Rain L35 – 1B 76
Kingsdale Rd. L18 – 2A 90
Kings Dock St. L1 – 4B 66
Kingsdown Rd. L11 – 1A 48
Kingsdown St. Birk L41 – 2C 85
Kings Dri. L25 – 3B 92
   (Gateacre)
Kings Dri. L25 – 4A 92
   (Woolton)
King's Dri. Cal L48 – 2B 100
King's Dri. Irby L61 – 3D 103
King's Dri. N. Cal L48 – 1C 101
Kingsfield Rd. Mag L31 – 2B 10
King's Gap, The. Hoy L47 – 1A 78
Kingshead Clo. Run WA7 – 2D 133
Kingsheath Av. L14 – 4C 49
Kingsland Cres. L11 – 3A 32
Kingsland Rd. L11 – 3A 32
Kingsland Rd. Birk L42 – 3B 84
King's La. Beb L63 – 2C 107
Kingsley Clo. Pen L61 – 1B 122
Kingsley Cres. Run WA7 – 3D 131
Kingsley Rd. L8 – 1A 88 to 4A 68
Kingsley Rd. Run WA7 – 3D 131
Kingsley Rd. St H WA10 – 1B 36
Kingsley Rd. Wal L44 – 1A 64
Kingsley St. Birk L41 – 4D 63
Kingsmead Dri. L25 – 2A 114
Kingsmead Rd. Birk L43 – 1D 83
Kingsmead Rd. Mor L46 – 2D 61
Kingsmead Rd N. Birk L43 – 1D 83
Kingsmead Rd S. Birk L43 – 2D 83
Kings Mt. Birk L43 – 2A 84
Kingsnorth. Whis L35 – 2D 75
King's Pde. Wal L45 – 1C 41 to 1A 42
King's Rd. Beb L63 – 1B 106
King's Rd. Boo L20 – 4D 29
Kings Rd. Cro L23 – 4B 6
Kings Rd. St H WA10 – 4B 36
King's Sq. Birk L41 – 1D 85
Kingsthorne Rd. L25 – 3B 114
Kingston Clo. Mor L46 – 3C 61
Kingston Clo. Run WA7 – 2C 133
King St. L19 – 4A 112
King St. Birk L42 – 1D 107
King St. Cro L22 – 3C 17
King St. Pres L34 – 3B 52
King St. Run WA7 – 1D 131
King St. St H WA10 – 2D 37
King St. Wal L44 – 4B 42
Kingsville Rd. Beb L63 – 4C 107
King's Wlk. Birk L42 – 1D 107
Kings Wlk. Gra L48 – 4B 78
Kingsway. Beb L63 – 2B 106
Kingsway. Cro L22 – 2C 17
Kingsway. Huy L36 – 4B 50
Kingsway. Pres L35 – 4B 52
Kingsway. St H WA11 – 3B 26
Kingsway. Wal L45 – 3D 41
Kingsway. Wid WA8 – 2D 119
Kingsway Pde. Huy L36 – 4B 50
Kingsway (Second Mersey Tunnel) – 1D 65

173

Kingsway Tunnel App. – 1C 63 to 2C 65
Kingswood Av. L9 – 4A 20
Kingswood Av. Cro L22 – 2D 17
Kingswood Boulevd. Beb L63 – 2C 107
Kingswood Dri. L23 – 1C 17
Kingswood Rd. Wal L44 – 4B 42
Kington Rd. W Kir L48 – 3A 78
Kinley Gdns. Boo L20 – 1A 30
Kinloss Rd. Gre L49 – 3B 80
Kinmel St. L8 – 1D 87
Kinmel St. Birk L41 – 1C 85
Kinmel St. St H WA9 – 1B 56
Kinnaird Rd. Wal L45 – 3D 41
Kinnaird St. L8 – 3A 88
Kinross Rd. L10 – 4C 21
Kinross Rd. Cro L22 – 3C 17
Kinross Rd. Wal L45 – 3C 41
Kintore Rd. L19 – 2A 112
Kinver Clo. Hal L26 – 3C 115
Kipling Av. Birk L42 – 1D 107
Kipling Av. Huy L36 – 3D 73
Kipling Cres. Wid WA8 – 1D 119
Kipling Gro. St H WA9 – 1D 77
Kipling St. Boo L20 – 1C 29
Kirby Clo. W Kir L48 – 1B 100
Kirby Mt. W Kir L48 – 1B 100
Kirby Pk. W Kir L48 – 1B 100
Kirby Rd. Boo L20 – 1D 29
Kirkbride Clo. L27 – 2D 93
Kirkby Bank Rd. Kir L33 – 2A 24
Kirkby Dri. Kir L32 – 2C 23
Kirkby Industrial Est. Kir L33 – 2A 24
Kirkby Rank La. Kir L33 – 2C 25
Kirkby Row. Kir L32 – 1B 22
Kirkdale Rd. L5 – 2C 45
Kirkdale Vale. L4 – 2C 45
Kirket Clo. Beb L63 – 4D 107
Kirket La. Beb L63 – 4D 107
Kirkham Rd. Wid WA8 – 4A 98
Kirkland Av. Birk L42 – 4C 85
Kirkland Rd. Wal L45 – 1B 42
Kirklands, The. W Kir L48 – 4B 78
Kirkland St. Birk L41 – 3D 63
Kirkmaiden Rd. L19 – 1A 112
Kirkmore Rd. L18 – 4A 90
Kirk Rd. Lith L21 – 1C 29
Kirkstall St. L4 – 2C 45
Kirkstone Av. St H WA11 – 3C 27
Kirkstone Cres. Run WA7 – 2B 138
Kirkstone Rd N. Lith L21 – 2B 18
Kirkstone Rd S. Lith L21 – 3B 18
Kirkstone Rd W. Lith L21 – 2A 18
Kirk St. L5 – 2C 45
Kirkway. Beb L63 – 2B 106
Kirkway. Gre L49 – 2C 81
Kirkway. Upt L49 – 1D 81
Kirkway. Wal L45 – 2A 42
Kitchener Dri. L9 – 1B 30
Kitchener St. St H WA10 – 2C 37
Kitchen St. L1 – 4B 66
Kitling Rd. Kno L34 – 1C 35
Knaresborough Rd. Wal L44 – 4D 41
Knighton Rd. L4 – 4D 31
Knight St. L1 – 3C 67
Knoclaide Rd. L13 – 2C 47
Knoll, The. Birk L43 – 3A 84
Knoll, The. Run WA7 – 4D 133
Knowles St. Birk L41 – 4B 64
Knowles St. Wid WA8 – 4B 98
Knowl Hey Rd. Hal L26 – 3D 115
Knowsley Clo. Birk L42 – 1D 107
Knowsley Heights. Huy L36 – 4C 51
Knowsley Industrial Est. Kno L34 – 1B 34
Knowsley La. Kno L34 & L36 – 1D 35 to 3D 51
Knowsley Pk. La. Pres L34 – 2A 52

Knowsley Rd. L19 – 3D 111
Knowsley Rd. Birk L42 – 1D 107
Knowsley Rd. Boo L20 – 1B 28
Knowsley Rd. Rain L35 – 2B 76
Knowsley Rd. St H WA10 – 3A 38
Knowsley Rd. Wal L45 – 3D 41
Knowsley St. L4 – 4B 30
Knox St. Birk L41 – 1D 85
Knutsford Grn. Mor L46 – 3C 61
Knutsford Rd. Mor L46 – 3C 61
Kramar Wlk. Kir L33 – 1D 23
Kremlin Rd. L13 – 4D 47
Kylemore Av. L18 – 3D 89
Kylemore Clo. Pen L61 – 1A 122
Kylemore Dri. Pen L61 – 1A 122
Kylemore Dri E. Pen L61 – 1B 122
Kylemore Rd. Birk L43 – 3A 84
Kylemore Way. Hal L26 – 3C 115
Kylemore Way. Pen L61 – 1A 122
Kynance Rd. L11 – 1A 34

Laburnum Av. Huy L36 – 3C 73
Laburnum Av. St H WA11 – 4D 27
Laburnum Cres. Wid WA8 – 1B 22
Laburnum Gro. Irby L61 – 3C 103
Laburnum Gro. Mag L31 – 4C 5
Laburnum Gro. Run WA7 – 4A 132
Laburnum Rd. L7 – 1C 69
Laburnum Rd. Birk L43 – 2A 84
Laburnum Rd. Wal L45 – 2A 42
Lace St. L3 – 1B 66
Lacey Rd. Pres L34 – 3C 53
Lacey St. St H WA10 – 1B 54
Lacey St. Wid WA8 – 2D 119
Lad La. L3 – 2A 66
Ladyewood Rd. Wal L44 – 1B 64
Ladyfields. L12 – 4A 48
Ladypool. Hale L24 – 3A 130
Ladysmith Rd. L10 – 4C 21
Laffak Rd. St H WA11 – 3D 27
Laggan St. L7 – 2A 68
Lagrange Arc. St H WA10 – 3D 37
Laird Clo. Birk L41 – 3D 63
Laird St. Birk L41 – 3D 63
Lakenheath Rd. Hal L26 – 3C 115
Lake Pl. Hoy L47 – 4A 58
Lake Rd. Hoy L47 – 4A 58
Lakeside Clo. Wid WA8 – 2D 117
Lakeside View. Cro L22 – 3C 17
Lake St. L4 – 2D 45
Lambert St. L3 – 2C 67
Lambeth Rd. L5 & L4 – 2B 44
Lambeth Wlk. L4 – 2C 45
Lambourn Av. Cron WA8 – 1B 96
Lambourne Gro. St H WA9 – 3D 39
Lambourne Rd. L4 – 4A 32
Lambshear La. Lyd L31 – 2B 4
Lambsickle Clo. Run WA7 – 1B 136
Lambsickle La. Run WA7 – 1B 136
Lambton Rd. L17 – 3A 88
Lammermore Rd. L18 – 4A 90
Lampeter Rd. L6 – 3B 46
Lancaster Av. L17 – 1B 88
Lancaster Av. Cro L23 – 1B 16
Lancaster Av. Run WA7 – 4C 131
Lancaster Av. Tar WA8 – 4D 95
Lancaster Av. L45 – 4A 42
Lancaster Av. Whis L35 – 1B 74
Lancaster Clo. L5 – 3C 45
Lancaster Clo. Mag L31 – 4D 5
Lancaster Rd. Huy L36 – 1D 73
Lancaster Rd. Wid WA8 – 3A 98
Lancaster St. L5 – 3C 45
Lancaster St. L9 – 3B 30
Lancaster Wlk. L5 – 3C 45
Lancaster Wlk. Huy L36 – 1D 73
Lance Clo. L5 – 4D 45
Lancefield Rd. L9 – 1B 30
Lance Gro. L15 – 4A 70
Lance La. L15 – 4A 70
Lancelyn Ter. Beb L63 – 1A 124

Lancing Clo. L25 – 1B 114
Lancing Dri. Ain L10 – 2C 21
Lancing Rd. L25 – 1B 114
Lancing Way. L25 – 1B 114
Lancots La. St H WA9 – 2B 56
Lander Rd. Lith L21 – 1C 29
Landford Av. L9 – 2A 32
Landford Pl. L9 – 2A 32
Landican La. Upt L49 & Stor L63 – 1B 104 to 4A 106
Landican Rd. Upt L49 – 2A 104
Landseer Rd. L5 – 4D 45
Lanfranc Clo. L16 – 3C 71
Lanfranc Wlk. L16 – 3C 71
Langbar. Whis L35 – 2C 75
Langdale Av. Pen L61 – 1B 122
Langdale Clo. Wid WA8 – 1A 118
Langdale Dri. Mag L31 – 4C 5
Langdale Gro. St H WA11 – 4C 27
Langdale Rd. L15 – 1C 89
Langdale Rd. Beb L63 – 1A 124
Langdale Rd. Run WA7 – 3A 132
Langdale Rd. Wal L45 – 2D 41
Langdale St. Boo L20 – 3D 29
Langford. Hale L24 – 3A 130
Langford Rd. L19 – 2D 111
Langham Av. L17 – 3B 88
Langham St. L4 – 1D 45
Lang La. W Kir & Gra L48 – 3A 78
Lang La S. W Kir & Gra L48 – 4B 78
Langley Clo. Poul L63 – 2B 124
Langley St. L8 – 1C 87
Langrove St. L5 – 4C 45
Langsdale St. L3 – 1C & 1D 67
Langshaw Lea. L27 – 2D 93
Langton Rd. L15 – 4B 68
Langton St. Boo L20 – 4B 28
Langtree St. St H WA9 – 3A 38
Langtry Clo. L4 – 1C 45
Langtry Rd. L4 – 1C 45
Lansbury Av. St H WA9 – 3C 39
Lansbury Rd. Huy L36 – 2D 73
Lansdowne Clo. Birk L41 – 3D 63
Lansdowne Ct. Birk L43 – 3D 63
Lansdowne Pl. L5 – 3D 45
Lansdowne Pl. Birk L43 – 3D 63
Lansdowne Rd. Birk L43 & L41 – 3D 63
Lansdowne Rd. Wal L45 – 2D 41
Lansdowne Way. Huy L36 – 2C 73
Lanville Rd. L19 – 1A 112
Lapford Cres. Kir L33 – 4D 13
Lapford Wlk. Kir L33 – 4D 13
Lapwing Gro. Run WA7 – 1B 138
Lapworth St. L5 – 3B 44
Larch Av. Wid WA8 – 4A 98
Larch Clo. Run WA7 – 4B 132
Larchdale Gro. L9 – 2C 31
Larchfield Rd. Cro L23 – 3A 8
Larch Lea. L6 – 4A 46
Larch Rd. Birk L42 – 2B 84
Larch Rd. Huy L36 – 2B 72
Larch Rd. Run WA7 – 4B 132
Larch Rd. Wal L44 – 2B 64
Larchwood Av. Mag L31 – 2B 10
Larchwood Clo. L25 – 2A 92
Larchwood Clo. Pen L61 – 2B 122
Larchwood Dri. Beb L63 – 2C 107
Larcombe Av. Upt L49 – 2D 81
Larkfield Clo. L17 – 4B 88
Larkfield Gro. L17 – 4B 88
Larkfield Rd. L17 – 4B 88
Larkhill Av. Upt L49 – 4D 61
Larkhill Clo. L13 – 2C 47
Larkhill La. L13 – 2C 47
Larkhill Pl. L13 – 2C 47
Larkhill Way. Upt L49 – 4D 61
Lark La. L17 – 3A 88
Larksway. Barn L60 – 4C 123
Lark Way. L17 – 3A 88
Larton Rd. Gra L48 – 3C 79

Lascelles Rd. L19 – 2B 112
Lascelles St. St H WA9 – 3B 38
Latham Av. Run WA7 – 3A 132
Latham St. L5 – 3B 44 to 2C 45
Latham St. St H WA9 – 2B 38
Latham St. Wid WA8 – 4B 98
Latham Way. Poul L63 – 2B 124
Lathbury La. L17 – 1C 89
Lathom Av. Cro L21 – 4D 17
Lathom Av. Wal L44 – 4A 42
Lathom Clo. Cro L21 – 4D 17
Lathom Dri. Mag L31 – 3C 5
Lathom Rd. Boo L20 – 1D 29
Lathom Rd. Huy L36 – 1C 73
Lathum Clo. Pres L35 – 4C 53
Lathwaite Clo. St H WA9 – 4A 56
Latimer St. L5 – 3B 44
Latrigg Rd. L17 – 4C 89
Laund, The. Wal L45 – 3D 41
Launceston Clo. Run WA7 – 1C 139
Laurel Av. Beb L63 – 4C 107
Laurel Av. Hes L60 – 3B 122
Laurel Bank. Wid WA8 – 3D 97
Laurel Gro. L8 – 1B 88
Laurel Gro. Cro L22 – 1B 16
Laurel Gro. Huy L36 – 3C 73
Laurelhurst Av. Pen L61 – 1B 122
Laurel Rd. L7 – 1B 68
Laurel Rd. Birk L42 – 2B 84
Laurel Rd. Hay WA11 – 1D 39
Laurel Rd. Pres L34 – 3C 53
Laurel Rd. St H WA10 – 3B 36
Lauriston Rd. L4 – 4D 31
Lavan St. St H WA9 – 2C 55
Lavender Clo. Run WA7 – 3B 132
Lavrock Bank. L8 – 2C 87
Lawford Dri. Barn L60 – 4D 123
Lawler St. Lith L21 – 4A 18
Lawrence Gro. L15 – 4C 69
Lawrence Rd. L15 – 4B 68
Lawrence Rd. Win WA10 – 1B 36
Lawrenson St. St H WA10 – 3C 37
Lawton Av. Boo L20 – 1A 30
Lawton St. Cro L22 – 2C 17
Lawton Rd. Huy L36 – 2B 72
Lawton Rd. Rain L35 – 2B 76
Lawton St. L1 – 3C 67
Laxey St. L8 – 1C 87
Laxton Rd. L25 – 3B 114
Layford Clo Kno & Huy L36 – 3C 51
Layford Rd. Huy L36 – 3B 50
Layton Av. Birk L43 – 4D 83
Layton Clo. L25 – 4B 92
Layton Rd. L25 – 4B 92
Leachcroft. Kno L28 – 2A 50
Leach La. St H WA9 – 4B 56
Leach St. St H WA10 – 2D 37
Leach Way. Irby L61 – 3B 102
Lea Clo. Birk L43 – 2C 83
Leafield Clo. Irby L61 – 3D 103
Leafield Rd. L25 – 3A 114
Lea Grn Rd. St H WA9 – 1D 77 to 3D 55
Leamington Gdns. Upt L49 – 3A 82
Leamington Rd. L11 – 4A 32
Leander Rd. Wal L45 – 4D 41
Lea Rd. Wal L44 – 4B 42
Lear Rd. L7 – 2C 69
Leaside. Run WA7 – 3B 132
Leasowe Av. Wal L45 – 3C 41
Leasowe Rd. L9 – 4A 20
Leasowe Rd. Mor L46, Wal L45 & L44 – 1C 61 to 3C 41
Leasowside. Mor L46 – 4A 40
Leas, The. Thing L61 – 3A 104
Leas, The. Wal L45 – 2C 41
Lea St. Birk L41 – 4C 65
Leatherbarrow's La. Mag & Mell L31 – 2F 11
Leather La. L2 – 2B 66
Leathers La. Hal L26 – 3D 115

Leethwood. Mag L31 – 1C 11
Leeway. Gre L49 – 2C 81
Leawood Gro Mor L46 – 3D 61
Leckwith Rd. Orr L30 – 2A 20
Leda Gro. L17 – 3B 88
Leda St. L7 – 4A 68
Ledbury Clo. Birk L43 – 4C 83
Ledger Rd. Hay WA11 – 1D 39
Ledsham Clo. Birk L43 – 2C 83
Ledsham Rd. Kir L32 – 2B 22
Ledsham Wlk. Kir L32 – 2B 22
Leece St. L1 – 3C 67
Leeds St. L3 – 1A 66
Lee Hall Rd. L25 – 2B 92
Leeming Clo. L19 – 4B 112
Lee Pk Av. L25 – 2B 92
Lee Rd. Hoy L47 – 4B 58
Lees Av. Birk L42 – 4D 85
Lee's Cotts. Wid WA8 – 3A 118
Leeside Av. Kir L32 – 3C 23
Leeside Clo. Kir L32 – 3C 23
Lees Moor Way. L7 – 3A 68
Lees Rd. Kir L33 – 2A 24
Lee St. St H WA9 – 2C 57
Leeswood Rd. Upt L49 – 3D 81
Lee Vale Rd. L25 – 2A 92
Legh Rd. Beb L62 – 2A 108
Legh Rd. Hay WA11 – 1D 39
Legion La. Beb L62 – 3D 125
Legion Rd. St H WA10 – 1B 54
Leicester Av. Cro L22 – 1B 16
Leicester Rd. Boo L20 – 2A 30
Leicester St. St H WA9 – 2B 54
Leigh Av. Wid WA8 – 1D 119
Leigh Pl. L1 – 3B 66
Leigh Rd. L7 – 3B 68
Leigh Rd. W Kir L48 – 3A 78
Leighs Hey Cres. Kir L32 – 2C 23
Leigh St. L1 – 2B 66
Leighton Av. Hoy L47 – 3C 59
Leighton Av. Mag L31 – 3B 4
Leighton Rd. Birk L41 – 2C 85
Leighton St. L4 – 1C 45
Leinster Rd. L13 – 1A 70
Leinster St. Run WA7 – 2C 131
Leison St. L4 – 2C 45
Lemon Gro. L8 – 1B 88
Lemon St. L5 – 3B 44
Lenfield Dri. Hay WA11 – 1D 39
Lenham Way. L24 – 1A 128
Lennox Av. Wal L45 – 2A 42
Lennox La. Birk L43 – 2B 62
Lenthall St. L4 – 4B 30
Lenton Rd. L25 – 2B 92
Leominster Rd. Wal L44 – 4A 42
Leonard Cheshire Dri. Orr L30 – 1D 19
Leonard St. Run WA7 – 4B 130
Leonard St. St H WA9 – 2C 57
Leonora St. L8 – 2D 87
Leopold Gro. St H WA9 – 3A 56
Leopold Rd. L7 – 2A 68
Leopold Rd. Cro L22 – 2A 16
Leopold St. Wal L44 – 1C 65
Leslie Av. Gre L49 – 4B 80
Leslie Rd. St H WA10 – 1A 54
Lesseps Rd. L8 – 3A 88
Lester Dri. Ecc WA10 – 2A 36
Lester Dri. Irby L61 – 2B 102
Lestock St. L8 – 4C 67
Leta St. L4 – 1D 45
Leta St. Birk L41 – 1C 85
Letchworth St. L6 – 3A 46
Letitia St. L8 – 2D 87
Letterstone Clo. L6 – 4D 45
Letterstone Wlk. L6 – 4D 45
Leven St. L4 – 1C 45
Lever Av. Wal L44 – 2C 65
Lever Causeway. Stor L63 – 3A 106
Leveret Rd. L24 – 1D 129
Lever St. St H WA9 – 4B 56

Lever Ter. Birk L42 – 3C 85
Leveson Rd. L13 – 2A 70
Lewis Cres. Wid WA8 – 2D 119
Lewis Gro. Wid WA8 – 1C 119
Lewisham Rd. L11 – 4B 32
Lewisham Rd. Beb L62 – 3B 108
Lexham Rd. L14 – 1A 70
Leybourne Clo. L25 – 1D 91
Leybourne Grn. L25 – 1D 91
Leybourne Gro. L25 – 1D 91
Leybourne Rd. L25 – 1D 91
Leyburn Clo. Kir L32 – 4C 23
Leyburn Rd. Wal L45 – 3D 41
Ley Clo. St H WA9 – 4B 56
Leyfield Clo. L12 – 3B 48
Leyfield Ct. L12 – 3B 48
Leyfield Ho. L12 – 4C 49
Leyfield Rd. L12 – 3B 48
Leyfield Wlk. L12 – 3B 48
Leyland St. Pres L34 – 3B 52
Leyton Clo. Run WA7 – 1C 137
Liberty St. L15 – 4C 69
Library St. Birk L41 – 1C 85
Librex Rd. Orr L20 – 1D 29
Lichfield Av. Cro L22 – 1B 16
Lichfield Clo. Orr L30 – 2D 19
Lichfield Rd. L15 – 1A 90
Lichfield Rd. Hal L26 – 3C 115
Lichfield St. Wal L45 – 2B 42
Lickers La. Whis L35 – 2C 75
Liddell Av. Mell L31 – 4A 12
Liddell Rd. L12 – 2D 47
Lidderdale Rd. L15 – 1C 89
Liebig St. Wid WA8 – 2A 120
Lifton Rd. Kir L33 – 2D 23
Lightbody St. L5 – 4A 44
Lightburn St. Run WA7 – 3D 131
Lightfoot Clo. Gay L60 – 4C 123
Lightfoot La. Gay L60 – 4C 123
Lighthouse Rd. Hale L24 – 4A 130
Lighthouse Rd. Hoy L47 – 1A 78
Lightwood Dri. L7 – 3B 68
Lilac Av. Wid WA8 – 4A 98
Lilac Cres. Run WA7 – 4A 132
Lilac Gro. L7 – 3A 68
Lilac Gro. Hay WA11 – 1D 39
Lilac Gro. Huy L36 – 3B 72
Lilford Av. L9 – 1B 30
Lilian Rd. L4 – 3A 46
Lilley Rd. L7 – 1B 68
Lilly Grn. L4 – 4C 31
Lilly Gro. L4 – 4C 31
Lilly Vale. L7 – 1B 68
Lily Gro. L7 – 3A 68
Lily Rd. Lith L21 – 4A 18
Limbo La. Irby L49 & L61 – 1D to 3D 103
Lime Av. Beb L63 – 4C 107
Lime Av. Wid WA8 – 4A 98
Lime Ct. Kir L33 – 3C 13
Limedale Rd. L18 – 2A 90
Lime Gro. L8 – 1A 88
Lime Gro. Cro L21 – 1B 28
Lime Gro. Run WA7 – 4B 132
Limekiln La. Wal L44 – 1D 63
Limekiln Row. Run WA7 – 3D 133
Lime St. L1 – 2C 67
Lime Tree Gro. Barn L60 – 3D 123
Lime Vale Rd. Bill WN5 – 1D 27
Linacre Ho. Boo L20 – 3D 29
Linacre La. Boo L20 – 1D 29
Linacre La. Orr L20 – 1A 30
Linacre Rd. Lith L21 – 4A 18
Linbridge Rd. L14 – 3D 49
Lincoln Clo. Huy L36 – 1A 74
Lincoln Clo. Run WA7 – 1C 137
Lincoln Cres. St H WA11 – 1A 38
Lincoln Dri. Ain L10 – 1B 20
Lincoln Dri. Wal L45 – 3B 42
Lincoln Grn. Mag L31 – 1A 10

175

Lincoln Ho. St H WA10 – 2D 37
Lincoln Rd. St H WA10 – 4B 36
Lincoln Sq. Wid WA8 – 4A 98
Lincoln St. L19 – 4B 112
Lincoln St. Birk L41 – 3D 63
Lincoln Way. Rain L35 – 3B 76
Lincombe Rd. Huy L36 – 1A 72
Lindale Av. St H WA9 – 4B 56
Lindale Rd. L7 – 1C 69
Lindby Clo. Kir L32 – 3A 24
Lindby Rd. Kir L32 – 3D 23
Linden Av. Cro L23 – 4B 6
Linden Av. Orr L30 – 1C 19
Linden Ct. Wid WA8 – 2D 97
Linden Dri. Birk L43 – 1C 105
Linden Dri. Huy L36 – 3C 73
Linden Gro. Bill WN5 – 1D 27
Linden Gro. Wal L45 – 2A 42
Lindens, The. Mag L31 – 2B 10
Linden Way. Ecc WA10 – 2A 36
Linden Way. Wid WA8 – 2D 97
Lindeth Av. Wal L44 – 1A 64
Lindley Clo. L7 – 4B 68
Lindrick Clo. Whis L35 – 4D 53
Lindsay Rd. L4 – 1B 46
Lind St. L4 – 4B 30
Lineside Clo. L25 – 1A 92
Linford Gro. St H WA11 – 1B 38
Lingdale Av. Birk L43 – 1D 83
Lingdale Rd. Birk L43 – 4D 63
Lingdale Rd. W Kir L48 – 3A 78
Lingdale Rd N. Birk L41 – 4D 63
Lingfield Gro. L14 – 2B 70
Lingfield Rd. L14 – 2B 70
Lingfield Rd. Run WA7 – 3C 131
Lingham Clo. Mor L46 – 2B 60
Lingham La. Mor L46 – 1B & 2B 60
Lingholme Rd. St H WA10 – 2C 37
Lingmell Av. St H WA11 – 2C 27
Lingmell Rd. L12 – 1A 48
Ling St. L7 – 2A 68
Lingtree Rd. Kir L32 – 1A 22
Link Av. St H WA11 – 1C 39
Link Av. Cro L23 – 3A 8
Link Rd. Huy L36 – 3A 74
Links Clo. Wal L45 – 2D 41
Links Hey Rd. Cal L48 – 3C 101
Linkside. Beb L63 – 2B 106
Linkside Ct. Cro L23 – 3A 6
Linkside Rd. L25 – 1B 114
Links Rd. Kir L32 – 3D 23
Linkstor Rd. L25 – 4D 91
Links View. Birk L43 – 2C 83
Links View. Wal L45 – 1D 41
Links View Clo. L25 – 4C 91
Linksway. Wal L45 – 2D 41
Linkway. Run WA7 – 4A 132
Link Way. Win WA10 – 1A 36
Linner Rd. L24 – 2B 128
Linnet La. L17 – 2A 88
Linnets Way. Hes L60 – 4A 122
Linnet Way. Kir L33 – 2C 13
Linosa Clo. L6 – 4B 46
Linslade Clo. Kir L33 – 4D 13
Linslade Cres. Kir L33 – 4D 13
Linton St. L4 – 4B 30
Linville Av. Cro L23 – 4A 6
Linwood Rd. Birk L42 – 3C 85
Lionel Ho. L3 – 1C 67
Lionel St. St H WA9 – 2C 57
Lions Clo. Birk L43 – 1D 83
Lisburn La. L13 – 2C to 3C 47
Lisburn Rd. L17 – 4C 89
Liscard Cres. Wal L45 – 4A 42
Liscard Gro. Wal L44 – 4A 42
Liscard Rd. L15 – 4B 68
Liscard Rd. Wal L44 – 4A 42
Liscard Village. Wal L45 – 4A 42
Liskeard Clo. Run WA7 – 1C 139
Lisleholme Cres. L12 – 2B 48
Lisleholme Rd. L12 – 3B 48

Lismore Rd. L18 – 4A 90
Lister Cres. L7 – 2B 68
Lister Dri. L13 – 4C 47
Lister Rd. L7 – 1B 68
Liston St. L4 – 3B 30
Litherland Av. Mor L46 – 3C 61
Litherland Cres. St H WA11 – 4C 27
Litherland Pk. Lith L21 – 3A 18
Litherland Rd. Boo L20 – 1D 29
Lit. Acre. Mag L31 – 1C 11
Llt Barn Hey. Orr L30 – 4B 8
Lit Brook La. Kir L32 – 3B 22
Lit Canning St. L8 – 4D 67
Lit Catharine St. L8 – 4D 67
Lit Croft. Whis L35 – 1C 75
Lit Crosby Rd. Cro L23 – 1C 7
Littledale Rd. Wal L44 – 1B 64
Littlegate. Run WA7 – 4C 133
Lit Heath Rd. L24 – 2C 129
Lit Heys La. Thor L23 – 1D 7
Lit Howard St. L3 – 1A 66
Lit Huskisson St. L8 – 4D 67
Lit Moss Hey. Kno L28 – 2A 50
Lit Parkfield Rd. L17 – 2A 88
Littler Rd. Hay WA11 – 1D 39
Lit St Bride St. L8 – 4D 67
Lit Storeton La. Stor L63 – 3A 106
Little St. St H WA9 – 1C 57
Littleton Clo. Birk L43 – 2C 83
Lit Woolton St. L7 – 2D 67
Littondale Av. Rain L35 – 2C 77
Liverpool Outer Ring Rd. – 4B 10 to 4B 74
Liverpool Pl. Wid WA8 – 1B 118
Liverpool Rd. Cro L23 – 4C 7
Liverpool Rd. Huy & Kno L36, Kno & Pres L34 – 4B 50 to 3A 52
Liverpool Rd. Lyd L31 – 3B 4
Liverpool Rd. Pres L34 – 3A 52
Liverpool Rd. St H WA10 – 3C 37
Liverpool Rd. Wid WA8 – 1A 118
Liverpool Rd N. Mag L31 – 3B 4
Liverpool Rd S. Mag L31 – 4B 4 to 2B 10
Liverpool St. St H WA10 – 3D 37
Liversidge Rd. Birk L42 – 3C 85
Liver St. L1 – 3B 66
Livingston Av. L17 – 3B 88
Livingston Dri. L17 – 3B 88
Livingston Dri N. L17 – 3B 88
Livingston Dri S. L17 – 3B 88
Livingstone Gdns. Birk L41 – 4B 64
Livingstone Rd. Mor L46 – 1A 62
Livingstone St. Birk L41 – 4B 64
Llandaff Clo. Orr L30 – 2D 19
Lloyd Av. Birk L41 – 4A 64
Lloyd Dri. Gre L49 – 3B 80
Lloyd St. Hay WA11 – 1D 39
Lobelia Gro. Run WA7 – 2B 138
Lochinvar St. L9 – 3B 30
Lochmore Rd. L18 – 1A 112
Lochryan Rd. L19 – 1A 112
Loch St. Run WA7 – 2D 131
Lockerby Rd. L7 – 1B 68
Locke St. L19 – 4B 112
Lockett Rd. Wid WA8 – 4A 98
Lockgate E. Run WA7 – 2B 134
Lockgate W. Run WA7 – 2A 134
Lock St. St H WA9 – 1A 38
Lode Rd. L11 – 1D 33
Lodge La. L8 – 4A 68
Lodge La. Beb L62 – 3A 108
Lodge La. Cron WA8 – 2A 96
Lodge La. Run WA7 – 3C 133
Lodge Rd. Wid WA8 – 1A 118
Lognor Rd. Kir L32 – 1B 22
Lognor Wlk. Kir L32 – 1B 22
Logwood Rd. Tar L36 – 4D 73
Lombard Rd. Mor L46 – 2D 61
Lomond Gro. Mor L46 – 3D 61

Lomond Rd. L7 – 2C 69
Londonderry Rd. L13 – 2C 47
London Rd. L3 – 2C 67
Longacre Clo. Wal L45 – 4C 41
Long Acre Wlk. St H WA9 – 4A 56
Long Av. L9 – 4A 20
Longborough Rd. Kno L34 – 3D 35
Longcroft Av. L19 – 2C 113
Longdale La. Sef L29 – 1B 8
Longfellow St. L8 – 4A 68
Longfellow St. Boo L20 – 2C 29
Longheld Av. Cro L23 – 3C 7
Longfield Clo. Gre L49 – 2C 81
Longfield Rd. Lith L21 – 1C 29
Longfield Wlk. Cro L23 – 3C 7
Longfold. Mag L31 – 4C 5
Longford St. L8 – 3A 88
Long Hey. Whis L35 – 2B 74
Long Hey Rd. Cal L48 – 2C 101
Longland Rd. Wal L45 – 3A 42
Long La. L9 – 1C 31 to 2B 32
Long La. L15 – 3D 69
Long La. L19 – 2B 112
Long La. Thor L29 – 1A 8
Longmeadow Rd. Kno L34 – 2D 35
Longmoor Clo. L10 – 4C 21
Longmoor Gro. L9 – 4A 20
Longmoor La. L9, L10, Kir L10 & L32 – 4A 20 to 3A 22
Long Moss. Orr L30 – 1B 18
Longreach Rd. L14 – 1D 71
Longridge Av. St H WA11 – 1B 38
Longsight Clo. Birk L43 – 2C 105
Longstone Wlk. L7 – 3A 68
Longton La. Rain L35 – 4A 54
Longview Av. Wal L45 – 4A 42
Longview Cres. Huy L36 – 1D 73
Longview Dri. Huy L36 – 1D 73
Longview La. Huy L36 – 4C 51
Longview Rd. Huy L36 – 1D 73
Long View Rd. Whis L35 – 4D 53
Longville St. L8 – 2C 87
Longworth Way. L25 – 3D 91
Lonie Gro. St H WA10 – 1B 54
Lonsborough Rd. Wal L44 – 1B 64
Lonsdale Av. St H WA10 – 2A 54
Lonsdale Av. Wal L45 – 3A 42
Lonsdale Clo. Lith L21 – 1A 18
Lonsdale Clo. Wid WA8 – 1A 118
Lonsdale Rd. Hal L26 – 3C 115
Lonsdale Rd. Lith L21 – 1A 18
Looe Clo. Wid WA8 – 4C 97
Loomsway. Irby L61 – 3B 102
Loraine St. L5 – 3D 45
Lordens Clo. Huy L14 – 4A 50
Lordens Rd. Huy L14 – 4A 50
Lord Nelson St. L3 – 2C 67
Lord St. L2 – 3B 66
Lord St. L19 – 4B 112
Lord St. Birk L41 – 4C 65
Lord St. Run WA7 – 1D 131
(in two parts)
Lord St. St H WA10 – 2D 37
Loreburn Rd. L15 – 1A 90
Lorenzo Dri. L11 – 4A 32
Loretto Dri. Upt L49 – 1D 81
LorehRd. Wal L44 – 4D 41
Lorne Rd. Birk L43 – 2A 84
Lorne Rd. Cro L22 – 2C 17
Lorne St. L7 – 1C 69
Lorn St. Birk L41 – 1C 85
Lorton Av. St H WA11 – 3B 26
Lorton St. L8 – 4A 68
Lothair Rd. L4 – 2D 45
Lothian St. L8 – 1D 87
Loudon Gro. L8 – 1D 87
Loughrigg Av. St H WA11 – 3C 27
Louis Braille Clo. Orr L30 – 4D 9
Louis Pasteur Av. Orr L30 – 4D 9
Lovat St. L7 – 3A 68
Lovelace Rd. L19 – 2A 112

Love La. L3 – 1A 66
Love La. Wal L44 – 1A 64
  (in two parts)
Lovel La. L24 – 2B 128
Lovel Ter. Wid WA8 – 3A 118
Lovel Way. L24 – 1B 128
Lowden Av. Lith L21 – 2A 18
Lowell St. L4 – 4B 30
Lwr Appleton Rd. Wid WA8 –
  4A 98
Lwr Arkwright St. L5 – 4C 45
Lwr Bank View. L20 – 1A 44
Lwr Breck Rd. L6 – 3B 46
Lwr Castle St. L2 – 2B 66
Lwr Church St. Wid WA8 – 4D 119
Lower Clo. Hal L26 – 1A 116
Lwr Farm Rd. L25 – 4D 71
Lwr Flaybrick Rd. Birk L43 – 3C 63
Lower Grn. Upt L49 – 3A 82
Lower Hey. Cro L23 – 3A 8
Lwr House La. L11 – 2B 32
Lwr House La. Wid WA8 – 2D 119
Lwr House La. E. Wid WA8 –
  2D 119
Lower La. L9 – 4C 21
Lwr Mersey View. L20 – 1A 44
Lwr Milk St. L3 – 2B 66
Lower Rd. Beb L62 – 3A 108
Lower Rd. Hal L26 – 1A 116
Lwr Sandfield. L25 – 3A 92
Lowerson Cres. L11 – 1C 47
Lowerson Rd. L11 – 1C 47
Lwr Thingwall La. Thing L61 –
  3B 104
Lowe St. St H WA10 – 2D 37
Loweswater Cres. Hay WA11 –
  1D 39
Loweswater Way. Kir L33 – 4C 13
Lowfield La. St H WA9 – 3C 55
Lowfield Rd. L14 – 1B 70
Low Hill. L6 – 1D 67
Lowlands Rd. Run WA7 – 2D 131
Lowndes Rd. L6 – 3B 46
Lowry Bank. Wal L44 – 1C 65
Lowther Av. Ain L10 – 1C 21
Lowther Av. Mag L31 – 3C 5
Lowther Cres. St H WA10 – 1A 54
Lowther Dri. Rain L35 – 1A 76
Lowther St. L8 – 4D 67
Low Wood Gro. Barn L61 – 4B 104
Lowwood Gro. Birk L41 – 1C 85
Lowwood Rd. Birk L41 – 2C 85
Low Wood St. L6 – 1D 67
Loyola Sq. Rain L35 – 3C 77
Lucania St. L19 – 4B 112
Lucan Rd. L17 – 4C 89
Lucerne Rd. Wal L44 – 2B 64
Lucerne St. L17 – 3B 88
Lucknow St. L17 – 3B 88
Ludlow Cres. Run WA7 – 4A 132
Ludlow Dri. W Kir L48 – 1A 100
Ludlow Gro. Beb L62 – 3D 125
Ludlow St. L4 – 1C 45
Ludwig Rd. L4 – 3A 46
Lugard Rd. L17 – 4C 89
Lugsdale Rd. Wid WA8 – 2A 120
Lugsmore La. St H WA10 – 1B 54
Luke St. L8 – 1D 87
Luke St. Wal L44 – 2C 65
Lully St. L7 – 3D 67
Lulworth Av. Cro L22 – 2B 16
Lulworth Rd. L25 – 2B 92
Lumber St. L3 – 2B 66
Lumby Av. Huy L36 – 1C 73
Lumley Rd. Wal L44 – 1B 64
Lumley St. L19 – 3A 112
Lumley Wlk. Hale L24 – 3A 130
Lunar Dri. Orr L30 – 4D 9
Lunar Rd. L9 – 1C 31
Lundie Pl. L6 – 4D 45
Lune Av. Mag L31 – 3C 5

Lunesdale Av. L9 – 4A 20
Lune St. Cro L23 – 4C 7
Lunsford Rd. L14 – 4D 49
Lunt Av. Orr L30 – 2D 19
Lunt Av. Whis L35 – 1C 75
Lunt Rd. Boo L20 – 1D 29
Lunt Rd. Sef L29 – 1C 9
Lunt's Heath Rd. Wid WA8 – 1D 97
Lupin Way. Huy L14 – 4A 50
Lupton Dri. Cro L23 – 4D 7
Luscombe Clo. Hal L26 – 1D 115
Lusitania Rd. L4 – 4C 31
Luton St. L5 – 3A 44
Luton St. Wid WA8 – 2D 119
Luxmore Rd. L4 – 4B 30
Lycett Rd. L4 – 2A 46
Lycett Rd. Wal L44 – 4C 41
Lycroft Clo. Run WA7 – 1C 137
Lydbrook Clo. Birk L42 – 4D 85
Lydbury Cres. Kir L32 – 3D 23
Lydd Clo. L24 – 4A 114
Lydford Rd. L12 – 1A 48
Lydia Ann St. L1 – 3B 66
Lydiate La. L25 & Hal L26 – 4B 92
Lydiate La. Run WA7 – 1A 136
Lydiate La. Thor L23 – Sef L23 &
  L29 – 2A 8
Lydiate Rd. Boo L20 – 1D 29
Lydiate, The. Hes L60 – 4B 122
Lydia Wlk. Kir L10 – 4A 22
Lydieth Lea. L27 – 1C 93
Lydney Rd. Huy L36 – 4A 50
Lyelake Clo. Kir L32 – 2D 23
Lyelake Rd. Kir L32 – 2D 23
Lyell St. L5 – 3D 45
Lyme Clo. Kno L36 – 3D 51
Lyme Cross Rd. Kno L36 – 3C 51
Lyme Gro. Huy & Kno L36 – 3C 51
Lyme Rd. St H WA10 – 1B 54
Lymington Rd. Wal L44 – 4D 41
Lynas Gdns. L19 – 2A 112
Lynas St. Birk L41 – 4B 64
Lyncot Rd. L9 – 3A 20
Lyncroft Rd. Wal L44 – 2B 64
Lyndene Rd. L25 – 4D 71
Lyndhurst Av. L18 – 3D 89
Lyndhurst Av. Pen L61 – 1B 122
Lyndhurst Clo. Thing L61 – 4D 103
Lyndhurst Rd. L18 – 3D 89
Lyndhurst Rd. Cro L23 – 4D 7
Lyndhurst Rd. Hoy L47 – 3C 59
Lyndhurst Rd. Irby L61 – 3B 102
Lyndhurst Rd. Wal L45 – 2D 41
Lyndon Dri. L18 – 2A 90
Lyndor Rd. L25 – 1A 114
Lynedoch St. L6 – 1A 68
Lyneham. Whis L35 – 1D 75
Lynholme Rd. L4 – 2A 46
Lynmouth Rd. L17 – 1C 111
Lynnbank Rd. L18 – 2B 90
Lynn Clo. Run WA7 – 1C 137
Lynn Clo. St H WA10 – 2B 36
Lynscott Pl. L16 – 3B 70
Lynsted Rd. L14 – 1D 71
Lynton Clo. L19 – 1A 112
Lynton Clo. Gay L60 – 4C 123
Lynton Cres. Wid WA8 – 4C 97
Lynton Grn. L25 – 2D 91
Lynton Gro. St H WA9 – 4B 56
Lynton Rd. Huy L36 – 1A 74
Lynton Rd. Wal L45 – 3C 41
Lynton Way. Win WA10 – 1A 36
Lynwood Av. Wal L44 – 1A 64
Lynwood Dri. Irby L61 – 3C 103
Lynwood Gdns. L19 – 1B 30
Lynwood Rd. L9 – 1B 30
Lynxway. L12 – 4C 49
Lyon Clo. St H WA10 – 3C 37

Lyon Rd. L4 – 3A 46
Lyons Clo. Mor L46 – 3C 61
Lyons Rd. Mor L46 – 3C 61
Lyon St. L19 – 1B 126
Lyon St. Run WA7 – 2D 131
Lyon St. St H WA10 – 3C 37
Lyra Rd. Cro L22 – 2C 17
Lyster Rd. Boo L20 – 3C 29
Lytham Clo. Ain L10 – 3D 21
Lytham Rd. Wid WA8 – 4A 98
Lyttelton Rd. L17 – 4C 89
Lytton Av. Birk L42 – 1D 107
Lytton Gro. Cro L21 – 4D 17
Lytton St. L6 – 1D 67

Mab La. L12 – 1C 49
McAlpine Clo. Upt L49 – 1A 82
Macbeth St. L20 – 1B 44
McBride St. L19 – 3B 112
McClellan Pl. Wid WA8 – 1A 120
McCormack Av. St H WA9 – 2C 39
McCulloch St. St H WA9 – 3A 38
MacDermot Rd. Wid WA8 – 4D 119
Macdona Dri. W Kir L48 – 1A 100
Macdonald Av. St H WA11 – 1C 39
Macdonald Dri. Gre L49 – 3B 80
Macdonald Rd. Mor L46 – 3B 60
Macdonald St. L15 – 4C 69
Mace Rd. L11 – 3D 33
McFarlane Av. St H WA10 – 2B 36
Macfarran St. L13 – 1D 69
Mackenzie Clo. L6 – 4D 45
Mackenzie Rd. Mor L46 – 1A 62
Mackenzie St. L6 – 4D 45
Mackenzie Wlk. L6 – 4D 45
Mackets Clo. L25 – 1B 114
Mackets La. L25 – 4B 92
Mack Gro. Orr L30 – 1B 18
McMinnis Av. St H WA9 – 4D 39
Macqueen St. L13 – 2D 69
McVinnie Rd. Whis L35 – 3D 53
Madam Curie Av. Orr L30 – 4D 9
  (in two parts)
Maddock Rd. Wal L44 – 3B 42
Maddocks St. L13 – 2D 69
Maddock St. Birk L41 – 4B 64
Maddrell St. L3 – 4A 44
Madelaine St. L8 – 1D 87
Madeley St. L6 – 1B 68
Madryn Av. Kir L33 – 2D 23
Madryn St. L8 – 1D 87
Magazine Av. Wal L45 – 2A 42
Magazine Brow. Wal L45 – 2B 42
Magazine La. Wal L45 – 2A 42
Magazine Rd. Beb L62 – 1D 125
Magazines Prom. Wal L45 – 1B 42
Magdala St. L8 – 4A 68
Magdalen Ho. Boo L20 – 3D 29
Magdalen Sq. Orr L30 – 4C 9
Maghull La. Mell L31 – 1B 12
Magnolia Dri. Run WA7 – 2B 138
Magnolia Wlk. Gre L49 – 4B 80
Maguire Av. Boo L20 – 2A 30
Mahon Av. Boo L20 – 1D 29
Maiden La. L13 – 2C 47
Maidford Rd. L14 – 4C 49
Main Av. St H WA10 – 1A 54
Main Clo. Hay WA11 – 1D 39
Mainside Rd. Kir L32 – 2D 23
Main St. Run WA7 – 3D 133
Maintree Cres. L24 – 1D 129
Mainwaring Rd. Beb L62 – 3D 125
Mainwaring Rd. Wal L44 – 1C 65
Maitland Clo. L8 – 4A 68
Maitland Rd. Wal L45 – 1B 42
Maitland St. L8 – 4A 68
Major Cross St. Wid WA8 – 2A 120
Major St. L5 – 3C 45
Makepeace Wlk. L8 – 1D 87
Makin St. L4 – 3A 30

177

Malcolm Gro. L20 – 4D 29
Malcolm Pl. L15 – 3D 69
Malcolm St. Run WA7 – 2A 132
Malden Rd. L6 – 1A 68
Maldon Clo. Hal L26 – 3D 115
Maldwyn Rd. Wal L44 – 4A 42
Malhamdale Av. Rain L35 – 2C 77
Malin Clo. Hale L24 – 3A 130
Mallaby St. Birk L41 – 4D 63
Mallard Clo. Run WA7 – 2B 138
Mallard Way. Mor L46 – 3B 60
Malleson Rd. L13 – 2C 47
Mallory Av. Lyd L31 – 2A 4
Mallory Gro. St H WA11 – 4D 27
Mallory Rd. Birk L42 – 4B 84
Mallow Rd. L6 – 1B 68
Malmesbury Rd. L11 – 4A 32
Malpas Av. Birk L43 – 4D 83
Malpas Dri. Beb L63 – 2C 107
Malpas Gro. Wal L45 – 3D 41
Malpas Rd. L11 – 1D 33
Malpas Rd. Run WA7 – 1C 137
Malpas Rd. Wal L45 – 3D 41
Malta St. L8 – 2D 87
Maltby Clo. Hal L26 – 3D 115
Malton Clo. Cron WA8 – 1B 96
Malton Rd. L25 – 4A 92
Malvern Av. Huy L14 – 2D 71
Malvern Clo. Kir L32 – 4B 12
Malvern Cres. Huy L14 – 2D 71
Malvern Gro. Ain L10 – 2B 20
Malvern Gro. Birk L42 – 4B 84
Malvern Rd. L6 – 1B 68
Malvern Rd. Boo L20 – 1D 29
Malvern Rd. St H WA9 – 3D 39
Malvern Rd. Wal L45 – 3C 41
Malwood St. L8 – 3D 87
Manchester Rd. Pres L34 – 3A 52
Manchester St. L1 – 2B 66
Mandeville St. L4 – 2D 45
Manesty's La. L1 – 3B 66
Manica Cres. L10 – 4D 21
Manley Rd. Cro L22 – 2B 16
Manley Rd. Huy L36 – 4D 73
Mannering Rd. L17 – 2A 88
Manners La. Hes L60 – 4A 122
Manningham Rd. L4 – 3A 46
Manning St. St H WA10 – 3C 37
Mannion Av. Lyd L31 – 1A 4
Mannion Clo. Lyd L31 – 1A 4
Mann Island. L3 – 3A 66
Mann St. L8 – 1C 87
Manor Av. Cro L23 – 3C 7
Manor Av. Rain L35 – 2B 76
Manorbier Cres. L9 – 3B 30
Manor Cres. L25 – 4A 92
Manor Dri. Cro L23 – 3B 6
Manor Dri. Mor L46 & Upt L49 –
    4D 61
Manor Dri. Orr L30 – 1A 20
Manor Dri. Upt L49 – 4D 61
Manor Farm Rd. Huy L36 – 3D 73
Manor Hill. Birk L43 – 1D 83
Manor Ho Clo. Mag L31 – 4B 4
Manor Ho. Clo. St H WA11 – 2C 27
Manor La. Birk L42 – 4D 85
Manor La. Wal L45 – 3B 42
Manor Pl. Beb L62 – 4B 108
Manor Pl. Wid WA8 – 1A 118
Manor Rd. L25 – 4A 92
Manor Rd. Beb L62 – 4D 125
Manor Rd. Cro L23 – 2B 6
Manor Rd. Frod WA6 – 4D 137
Manor Rd. Hoy L47 – 4B 58
Manor Rd. Irby L61 – 3B 102
Manor Rd. Run WA7 – 2B 132
Manor Rd. Wal L45 – 4A 42
Manor Rd. Wid WA8 – 1A 118
Manorside Clo. Upt L49 – 1D 81
Manor St. St H WA9 – 4B 38

Manor Way. L25 – 4A to 4B 92
Mansell Dri. Hal L26 – 3C 115
Mansell Rd. L6 – 1A 68
Mansfield St. L3 – 1C 67
Manton Rd. L6 – 1B 68
Manvers Rd. L16 – 3C 71
Manville Rd. Wal L45 – 2A 42
Manville St. St H WA9 – 4B 38
Maple Av. Run WA7 – 3B 132
Maple Av. Sut W WA7 – 3C 139
Maple Av. Wid WA8 – 4A 98
Maple Clo. Cro L21 – 1B 28
Maple Clo. Whis L35 – 1C 75
Maple Cres. Huy L36 – 1B 72
Mapledale Rd. L18 – 2A 90
Maple Gro. Beb L62 – 4C 125
Maple Gro. Pres L35 – 4C 53
Maple Gro. St H WA10 – 3B 36
Maples Ct. Birk L43 – 3A 84
Maple St. Birk L41 – 2B 84
Maple Ter. L8 – 1B 88
Maple Tree Gro. Barn L60 – 3D 123
Marbury Rd. Kir L32 – 2B 22
Marc Av. Mell L31 – 4A 12
Marcham Way. L11 – 4C 33
Marchfield St. L9 – 1B 30
March Rd. L6 – 3B 46
Marchwood Way. L25 – 4D 71
Marcot Rd. L6 – 1B 68
Marcus St. Birk L41 – 4C 65
    (in two parts)
Mardale Av. St H WA11 – 3C 27
Mardale Clo. L27 – 3D 93
Mardale Rd. L27 – 3D 93
Mardale Rd. Huy L36 – 3B 50
Mardale Wlk. Huy L36 – 4B 50
Mareth Clo. L18 – 4A 90
Marford Rd. L12 – 2A 48
Marfords Av. Beb L63 – 4C 125
Margaret Av. Orr L20 – 4B 18
Margaret Av. St H WA9 – 2B 56
Margaret Clo. L6 – 4D 45
Margaret Rd. L4 – 4A 30
Margaret Rd. Cro L23 – 3A 6
Margaret St. L6 – 4D 45 & 1D 67
Margaret St. Wal L44 – 2C 65
Margaret St. Wid WA8 – 2A 120
Margery Rd. St H WA11 – 1B 54
Marian Clo. Rain L35 – 2A 76
Marian Clo, The. Orr L30 – 4C 9
Marian Dri. Mor L46 – 4C 61
Marian Dri. Rain L35 – 2A 76
Marian Sq. Orr L30 – 4C 9
Marian Way, The. Orr L30 – 4C 9
Maria Rd. L9 – 3B 30
Marina Av. Lith L21 – 4A & 3A 18
Marina Av. St H WA9 – 2B 56
Marina Gro. Run WA7 – 2A 132
Marina Cres. Huy L36 – 3B 72
Marina Cres. Orr L30 – 2D 19
Marina Village. Run WA7 – 1A 140
Marindale Gro. Run WA7 – 2A 138
Marine Cres. Cro L22 – 3B 16
Marine Dri. Hes L60 – 4A 122
Marine Pk. W Kir L48 – 3A 78
Marine Prom. Wal L45 – 1A 42
Marine Rd. Hoy L47 – 4A 58
Mariners Clo. Run WA7 – 1D 139
Mariners Rd. Cro L23 – 1A 16
Mariners Rd. Wal L45 – 2B 42
Mariners Way. Boo L20 – 3D 29
Marine Ter. Cro L22 – 3B 16
Marine Ter. Wal L45 – 2B 42
Marion Dri. Run WA7 – 1B 136
Marion Gro. L18 – 4A 90
Marion Rd. Orr L20 – 4B 18
Marion St. Birk L41 – 1C 85
Maritime Ct. L12 – 2A 48
Marius Clo. L4 – 1D 45
Market Pl. Pres L34 – 3B 52
Market Pl S. Birk L41 – 1C 85

Market Sq. Kir L32 – 2C 23
Market Sq. Birk L41 – 1D 85
Market St. Birk L41 – 4C 65 to
    1D 85
Market St. Hoy L47 – 4A 58
Market St. Wid WA8 – 2D 119
Market St W. Birk L41 – 1C 85
Markfield Cres. L25 – 1B 114
Markfield Cres. St H WA11 – 1B 38
Markfield Rd. Boo L20 – 1C 29
Mark Rake. Beb L62 – 3D 125
Mark St. L5 – 2C 45
Mark St. Wal L44 – 2C 65
Marks Way. Pen L61 – 1B 122
Marlborough Av. Lyd L31 – 3B 4
Marlborough Av. Orr L30 – 2D 19
Marlborough Cres. Wid WA8 –
    2D 97
Marlborough Gro. Birk L43 – 2A 84
Marlborough Pl. L3 – 1B 66
Marlborough Rd. L13 – 3C 47
Marlborough Rd. Cro L22 – 3C 17
Marlborough Rd. Cro L23 – 1C 17
Marlborough Rd. Wal L45 – 2A 42
Marlborough St. L3 – 1B 66
Marlbrook Rd. L25 – 1A 92
Marldon Av. Cro L23 – 1C 17
Marldon Rd. L12 – 1A 48
Marled Hey. Kno L28 – 1D 49
Marley Clo. Rain L35 – 3C 77
Marlfield La. Barn L61 – 4A 104
Marlfield Rd. L12 – 3A 48
Marline Av. Beb L63 – 4C 125
Marlowe Rd. Wal L44 – 4D 41
Marl Rd. Kir L33 – 1B 24
Marl Rd. Orr L30 – 1A 20
Marlsford St. L6 – 1B 68
Marlston Av. Irby L61 – 3D 103
Marlston Pl. Run WA7 – 1C 137
Marlwood Av. Wal L45 – 3C 41
Marmaduke St. L7 – 2A 68
Marmion Av. Orr L20 – 4C 19
Marmion Rd. L17 – 2A 88
Marmion Rd. Hoy L47 – 4A 58
Marmonde St. L4 – 1C 45
Marnwood Rd. Kir L32 – 2B 22
Marnwood Wlk. Kir L32 – 2B 22
Merple Clo. Birk L43 – 3C 83
Marquis St. L3 – 2C 67
Marquis St. Beb L62 – 2A 108
Marquis St. Birk L41 – 2C 85
Marsden Av. St H WA10 – 2B 36
Marsden Rd. Hal L26 – 3D 115
Marsden Rd. Wal L44 – 4B 42
Marsden St. L6 – 1D 67
Marsden Way. L6 – 1D 67
Marshall Av. St H WA9 – 1A 56
Marshalls Clo. Lyd L31 – 2B 4
Marshalls Cross Rd. St H WA9 –
    3A 56
Marshall St. L8 – 2D 87
Marshall St. Birk L41 – 4B 64
Marsham Rd. L25 – 2B 92
Marsh Av. Orr L20 – 1A 30
Marshfield Rd. L11 – 4C 33
Marsh Hall Pad. Wid WA8 – 2A 98
Marsh Hall Rd. Wid WA8 – 3A 98
Marshlands Rd. Wal L45 – 3C 41
Marsh La. Boo L20 – 2C 29
Marsh La. Stor L63 – 2B 106
Marsh St. L20 – 1B 44
Marsh St. Wid WA8 – 3D 119
Marsland Gro. St H WA9 – 1C 57
Marston Clo. Birk L43 – 4D 83
Marten Av. Beb L63 – 4C 125
Martensen St. L7 – 2A 68
Martin Av. St H WA10 – 1C 37
Martin Clo. L18 – 1D 111
Martin Clo. Irby L61 – 3B 102
Martin Clo. Rain L35 – 4A 54
Martin Clo. Run WA7 – 4A 134

Martindale Rd. L18 – 2B 90
Martindale Rd. St H WA11 – 2C 27
Martine Clo. Mell L31 – 4A 12
Martinhall Rd. L9 – 2B 32
Martin Rd. L18 – 1D 111
Martin's La. Wal L44 – 4B 42
Martland Av. Ain L10 – 1C 21
Martland Rd. L25 – 2B 92
Martlesham Cres. Gre L49 – 3A 69
Martlett Rd. L12 – 3B 48
Martock. Whis L35 – 2D 75
Marton Clo. L24 – 2C 129
Marton Grn. L24 – 2C 129
Marton Rd. Kno & Huy L36 – 3C 51
Marvin St. L6 – 1A 68
Marwood Tower. L5 – 3C 45
Marybone. L3 – 1B 66
Maryhill Rd. Run WA7 – 4D 131
Maryland La. Mor L46 – 3C 61
Maryland St. L1 – 3C 67
Marylebone Av. St H WA9 – 3C 55
Mary Rd. Orr L20 – 1D 29
Mary St. Wid WA8 – 2B 120
Maryville Rd. Pres L34 – 3C 53
Masefield Av. Wid WA8 – 2D 119
Masefield Cres. Orr L30 – 3C 19
Masefield Gro. St H WA10 – 1B 36
Masefield Pl. Orr L30 – 3C 19
Masefield Rd. Cro L23 – 3B 8
Maskell Rd. L13 – 1D 69
Mason Av. Birk L41 – 2C 63
Mason Av. Wid WA8 – 3A 98
Mason St. L7 – 2A 68
Mason St. L25 – 4A 92
Mason St. Birk L41 – 2D 85
Mason St. Cro L22 – 3B 16
Mason St. Lith L21 – 4B 18
Mason St. Run WA7 – 2A 132
Mason St. Wal L45 – 1A 42
Masseyfield Rd. Run WA7 – 2C 139
Massey Pk. Wal L45 – 3A 42
Massey St. Birk L41 – 3B 64
Massey St. St H WA9 – 1B 56
Mather Av. L18 & L19 – 2A 90 to 2C 113
Mather Av. Run WA7 – 4C 131
Mather Av. St H WA9 – 3C 39
Mather Rd. Birk L43 – 2A 84
Mather St. L8 – 2D 87
Mathew St. L2 – 2B 66
Mathieson Rd. Wid WA8 – 4C 119
Matlock Av. L9 – 1B 30
Matthew St. Wal L44 – 2C 65
Maund St. L8 – 1D 87
Mauretania Rd. L4 – 4C 31
Mavis Dri. Upt L49 – 3D 81
Mawdsley St. L20 – 2B 44
Max Rd. L14 – 3D 49
Maxton Rd. L6 – 1B 68
Maxwell Clo. Upt L49 – 1A 82
Maxwell Pl. L13 – 3D 47
Maxwell Rd. L13 – 3D 47
Maxwell St. St H WA10 – 3C 37
May Av. Wal L44 – 1B 64
Maybank Gro. L17 – 1C 111
Maybank Rd. Birk L42 – 2B 84
Maybury Way. L17 – 4B 88
May Clo. Lith L21 – 1C 29
Mayer Av. Beb L63 – 1A 124
Mayew Rd. Irby L61 – 3D 103
Mayfair Av. Cro L23 – 3C 7
Mayfair Av. Huy L14 – 1D 71
Mayfair Gro. Wid WA8 – 1C 119
Mayfayre Av. Lyd L31 – 1A 4
Mayfield Av. St H WA9 – 1C 55
Mayfield Av. Wid WA8 – 1A 118
Mayfield Clo. L12 – 3B 48
Mayfield Gdns. L19 – 2D 111
Mayfield Rd. L19 – 2D 111
Mayfield Rd. Beb L63 – 1B 124
Mayfield Rd. Wal L45 – 3C 41

Mayfields. L4 – 1C 45
Mayfields N. Beb L62 – 2A 108
Mayfields S. Beb L62 – 2A 108
Mayfields, The. Beb L62 – 2A 108
Maynard St. L18 – 4A 68
Maypole Ct. Orr L30 – 3C 9
May Rd. Hes L60 – 3B 122
May St. L3 – 3C 67
May St. Boo L20 – 2D 29
Mayville Rd. L18 – 1A 90
Mazzini St. L5 – 4C 45
Mead Av. Lith L21 – 3B 18
Meade Clo. Rain L35 – 3B 76
Meade Rd. L13 – 3C 47
Meadfoot Rd. Mor L46 – 2C 61
Meadow Bank. Mag L31 – 4A 4
Meadowbrook Rd. Mor L46 – 4B 60
Meadow Cres. Upt L49 – 4A 82
Meadow Croft. Barn L60 – 3D 123
Meadowcroft. St H WA9 – 3B 56
Meadowcroft Pk. L12 – 4B 48
Meadowcroft Rd. Hoy L47 – 3C 59
Meadowcroft Rd. Wal L45 – 2D 41
Meadow Dri. Huy L36 – 3D 73
Meadowfield Clo. Birk L42 – 4D 85
Meadow La. L12 – 1A 48
Meadow La. Birk L42 – 4D 85
Meadow La. Mag L31 – 4C 5
Meadow La. St H WA9 – 4C 39
Meadow Rd. Gra L48 – 4D 79
Meadow Row. Run WA7 – 3D 133
Meadowside. Mor L46 – 4A 40
Meadowside Rd. Beb L62 – 4D 125
Meadows, The. Rain L35 – 1B 76
Meadow St. Wal L45 – 1D 41
Meadow, The. Upt L49 – 4A 82
Meadow View. Lith L21 – 1A 18
Meadow Wlk. Pen L61 – 1A 122
Meadway. L15 – 3A 70
Meadway. Beb L62 – 2C 125
Meadway. Hes L60 – 4B 122
Meadway. Mag L31 – 1A 10
Meadway. Orr L30 – 2D 19
Meadway. Run WA7 – 3C 133
Meadway. Upt L49 – 1A 82
Meadway. Wal L45 – 3D 41
Meadway. Whis L35 – 4C 53
Meadway. Wid WA8 – 1A 118
Meander, The. L12 – 1C 49
Measham Clo. St H WA11 – 1B 38
Medbourne Cres. Kir L32 – 3D 23
Medea St. L5 – 3C 45
Medlock St. L4 – 2C 45
Medway. Boo L20 – 3D 29
Medway Rd. Birk L42 – 4D 85
Melbourne St. St H WA9 – 2C 55
Melbourne St. Wal L45 – 1D 41
Melbreck Rd. L18 – 1A 112
Melbury Rd. Huy L14 – 3A 50
Meldrum Rd. L15 – 1A 90
Meliden Gdns. Birk L42 – 3C 85
Meliden Rd. L7 – 2C 69
Melksham Dri. Irby L61 – 2B 102
Melling Av. L9 – 4A 20
Melling Dri. Kir L32 – 1C 23
Melling Rd. L9 & Ain L9 – 3A 20
Melling Rd. Boo L20 – 2D 29
Melling Rd. Wal L45 – 2B 42
Melling Way. Kir L32 – 1C 23
Melloncroft Dri. W Kir L48 – 2B 100
Melloncroft Dri W. W Kir L48 – 2B 100
Mellor Clo. Tar L35 – 4D 73
Mellor Rd. Birk L42 – 4A 84
Melly Rd. L17 – 4A 88
Melrose Av. Cro L23 – 1C 17
Melrose Av. Ecc WA10 – 1A 36
Melrose Av. Hoy L47 – 4A 58
Melrose Rd. L4 – 1B 44

Melrose Rd. Cro L22 – 3C 17
Melton Rd. Run WA7 – 1C 137
Melverley Rd. Kir L32 – 1A 22
Melville Av. Birk L42 – 1D 107
Melville Clo. Wid WA8 – 1B 120
Melville Pl. L7 – 3D 67
Melville Rd. Beb L63 – 4C 107
Melville Rd. Orr L20 – 4B 18
Melwood Dri. L12 – 2A 48
Menai Rd. Orr L20 – 1D 29
Menai St. Birk L41 – 1B 84
Mendell Clo. Beb L62 – 4D 125
Mendip Gro. St H WA9 – 3D 39
Mendip Rd. L15 – 1A 90
Mendip Rd. Birk L42 – 4B 84
Menlo Av. Irby L61 – 3D 103
Menlo Clo. Birk L43 – 2C 63
Menlove Av. L18 & L25 – 2A 90 to 4D 91
Menlove Gdns N. L18 – 1A 90
Menlove Gdns S. L18 – 2A 90
Menlove Gdns W. L18 – 2A 90
Menstone Rd. L13 – 4D 47
Mentmore Cres. L11 – 4C 33
Mentmore Rd. L18 – 4D 89
Menzies St. L8 – 3D 87
Meols Ct. Hale L24 – 3A 130
Meols Dri. W Kir L48 & Hoy L47 – 3A 78
Meols Pde. Hoy L47 – 3B 58
Mercer Av. Kir L32 – 2B 22
Mercer Pl. L12 – 2B 48
Mercer Rd. Birk L43 – 3C 63
Mercer St. L19 – 3B 112
Merecliff. Kno L28 – 1A 50
Merecroft Av. Wal L44 – 2B 64
Meredale Rd. L18 – 2D 89
Meredith St. L19 – 4C 113
Mere Farm Gro. Birk L43 – 2D 83
Mere Farm Rd. Birk L43 – 2C 83
Mere Gro. St H WA11 – 1D 37
Mere Hey. Ecc WA10 – 3A 36
Mereland Way. St H WA9 – 4D 39
Mere La. L5 – 3D 45
Mere La. Hes L60 – 2A 122
Mere La. Wal L45 – 2C 41
Meriden Clo. St H WA11 – 4D 27
Meriden Rd. L25 – 1A 92
Merlin Av. Upt L49 – 2A 82
Merlin Clo. Run WA7 – 3D 133
Merlin Clo. Upt L49 – 1B 80
Merlin St. L8 – 1D 87
Merrills La. Upt L49 – 2A 82
Merrilocks Grn. Cro L23 – 3A 6
Merrilocks Rd. Cro L23 – 3A 6
Merrilox Av. Lyd L31 – 3B 4
Merrion Clo. L25 – 3D 91
Merritt Av. Birk L41 – 3A 64
Merrivale Rd. L25 – 4B 92
Merriwood. Cro L23 – 3A 6
Mersey Av. L19 – 2D 111
Mersey Av. Mag L31 – 4D 5
Merseybank Rd. Beb L62 – 2A 108
Mersey Ho. Boo L20 – 2C 29
Mersey La. S. Birk L42 – 4A 86
Mersey Mt. Birk L42 – 3C 85
Mersey Rd. L17 – 2C 111
Mersey Rd. Birk L42 – 4D 85
Mersey Rd. Cro L23 – 1B 16
Mersey Rd. Run WA7 – 1D 131
Mersey Rd. Wid WA8 – 1D 131
Mersey St. St H WA9 – 3D 39
Mersey St. Wal L44 – 2C 65
Mersey View. L19 – 3B 112
Mersey View. Beb L63 – 3B 106
Mersey View. Cro L22 – 1B 16
Mersey View. Run WA7 – 4B 130
Mersey View. Wid WA8 – 1D 131
Mersey View Rd. Wid WA8 – 4A 118
Merthyr Gro. L16 – 3C 71

Merton Bank Rd. St H WA9 – 1B 38
Merton Clo. Huy L36 – 2A 72
Merton Cres. Huy L36 – 2A 72
Merton Dri. Huy L36 – 1D 71
Merton Dri. Upt L49 – 3A 82
Merton Gro. Boo L20 – 3D 29
Merton Gro. Cro L23 – 1A 16
Merton Ho. Boo L20 – 3D 29
Merton Pl. Birk L43 – 1B 84
Merton Rd. Boo L20 – 3D 29
Merton Rd. Wal L45 – 4A 42
Merton St. St H WA9 – 2A 38
Mervin Way. Kir L32 – 2B 22
Methuen St. L15 – 4C 69
Methuen St. Birk L41 – 3D 63
Mevagissey Rd. Run WA7 – 2D 139
Mews, The. L17 – 1D 111
Meyrick Rd. L11 – 4A 32
Micawber St. L8 – 1D 87
Micklefield Rd. L15 – 1D 89
Micklegate. Run WA7 – 1A 140
Middlefield Rd. L18 – 3C 91
Middlehey Av. Kno L34 – 2D 35
Middlehurst Av. St H WA10 – 2D 37
Middlehurst Clo. Ecc L34 – 2D 53
Middlemas Hey. L27 – 2C 93
Middle Rd. L24 – 4D 115
Middle Rd. Beb L62 – 3A 108
Middle Rd. Wal L44 – 2B 64
Middlesex Rd. Boo L20 – 2A 30
Middle St. L5 – 3B 44
Middleton Rd. L7 – 1C 69
Middleton Rd. Cro L22 – 2D 17
Middle Way. L11 – 2D 33
Midghall La. L3 – 1B 66
Midghall St. L3 – 1B 66
Midland St. Birk L43 – 2B 84
Midland St. Wid WA8 – 1A 120
Midland Ter. Cro L22 – 3B 16
Midlothian Dri. Cro L23 – 4B 6
Midway Rd. Huy L36 – 4C 51
Mid Wirral Motorway. 1B 62 to 4A 106
Midwood St. Wid WA8 – 2A 120
Mildenhall Rd. L25 – 1A 92
Mildenhall Way. L25 – 4A 72
Mildmay Rd. L11 – 4A 32
Mildmay Rd. Boo L20 – 1C 29
Mildred St. L7 – 3D 67
Mile End. L5 – 4B 44
Miles La. Gre L49 – 4B 80
Miles St. L8 – 2D 87
Milford St. L5 – 3A 44
Milk St. St H WA10 – 3D 37
Millar Cres. Wid WA8 – 2D 119
Mill Bank. L13 – 3D 47
Millbank Est. Mag L31 – 3D 5
Millbank Rd. Wal L44 – 1A 64
Millbeck Gro. St H WA11 – 2C 27
Millbrook Cres. Kir L32 – 1C 23
Millbrook Dri. Kir L32 – 1C 23
Millbrook La. Ecc WA10 – 2A 36
Millbrook Wlk. Kir L32 – 1C 23
Mill Brow. Beb L63 – 3B 106
Mill Brow. Ecc WA10 – 2A 36
Mill Brow. St H WA9 – 3B 56
Mill Brow. Wid WA8 – 4B 98
Mill Brow Clo. St H WA9 – 3B 56
Millbut Clo. Beb L63 – 3B 106
Mill Clo. Cro L23 – 3C 7
Mill Ct. Orr L30 – 4C 9
Millcroft. Cro L23 – 3D 7
Millcroft Rd. L25 – 1B 114
Miller Av. Cro L23 – 3C 7
Miller Clo. L8 – 3D 87
Millers Bri. Boo L20 – 4C 29
Millers La. Mor L46 – 4A 60
Millersdale Av. L9 – 4A 20
Millersdale Gro. Run WA7 – 2D 137

Millersdale Rd. L18 – 3D 89
Millers Way. Mor L46 – 4B 60
Millfield Clo. L13 – 3D 47
Millfield Clo. Beb L63 – 3B 106
Millfield Rd. Wid WA8 – 4A 98
Millfields. Ecc WA10 & St H WA10 – 3A 36
Mill Gro. Lith L21 – 3A 18
Mill Hey. Rain L35 – 3C 77
Mill Hey Rd. Cal L48 – 3C 100
Mill Hill. Birk L43 – 3A 84
Mill Hill Rd. Irby L61 – 1B 102
Millhouse La. Mor L46 – 3A 60
Mill La. L12 – 3D 47
Mill La. L13 & L15 – 2D to 4D 69
Mill La. Bold WA8 – 2B 98
Mill La. Boo L20 – 3D 29
Mill La. Cron WA8 – 1B 96
Mill La. Gay L60 – 4C 123
Mill La. Gre L49 – 3B 80
Mill La. Kir L32 – 4B 12
Mill La. Kno L34 – 2D 35
Mill La. Rain L35 – 2A 76
Mill La. St H WA9 – 3A 56
Mill La. Sut W WA6 – 4A 138
Mill La. Wal L44 – 1D 63
Millom Av. Rain L35 – 4A 54
Millom Gro. L12 – 4D 33
Millom Gro. St H WA10 – 1B 54
Mill Pl. St H WA10 – 3D 37
Mill Rd. L6 – 1D 67
Mill Rd. Beb L62 – 1D 125
Mill Rd. Beb L63 – 3B 106
Mill Rd. Thing L61 – 3A 104
Millstead Rd. L15 – 4A 70
Millstead Wlk. L15 – 4A 70
Mill Stile. L25 – 4D 91
Mill St. L8 – 1C to 3D 87
Mill St. L25 – 4A 92
Mill St. Birk L42 – 2C 85
Mill St. Pres L34 – 3B 52
Mill St. St H WA10 – 2D 37
Mill Ter. Beb L63 – 3B 106
Millthwaite Rd. Wal L44 – 4D 41
Mill View Dri. Beb L63 – 3B 106
Millvale St. L6 – 1A 68
Millway Rd. L24 – 1D 129
Millwood. Beb L63 – 3B 106
Millwood Rd. L24 – 1C 129
Milman Clo. Upt L49 – 2D 81
Milman Rd. L4 – 4B 30
Milner Cop. Hes L60 – 4B 122
Milne Rd. L13 – 2C 47
Milner Rd. L17 – 4C 89
Milner Rd. Hes, Gay & Barn L60 – 4B 122
Milner St. Birk L41 – 3D 63
Milnthorpe St. L19 – 3B 112
Milroy St. L7 – 3A 68
Milton Av. Huy L14 – 2C 71
Milton Av. Whis L35 – 1C 75
Milton Av. Wid WA8 – 2D 119
Milton Clo. Whis L35 – 1C 75
Milton Cres. Hes L60 – 3B 122
Milton Pavement. Birk L41 – 1C 85
Milton Rd. L4 – 3A 30
Milton Rd. L7 – 2C 69
Milton Rd. Birk L42 – 2B 84
Milton Rd. Cro L22 – 2C 17
Milton Rd. W Kir L48 – 3A 78
Milton Rd. Wid WA8 – 2D 119
Milton Rd. E. Birk L42 – 2B 84
Milton St. L3 – 1B 66
Milton St. Boo L20 – 2C 29
Milton St. St H WA9 – 2D 77
Milton St. Wid WA8 – 4D 119
Milverton St. L6 – 1B 68
Mimosa Rd. L15 – 4A 70
Mimosa Rd. Run WA7 – 2B 132
Mindale Rd. L15 – 3D 69
Minehead Gro. St H WA9 – 4B 56

Minehead Rd. L17 – 1C 111
Mines Av. L17 – 2D 111
Mine's Av. Pres L34 – 3C 53
Minshull St. L7 – 2D 67
Minstead Av. Kir L33 – 2D 23
Minton Way. Wid WA8 – 2A 98
Mintor Rd. Kir L33 – 2D 23
Minto St. L7 – 1A 68
Minver Rd. L12 – 2B 48
Miranda Av. Beb L63 – 2C 107
Miranda Pl. L20 – 1B 44
Miranda Rd. Boo L20 & L20 – 4D 29
Mirfield Clo. Hal L26 – 3D 115
Mirfield St. L6 – 1A 68
Miriam Pl. Birk L41 – 3D 63
Miriam Rd. L4 – 2A 46
Miskelly St. L20 – 1B 44
Mission Wlk. L6 – 1A 68
Missouri Rd. L13 – 2B 46
Miston St. L20 – 2B 44
Mitchell Cres. Lith L21 – 3A 18
Mitchell Rd. Pres L34 – 3A 52
Mitchell St. St H WA10 – 1A 54
Mitford Clo. L5 – 3C 45
Mitford St. L5 – 3C 45
Mitford Wlk. L5 – 3C 45
Mitre Clo. Whis L35 – 3B 74
Mitylene St. L5 – 3C 45
Mockbeggar Dri. Wal L45 – 2C 41
Modred St. L8 – 1D 87
Moffatdale Rd. L4 – 1B 46
Moffat Rd W. L9 – 4A 20
Moira St. L6 – 2D 67
Molesworth Gro. L16 – 3C 71
Molineux Av. L14 – 2B 70
Molland Clo. L12 – 2B 48
Mollington Av. L11 – 4B 32
Mollington Rd. Wal L44 – 1B 64
Mollington St. Birk L41 – 2C 85
Molly's La. Kir L33 – 4B 24
Molton Rd. L16 – 3B 70
Molyneux Clo. Huy L36 – 2D 73
Molyneux Clo. Pres L35 – 4B 52
Molyneux Clo. Upt L49 – 2D 81
Molyneux Dri. Pres L35 – 4B 52
Molyneux Dri. Wal L45 – 1A 42
Molyneux Rd. L6 – 1A 68
Molyneux Rd. L18 – 2D 89
Molyneux Rd. Cro L22 – 2C 17
Molyneux Rd. Mag L31 – 2D 11
Molyneux Way. Ain L10 – 1B 20
Monash Rd. L11 – 2C 47
Monastery La. St H WA9 – 2C 57
Monastery Rd. L6 – 2B 46
Monastery Rd. St H WA9 – 2C 57
Mona St. L19 – 4B 112
Mona St. Birk L41 – 4D 63
Mona St. St H WA10 – 3B 36
Mond Rd. L10 – 4D 21
Mond Rd. Wid WA8 – 1D 119
Monfa Rd. Orr L20 – 4B 18
Monica Dri. Wid WA8 – 2D 97
Monica Rd. L25 – 1A 114
Monkfield Way. L19 – 1B 126
Monk Rd. Wal L44 – 4A 42
Monksdown Rd. L11 – 1D 47
Monksferry Wlk. L19 – 3D 111
Monk St. L5 – 3D 45
Monk St. Birk L41 – 1D 85
Monks Way. L25 – 4A 92
Monks Way. Beb L63 – 4D 107
Monks Way. W Kir L48 – 4A 78
Monkswell Dri. L15 – 4D 69
Monkswell St. L8 – 3D 87
Monmouth Dri. Ain L10 – 2D 21
Monmouth Gro. St H WA9 – 4B 38
Monmouth Rd. Wal L44 – 4D 41
Monro St. L8 – 3D 87
Mons Sq. Boo L20 – 3D 29
Montague Rd. L13 – 2A 70

Montclair Dri. L18 – 1A 90
Monteray Rd. L13 – 1A 70
Montgomery Clo. Whis L35 – 1B 74
Montgomery Hill. Cal & Fra L48 –
2D 101
Montgomery Rd. L9 – 4D 19
Montgomery Rd. Huy L36 – 4C 51
Montgomery Rd. Wid WA8 –
2B 118
Montpelier Av. Run WA7 – 1B 136
Montpellier Cres. Wal L45 – 1D 41
Montrose Av. Wal L44 – 2C 65
Montrose Pl. Hal L26 – 3D 115
Montrose Rd. L13 – 2C 47
Montrovia Cres. L10 – 4D 21
Monville Rd. L9 – 4B 20
Moon St. Wid WA8 – 1A 120
Moor Coppice. Cro L23 – 3D 7
Moor Ct. Kir L10 – 4A 22
Moorcroft Rd. L18 – 4B 90
Moorcroft Rd. Huy L36 – 4C 51
Moorcroft Rd. Wal L45 – 4C 41
Moor Dri. Cro L23 – 3C 7
Moore Av. Birk L42 – 4C 85
Moore Av. St H WA9 – 3D 39
Moore Clo. Wid WA8 – 4C 99
Moore St. Boo L20 – 2C 29
Mooreway. Rain L35 – 2C 77
Moorfield. Kir L33 – 3D 13
Moorfield Rd. Cro L23 – 4D 7
Moorfield Rd. St H WA10 – 1B 36
Moorfield Rd. Wid WA8 – 2B 98
Moorfields. L2 – 2B 66
Moorfoot Rd. St H WA9 – 3D 39
Moorgate Av. Cro L23 – 1C 17
Moorgate Rd. Kir L32 – 4D 23
Moorhey Rd. Mag L31 – 3B 10
Mooring Clo. Run WA7 – 1A 140
Moorland Av. Cro L23 – 3C 7
Moorland Clo. Hes L60 – 4B 122
Moorland Pk. Gay L60 – 4C 123
Moorland Rd. Birk L42 – 3C 85
Moorland Rd. Mag L31 – 2B 10
Moorlands Rd. Thor L23 – 2A 8
Moor La. L4 – 3B 30
Moor La. Cro & Thor L23 – 4C to
3D 7
Moor La. Hes L60 – 3B 122
Moor La. Kir L10 – 4A 22
Moor La. Sef L29 – 1B 8
Moor La. Wid WA8 – 2D 119
(in two parts)
Moor Pl. L3 – 2C 67
Moorside Clo. Cro L23 – 4D 7
Moorside Rd. Cro L23 – 4D 7
Moorside Ter. Wid WA8 – 2D 119
Moor St. L2 – 3B 66
Moorway. Gay & Barn L60 – 4C 123
Morcott La. Hale L24 – 3A 130
Morden St. L6 – 1A 68
Morecambe St. L6 – 4B 46
Morecroft Rd. Birk L42 – 4D 85
Morella Rd. L4 – 1B 46
Morello Dri. Poul L63 – 2B 124
Moreton Av. St H WA9 – 4A 56
Moreton Gro. Wal L45 – 3C 41
Moreton Rd. Upt L49 – 1D 81
Morgan St. St H WA9 – 3B 38
Morland Av. Beb L62 – 4D 125
Morley Av. Birk L41 – 4A 64
Morley La. L4 – 2C 45
Morley Rd. Run WA7 – 3D 131
Morley Rd. Wal L44 – 1D 63
Morley St. L4 – 2C 45
Morley St. St H WA10 – 1D 37
Morley St. Wid WA8 – 2B 120
Morningside. Cro L23 – 1D 17
Morningside Rd. L11 – 1C 47
Morningside View. L11 – 1D 47
Morningside Way. L11 – 1D 47
Mornington Av. Cro L23 – 1C 17

Mornington Rd. Wal L45 – 2A 42
Mornington St. L8 – 2C 87
Morpeth Clo. Mor L46 – 3A 60
Morpeth Rd. Hoy L47 – 1A 78
Morpeth St. L8 – 4D 67
Morris Clo. Hay WA11 – 1D 39
Morris St. St H WA9 – 1C 57
Morston Av. Kir L32 – 3C 23
Morston Cres. Kir L32 – 3C 23
Morston Wlk. Kir L32 – 3C 23
Mortimer St. Birk L41 – 1D 85
Mortons Ter. L19 – 3B 112
Morton St. L8 – 1D 87
Mortuary Rd. Wal L45 – 3A 42
Morval Cres. L4 – 4A 30
Morval Cres. Run WA7 – 3B 132
Moscow Dri. L13 – 4D 47
Mosedale Av. St H WA11 – 2C 27
Mosedale Gro. Run WA7 – 2A 138
Mosedale Rd. L9 – 1B 30
Moseley Av. Wal L45 – 4A 42
Moseley Rd. Poul L63 – 3B 124
Moses St. L8 – 2D 87
Mosley St. L8 – 1C 87
Moss Bank Rd. St H WA11 – 3B 26
Moss Bank Rd. Wid WA8 – 2B 120
Mossbrow Rd. Huy L36 – 4C 51
Mosscraig. Kno L28 – 2B 50
Mosscroft. Kir L33 – 3D 13
Mosscroft Clo. Huy L36 – 4A 52
Mossdale Dri. Rain L35 – 1B 76
Mossdene Rd. Wal L44 – 4D 41
Moss End Way. Kir L33 – 1C 25
Mossfield Rd. L9 – 1A 30
Moss Ga Gro. L14 – 1D 71
Moss Ga Rd. L14 – 1D 71
Moss Grn Way. St H WA9 – 4D 39
Moss Gro. L8 – 1A 88
Moss Gro. Birk L42 – 4A 84
Mosshill Clo. Mag L31 – 3B 4
Mosslands Dri. Wal L45 & L44 –
4C 41
Moss La. Birk L42 – 4A 84
Moss La. Cro L23 – 1B 6
Moss La. Kir L33 – 1A 24
Moss La. Lith L21 – 3A 18
Moss La. Lyd L31 – 1A 4
Moss La. Mag L31 – 3C 5
Moss La. Orr L20 & L9 – 1A to
1B 30
Moss La. St H WA9 – 4D 39
Moss La. Sim L33 – 1D 13
(in two parts)
Moss La. Wid WA8 – 2C 121
Mosslawn Rd. Kir L32 – 3D 23
Mosslea Pk. L18 – 3D 89
Mossley Av. L18 – 1C 89
Mossley Av. Beb L62 – 4D 125
Mossley Ct. L18 – 3D 89
Mossley Hill Dri. L17 – 2B 88
Mossley Hill Rd. L18 & L19 – 3D 89
to 1D 111
Mossley Rd. Birk L42 – 3C 85
Moss Nook La. Mag & Mell L31 –
1A 12
Moss Pits Clo. L10 – 4C 21
Moss Pits La. L10 – 4C 21
Moss Pits La. L15 – 1A 90
Moss Side. L14 – 1D 71
Moss St. L6 – 2D 67
Moss St. L19 – 3B 112
Moss St. Pres L34 – 2B 52
Moss St. Wid WA8 – 2B 120
Moss View. Lith L21 – 3B 18
Moss View. Mag L31 – 4D 5
Mossville Rd. L18 – 4A 90
Mossville Rd. L18 – 4A 90
Moss Way. L11 – 2D 33
Mossy Bank Rd. Wal L44 – 4B 42
Mostyn Av. L19 – 2B 112
Mostyn Av. Ain L10 – 1B 20

Mostyn Av. Hes L60 – 4A 122
Mostyn Av. W Kir L48 – 1A 100
Mostyn St. Wal L44 – 1A 64
Motorway M53 – 1C 63 to 4A 124
Motorway M56 – 4C 137 to 4D 135
Motorway M57 – 4B 10 to 3B 74
Motorway M58 – 3B 10 to 1A 12
Motorway M62 – 2B 70 to 3D 77
Mottershead Rd. Wid WA8 –
2D 119
Mottram Clo. Kir L33 – 2D 23
Moughland La. Run WA7 – 3D 131
Mould St. L5 – 3C 45
Mounsey Rd. Birk L42 – 2B 84
Mount Av. Beb L63 – 2B 106
Mount Av. Hes L60 – 4B 122
Mount Av. Orr L20 – 4B 18
Mount Clo. Kir L32 – 4B 12
Mount Cres. Kir L32 – 4A 12
Mountdene. Kno L28 – 2A 50
Mount Dri. Beb L63 – 2B 106
Mount Gro. Birk L41 – 2B 84
Mt Haven Clo. Upt L49 – 2A 82
Mt Merrion. L25 – 2A 92
Mount Pk. L25 – 3D 91
Mount Pk. Beb L63 – 2B 106
Mount Pk Ct. L25 – 3D 91
Mt Pleasant. L3 – 3C 67
Mt Pleasant. Birk L43 – 3A 84
Mt Pleasant. Cro L22 – 3B 16
Mt Pleasant. Wid WA8 – 4A 98
Mt Pleasant Av. St H WA9 – 3D 39
Mt Pleasant Rd. Wal L45 – 2D 41
Mount Rd. – 4B 84 to 3A 124
Birk L42 – 4B 84
Stor L63 – 1B 106
Beb L63 – 1B 106
Poul L63 – 2A 124
Mount Rd. Kir L32 – 1A 22
Mount Rd. Run WA7 – 3D 133
Mount Rd. Upt L49 – 2A 82
Mount Rd. Wal L45 – 1D 41
Mount Rd. W Kir L48 – 1B 100
Mount St. L1 – 3C 67
Mount St. L25 – 4D 91
Mount St. Birk L42 – 3C 85
Mount St. Cro L22 – 2B 16
Mount, The. Hes L60 – 4B 122
Mount, The. Wal L44 – 4B 42
Mt Vernon. L7 – 2A 68
Mt Vernon Grn. L7 – 2A 68
Mt Vernon Rd. L7 – 2D 67
Mt Vernon St. L7 – 2D 67
Mountway. Beb L63 – 2B 106
Mt Wood Rd. Birk L42 – 1B 106
Mowbray Av. St H WA11 – 1B 38
Mowbray Gro. L13 – 2D 69
Mowcroft La. Cuer WA5 – 3D 99
Moxen Dale. L27 – 2D 93
Moxon St. St H WA10 – 3B 36
Mozart St. L8 – 1A 88
Muirhead Av. L11 – 1D 47
Muirhead Av. L13 – 3C 47
Muirhead Av E. L11 – 1D 47
Mulberry Av. St H WA10 – 3B 36
Mulberry Gro. Wal L44 – 1C 65
Mulberry Rd. Birk L42 – 4D 85
Mulberry St. L7 – 3D 67
Mulcrow Clo. St H WA9 – 2B 38
Mulgrave Sq. L8 – 4D 67
Mulgrave St. L8 – 4D 67
Mulliner St. L7 – 4B 68
Mullion Clo. Hal L26 – 1C 115
Mullion Clo. Run WA7 – 1C 139
Mullion Rd. L11 – 2D 33
Mullion Wlk. L11 – 2D 33
Mulveton Rd. Poul L63 – 2A 124
Mumfords La. Hoy L47 – 3C 59
Munster Rd. L13 – 1A 70
Murat Gro. Cro L22 – 2B 16
Murat St. Cro L22 – 2B 16

Murcote Rd. L14 – 4D 49
Murdishaw Av. Run WA7 – 2D 139
Murdoch St. L7 – 3B 68
Muriel St. L4 – 1D 45
Murphy Gro. St H WA9 – 2C 39
Murrayfield Dri. Mor L46 – 1D 61
Murrayfield Rd. L25 – 1A 92
Murrayfield Wlk. L25 – 1A 92
Murray Gro. W Kir L48 – 3A 78
Musker Dri. Orr L30 – 1B 18
Musker St. Cro L23 – 1D 17
Muspratt Rd. Cro L21 – 1B 28
Myerscough Av. Boo L20 – 2A 30
Myers Gdns. St H WA9 – 2B 56
  (in two parts)
Myers Rd E. Cro L23 – 1C 17
Myers Rd W. Cro L23 – 1C 17
Mynsule Rd. Poul L63 – 2A 124
Myrtle Gro. L7 – 2A 68
Myrtle Gro. Cro L22 – 1B 16
Myrtle Gro. Wal L44 – 1C 65
Myrtle Gro. Wid WA8 – 1B 118
Myrtle St. L7 – 3D 67
Myrtle St. Birk L41 – 3A 64

Nansen Gro. L4 – 4B 30
Nantwich Clo. Upt L49 – 4A 82
Napier Clo. St H WA10 – 3C 37
Napier Dri. Mor L46 – 4D 61
Napier Rd. Beb L62 – 2A 108
Napier St. L6 – 1D 67
Napier St. St H WA10 – 3C 37
Naples Rd. Wal L44 – 1B 64
Napps Way. L25 – 4D 71
Napps Way. Barn L61 – 2B 122
Napps Wlk. L25 – 4D 71
Naseby Clo. Birk L43 – 2B 82
Naseby St. L4 – 4B 30
Nash Gro. L3 – 1C 67
Natal Rd. L9 – 1C 31
Naughton Rd. Wid WA8 – 2D 119
Navigation Clo. Run WA7 – 1D 139
Naylor Rd. Birk L43 – 3C 63
Naylor Rd. Wid WA8 – 1B 120
Naylorsfield Dri. L27 – 1B 92
Naylors St. L2 – 1B 92
Naylor St. L3 – 1B 66
Nazeby Av. Cro L23 – 1D 17
Neale Dri. Gre L49 – 3C 81
Nedens Gro. Lyd L31 – 2B 4
Nedens La. Lyd L31 – 3B 4
Needham Cres. Birk L43 – 2B 82
Needham Rd. L7 – 2B 68
Needwood Dri. Beb L63 – 1A 124
Neilson Rd. L17 – 3A 88
Neil St. Wid WA8 – 4A 98
Nell's La. Augh L39 – 1D 5
Nelson Av. Whis L35 – 2C 75
Nelson Ct. Birk L42 – 1D 107
Nelson Dri. Pen L61 – 1A 122
Nelson Dri. Run WA7 – 1B 136
Nelson Pl. Whis L35 – 2C 75
Nelson Rd. L7 – 3A 68
Nelson Rd. Birk L42 – 1D 107
Nelson Rd. Lith L21 – 4A 18
Nelson's Croft. Beb L63 – 1B 124
Nelson St. L1 – 4C 67
Nelson St. L15 – 1C 69
Nelson St. Boo L20 – 4C 29
Nelson St. St H WA9 – 2B 56
Nelson St. Wal L45 – 2B 42
Nelson St. Wid WA8 – 3D 119
Nelville Rd. L9 – 4B 20
Neptune St. L3 – 1A 66
Neptune St. Birk L41 – 4B 64
Nesfield Cla. L2 – 4D 45
Neston Av. St H WA9 – 4A 56
Neston Gdns. Birk L41 – 4A 64
Neston St. L4 – 1D 45
Netherby St. L8 – 3D 87
Netherfield. Wid WA8 – 2C 119

Netherfield Clo. Birk L43 – 2B 82
Netherfield Rd N. L5 – 2C 45
Netherfield Rd S. L5 – 4C 45
Netherley Rd. Tar L35 & WA8 –
  1D 93 to 4D 95
Netherton Grange. Orr L30 – 1A 20
Netherton Grn. Orr L30 – 4D 9
Netherton La. Neth L30 – 3D 9
Netherton Pk Rd. Lith L21 – 3C 19
Netherton Rd. L8 – 1D 111
Netherton Rd. Boo L20 – 1D 29
Netherton Rd. Mor L46 – 3C 61
Netherton Way. Orr L30 – 3C 19
Netherwood Rd. L11 – 4A 32
Nettlestead Rd. L11 – 1A 48
Neva Av. Mor L46 – 3B 60
Neville Av. St H WA9 – 4D 39
Neville Clo. Birk L43 – 2B 82
Neville Rd. Beb L62 – 4D 125
Neville Rd. Cro L22 – 2C 17
Neville Rd. Wal L44 – 4D 41
Neville St. L5 – 3B 44
Nevin St. L6 – 1D 67
Nevison St. L7 – 3A 68
Nevitte Clo. L28 – 1D 49
Newark Clo. Birk L43 – 2B 82
Newark St. L4 – 1C 45
New Bank Pl. Wid WA8 – 1A 118
New Bank Rd. Wid WA8 – 1A 118
New Bird St. L1 – 4C 67
Newbold Cres. Gra L48 – 3C 79
Newborough Av. L18 – 2D 89
Newborough Av. Cro L23 – 4D 7
Newbridge Clo. Run WA7 – 1C 139
Newbridge Clo. Upt L49 – 3A 82
Newburns La. Birk L43 – 3A 84
Newburn St. L4 – 4B 30
Newby Av. Rain L35 – 1D 75
Newby Dri. Huy L36 – 1A 72
Newby Gro. L12 – 4D 33
Newby Pl. St H WA11 – 3B 26
Newby St. L4 – 1D 45
Newcastle Rd. L15 – 1D 89
New Chester Rd. Birk L41 & L42,
  & Beb L62 – 2D 85 to 4D 125
Newcombe St. L6 – 3A 46
Newcroft Rd. L25 – 3D 91
New Cross St. Pres L34 – 2C 53
New Cross St. St H WA10 – 2D 37
New Cut La. Kir L33 – 4D 25
Newdown Rd. L11 – 1D 33
Newell Rd. Wal L44 – 4A 42
Newenham Cres L14 – 1C 71
New Ferry By-Pass. – 2A 108
New Ferry Rd. Beb L62 – 2A 108
New Field Clo. Cro L23 – 3B 8
New Glade Hill. St H WA11 – 1C 39
New Hall La. L11 – 1C 47
New Hall La. Hoy L47 – 1A 78
Newhall St. L1 – 4C 67
Newhaven Rd. Wal L45 – 2B 42
New Henderson St. L8 – 1C 87
New Hey. L12 – 4A 48
New Hey Clo. Upt L49 – 3A 82
New Hey Rd. Upt L49 – 3A 82
Newhouse Rd. L15 – 4C 69
New Hutte La. Hal L26 – 3C 115
Newick Rd. Kir L32 – 2B 22
Newington. L1 – 3C 67
New Islington. L3 – 2C & 1C 67
Newland Dri. Wal L44 – 4D 41
Newlands Clo. L6 – 4D 45
Newlands Rd. Beb L63 – 4A 108
Newlands Rd. St H WA11 – 4C 27
Newlands St. L6 – 4D 45
Newlands Wlk. L6 – 4D 45
Newling St. Birk L41 – 4B 64
Newlyn Av. Lith L21 – 2A 18
Newlyn Av. Mag L31 – 4C 5
Newlyn Clo. Hoy L47 – 2C 59
Newlyn Clo. Run WA7 – 1C 139

Newlyn Gro. St H WA11 – 4D 27
Newlyn Rd. L11 – 1D 33
Newlyn Rd. Hoy L47 – 2C 59
Newlyn Wlk. L11 – 1D 33
New Manor Rd. Pres B WA4 –
  1B 140
Newman St. L4 – 2B 44
Newport Av. Wal L45 – 2C 41
Newport Clo. Birk L43 – 2B 82
Newport St. L5 – 3A 44
New Quay. L3 – 2A 66
Newquay Clo. Run WA7 – 1C 139
New Rd. L13 – 3C 47
New Rd. Ecc L34 – 2C 53
Newsham Dri. L6 – 4B 46
Newsham St. L5 – 4C 45
Newstead Av. Cro L23 – 1A 16
Newstead Rd. L8 – 4B 68
Newstead Way. Birk L43 – 2B 82
Newstet Rd. Kir L33 – 1A 24
New Strand. Boo L20 – 3D 29
New St. Run WA7 – 2D 131
New St. St H WA9 – 3B 56
New St. Wal L44 – 2C 65
New St. Wid WA8 – 1A 120
Newton Cross La. Gra L48 – 4C 79
Newton Dri. Gra L48 – 4C 79
Newton Pk Rd. Gra L48 – 4C 79
Newton Rd. Hoy L47 – 4B 58
Newton Rd. St H WA9 – 3D 39
Newton Rd. Wal L44 – 4A 42
Newton St. Birk L41 – 4B 64
Newton Wlk. Boo L20 – 2C 29
Newton Way. Upt L49 – 2D 81
New Town Gdns. Kir L32 – 2C 23
Nicander Rd. L18 – 1D 89
Nicholas Rd. Cro L23 – 4A 6
Nicholas Rd. Wid WA8 – 1B 118
Nicholas St. L3 – 1B 66
Nicholls Dri. Pen L61 – 1B 122
Nichol Rd. Ecc WA10 – 1A 36
Nicholson St. St H WA9 – 3C 39
Nickleby St. L8 – 1D 87
Nidderdale Av. Rain L35 – 1B 76
Nigel Rd. Barn L60 – 3D 123
Nigel Wlk. Run WA7 – 2D 133
Nightingale Clo. Run WA7 – 2B 138
Nile St. L1 – 4C 67
Nimrod St. L4 – 1D 45
Nithsdale Rd. L15 – 1C 89
Nixon St. L4 – 4B 30
Noctorum Av. Birk L43 – 2B 82
Noctorum Dell. Birk L43 – 3C 83
Noctorum La. Birk L43 – 1C 83
Noctorum Rd. Birk L43 – 1C 83
Noctorum Way. Birk L43 – 3C 83
Noel St. L8 – 4A 68
Nook La. St H WA9 – 1C 57
Nook Rise. L15 – 3A 70
Nook, The. L25 – 3A 92
Nook, The. Birk L43 – 1A 84
Nook, The. Fra L48 – 4A 80
Norbreck Av. Huy L14 – 2C 71
Norbury Av. L18 – 2D 89
Norbury Av. Beb L63 – 4C 107
Norbury Clo. Beb L63 – 4C 107
Norbury Clo. Kir L32 – 1B 22
Norbury Clo. Wid WA8 – 4C 99
Norbury Fold. Rain L35 – 3C 77
Norbury Gdns. Birk L42 – 3C 85
Norbury Rd. Kir L32 – 1B 22
Norbury Wlk. Kir L32 – 1B 22
Norcliffe Rd. Rain L35 – 4A 54
Norfolk Clo. Birk L43 – 2B 82
Norfolk Clo. Boo L20 – 2D 29
Norfolk Dri. W Kir L48 – 1B 100
Norfolk Pl. Cro L21 – 4A 18
Norfolk Pl. Wid WA8 – 2B 118
Norfolk Rd. Mag L31 – 2B 10
Norfolk Rd. St H WA10 – 4B 36
Norfolk St. L1 – 4B 66

Norfolk St. Run WA7 – 2A 132
Norgate St. L4 – 2D 45
Norland's La. Rain St. L35 – 3C 77
Norlands La. Rain & Wid WA8 –
4C 77
Norlands La. Wid WA8 – 1D 97
Norland St. Wid WA8 – 4B 98
Norleane Cres. Run WA7 – 4A 132
Norley Dri. Ecc WA10 – 3A 36
Norley Pl. Hal L26 – 3C 115
Normanby Sq. L8 – 4A 68
Normandale Rd. L4 – 1C 47
Normandy Rd. Huy L36 – 1C 73
Norman Rd. Cro L23 – 1C 17
Norman Rd. Orr L20 – 4B.18
Norman Rd. Run WA7 – 3D 131
Norman Rd. Wal L44 – 2C 65
Normans Rd. St H WA9 – 2D 57
Normanston Rd. Birk L43 – 2A 84
Norman St. L3 – 2D 67
Norman St. Birk L41 – 3D 63
Normanton Av. L17 – 3B 88
Norma Rd. Cro L22 – 2C 17
Normington Clo. Lyd L31 – 2B 4
Norris Clo. Birk L43 – 2B 82
Norris Grn Cres. L11 – 4B 32
Norris Grn Rd. L12 – 3A 48
Norris Grn Way. L11 – 1D 47
Norris Rd. Pres L34 – 3B 52
North Av. L24 – 3A 114
North Av. Ain L10 – 2C 21
N. Barcombe Rd. L16 – 4C 71
Northbrook Clo. L8 – 4A 68
Northbrooke Way. Upt L48 – 3A 82
Northbrook Rd. Wal L44 – 1B 64
Northbrook St. L8 – 4D 67 & 4A 68
N. Cantril Av. L12 – 1C 49
N. Cheshire Trading Est. Birk L43 –
1C 105
North Clo. Beb L62 – 2C 125
Northcote Clo. L5 – 4D 45
Northcote Rd. L9 – 3B 30
Northcote Rd. Wal L45 – 3C 41
Northdale Rd. L15 – 3D 69
N Dingle. L4 – 1C & 2C 45
North Dri. L15 – 3D 69
North Dri. Hes L60 – 4B 122
North Dri. Wal L45 – 1D 41
N Eaton Rd. L12 – 2A 48
N End La. Hal L26 – 3C 93
Northern La. Wid WA8 – 3A 96
Northern Perimeter Rd. Orr &
Neth L30 – 3C 9 to 4A 10
Northern Rd. L24 – 1C 129
Northern Rd. The. Cro L23 – 4C 7
Northfield Rd. Orr L20 & L9 – 1A 30
Northgate Rd. L13 – 4D 47
North Gro. L18 – 1B 112
N Hill St. L8 – 2D 67
N John St. L2 – 2B 66
N John St. St H WA10 – 3D 37
N Linkside Rd. L25 – 1B 114
N Manor Way. L25 – 4B 92
N Meade. Mag L31 – 3A 4
Northmead Rd. L19 – 2C 113
N Mount Rd. Kir L32 – 4A 12
Northop Rd. Wal L45 – 3D 41
Northop St. L5 – 4C 45
North Pde. L24 – 2C 129
North Pde. Hoy L47 – 4A 58
North Pde. Kir L32 – 2C 23
N Park Ct. Wal L44 – 1C 65
N Park Rd. Kir L32 – 4A 12
N Parkside Way. L12 – 1A 48
N Perimeter Rd. Kir L33 – 4A 14
Northridge Rd. Pen L61 – 4D 103
North Rd. L9 – 3B 30
North Rd. L14 – 2B 70
North Rd. L19 – 3D 111
North Rd. L24 – 3C 115
North Rd. Birk L42 – 3B 84

North Rd. St H WA10 – 1D 37
North Rd. W Kir L48 – 4A 78
North St. L3 – 2B 66
N Sudley Rd. L17 – 4C 89
Northumberland Gro. L8 – 2C 87
Northumberland St. L8 – 2C 87
Northumberland Ter. L5 – 3C 45
Northumberland Way. Orr L30 –
1B 18
N View. L7 – 2A 68
N View. Huy L36 – 2A 74
N. Wallasey App. Wal L45 – 3B &
4B 40
Northway. L15 – 3A 70
Northway. Barn L60 – 3D 123
Northway. Mag & Lyd L31, & Augh
L39 – 2B 10 to 1D 5
Northway. Wid WA8 – 1B 118
Northways. Beb L62 – 1D 125
Northwich Clo. Thor L23 – 2A 8
Northwich Rd. Run WA7 & Dut
WA4 – 3A 140
Northwood Rd. Birk L43 – 4D 83
Northwood Rd. Huy L36 – 4C 51
Northwood Rd. Run WA7 – 2C 133
Norton Dri. Irby L61 – 2B 102
Norton Gro. Mag L31 – 3B 10
Norton Gro. St H WA9 – 2B 54
Nortonhill. Run WA7 – 2B 134
Norton La. Run WA7 – 2B 134
(Keckwick)
Norton La. Run WA7 – 3A &
3B 134
(Norton)
Norton Rd. W Kir L48 – 3A 78
Norton Sta Rd. Run WA7 – 4B 134
Norton St. L3 – 2C 67
Norton St. Boo L20 – 2C 29
Norton St. Run WA7 – 2B 132
Norton View. Run WA7 – 4D 133
Nortonwood La. Run WA7 –
3B 134
Norville Rd. L14 – 2B 70
Norway St. Cro L22 – 2B 16
Norwich Rd. L15 – 1D 89
Norwich Way. Kir L32 – 2C 23
Norwood Av. Lith L21 – 3A 18
Norwood Clo. L6 – 4A 46
Norwood Ct. Gre L49 – 3C 81
Norwood Gro. L6 – 4A 46
Norwood Rd. Gre L49 – 3C 81
Norwood Rd. Wal L44 – 1A 64
Norwood Way. L6 – 4A 46
Norwyn Rd. L11 – 3A 32
Nowshera Av. Irby L61 – 3D 103
Nunn St. St H WA9 – 3C 39
Nurse Rd. Thing L61 – 3A 104
Nursery Clo. L25 – 2B 114
Nursery Clo. Birk L43 – 3A 84
Nursery Clo. Wid WA8 – 3C 99
Nursery La. L19 – 2B 112
Nursery Rd. Lyd L31 – 2A 4
Nursery Rd. St H WA9 – 2B 54
Nutfield Rd. L24 – 1D 129
Nutgrove Av. St H. WA9 – 2B 54
Nutgrove Hall Dri. St H WA9 –
2B 54
Nutgrove Rd. St H WA9 – 3B 54
Nut St. St H WA9 – 2B 54
Nuttall St. St H WA10 – 4C 37
Nuttal St. L7 – 3A 68
Nylands Rd. Huy L36 – 4C 51

Oak Av. L9 – 1C 31
Oak Av. Upt L49 – 1B 80
Oak Bank. Birk L41 – 2B 84
Oakbank.Rd. L18 – 2C 89
Oakbank St. Wal L44 – 1B 64
Oak Clo. Whis L35 – 1C 75
Oakdale Av. Wal L44 – 2B 64
Oakdale Dri. Gre L49 – 4B 80

Oakdale Rd. L18 – 2D 89
Oakdale Rd. Cro L22 – 2C 17
Oakdale Rd. Wal L44 – 2B 64
Oakdene Ct. Rain L35 – 2B 76
Oakdene Rd. L4 – 2A 46
Oakdene Rd. Birk L42 – 3B 84
Oak Dri. Run WA7 – 4B 132
Oakenholt Rd. Mor L46 – 3C 61
Oakes St. L3 – 2D 67
Oakfield. L4 – 3A 46
Oakfield Av. L25 – 2A 92
Oakfield Clo. St H WA9 – 2B 54
Oakfield Dri. Huy L36 – 3D 73
Oakfield Dri. Wid WA8 – 2D 117
Oakfield Gro. Huy L36 – 3D 73
Oakfield Rd. L4 – 3A 46
Oakfield Rd. Beb L62 – 4C 125
Oakfield View. Birk L41 – 4B 64
Oak Gdns. Birk L41 – 4C 65
Oakham Dri. Ain L10 – 2D 21
Oakhill Clo. Mag L31 – 3B 4
Oakhill Cottage La. Lyd L31 – 2B 4
Oakhill Dri. Lyd L31 – 2B 4
Oakhill Pk. L13 – 2A 70
Oakhill Rd. L13 – 2A 70
Oakhill Rd. Mag & Lyd L31 – 3B 4
Oakhurst Clo. L25 – 2A 92
Oakland Dri. Upt L49 – 1A 82
Oakland Rd. L19 – 1D 111
Oaklands. Rain L35 – 1B 76
Oaklands Av. Cro L23 – 3C 7
Oaklands Dri. Barn L61 – 2B 122
Oaklands Dri. Beb L63 – 3D 107
Oaklands Ter. Barn L61 – 2B 122
Oakland St. Lith L21 – 4A 18
Oakland St. Wid WA8 – 4D 119
Oak La. L11 – 4C 33
Oaklea Rd. Irby L61 – 3D 103
Oak Leigh. L13 – 3C 47
Oakleigh Gro. Beb L63 – 3D 107
Oakmere St. Run WA7 – 2D 131
Oakridge Clo. Beb L62 – 2C 125
Oakridge Rd. Beb L62 – 2C 125
Oak Rd. Beb L63 – 2D 107
Oak Rd. Huy L36 – 3B 72
Oak Rd. Whis L35 – 1C 75
Oaks La. Pen L61 – 1B 122
Oaks, The. Beb L62 – 3C 125
Oakston Av. Rain L35 – 2B 76
Oak St. Boo L20 – 2D 29
Oak St. St H WA9 – 1C 57
Oak Ter. L7 – 2B 68
Oak Tree Pl. Birk L42 – 3D 85
Oaktree Rd. Ecc WA10 – 1A 36
Oak Vale. L13 – 2A 70
Oak View. L24 – 1D 129
Oakwood Dri. Huy L36 – 2D 73
Oakwood Rd. Hal L26 – 2C 115
Oakworth Dri. Tar L35 – 4D 73
Oarside Dri. Wal L45 – 4A 42
Oatfield La. Lith L21 – 1A 18
Oatlands Rd. Kir L32 – 2A 22
Oatlands, The. W Kir L48 – 4B 78
Oban Dri. Hes L60 – 4B 122
Oban Rd. L4 – 3A 46
Oberon St. L20 – 1B 44
O'Brien Gro. St H WA9 – 2C 39
Observatory Rd. Birk L43 – 3C 63
Oceanic Rd. L13 – 2D 69
Ocean Rd. Lith L21 – 2B 18
Octavia Hill Rd. Lith L21 – 2B 18
Odsey St. L7 – 2B 68
Ogden Clo. L13 – 2D 47
Oglet La. L24 – 2B & 3B 128
Oil St. L3 – 1A 66
O'Keeffe Rd. St H WA9 – 2B 38
Okehampton Rd. L16 – 3B 70
Okell Dri. Hal L26 – 4C 93
Okell's La. Hal L26 – 4C 93
Okell St. Run WA7 – 2D 131
Old Barn Rd. L4 – 3A 46

Old Barn Rd. Wal L44 – 1A 64
Old Bidston Rd. Birk L41 – 3A 64
Oldbridge Rd. L24 – 2D 129
Old Chester Rd. Birk L41 & L42, &
Beb L63 – 2C 85 to 3A 108
Old Church Yd. L2 – 2A 66
Old Colliery Rd. Whis L35 – 1B 74
Old Eccleston La. St H WA10 –
3A 36
Old Farm Rd. Cro L23 – 4D 7
Old Farm Rd. Kir L32 – 4D 23
Oldfield. Whis L35 – 4D 53
Oldfield Clo. Hes L60 – 2A 122
Oldfield Dri. Hes L60 – 2A & 3A 122
Oldfield Farm La. Hes L60 – 2A 122
Oldfield La. Gra L48 – 2D 79
Oldfield Rd. L19 – 1A 112
Oldfield Rd. Hes L60 – 2A 122
Oldfield Rd. Wal L45 – 3D 41
Oldfield Rd. St H WA10 – 1D 37
Oldfield Way. Hes L60 – 2A 122
Old Ga. Wid WA8 – 3A 118
Old Gorsey La. Wal L44 – 2A 64
Old Hall Clo. Mag L31 – 2B 10
Old Hall La. Kir L32 – 1B 22
Old Hall Rd. Beb L62 – 3D 125
Old Hall Rd. Mag L31 – 1B 10
Old Hall St. L3 – 2A 66
Oldham Pl. L1 – 3C 67
Oldham St. L1 – 3C 67
Old Higher Rd. Hal WA8 – 4B 116
Old Hutte La. L24 & Hal L26 –
3D 115
Old La. Ecc L34 & Whis L35 – 2C 53
Old La. Lyd L31 – 2C 5
Old La. Rain L35 – 1A to 2A 76
Old La. Wid WA8 – 2B 118
(Ditton Rd.)
Old La. Wid WA8 – 1B 118
(Dundalk La.)
Old Leeds St. L3 – 2A 66
Old Marylands La. Mor L46 – 3C 61
Old Meadow Rd. Pen L61 – 1A 122
Old Mill Av. St H WA9 – 3B 56
Old Mill Clo. Gay L60 – 4C 123
Old Mill La. L15 – 3A 70
Old Nook La. St H WA11 – 1C 39
Old Northwich Rd. Run WA7 –
2C 139
Old Quay St. Run WA7 – 1A 132
Old Racecourse Rd. Mag L31 –
1A 10
Old Rectory Grn. Sef L29 – 2C 9
Old Ropery. L2 – 2B 66
Old Rough La. Kir L33 – 1C 23
Old Thomas La. L14 – 2B 70
Old Whint Rd. Hay WA11 – 1D 39
Old Wood Rd. Pen L61 – 1B 122
Olga Rd. St H WA9 – 2B 56
Olive Cres. Birk L41 – 2C 85
Olivedale Rd. L18 – 2D 89
Olive Gro. L15 – 3D 69
Olive Gro. Huy L36 – 2B 72
Olive Gro. Orr L30 – 3A 20
Olive La. L15 – 3D 69
Olive Mt. Birk L41 – 2C 85
Olive Mt Rd. L15 – 3A 70
Olive Mt Wlk. L15 – 3A 70
Oliver Lyme Rd. Pres L34 – 3C 53
Olive Rd. Cro L22 – 3C 17
Oliver Rd. St H WA10 – 1B 54
Oliver St. L8 – 4A 68
Oliver St. Birk L41 – 1B 84
Oliver St. E. Birk L41 – 1C 85
Olive St. L7 – 3D 67
Olive Vale. L15 – 4D 69
Okvia St. Birk L43 – 2B 82
Olivia M. Birk L43 – 2B 82
Olivia St. Boo L20 – 4D 29
Ollerton Clo. Birk L43 – 3B 82

Ollery Grn. Orr L30 – 4A 10
Olney St. L4 – 4B 30
Olton St. L15 – 3C 69
O'Neill St. Boo L20 – 2C 29
Onslow Rd. L6 – 1B 68
Onslow Rd. Beb L62 – 1A 108
Onslow Rd. Wal L45 – 2A 42
Oppenhiem Av. St H WA10 – 2A 54
Orange St. L2 – 2B 66
Oran Way. Huy L36 – 1C 73
Orb Clo. L11 – 3D 33
Orb Wlk. L11 – 3D 33
Orchard Clo. Ecc L34 – 2D 53
Orchard Ct. Birk L41 – 3D 85
Orchard Ct. Mag L31 – 4C 5
Orchard Dale. Cro L23 – 4D 7
Orchard Grange. Mor L46 – 4B 60
Orchard Hey. Ecc WA10 – 3A 36
Orchard Hey. Mag L31 – 1C 11
Orchard Hey. Orr L30 – 4A 10
Orchard Rd. Mor L46 – 3C 61
Orchard, The. L17 – 1D 111
Orchard, The. Huy L36 – 2C 73
Orchard, The. Rain L35 – 4A 54
Orchard, The. Wal L45 – 2A 42
Orchard Way. Beb L63 – 3B 106
Orchard Way. Wid WA8 – 3A 96
Orford Clo. Hale L24 – 3A 130
Orford St. L1 – 3B 66
Orford St. L15 – 4D 69
Oriel Clo. Ain L10 – 1C 21
Oriel Cres. L20 – 1B 44
Oriel Dri. Ain L10 – 1B 20
Oriel Rd. L20 – 1B 44
Oriel Rd. Birk L42 – 3C 85
Oriel Rd. Boo L20 – 3C 29
Oriel St. L3 – 1B 66
Orient Dri. L25 – 3A 92
Origen Rd. L16 – 3C 71
Orkney Clo. St H WA11 – 4D 27
Orkney Clo. Wid WA8 – 3C 99
Orlando Clo. Birk L43 – 2B 82
Orlando St. Boo L20 – 4D 29
Orleans Rd. L13 – 1A 70
Ormande St. St H WA9 – 4A 38
Ormiston Rd. Wal L45 – 2A 42
Ormonde Av. Mag L31 – 1B 10
Ormonde Cres. Kir L33 – 2D 23
Ormonde Dri. Mag L31 – 1B 10
Ormond M. Birk L43 – 2B 82
Ormond St. L3 – 2B 66
Ormond St. Wal L45 – 3A 42
Ormond Way. Birk L43 – 3B 82
Ormskirk Rd. Ain L9, L10 & L30 –
3A 20
Ormskirk Rd. Kno L34 – 1D 35
Ormskirk St. St H WA10 – 2D &
3D 37
Orphan Dri. L6 – 4C 47 to 1C 69
Orphan St. L7 – 3D 67
Orrell Hey. Orr L20 – 4B 18
Orrell La. L9 & Orr L20 – 4C 19
Orrell Mt. Orr L20 – 4B 18
Orrell Mt Industrial Est. Orr L20 –
4B 18
Orrell Rd. Lith L21 & Orr L20 –
3B 18
Orrell Rd. Wal L45 – 2B 42
Orrell St. St H WA9 – 3B 38
Orret's Meadow Rd. Upt L49 –
3A 82
Orrysdale Rd. W Kir L48 – 3A 78
Orry St. L5 – 3B 44
Orsett Rd. Kir L32 – 3C 23
Orston Cres. Poul L63 – 2B 124
Orthes St. L3 – 3D 67
Orton Rd. L16 – 3B 70
Orville St. St H WA9 – 2C 57
Orwell Rd. L4 – 2B 44
Osbert Rd. Cro L23 – 4A 6

Osborne Av. Wal L45 – 2A 42
Osborne Gro. Wal L45 – 2A 42
Osborne Rd. L13 – 3C 47
Osborne Rd. Birk L43 – 1A 84
Osborne Rd. Ecc WA10 – 1A 36
Osborne Rd. Lith L21 – 3A 18
Osmaston Rd. Birk L42 – 4A 84
Osprey Clo. Run WA7 – 2B 138
Ossett Clo. Birk L43 – 3B 82
Osterley Gdns. L9 – 1B 30
O'Sullivan Cres. St H WA11 –
1C 39
Oteley Av. Beb L62 – 4D 125
Othello Clo. L20 – 1B 44
Otterburn Clo. Mor L46 – 4A 60
Otterspool Dri. L17 – 1B 110
Otterspool Rd. L17 – 1C 111
Otterton Rd. L11 – 1D 33
Ottley St. L6 – 1B 68
Oulton Clo. Birk L43 – 3C 83
Oulton Clo. Lyd L31 – 2A 4
Oulton Rd. L16 – 1B 90
Oulton Way. Birk L43 – 4C 83
Oundle Dri. Ain L10 – 1B 20
Oundle Rd. Mor L46 – 2C 61
Ouse St. L8 – 2D 87
Outer Central Rd. L24 – 4C 115
Outer Forum. L11 – 3A 32
Out La. L25 – 4A 92
Outlet La. Sim L31 – 1C 13
Oval, The. Wal L45 – 3D 41
Overbury St. L7 – 3A 68
Overchurch Rd. Upt L49 – 1C 81
Overdale Av. Barn L61 – 4B 104
Overdene Wlk. Kir L32 – 2D 23
Overgreen Gro. Mor L46 – 3C 61
Overton Av. Lith L21 – 2A 18
Overton Clo. Birk L43 – 3D 83
Overton Clo. Kir L32 – 2B 22
Overton Grn. Kir L32 – 2B 22
Overton Rd. Wal L44 – 4A 42
Overton St. L7 – L7 – 3A 68
Overton Way. Birk L43 – 3D 83
Ovolo Rd. L13 – 4A 48
Owen Ho. L4 – 1C 45
Owen Rd. L4 – 1B 44
Owen Rd. Kir L33 – 4B 24
Owen Rd. Rain L35 – 2B 76
Owen St. Beb L62 – 3A 108
Owen St. St H WA10 – 1B 54
Oxbow Rd. L12 – 1C 49
Oxenholme Cres. L11 – 4B 32
Oxford Av. Boo L20 – 3A 30
Oxford Av. Lith L21 – 3A 18
Oxford Clo. L17 – 4B 88
Oxford Dri. Cro L22 – 2B 16
Oxford Dri. Hal L26 – 1D 115
Oxford Rd. Ain L9 – 3A 20
Oxford Rd. Boo L20 – 3A 30
Oxford Rd. Cro L22 – 2B 16
Oxford Rd. Huy L36 – 1D 73
Oxford Rd. Run WA7 – 4A 132
Oxford Rd. Wal L44 – 4B 42
Oxford St. L7 – 3D 67
Oxford St. St H WA10 – 2D 37
Oxford St. Wid WA8 – 2A 120
Oxford St E. L7 – 3A 68
Ox La. Tar L35 – 2A 94 to 4B 74
Oxley Av. Mor L46 – 1A 62
Oxley St. St H WA9 – 2B 56
Oxmoor Clo. Run WA7 – 2B 138
Oxton Clo. L17 – 4B 88
Oxton Rd. Birk L41 – 2B 84
Oxton Rd. Wal L44 – 1A 64
Oxton St. L4 – 1D 45

Pacific Rd. Birk L41 – 4D 65
Pacific Rd. Boo L20 – 2C 29
Packenham St. L13 – 3D 47
Paddington. L7 – 2D 67 & 2A 68
Paddock Clo. Cro L23 – 2A 6

184

Paddock Hey. L27 – 1B 92
Paddock Rise. Run WA7 – 3A 138
Paddock, The. L25 – 2A 92
Paddock, The. Barn L60 – 4D 123
Paddock, The. Ecc L34 – 2D 53
Paddock, The. Kir L32 – 4C 23
Paddock, The. Mor L46 – 4B 60
Paddock, The. Upt L49 – 2A 82
Padstow Dri. Win WA10 – 1A 36
Padstow Rd. L16 – 3B 70
Padstow Sq. Run WA7 – 2C 139
Pagebank Rd. L14 – 1D 71
Pagefield Rd. L15 – 1D 89
Page Grn. Huy L36 – 1A 72
Page Moss Av. Huy L36 – 4A 50
Page Moss La. L14 & Huy L14 –
   1D 71
Page Moss Pde. Huy L36 – 1A 72
Page St. L3 – 1C 67
Pagett Clo. Birk L43 – 3B 82
Pagewood Clo. Birk L43 – 3B 82
Paignton Clo. Huy L36 – 1A 74
Paignton Rd. L16 – 3B 70
Paignton Rd. Wal L45 – 3C 41
Paisley Av. St H WA11 – 4D 27
Paisley St. L3 – 1A 66
Palace Fields Av. Run WA7 –
   1B 138
Palace Rd. L9 – 4A 20
Palantine, The. Boo L20 – 3D 29
Palatine Arc. St H WA10 – 3D 37
Palatine Rd. Beb L62 – 3C 125
Palatine Rd. Wal L44 – 2C 65
Palermo St. Wal L44 – 2C 65
Paley St. L4 – 2D 45
Palin St. Wid WA8 – 2A 120
Palladio Rd. L13 – 4A 48
Pall Mall. L3 – 1A 66
Palm Clo. L4 – 3C 31
Palmer Clo. St H WA10 – 2C 37
Palmerston Av. Lith L21 – 4A 18
Palmerston Dri. Lith L21 – 4A 18
Palmerston Rd. L18 – 3D 89
Palmerston Rd. L19 – 3B 112
Palmerston Rd. Wal L44 – 1D 63
Palmerston St. Birk L42 – 4D 85
Palm Gro. L25 – 1A 114
Palm Gro. Birk L43 – 1A 84
Palm Hill. Birk L43 – 2A 84
Palmwood Av. Rain L35 – 2C 77
Palmwood Clo. Birk L43 – 4C 83
Pamela Clo. Kir L10 – 4A 22
Pankhurst Rd. Lith L21 – 2B 18
Pansy St. L5 – 2B 44
Parade Cres. L24 – 2C 129
Parade St. St H WA10 – 2D 37
Parade, The. L15 – 3A 70
Paradise La. Whis L35 – 2B 74
Paradise St. L1 – 3B 66
Paragon Clo. Wid WA8 – 2A 98
Parbold Av. St H WA11 – 1B 38
Parbrook Clo. Kno L36 – 3B 50
Parbrook Rd. Huy L36 – 3B 50
Park Av. L9 – 4B 20
Park Av. L18 – 3C 89
Park Av. Cro L23 – 3C 7
Park Av. Ecc L34 – 2D 53
Park Av. Hay WA11 – 1D 39
Park Av. Lyd L31 – 3C 5
Park Av. Rain L35 – 1A 76
Park Av. Wal L44 – 1B 64
Park Av. Wid WA8 – 4A 98
Parkbourn. Mag L31 – 3D 5
Parkbridge Rd. Birk L42 – 3B 84
Park Brow Dri. Kir L32 – 3D 23
Park Clo. Birk L41 – 1B 84
Park Ct. Kir L32 – 1B 22
Park Dri. Birk L43 & L41 – 4D 63 to
   1B 84

Park Dri. Cro L23 – 4A 6
Park Dri. Thor L23 – 2A 8
Parkend Rd. Birk L42 – 3B 84
Parker Av. Cro L21 – 4C 17
Parkers Sq. Run WA7 – 1A 138
Parker St. L1 – 3C 67
Parker St. Run WA7 – 2A 132
Parkfield Av. Birk L41 – 1C 85
Parkfield Av. Orr L30 – 3A 20
Parkfield Dri. Wal L44 – 4A 42
Parkfield Gro. Mag L31 – 4B 4
Parkfield Pl. Birk L41 – 1B 84
Parkfield Rd. L17 – 2A 88
Parkfield Rd. Beb L63 – 1B 124
Parkfield Rd. Cro L22 – 2C 17
Parkgate Way. Run WA7 – 1D 139
Park Gro. Birk L41 – 2B 84
Park Gro. Boo L20 – 3D 29
Park Hill Ct. L8 – 3D 87
Park Hill Rd. L8 – 3D 87
Parkhill Rd. Birk L42 – 4B 84
Park Ho St. St H WA9 – 2A 38
Parkhurst Rd. L11 – 4B 32
Parkhurst Rd. Birk L42 – 4B 84
Parkinson Rd. L9 – 2B 30
Parklands. Kno L34 – 3D 35
Parklands Dri. Gay L60 – 4C 123
Park La. L1 – 3B 66
Park La. Hoy L47 – 2D 59
Park La. Mag & Mell L31 – 3D 5
Park La. Orr L20 – 4C 19
Park La. Orr & Ain L30 – 2D 19
Park La W. Orr L30 – 1C 19
Park Pl. L8 – 1C 87
Park Pl. Boo L20 – 3D 29
Park Rd. L8 – 1D 87
Park Rd. Barn L60 – 3C 123
Park Rd. Beb L62 – 4A 108
   (in two parts)
Park Rd. Birk L42 – 3C 85
Park Rd. Cro L22 – 2C 17
Park Rd. Hoy L47 – 3C 59
Park Rd. Kir L32 – 1A 22
Park Rd. Pres L34 – 2B 52
Park Rd. Run WA7 – 4D 131
Park Rd. St H WA9 & WA11 –
   2B 38
Park Rd. Wal L44 – 1B 64
Park Rd. W Kir L48 – 4A 78
Park Rd. Wid WA8 – 1A 120
Park Rd E. Birk L41 – 1B 84
Park Rd N. Birk L41 – 4D 63
Park Rd S. Birk L43 – 1A 84
Park Rd W. Birk L43 – 4D 63
Parkside. Boo L20 – 3D 29
Parkside. Wal L44 – 1B 64
Parkside Av. St H WA9 – 4A 56
Parkside Clo. Beb L63 – 3D 107
Parkside Dri. L12 – 1A 48
Parkside Rd. Beb L63 – 3A 108
Parkside Rd. Birk L42 – 3C 85
Parkstile La. L11 – 2C 33
Parkstone Rd. Birk L42 – 3B 84
Park St. L8 – 2C 87
Park St. Boo L20 – 3D 29
Park St. Hay WA11 – 1D 39
Park St. St H WA9 – 3B 38
Park St. Wal L44 – 4A 42
Park Ter. Cro L22 – 3C 17
Park, The. Huy L36 – 3C 73
Parkvale Av. Birk L43 – 1C 105
Park Vale Rd. L8 – 1C 31
Park View. Beb L62 – 3C 125
Park View. Cro L22 – 2B 16
Park View. Huy L36 – 4B 50
Park View. Thor L23 – 2A 8
Parkview Rd. L11 – 1D 33
Park Wall Rd. Ince B L29 – 1D 7
Park Way. L8 – 4D 67
Parkway. Cro L23 – 1D 17

Park Way. Hoy L47 – 3C 59
Parkway. Irby L61 – 3D 103
Park Way. Kno L36 – 2B 50
Parkway. Orr L30 – 3C 9
Parkway. Wal L45 – 2C 41
Parkway Clo. Irby L61 – 3D 103
Parkway E. Kir L32 – 1A 22
Park W. Hes L60 – 4A 122
Parkwood Rd. L25 – 3D 91
Parlane St. St H WA9 – 2B 88
   (in two parts)
Parliament Pl. L8 – 4D 67
Parliament St. L8 – 4C 67
Parliament St. St H WA9 – 2C 55
Parlow Rd. L11 – 1C 47
Perren Av. Whis L35 – 3B 74
Parr Gro. Hay WA11 – 1D 39
Parr Mt. Ct. St H WA9 – 3B 38
Parr Mt St. St H WA9 – 3B 38
Parr's Rd. Birk L43 – 3A 84
Parr Stocks Rd. St H WA9 – 3B 38
Parr St. L1 – 3C 67
Parr St. Lith L21 – 3A 18
Parr St. St H WA9 – 3A 38
Parr St. Wid WA8 – 4A 98
Parry's La. Run WA7 – 3D 131
Parry St. Wal L44 – 2C 65
Parsonage Rd. Wid WA8 – 1D 131
Parthenon Dri. L11 – 3A 32
Partington Av. Boo L20 – 2A 30
Parton St. L6 – 1B 68
Partridge Rd. Cro L23 – 4A 6
Passway. St H WA11 – 3C 27
Pasture Av. Mor L46 – 2C 61
Pasture Clo. L25 – 1A 114
Pasture Clo. St H WA9 – 4A 56
Pasture Cres. Mor L46 – 2C 61
Pasture Rd. Mor L46 – 1C 61
Pastures, The. Gra L48 – 4D 79
Pateley Wlk. L24 – 1C 129
Paterson St. Birk L41 – 1B 84
Paton Clo. Gra L48 – 3B 78
Paton St. L20 – 1B 44
Patricia Av. Birk L41 – 2D 63
Patricia Gro. Orr L20 – 4B 18
Patrick Av. Orr L20 – 4C 19
Pattens Clo. Orr L30 – 4C 9
Patten St. Birk L41 – 3A 64
Patten's Wlk. Kno L34 – 2D 35
Patterdale Cres. Mag L31 – 4C 5
Patterdale Dri. St H WA10 – 1A 54
Patterdale Rd. L15 – 1C 89
Patterdale Rd. Beb L63 – 1A 124
Pauldings La. Lith L21 – 3A 18
Pauline Wlk. Kir L10 – 4A 22
Paulsfield Dri. Mor L46 – 4D 61
Paul St. L3 – 1B 66
Poulton Clo. L8 – 2D 87
Paveley Bank. L27 – 1B 92
Paxton Rd. Huy L36 – 1C 73
Paxton St. L5 – 3C 45
Paxton Way. Birk L43 – 3B 82
Peach Gro. Mell L31 – 4A 12
Peach St. L7 – 3D 67
Peach Tree Clo. Hale L24 – 3B 130
Pear Gro. L6 – 1A 68
Pearson Dri. Orr L20 – 4C 19
Pearson Rd. Birk L41 – 2C 85
Pearson St. L15 – 4D 69
Pear Tree Av. Run WA7 – 4B 132
Pear Tree Clo. Barn L60 – 3D 123
Pear Tree Clo. Hale L24 – 3A 130
Pear Tree Ct. Kir L33 – 3D 13
Peartree Gro. Wal L44 – 4A 42
Pear Tree Rd. Huy L36 – 3C 73
Peasefield Rd. L14 – 4D 49
Peasley Cross La. St H WA9 –
   4A 38
Peatwood Av. Kir L32 – 4D 23
Peckers Hill Rd. St H WA9 – 2C 57

Peckfield Clo. Run WA7 – 2C 139
Peckmill Grn. L27 – 2D 93
Pecksniff St. L8 – 1D 87
Peebles Av. St H WA10 – 4D 27
Peel Av. Birk L42 – 3D 85
Peel Ho La. Wid WA8 – 3A 98
Peel Pl. St H WA10 – 2D 37
Peel Rd. Boo L20 – 2B 28
Peel St. L8 – 2D 87
Peel St. Run WA7 – 2D 131
Peel Wlk. Mag L31 – 4A 4
Peet Av. St H WA10 – 3A 36
Peet St. L7 – 2A 68
Pelham Gro. L17 – 3B 88
Pelham Rd. Wal L44 – 1D 63
Pemberton Rd. L13 – 1A 70
Pemberton Rd. Upt L49 – 3A 82
Pemberton St. St H WA10 – 3C 37
Pembrey Way. L25 – 1B 114
Pembroke Av. Mor L46 – 4C 61
Pembroke Ct. Birk L41 – 2C 85
Pembroke Gdns. L3 – 2D 67
Pembroke Pl. L3 – 2C 67
Pembroke Rd. Boo L20 – 3D 29
Pembroke St. L3 – 2D 67
Pencombe Rd. Huy L36 – 4A 50
Pendennis Rd. Wal L44 – 1B 64
Pendennis St. L6 – 3A 46
Pendine Clo. L6 – 4B 46
Pendle Av. St H WA11 – 1B 38
Pendlebury St. St H WA9 – 4B 56
Pendle Dri. Lith L21 – 4B 8
Pendleton Grn. Hal L26 – 2C 115
Pendleton Rd. L4 – 4C 31
Penfold. Mag L31 – 4C 5
Penfolds. Run WA7 – 3C 133
Pengallow Hey. L27 – 1C 93
Pengwern Gro. L15 – 3C 69
Pengwern St. L8 – 2D 87
Penketh's La. Run WA7 – 2A 132
Penkett Rd. Wal L45 – 3A 42
Penlake La. St H WA9 – 2C 57
Penley Cres. Kir L32 – 1A 22
Penman Clo. Hal L26 – 2D 115
Penman Cres. Hal L26 – 2D 115
Penmon Dri. Pen L61 – 1B 122
Pennard Av. Huy L36 – 3B 50
Pennine Clo. St H WA9 – 3C 39
Pennine Dri. St H WA9 – 3C 39
Pennine Rd. Birk L42 – 1B 106
Pennine Rd. Wal L44 – 4D 41
Pennine Way. Kir L32 – 4B 12
Pennington Av. Orr L20 – 4C 19
Pennington Pl. Huy L36 – 2C 73
Pennington Rd. Lith L21 & L20 –
   1D 29
   (in two parts)
Pennington St. L4 – 4B 30
Penn La. Run WA7 – 2C 131
Pennsylvania Rd. L13 – 2B 46
Penny La. L18 – 2D 89
Penny La. Cron WA8 – 1A 96
Penny La. Tar L35 & Cron WA8 –
   4D 75 to 1B 96
Penrhos Rd. Hoy L47 – 1A 78
Penrhyd Rd. Irby L61 – 4B 102
Penrhyn Av. Thing L61 – 3A 104
Penrhyn Cres. Run WA7 – 4A 132
Penrhyn Rd. Kno L34 – 1C 35
Penrhyn St. L5 – 4C 45
Penrith Cres. Mag L31 – 3C 5
Penrith Rd. St H WA10 – 2A 54
Penrith St. L8 – 1D 87
Penrith St. Birk L41 – 2B 84
Penrose Av E. Huy L14 – 2C 71
Penrose Av W. Huy L14 – 2C 71
Penrose St. L5 – 3C 45
Penryn Av. St H WA11 – 4D 27
Pensall Dri. Pen L61 – 2B 122
Pensarn Rd. L13 – 2D 69

Pensby Clo. Irby L61 – 4D 103
Pensby Hall La. Pen L61 – 2B 122
Pensby Rd. Hes L60, Pen, Barn,
   Irby & Thing L61 – 3B 122 to
   3A 104
Pentire Av. Win WA10 – 1A 36
Pentland Av. L4 – 4B 30
Pentland Av. St H WA9 – 3D 39
Pentland Rd. Kir L33 – 4D 13
Penton Wlk. L6 – 1A 68
Penvel Rd. L4 – 4B 30
Peploe Rd. L4 – 4D 31
Peplow Rd. Kir L32 – 2A 22
Pepper St. Hale L24 3A 130
Percival La. Run WA7 – 3C 131
Percy Rd. Wal L44 – 2C 65
Percy St. L8 – 4D 67
Percy St. Boo L20 – 2C 29
Percy St. St H WA9 – 2D 57
Perimeter Rd. Kir L33 – 3B 24
Perray St. Run WA7 – 2A 132
Perriam Rd. L19 – 2C 113
Perrin Av. Run WA7 – 4C 131
Perrin Rd. Wal L45 – 4C 41
Perry St. L8 – 1C 87
Pershore Rd. Kir L32 – 3C 23
Perth Av. St H WA9 – 2C 55
Perth St. L6 – 1A 68
Peterborough Dri. Orr L30 – 4C 9
Peterborough Rd. L15 – 1D 89
Peterlee Clo. St H WA9 – 2D 55
Peter Mahon St. Boo L20 – 2C 29
Peter Price's La. Beb L63 – 1A 124
Peter Rd. L4 – 4A 30
Petersgate. Run WA7 – 4C 135
Peter's La. L1 – 3B 66
Petar St. L1 – 2B 66
Peter St. St H WA10 – 2C 37
Peter St. Wal L44 – 2C 65
Petherick Rd. L11 – 2D 33
Petton St. L5 – 3D 45
Petworth Clo. L24 – 4A 114
Peveril St. L9 – 3B 30
Pheasantfields. Hale L24 – 3A 130
Philbeach Rd. L4 & L11 – 4D 31
Philip Gro. St H WA9 – 2B 56
Philip Rd. Wid WA8 – 2A 118
Phillimore Rd. L6 – 1B 68
Phillip Gro. L14 – 3C 49
Phillips Clo. Thor L23 – 3A 8
Phillips Way. Hes L60 – 4A 122
Phythian Clo. L6 – 1A 68
Phythian St. L6 – 1D 67
Phythian St. Hay WA11 – 1D 39
Pickerill Rd. Gre L49 – 3C 81
Pickering Rake. Orr L30 – 4B 8
Pickering Rd. Wal L45 – 1A 42
Pickerings Clo. Run WA7 – 1C 137
Pickerings Rd. Wid WA8 – 4A 118
Pickering St. L6 – 4A 46
Pickop St. L3 – 1B 66
Pickwick St. L8 – 1D 87
Pickow Farm Rd. Run WA7 –
   3C 131
Picow Farm Industrial Est. Run
   WA7 – 3C 131
Picow St. Run WA7 – 2D 131
Picton Av. Run WA7 – 3A 132
Picton Clo. Birk L43 – 3D 83
Picton Gro. L15 – 3C 69
Picton Rd. L15 – 3C 69
Picton Rd. Cro L22 – 2B 16
Pier Head. L3 – 3A 66
Pighue La. L13 – 2C 69
Pighue St. Run WA7 – 2D 131
Pigot St. St H WA10 – 3C 37
Pigotts Rake. Orr L30 – 3C 9
Pike Ho Rd. Ecc WA10 – 2A 36
Pike Pl. Ecc WA10 – 2A 36
Pikes Hey Rd. Cal L48 – 2D 101
Pilchbank Rd. L14 – 4C 49

Pilch La. L14 – 4C 49
Pilch La E. Huy L36 – 2D 71
Pilgrim St. L1 – 4C 67
Pilgrim St. Birk L41 – 1D 85
Pilkington Clo. Run WA7 – 1A 138
Pilling La. Lyd L31 – 1A 4
Pilot Gro. L15 – 3C 69
Pimbley Gro E. Mag L31 – 3B 10
Pimbley Gro W. Mag L31 – 3B 10
Pimhill St. L8 – 1D 87
Pine Av. Beb L63 – 1A 124
Pine Av. St H WA10 – 1C 37
Pine Av. Wid WA8 – 4A 98
Pine Clo. Huy L36 – 4B 50
Pine Clo. Kir L32 – 1B 22
Pine Clo. Whis L35 – 1C 75
Pine Gro. L8 – 4A 68
Pine Gro. Boo L20 – 2D 29
Pine Gro. Cro L22 – 1B 16
Pinehurst Av. L4 – 2A 46
Pinehurst Av. Cro L22 – 1B 16
Pinehurst Rd. L4 – 2A 46
Pinemore Rd. L18 – 4D 89
Pineridge Clo. Beb L62 – 2C 125
Pine Rd. Barn L60 – 3C 123
Pine Rd. Run WA7 – 4B 132
Pinetree Av. Birk L43 – 2B 82
Pine Tree Clo. Mor L46 – 3D 61
Pinetree Dri. Gra L48 – 1C 101
Pine Tree Gro. Mor L46 – 4D 61
Pinetree Rd. Huy L36 – 2D 71
Pine View Dri. Pen L61 – 2B 122
Pine Walks. Birk L42 – 1A 106
Pine Way. Hes L60 – 2A 122
Pinewood Dri. Barn L60 – 4C 123
Pinfold Clo. Orr L30 – 3C 9
Pinfold Cres. Kir L32 – 3D 23
Pinfold Dri. Ecc WA10 – 3A 36
Pinfold La. Kno L34 – 3C 35
Pinfold La. W Kir L48 – 3A 78
Pinfold Rd. L25 – 2B 114
Pingwood La. Kir L33 – 3D 13
Piper's La. Hes L60 – 3A 122
Pippits Row. Run WA7 – 2A 138
Pirrie Rd. L9 – 3D 31
Pit La. Wid WA8 – 3D 97
Pitsmead Rd. Kir L32 – 3C 23
Pitt Pl. L25 – 4D 91
Pitt St. L1 – 3B 66
Pitt St. St H WA9 – 3A 38
Pitt St. Wid WA8 – 3D 119
Pitville Av. L18 – 3D 89
Pitville Clo. L18 – 4A 90
Pitville Ter. Wid WA8 – 2A 118
Plane Clo. L4 – 3C 31
Planetree Rd. L12 – 2C 49
Plane Tree Rd. Beb L63 – 4C 107
Plantation Clo. Run WA7 – 3D 133
Platt Gro. Birk L42 – 1A 108
Platts St. Hay WA11 – 1D 39
Plattsville Rd. L18 – 1A 90
Playfield Rd. L12 – 2D 49
Pleasant Hill St. L8 – 1C 87
Pleasant St. L3 – 3C 67
Pleasant St. Boo L20 – 3C 29
Pleasant St. Wal L45 – 2A 42
Pleasant View. L7 – 2C 69
Pleasant View. Boo L20 – 3C 29
Pleasington Clo. Birk L43 – 3C 83
Pleasington Dri. Birk L43 – 3C 83
Plemont Rd. L13 – 4D 47
Plimsoll St. L7 – 2A 68
Pluckington Rd. Huy L36 – 1A 74
Plumer St. L15 – 4C 69
Plumer St. Birk L41 – 3D 63
Plumpton St. L6 – 1D 67
Plumpton Wlk. L6 – 1D 67
Plumpton Way. L6 – 1D 67
Plum Tree Clo. Ecc L35 – 3D 53
Plymouth Clo. Run WA7 – 1A 140
Plymouth Pl. Birk L41 – 1B 84

Plymyard Av. Beb L62 – 4C 125
Pocket Nook St. St H WA9 – 2A 38
Podium Rd. L13 – 4A 48
Poets Grn. Whis L35 – 1D 75
Pollard Rd. L15 – 3A 70
Poll Hill Rd. Hes L60 – 3B 122
Pollitt Cres. St H WA9 – 4B 56
Pollitt Sq. Beb L62 – 2A 108
Pollitt St. St H WA9 – 4B 56
Pomfret St. L8 – 1D 87
Pomona St. L3 – 3C 67
Pond Grn Way. St H WA9 – 4D 39
Pond View Clo. Barn L60 – 4D 123
Pond Wlk. St H WA9 – 4D 39
Ponsonby Rd. Wal L45 – 3C 41
Ponsonby St. L8 – 1A 88
Pool Bank, Beb L62 – 3A 108
Poolbank Rd. Beb L62 – 3A 108
Pool End. St H WA9 – 4D 39
Poole Rd. Wal L44 – 3B 42
Poole Wlk. L8 – 2D 87
Pool Hey. Kno L28 – 1A 50
Pool La. Beb L62 – 4B 108
Pool La. Run WA7 – 1A 132
Pool La. Upt L49 – 4A 82
Poolside Rd. Run WA7 – 3A 132
Pool St. Birk L41 – 4C 65
Pool St. Wid WA8 – 2A 120
Poolwood Rd. Upt L49 – 3A 82
Pope St. Boo L20 – 1C 29
Poplar Av. Cro L23 – 3D 7
Poplar Av. Run WA7 – 4B 132
Poplar Av. Upt L49 – 2D 81
Poplar Bank. Huy L36 – 2C 73
Poplar Clo. Run WA7 – 1D 137
Poplar Dri. L5 – 4D 45
Poplar Dri. Kir L32 – 1B 22
Poplar Gro. L8 – 3A 88
Poplar Gro. Birk L42 – 2B 84
Poplar Gro. Cro L21 – 1B 28
Poplar Gro. Pres L35 – 4C 53
Poplar Gro. St H WA10 – 3B 36
Poplar Rd. Birk L43 – 3A 84
Poplar Ter. Wal L45 – 2A 42
Porchester Rd. L11 – 4A 48
Porlock Av. L16 – 1C 91
Porlock Av. St H WA9 – 4B 56
Porlock Clo. Gay L60 – 4C 123
Portal Rd. Pen L61 – 1B 122
Port Causeway. Beb L62 – 1D 125
Portelet Rd. L13 – 4D 47
Porter Clo. Rain L35 – 2C 77
Porter St. L3 – 4A 44
Porter St. Run WA7 – 2B 132
Porthleven Rd. Run WA7 – 2C 139
Portia Av. Beb L63 – 2C 107
Portia St. L20 – 1B 44
Portico Av. Ecc L35 – 3D 53
Portico La. Whis L35, Ecc L35 &
  L34 – 3D 53
Portland Av. Cro L22 – 2B 16
Portland Gdns. L5 – 4B 44
Portland Pl. L5 – 4C 45
Portland St. L5 – 4B 44
Portland St. Birk L41 – 4D 63
Portland St. Run WA7 – 1D 131
Portland St. Wal L45 – 1D 41
Portland Way. St H WA9 – 4D 39
Portlemouth Rd. L11 – 1D 33
Portloe Dri. Hal L26 – 1D 115
Portman Rd. L15 – 4B 68
Porto Hey Rd. Irby L61 – 4C 103
Porton Rd. Kir L32 – 2B 22
Portreath Way. Win WA10 – 1A 36
Portree Clo. L9 – 2B 30
Portrush St. L13 – 2C 47
Portsmouth Pl. Run WA7 – 1A 140
Portway. L25 – 2B 114
Post Office La. Run WA7 – 4B 130
Potter's La. Wid WA8 – 4D 117
Pottery Clo. Whis L35 – 1B 74

Pottery Fields. Pres L34 – 3C 53
Pottery La. L8 – 3C 87
Pottery La. Whis L35 – 1A 74
Poulsom Dri. Orr L30 – 1B 18
Poulter Rd. L9 – 4A 20
Poulton Bri Rd. Wal L41 & L44 –
  2D 63
Poulton Clo. Hal L26 – 3C 115
Poulton Hall Rd. Poul L63 – 4B 124
Poulton Hall Rd. Wal L44 – 1D 63
Poulton Rd. Poul L63 – 2B 124
Poulton Rd. Wal L44 – 1A 64
Poulton Royd Dri. Poul L63 –
  2A 124
Poverty La. Mag L31 – 1C 11
Powell Dri. Bill WN5 – 1D 27
Powell St. Birk L43 – 3D 63
Powell St. St H WA9 – 2C 57
Power Rd. Birk L42 – 1D 107
Powis St. L8 – 1D 87
Pownall St. L1 – 3B 66
Poynter St. St H WA9 – 2C 55
Pratt Rd. Pres L34 – 3B 52
Precincts, The. Cro L23 – 4C 7
Preesall Way. L11 – 1D 33
  (in two parts)
Prentice Rd. Birk L42 – 1C 107
Prenton Av. St H WA9 – 4A 56
Prenton Dell Av. Birk L43 – 1D 105
Prenton Dell Rd. Birk L43 – 1C 105
Prenton Farm Rd. Birk L43 –
  1A 106
Prenton Grn. L24 – 1C 129
Prenton Hall Rd. Birk L43 – 4D 83
Prenton La. Birk L42 – 1A 106
Prenton Pk Rd. Birk L42 – 3B 84
Prenton Rd E. Birk L42 – 4B 84
Prenton Rd. W. Birk L42 – 4A 84
Prenton Village Rd. Birk L43 –
  1D 105
Prenton Way. Birk L43 – 1C 105
Prescot By-Pass. – 3A 52
Prescot Dri. L6 – 1C 69
Prescot Rd. L7 & L13 – 1B 68
Prescot Rd. Mell L31 – 4B 12
Prescot Rd. St H WA10 – 1A 54 to
  3C 37
Prescot Rd. Tar WA8 & L35 –
  2D 95
Prescot Rd. Wid WA8 – 4B 96
Prescot Row. L2 – 2B 66
Prescot St. L7 – 2D 67
Preseland Rd. Cro L23 – 4C 7
Prestbury Av. Birk L43 – 4C 83
Prestbury Rd. L11 – 2B 32
Preston Av. Pres L34 – 3B 52
Preston Gro. L6 – 4B 46
Preston on the Hill. Pres B WA4 –
  1B 140
Preston St. L1 – 2B 66
Preston St. St H WA9 – 2D 77
Preston Way. Cro L23 – 4A 8
Prestwick Dri. Cro L23 – 3B 6
Prestwood Cres. L14 – 4D 49
Prestwood Rd. L14 – 4D 49
Pretoria Rd. L9 – 4A 20
Price Gro. St H WA9 – 4D 39
Price's La. Birk L43 – 2A 84
Price St. Birk L41 – 3A 64
Priest St. L8 – 4A 68
Primrose Clo. Run WA7 – 3D 133
Primrose Clo. Wid WA8 – 1C 119
Primrose Dri. Huy & Kno L36 –
  4C 51
Primrose Gro. Wal L44 – 2C 65
Primrose Hill. L3 – 2B 66
Primrose Hill. Beb L62 – 3A 108
Primrose Rd. L18 – 2B 90
Primrose Rd. Birk L41 – 4D 63
Primrose St. L4 – 2B 44

Prince Alfred Rd. L15 – 4D 69
Prince Andrew's Gro. Win WA10 –
  1B 36
Prince Edward St. Birk L41 – 4B 64
Prince Edwin La. L5 – 4C 45
Prince Edwin St. L5 – 4C 45
Prince Edwin Wlk. L5 – 4C 45
Princes Av. L8 – 4D 67
Princes Av. Cro L23 – 4B 6
Princes Av. W Kir L48 – 4A 78
Princes Boulevd. Beb L63 – 1C 107
Prince's Clo. Run WA7 – 3C 133
Princes Pde. L3 – 2A 66
Princes Pavement. Birk L41 –
  1C 85
Princes Pl. Wid WA8 – 4C 97
Princes Rd. L8 – 4D 67
Princes St. St H WA10 – 4B 36
Princess Av. St H WA10 – 1C 37
Princess Dri. L12, L14 & Huy L14 –
  2C 49 to 4A 50
Princess Rd. Wal L45 – 2A 42
Princess St. Run WA7 – 2D 131
Princess St. Wid WA8 – 1A 120
Princess Ter. Birk L43 – 2B 84
Princes St. L2 – 2B 66
Princes St. Boo L20 – 4C 29
Princess Way. Cro & Lith L21 –
  4D 17
Prince St. Cro L22 – 3C 17
Princes View. L17 – 3B 88
Princes Way. St H WA11 – 3B 26
Princesway. Wal L45 – 3D 41
Prince William St. L8 – 1C 87
Pringle St. L13 – 4C 47
Priors Clo. L25 – 4A 92
Priorsfield. Mor L46 – 3C 61
Priorsfield Rd. L25 – 4A 92
Prior St. Boo L20 – 1C 29
Priory Clo. Beb L63 – 1B 124
Priory Clo. Run WA7 – 3D 133
Priory Clo. Whis L35 – 2B 74
Priory Gdns. St H WA10 – 4A 26
Priory Mt. L5 – 3D 45
Priory Ridge. Run WA7 – 3D 133
Priory Rd. L4 – 1D 45
Priory Rd. Run WA7 – 2A 134
Priory Rd. Wal L44 – 1C 65
Priory Rd. W Kir L48 – 4B 78
Priory St. L19 – 4B 112
Priory St. Birk L41 – 1D 85
Priory Ter. L5 – 3D 45
Pritchard Av. Cro L21 – 4D 17
Pritt St. L3 – 1C 67
Private Dri. Barn L61 – 4B 104
Probyn Rd. Wal L45 – 3C 41
Procter Rd. Birk L42 – 1A 108
Proctor Ct. Orr L30 – 4C 9
Proctor Rd. Hoy L47 – 1B 78
Proctors Clo. Wid WA8 – 4B 98
Proctor St. L6 – 1A 68
Promenade, Hoy L47 – 3A 58
Prophet St. L8 – 1C 87
Prophet Wlk. L8 – 1C 87
Prospect Clo. L18 – 3B 90
Prospect Pk. L18 – 3B 90
Prospect Rd. Birk L42 – 1A 106
Prospect Rd. St H WA9 – 3B 38
Prospect Row. Run WA7 – 1A 136
Prospect Vale. L6 – 1B 68
Prospect Vale. Wal L45 – 3D 41
Prospect Way. Orr L30 – 1A 20
Provident St. St H WA9 – 3D 39
Province Rd. Orr L20 – 1D 29
Prussia St. L3 – 2A 66
  (Old Hall St)
Prussia St. L3 – 2A 66
  (Pall Mall)
Public Hall St. Run WA7 – 2D 131
Pudsey St. L3 – 2C 67
Pugin Pl. L4 – 2D 45

Pugin St. L4 – 2C 45
Pulford Av. Birk L43 – 4D 83
Pulford Rd. Beb L63 – 4D 107
Pulford St. L4 – 2D 45
Pump La. Gra L48 & Gre L49 – 2A & 3B 80
Pump La. Run WA7 – 4D 133
Pump Rd. Wal L41 – 3C 65
Purbeck Dri. Irby L61 – 2B 102
Purley Rd. Cro L22 – 1B 16
Purser Gro. L15 – 3C 69
Pye Rd. Hes L60 – 3B 122
Pyes Gdns. St H WA11 – 4C 27
Pyes La. Kno L28 – 2B 50
Pye St. L15 – 4D 69
Pye St. St H WA9 – 2D 57
Pygon's Hill La. Lyd L31 – 1B 4
Pym St. L4 – 4B 30

Quadrant Clo. Run WA7 – 1D 139
Quaker La. Hes L60 – 3A 122
Quakers All. L2 – 2B 66
Quakers Meadow. Kno L34 – 2D 35
Quarry Av. Beb L63 – 1A 124
Quarry Bank, Kir L33 – 1D 23
Quarry Bank. Birk L41 – 2B 84
Quarrybank Pl. Birk L41 – 1B 84
Quarrybank St. Birk L41 – 1B 84
Quarry Clo. Hes L61 – 2B 122
Quarry Clo. Kir L33 – 1D 23
Quarry Clo. Run WA7 – 3B 132
Quarry Ct. Wid WA8 – 1A 118
Quarry Dale. Kir L33 – 1D 23
Quarry Grn. Kir L33 – 1D 23
Quarry Hey. Kir L33 – 1D 23
Quarry La. Thing L61 – 3A 104
Quarry Rd. L13 – 4D 47
Quarry Rd. Boo L20 – 4A 30
Quarry Rd. Thor L23 – 2A 8
Quarry Rd E. Beb L63 – 1B 124
Quarry Rd E. Hes L60 & L61 – 3A 122
Quarry Rd W. Hes L60 – 3A 122
Quarryside Dri. Kir L33 – 1D 23
Quarry St. L25 – 3C 91
Quarry St S. L25 – 4D 91
Queen Anne St. L3 – 1C 67
Queen Mary's Dri. Beb L62 – 3A 108
Queen's Av. Hoy L47 – 4B 58
Queen's Av. Wid WA8 – 1A 118
Queensbury. Gra L48 – 4C 79
Queensbury Av. Beb L62 – 3D 125
Queensbury St. L8 – 1D 87
Queens Clo. Run WA7 – 3D 131
Queenscourt Rd. L12 – 4B 48
Queensdale Rd. L18 – 2A 90
Queens Dri. L13 – 4A 48
Queen's Dri. Birk L43 – 4D 83
Queens Dri. Hes L60 – 3A 122
Queens Dri. Mossley Hill. L18 – 3C 89 to 1A 90
Queens Dri. Walton. L4 – 3B 30 to 1C 47
Queens Dri. W Derby. L13 – 1C 47
Queens Dri. Wavertree. L15 – 3B 70 to 1B 90
Queens Dri. Win WA10 – 1B 36
Queens Dri Flyover. L13 & L15 – 2B 70
Queensland Av. St H WA9 – 2C 55
Queensland Pl. St H WA9 – 2C 55
Queensland St. L7 – 3A 68
Queens Rd. L6 – 4D 45
Queens Rd. Birk L42 – 1D 107
Queen's Rd. Boo L20 – 4D 29
Queen's Rd. Cro L23 – 4C 7
Queen's Rd. Hoy L47 – 4A 58
Queens Rd. Pres L34 – 3C 53
Queen's Rd. Run WA7 – 3D 131
Queens Rd. St H WA10 – 4B 36

Queens Rd. Wal L44 – 1C 65
Queen St. L19 – 4B 112
Queen St. Birk L41 – 2C 85
Queen St. Cro L22 – 3C 17
Queen St. Run WA7 – 1D 131
Queen St. Wal L45 – 4A 42
Queensway. Cro L22 – 2D 17
Queensway. St H WA11 – 3B 26
Queensway. Wal L45 – 3D 41
Queensway. Wid WA8 & Run WA7 – 3C 119 to 2D 131
Queensway (Mersey Tunnel) – 4D 65
Queenswood Av. Beb L63 – 2C 107
Quernmore Rd. Kir L33 – 1D 23
Quernmore Wlk. Kir L33 – 1D 23
Quickswood Clo. L25 – 1D 91
Quickswood Dri. L25 – 1D 91
Quickswood Grn. L25 – 2D 91
Quigley Av. Orr L30 – 3D 19
Quigley St. Birk L41 – 3C 85
Quinesway. Upt L49 – 2D 81
Quinn St. Wid WA8 – 2A 120
Quorn St. L7 – 2A 68

Raby Clo. Hes L60 – 4B 122
Raby Clo. Raby L63 – 4B 124
Raby Clo. Wid WA8 – 4C 99
Raby Dri. Mor L46 – 4C 61
Raby Dri. Raby L63 4B 124
Raby Gro. Birk L42 – 1B 106
Raby Mere Rd. Raby L63 – 4A 124
Rachel St. L5 – 4C 45
Radburn Clo. Cro L23 – 3A 8
Radburn Rd. L23 – 3A 8
Radcliffe Wlk. L6 – 1D 67
Radford Av. Poul L63 – 2B 124
Radley Dri. Ain L10 – 1B 20
Radley Rd. Wal L44 – 4D 41
Radley St. St H WA9 – 2C 55
Radmore Rd. L14 – 1B 70
Radnor Av. Hes L60 – 3B 122
Radnor Clo. Hal L26 – 3C 115
Radnor Dri. Boo L20 – 2A 30
Radnor Dri. Wal L45 – 3B 42
Radnor Dri. Wid WA8 – 4B 96
Radnor Pl. Birk L43 – 1B 84
Radnor Pl. Birk L43 – 1B 84
Radshaw Ct. Kir L33 – 3C 13
Radstock Gro. St H WA9 – 4B 56
Radstock Rd. L6 – 1B 68
Radstock Rd. Wal L44 – 4C 41
Radstock Wlk. Hal L26 – 3D 115
Radway Rd. Huy & Kno L36 – 3C 51
Raeburn Av. Gra L48 – 3B 78
Raffles Rd. Birk L42 – 2B 84
Raffles St. L1 – 4C 67
Rafter Av. Orr L20 – 4C 19
Raglan St. L19 – 4B 112
Railton Av. Rain L35 – 2B 76
Railton Clo. Rain L35 – 2B 76
Railton Rd. L11 – 4A 32
Railway Cotts. L7 – 3B 68
Railway Rd. Birk L42 – 4D 85
Railway St. L19 – 4B 112
Railway St. Wid WA8 – 2A 120
Railway St. St H WA9 – 2C 57
Railway Ter. St H WA9 – 2C 57
Rainbow Dri. Mell L31 – 4A 12
Raines Clo. Gre L49 – 3C 81
Rainford Av. Orr L20 – 1A 30
Rainford Gdns. L2 – 2B 66
Rainford Rd. Win & St H WA10 – 1B 36
Rainford Sq. L2 – 2B 66
Rainham Clo. L19 – 1B 112
Rainhill Rd. Rain L35 – 1A 76 to 3B 54
Rake Clo. Upt L49 – 2D 81
Rake Hey. Mor L46 – 3A 60

Rake Hey Clo. Mor L46 – 4B 60
Rake La. Upt L49 – 2D 81
Rake La. Wal L45 – 3A 42
Rake M. Upt L49 – 2D 81
Rakes La. Sef L23 & L29 – 2B 8
Rake, The. Beb L62 – 3D 125
Raleigh Av. Whis L35 – 2C 75
Raleigh Rd. Mor L46 – 4A 40
Raleigh St. Boo L20 – 4C 29
Ramford St. St H WA9 – 4B 38
Ramilies Rd. L18 – 1D 89
Ramsbrook Clo. L24 – 1B 128
Ramsbrook La. Hale L24 – 2A 130
Ramsbrook La. Hal & Hale WA8 – 4B 116
Ramsbrook Rd. L24 – 1B 128
Ramsey Clo. Wid WA8 – 3C 99
Ramsey Rd. L19 – 2B 112
Ramsfield Rd. L24 – 1D 129
Randall Dri. Orr L30 – 1B 18
Randle Clo. Poul L63 – 2B 124
Randles Rd. Kno L34 – 1B 34
Randolph St. L4 – 2D 45
Randon Gro. St H WA10 – 2D 37
Ranelagh Av. Lith L21 – 3D 17
Ranelagh Dri N. L19 – 2D 111
Ranelagh Dri S. L19 – 2D 111
Ranelagh St. L1 – 3C 67
Ranfurly Rd. L19 – 2A 112
Rankin St. L8 – 2D 87
Rankin St. Wal L44 – 2A 64
Ranworth Clo. L11 – 3A 32
Ranworth Pl. L11 – 3A 32
Ranworth Sq. L11 – 3A 32
Ranworth Way. L11 – 3B 32
Rappart Rd. Wal L44 – 1C 65
Ratcliff Pl. Rain L35 – 4A 54
Rathbone Rd. L15 & L13 – 3D 69
Rathbone St. L1 – 4C 67
Rathlin Clo. Wid WA8 – 3C 99
Rathmore Av. L18 – 3D 89
Rathmore Clo. Birk L43 – 3A 84
Rathmore Dri. Birk L43 – 3A 84
Rathmore Rd. Birk L43 – 3D 83
Ravenglass Av. Mag L31 – 4C 5
Ravenhead Av. Kir L32 – 4C 23
Ravenhead Rd. St H WA10 – 4C 37
Ravenhill Cres. Mor L46 – 1D 61
Ravenhurst Way. Whis L35 – 3B 74
Ravenna Rd. L19 – 1C 113
Ravenscourt. Hal L26 – 2D 115
Ravenscroft. Kir L33 – 3C 13
Ravenscroft Rd. Birk L43 – 1B 84
Ravensthorpe Grn. L11 – 3B 32
Ravenstone Rd. L19 – 2A 112
Ravenswood Av. Birk L42 – 1D 107
Ravenswood Rd. L13 – 1A 70
Ravenswood Rd. Barn L61 – 2B 122
Raven Way. Boo L20 – 3D 29
Rawcliffe Rd. L9 – 2B 30
Rawcliffe Rd. Birk L42 – 2B 84
Rawdon Clo. Run WA7 – 4D 133
Rawdon St. L7 – 2C 69
Rawlinson Clo. Hal L26 – 1A 116
Rawlinson Rd. L13 – 1D 69
Rawlins St. L7 – 1C 69
Rawson Clo. Cro L21 – 4D 17
Rawson Rd. Cro L21 – 4D 17
Raymond Av. Orr L30 – 3A 20
Raymond Pl. L5 – 4B 44
Raymond Rd. Wal L44 – 1B 64
Raymond Way. Birk L43 – 2B 82
Rayner St. L5 – 4B 44
Raynham Rd. L13 – 1D 69
Reade Clo. Poul L63 – 3B 124
Reading St. L5 – 2B 44
Reay St. Wid WA8 – 4A 98
Recreation St. St H WA9 – 3B 38
Rector Rd. L6 – 2B 46
Rectory La. Hes L60 – 4A 122
Rectory Rd. W Kir L48 – 4A 78

Red Acre. St H WA9 – 4B 56
Redbourn Av. Hal L26 – 3D 115
Redbourn Rd. L6 – 3B 46
Redbrook St. L6 – 3A 46
Red Brow La. Pres B WA4 – 4C 135
Redcar Clo. Birk L43 – 2B 82
Redcar Rd. Wal L45 – 3B 40
Redcar St. L6 – 3A 46
Redcross St. L1 – 3B 66
Red Cut La. Kir L33 – 3C 25
Redfern St. L20 – 1B 44
Redford Clo. Gre L49 – 3B 80
Redford St. L6 – 3B 46
Redgate Av. Cro L23 – 4A 8
Redgate Dri. St H WA9 – 3B 38
Redgrave St. L7 – 2B 68
Redhill Av. Kir L32 – 3D 23
Red Hill Rd. Stor L63 – 4A 106
Redhouse Bank. W Kir L48 – 3A 78
Redington Rd. L19 – 1C 113
Redland Rd. L9 – 3A 20
Red Lion Clo. Mag L31 – 4B 4
Red Lomes. Orr L30 – 4B 8
Redmere Dri. Barn L60 – 4D 123
Redmont St. Birk L41 – 2C 85
Red Rock Clo. L6 – 4A 46
Redruth Av. St H WA11 – 4D 27
Redruth Clo. Run WA7 – 1C 139
Redruth Rd. L11 – 2D 33
Redstone Clo. Hoy L47 – 3B 58
Redvers Dri. L9 – 1B 30
Redwing La. L25 – 2D 91
Redwood Clo. L25 – 2A 92
Redwood Rd. L25 – 2A 92
Reedale Clo. L18 – 2A 90
Reedale Rd. L18 – 2A 90
Reeds Av E. Mor L46 – 1D 61
Reeds Av W. Mor L46 – 1D 61
Reeds La. Mor L46 – 1D 61
Reeds Rd. Huy L36 – 4C 51
Reedville. Birk L43 – 2A 84
Reedville Gro. Mor L46 – 2D 61
Reedville Rd. Beb L63 – 4D 107
Reeves Av. Boo L20 – 1A 30
Reeves St. St H WA9 – 3C 39
Regal Cres. Wid WA8 – 1A 118
Regal Dri. Win WA10 – 1B 36
Regal Rd. L11 – 3D 33
Regal Wlk. L4 – 2C 45
Regent Av. Huy L14 – 2C 71
Regent Rd. Boo L20, L20, L5 & L3 – 2B 28 to 4A 44
Regent Rd. Cro L23 – 4B 6
Regent Rd. Wal L45 – 3C 41
Regent Rd. Wid WA8 – 1A 120
Regents Clo. Thing L61 – 3A 104
Regents Rd. St H WA10 – 4B 36
Regent St. L3 – 4A 44
Regent St. Run WA7 – 2D 131
Regents Way. Beb L63 – 2B 106
Regina Av. Cro L22 – 1B 16
Reginald Rd. St H WA9 – 3C 57
Reginald Rd. Industrial Est. St H WA9 – 3D 57
Regina Rd. L9 – 1C 31
Reigate Clo. L25 – 4B 92
Rendal Clo. L5 – 4D 45
Rendcombe Grn. L11 – 3B 32
Rendel St. Birk L41 – 4C 65
Renfrew Av. St H WA11 – 4D 27
Renfrew St. L7 – 2D 67
Rennell Rd. L14 – 1B 70
Rennie Av. St H WA10 – 3B 36
Renshaw St. L1 – 3C 67
Renton Av. Run WA7 – 2C 133
Renville Rd. L14 – 2B 70
Renwick Av. Rain L35 – 1D 75
Renwick Clo. Birk L43 – 2B 82
Renwick M. Birk L43 – 2B 82

Renwick Rd. L9 – 1C 31
Repton Clo. Birk L43 – 2B 82
Repton Gro. Ain L10 – 2B 20
Repton M. Birk L43 – 2B 82
Repton Rd. L16 – 4B 70
Reservoir Rd. L25 – 3D 91
Reservoir Rd. Birk L42 – 1A 106
Reservoir Rd N. Birk L42 – 4A 84
Reservoir St. L6 – 4D 45
Reservoir St. St H WA9 – 2B 54
Rest Hill Rd. Stor L63 – 4A 106
Retford Rd. Kir L33 – 1D 23
Retford Wlk. Kir L33 – 1D 23
Reva Rd. Huy L14 – 1C 71
Rexmore Rd. L18 – 4D 89
Rexmore Way. L15 – 4C 69
Rhiwlas St. L8 – 1A 88
Rhodesia Rd. L9 – 4A 20
Rhodesway. Gay & Barn L60 – 4C 123
Rhosesmor Clo. Kir L32 – 4D 23
Rhosesmor Rd. Kir L32 – 4D 23
Rhyl St. L8 – 2D 87
Rhyl St. Birk L41 – 4C 65
Rhyl St. Wid WA8 – 2D 119
Ribble Av. Mag L31 – 3C 5
Ribble Av. Rain L35 – 1A 76
Ribble Cres. Bill WN5 – 1D 27
Ribble Rd. L25 – 3B 92
Ribbler's La. Kir L32 – 3B & 4B 22
Ribbler's La. Kno L34 – 1B 34
Ribblesdale Av. L9 – 4A 20
Ribble St. Birk L41 – 3D 63
Ribchester Way. Tar L35 – 4A 74
Rice Hey Rd. Wal L44 – 4B 42
Rice La. L9 – 3B 30
Rice La. Wal L44 – 4B 42
Richard Allen Way. L5 – 4C 45
Richard Chubb Dri. Wal L44 – 3B 42
Richard Clo. Run WA7 – 3D 133
Richard Gro. L14 – 3C 49
Richard Hesketh Dri. Kir L32 – 2A 22
Richard Kelly Clo. L4 – 1C 47
Richard Kelly Dri. L4 – 3D 31 to 1B 46
Richard Kelly Pl. L4 – 2C 47
Richard Martin Rd. Lith L21 – 2B 18
Richard Rd. Cro L23 – 3A 6
Richards Gro. St H WA9 – 2C 39
Richardson Rd. Birk L42 – 1C 107
Richardson St. L7 – 4B 68
Richland Rd. L13 – 4C 47
Richmond Av. Lith L21 – 3D 17
Richmond Av. Run WA7 – 2C 133
Richmond Clo. Beb L63 – 3D 107
Richmond Gro. Lyd L31 – 2C 5
Richmond Pk. L6 – 3A 46
Richmond Rd. Beb L63 – 3D 107
Richmond Rd. Cro L23 – 3C 7
Richmond Rd. Wal L45 – 1A 42
Richmond Row. L3 – 1C 67
Richmond St. L1 – 2B 66
Richmond St. Wid WA8 – 4A 98
Richmond Ter. L6 – 4A 46
Richmond Way. Pen L61 – 2B 122
Richmond Way. Tar L35 – 4D 73
Richmond Way. Thing L61 – 3A 104
Rich View. Birk L43 – 3A 84
Rickaby Clo. Beb L63 – 4C 125
Rickman St. L4 – 2C 45
Ridding La. Run WA7 – 2C 139
Riddock Rd. Lith L21 – 1C 29
Ridgefield Rd. Pen L61 – 4D 103
Ridgemere Rd. Pen L61 – 4D 103
Ridge, The. Hes L60 – 2A 122
Ridgetor Rd. L25 – 3D 91
Ridgeway Dri. Lyd L31 – 2C 5
Ridgeway St. L7 – 3B 68
Ridgeway, The. L25 – 3D 91

Ridgeway, The. Beb L63 – 2B 106
Ridgeway, The. Cron WA8 – 1B 96
Ridgeway, The. Gay L60 – 4C 123
Ridgeway, The. Hoy L47 – 4C 59
Ridgeway, The. Run WA7 – 1D 139
Ridgewood Dri. Pen L61 – 4C 103
Ridgmont Av. L11 – 3B 32
Riding Hill Rd. Kno L34 – 3D 35
Ridings, The. Birk L43 – 2B 82
Riding St. L3 – 2C 67
Ridley Gro. W Kir L48 – 3A 78
Ridley La. Mag L31 – 4C 5
Ridley Rd. L6 – 1B 68
Ridley St. Birk L43 – 2B 84
Rigby Dri. Gre L49 – 4B 80
Rigby Rd. Mag L31 – 3A 4
Rigby St. Run WA7 – 2A 132
Rigby St. St H WA10 – 2D 37
Riley Av. Boo L20 – 1A 30
Riley Dri. Run WA7 – 3D 131
Rimmer Av. Huy L16 – 3D 71
Rimmer Gro. St H WA9 – 3C 39
Rimmington Rd. L17 – 4C 89
Rimrose Rd. Boo L20 – 2B 28
Rimrose Valley Rd. Cro L23 – 1A 18
Ringcroft Rd. L13 – 1A 70
Ringsfield Rd. L24 – 2D 129
Ringway Rd. L25 – 2B 92
Ringways. Beb L62 – 1D 125
Ringwood. Birk L43 – 3D 83
Ringwood Av. Huy L14 – 2D 71
Ripley Av. Lith L21 – 2A 18
Ripley Clo. Mag L31 – 4C 5
Ripon Clo. Orr L30 – 2D 19
Ripon Rd. Wal L45 – 3C 41
Ripon St. L4 – 4B 30
Ripon St. Birk L41 – 2C 85
Risbury Rd. L11 – 4B 32
Rishton Clo. L5 – 4D 45
Ritchie Av. L9 – 4A 20
Ritherup La. Rain L35 – 1B 76
Ritson St. L8 – 1A 88
River Avon St. L8 – 4A 68
Riverbank Rd. L19 – 2A 112
River Gro. Beb L62 – 1A 108
Riversdale. Frod WA6 – 4D 137
Riversdale Ct. L19 – 2D 111
Riversdale Rd. L19 – 2C 111
Riversdale Rd. Run WA7 – 3C 133
Riversdale Rd. Wal L44 – 4C 43
Riversdale Rd. W Kir L48 – 4A 78
Riverside. L12 – 1C 49
Riverside. Beb L62 – 4A 108
River Side. W Kir L48 – 1A 100
Riverslea Rd. Cro L23 – 1A 16
River View. Beb L62 – 1B 108
River View. Cro L22 – 2A 16
Riverview Rd. Wal L44 – 1C 65
Riviera Dri. Birk L42 – 1C 107
Rivington Av. Birk L43 – 3C 83
Rivington Av. St H WA10 – 1C 37
Rivington Rd. St H WA10 – 3B 36
Rivington Rd. Wal L44 – 1B 64
Rivington St. St H WA10 – 3B 36
Robarts Rd. L4 – 3A 46
Robeck Rd. L13 – 2A 70
Robert Dri. Gre L49 – 3C 81
Robert Gro. L14 – 3C 49
Roberts Av. Hay WA11 – 1D 39
Roberts Dri. Orr L20 – 4C 19
Robertson St. L8 – 1C 87
Roberts Sq. Run WA7 – 1A 138
Roberts St. L3 – 1A 66
Robert St. Run WA7 – 2A 132
Robert St. Wid WA8 – 1A 120
Robina Rd. St H WA9 – 2B 56
Robins La. St H WA9 – 1B 56
Robinson Pl. St H WA9 – 3B 38
Robinson Rd. Lith L21 – 2B 18
Robinson St. St H WA9 – 3B 38

Robin Way. Upt L49 – 4A 82
Robsart St. L5 – 4C 45
Robson St. L5 – 2D 45
Robson St. L13 – 2D 69
Roby Clo. Rain L35 – 4B 54
Roby Mt Av. Huy L36 – 2B 72
Roby Rd. Huy L14 & L36 – 2C 71 to 2B 72
Roby St. Boo L20 – 2D 29
Roby St. St H WA10 – 4B 36
Rochester Av. Orr L30 – 2D 19
Rochester Rd. Birk L42 – 4D 85
Rock Av. Hes L60 – 3B 122
Rock Bank. Gre L49 – 2D 81
Rockbank Rd. L13 – 4C 47
Rockbourne Av. L25 – 2D 91
Rockbourne Gro. L25 – 2D 91
Rockbourne Way. L25 – 2D 91
Rock Cotts. Wal L45 – 2A 42
Rock Ct. L13 – 1D 69
Rock Ferry By-Pass – 3D 85
Rockfield Rd. L4 – 2D 45
Rockford Av. Kir L32 – 4C 23
Rockford Clo. Kir L32 – 4C 23
Rockford Wlk. Kir L32 – 4C 23
Rock Gro. L13 – 1D 69
Rockhill Rd. L25 – 4A 92
Rockhouse St. L6 – 4B 46
Rockingham St. L5 – 2B 44
Rockland Rd. Cro L22 – 2C 17
Rockland Rd. Wal L45 – 2D 41
Rocklands Av. Beb L63 – 2D 107
Rock La. Mell L31 – 2D 11
Rock La. Wid WA8 – 3C 97
Rock La E. Birk L42 – 1A 108
Rock La W. Birk L42 – 1D 107
Rockley Clo. Birk L43 – 2B 82
Rockley M. Birk L43 – 2B 82
Rockley St. L4 – 1C 45
Rockmount Clo. L25 – 3D 91
Rockmount Rd. L17 – 1D 111
Rock Pk. Birk L42 – 4A 86
Rock Pk Rd. Birk L42 – 1A 108
Rockpoint Av. Wal L45 – 2B 42
Rockside Rd. L18 – 4D 89
Rock St. L3 – 3C 67
Rock St. L13 – 1D 69
Rock St. St H WA10 – 2B 54
Rock View. L5 – 2C 45
Rockville Rd. L14 – 2B 70
Rockville St. Birk L42 – 4D 85
Rockwell Clo. L12 – 2C 49
Rockwell Rd. L12 – 1C 49
Rockwood Way. L6 – 1A 68
Rockybank Rd. Birk L42 – 3B 84
Rocky La. L6 – 4B 46
Rocky La. Hes L60 – 4B 122
Rocky La. S. Hes L60 – 4B 122
Roderick Rd. L4 – 4B 30
Roderick St. L3 – 1C 67
Rodick St. L25 – 4D 91
Rodmel Rd. L9 – 1C 31
Rodney St. L1 – 3C 67
Rodney St. Birk L41 – 2C 85
Rodney St. Boo L20 – 4C 29
Rodney St. St H WA10 – 3C 37
Roe All. L1 – 3C 67
Roedean Clo. L25 – 1A 114
Roedean Clo. Mag L31 – 3B 4
Roehampton Dri. Cro L23 – 3B 6
Roemarsh Clo. Run WA7 – 1A 138
Roe St. L1 – 2B 66
Roe St. Birk L41 – 4A 64
Rogers Av. Boo L20 – 1A 30
Rokeby Clo. L3 – 1C 67
Rokeby St. L3 – 1C 67
Roker Av. Wal L44 – 1A 64
Rokesmith Av. L7 – 4B 68
Roland Av. Beb L63 – 3C 107
Roland Av. Run WA7 – 3D 131

Roland Av. St H WA11 – 4C 27
Rolands Wlk. Run WA7 – 2C 133
Rolleston Dri. Beb L63 – 4D 107
Rolleston Dri. Wal L45 – 2D 41
Rolling Mill La. St H WA9 – 1D 57
Rollo St. L4 – 2C 45
Roman Clo. Run WA7 – 2C 133
Roman Rd. Birk L43 – 1D 105
Roman Rd. Hoy L47 – 3B 58
Roman Rd. Stor L63 – 3A 106
Romer Rd. L6 – 1B 68
Romford Way. Hal L26 – 3D 115
Romilly St. L6 – 1A 68
Romilly St. Birk L41 – 1C 85
Romley St. L4 – 4B 30
Romney Clo. Wid WA8 – 4C 99
Romulus St. L7 – 2C 69
Ronald Clo. Cro L22 – 2D 17
Ronald Rd. Cro L22 – 3D 17
Ronald Ross Av. Orr L30 – 1D 19
Ronaldshay. Wid WA8 – 4C 99
Ronald St. L13 – 1D 69
Ronaldsway. Hal L26 – 1D 115
Ronaldsway. Kir L10 – 4A 22
Ronaldsway. Thor L23 – 3A 8
Ronaldsway. Upt L49 – 1D 81
Rone Clo. Mor L46 – 4D 61
Rooks Way. Hes L60 – 4A 122
Rooley, The. Huy L36 – 2C 73
Roosevelt Dri. L9 – 3A 20
Roper's Bri Clo. Whis L35 – 1C 75
Roper St. St H WA9 – 2B 38
Rosalind Av. Beb L63 – 2C 107
Rosalind St. L20 – 4D 29
Rosalind Wlk. L20 – 4D 29
Rosam Gro. Run WA7 – 1A 138
Rosclare Dri. Wal L45 – 3D 41
Roscoe Clo. Tar L35 – 4A 74
Roscoe Cres. Run WA7 – 4C 131
Roscoe La. L1 – 3C 67
Roscoe Pl. L1 – 3C 67
Roscoe St. L1 – 3C 67
Roscoe St. St H WA10 – 3B 36
Roscommon St. L5 – 4C 45
Roscote Clo. Hes L60 – 4B 122
Rose Av. Orr L20 – 4B 18
Rose Av. St H WA9 – 2B 56
Rosebank Ho. Kir L33 – 3D 13
Rose Bank Rd. L16 – 4B 70
Rosebank Rd. Huy L36 – 3B 50
Rosebank Way. Huy L36 – 3B 50
Roseberry Av. Wal L44 – 4B 42
Rosebery Av. Cro L22 – 1B 16
Rosebery Rd. St H WA10 – 1B 36
Rosebery St. L8 – 4D 67 & 4A 68
Rosebery Wlk. L8 – 4D 67
Rose Brae. L18 – 3A 90
Rose Brow. L25 – 2A 92
Rosebury Gro. Birk L42 – 4A 84
Rose Clo. Run WA7 – 2D 139
Rose Cres. Wid WA8 – 2D 119
Rosedale Av. Cro L23 – 4C 7
Rosedale Dri. L18 – 2A 90
Rosedale Rd. Birk L42 – 3C 85
Rosefield Av. Beb L63 – 2C 107
Rosefield Rd. L25 – 1B 114
Roseheath Dri. Hal L26 – 3D 115
Rose Hill. L3 – 1C 67
Rosehill Av. St H WA9 – 3D 57
Rosehill Ct. L25 – 2D 91
Roseland Clo. Lyd L31 – 2A 4
Rose La. L18 – 3D 89
Rose Lea Clo. Wid WA8 – 2D 97
Rosemead Av. Pen L61 – 1B 122
Rosemont Rd. L17 – 4C 89
Rosemoor Dri. Cro L23 – 3D 7
Rose Mt. Birk L43 – 3A 84
Rose Mt Clo. Birk L43 – 3A 84
Rose Mt Dri. Wal L45 – 2A 42
Rose Pl. L3 – 1C 67
Rose Pl. Birk L42 – 3D 85

Rose St. L25 – 4D 91
Rose St. Wid WA8 – 2D 119
Rose Vale. L5 – 4C 45
(in two parts)
Rose View Clo. Wid WA8 – 4D 97
Rose Vs. L15 – 4D 69
Roskell Rd. L25 – 2B 114
Roslin Rd. Birk L43 – 3A 84
Roslin Rd. Irby L61 – 3C 103
Roslyn St. Birk L42 – 3D 85
Rossall Av. Ain L10 – 1B 20
Rossall Clo. Hale L24 – 3A 130
Rossall Rd. L13 – 2A 70
Rossall Rd. Mor L46 – 2D 61
Rossall Rd. Wid WA8 – 4B 98
Ross Av. Mor L46 – 1B 62
Rossclare Clo. Birk L43 – 2B 82
Ross Clo. Kno L34 – 3D 35
Rossendale Clo. Birk L43 – 3C 83
Rossett Av. L17 – 1C 89
Rossett Rd. Cro L23 – 1B 16
Rossett St. L6 – 4B 46
Rossini St. Cro L21 – 1B 28
Rosslyn Av. Mag L31 – 1A 10
Rosslyn Cres. Mor L46 – 3C 61
Rosslyn Dri. Mor L46 – 3C 61
Rosslyn Pk. Mor L46 – 3C 61
Rosslyn St. L17 – 3A 88
Rossmore Gdns. L4 – 2A 46
Ross St. St H WA9 – 2B 38
Ross St. Wid WA8 – 1A 120
Rostherne Av. Wal L44 – 1A 64
Rostherne Cres. Wid WA8 – 4B 96
Rosthwaite Rd. L12 – 3A 48
Rothbury Clo. Mor L46 – 3B 60
Rothbury Rd. L14 – 3D 49
Rothesay Clo. Run WA7 – 2D 133
Rothesay Dri. Cro L23 – 1C 17
Rothesay Sq. L5 – 4C 45
Rothsay Clo. St H WA11 – 4D 27
Rothwells La. Thor L23 – 2A 8
Rotunda St. L5 – 3C 45
Roughdale Av. Kir L32 – 4D 23
Roughdale Av. St H WA9 – 4A 56
Roughdale Clo. Kir L32 – 4D 23
Roughsedge Hey. Kno L28 – 2A 50
Roughsedge Ho. Kno L28 – 1A 50
Roughwood Dri. Kir L33 – 1D 23
Roundabout. Cron WA8 – 1B 96
Round Meade, The. Mag L31 – 3A & 4A 4
Routledge St. Wid WA8 – 1A 120
Rowan Clo. Hay WA11 – 1D 39
Rowan Clo. Run WA7 – 4A 132
Rowan Ct. Gre L49 – 4A 80
Rowan Clo. St H WA11 – 4D 27
Rowan Dri. Kir L32 – 1B 22
Rowan Gro. Beb L63 – 4C 107
Rowan Gro. Huy L36 – 3B 72
Rowena Clo. Cro L23 – 4C 7
Rowen Wlk. L5 – 4C 45
Rowland St. Birk L41 – 1C 85
Rowsley Gro. L9 – 4A 20
Rowson St. Pres L34 – 2C 53
Rowson St. Wal L45 – 1A to 2A 42
Roxburgh Av. L17 – 3B 88
Roxburgh Av. Birk L42 – 4C 85
Roxburgh St. Boo L20 & L4 – 4A 30
Royal Av. Wid WA8 – 1A 118
Royal Gro. St H WA10 – 1B 54
Royal Mail St. L3 – 2C 67
Royal Pl. Wid WA8 – 1A 118
Royal St. L4 – 2C 45
Royal Wlk. L4 – 2C 45
Royden Av. Run WA7 – 4D 131
Royden Av. Wal L44 – 3B 42
Royden Rd. Upt L49 – 1C 81
Royden St. L8 – 3D 87
Royston Av. Wal L44 – 4B 42
Royston St. L7 – 2A 68

190

Royton Clo. Hal L26 – 3D 115
Royton Rd. Cro L22 – 2C 17
Rudd Av. St H WA9 – 4D 39
Rudd St. Hoy L47 – 4A 58
Rudgate. Whis L35 – 2C 75
Rudgrave Clo. Birk L43 – 2B 82
Rudgrave Pl. Wal L44 – 4B 42
Rudgrave Sq. Wal L44 – 4B 42
Rudley Wlk. L24 – 2D 129
Rudston Rd. L16 – 4B 70
Rudyard Clo. L14 – 1B 70
Rudyard Rd. L14 – 1B 70
Rufford Av. Mag L31 – 3C 5
Rufford Clo. Ain L10 – 3D 21
Rufford Rd. L6 – 1B 68
Rufford Rd. Boo L20 – 1D 29
Rufford Rd. Wal L44 – 1A 64
Rufford Way. St H WA11 – 1C 39
Rugby Dri. Ain L10 – 2C 21
Rugby Rd. L9 – 3A 20
Rugby Rd. Wal L44 – 4D 41
Ruislip Clo. L25 – 4B 92
Rullerton Rd. Wal L44 – 4D 41
Rumford Pl. L3 – 2A 66
Rumford St. L2 – 2B 66
Rumney Pl. L4 – 1C 45
Rumney Rd. L4 – 1C 45
Rumney Rd W. L4 – 1B 44
Runcorn Rd. Moo WA4 – 1D 135
Runcorn Spur Rd. Run WA7 – 2D 131
Runcorn St. L1 – 3B 66
Rundle Rd. L17 – 4C 89
Rundle St. Birk L41 – 3D 63
Runic St. L13 – 2D 69
Runnell's La. Cro & Sef L23 – 3A 8
Runnymede. Huy L36 – 4B 50
Runnymede Clo. L25 – 3A 92
Runnymede Dri. Hay WA11 – 1D 39
Runton Rd. L25 – 1B 92
Rupert La. L5 – 4D 45
Rupert Rd. Huy L36 – 1B 72
Rupert Row. Run WA7 – 3D 133
Ruscombe Rd. L14 – 3D 49
Rushden Rd. Kir L32 – 2D 23
Rushey Hey Rd. Kir L32 – 2C 23
Rushfield Cres. Run WA7 – 2C 139
Rushmere Rd. L11 – 4B 32
Rusholme Clo. Hal L26 – 3D 115
Rushton St. L25 – 4D 91
Rushtons Wlk. Orr L30 – 4B 8
Ruskin Av. Birk L42 – 4D 85
Ruskin Av. Wal L44 – 1A 64
Ruskin Dri. St H WA10 – 2B 36
Ruskin St. L4 – 1C 45
Ruskin Way. Huy L36 – 3C 73
Rusland Av. Pen L61 – 1B 122
Rusland Rd. Kir L32 – 3C 23
Russell Pl. L3 – 2C 67
Russell Pl. L19 – 3B 112
Russell Rd. L18 – 1D 89
Russell Rd. L19 – 3B 112
Russell Rd. Birk L42 – 4D 85
Russell Rd. Huy L36 – 2A 74
Russell Rd. Run WA7 – 3C 131
Russell Rd. Wal L44 – 4C 41
Russell St. L3 – 2C 67
Russell St. Birk L41 – 4C 65
Russell St. Wid WA8 – 3A 98
Russian Dri. L13 – 4D 47
Rutherford Rd. L18 – 1A 90
Rutherford Rd. Mag L31 – 1C 11
Rutherford Rd. Win WA10 – 1A 63
Rutherglen Av. Cro L23 – 2D 17
Ruth Evans Ct. Rain L35 – 4D 53
Ruthven Rd. L13 – 2A 70
Ruthven Rd. Lith L21 – 4A 18
(in two parts)
Rutland Av. L17 – 1C 89
Rutland Av. Hal L26 – 1D 115
Rutland Clo. L5 – 3D 45

Rutland St. Boo L20 – 2D 29
Rutland St. Run WA7 – 2D 131
Rutland St. St H WA10 – 1D 37
Rutland Way. Huy L36 – 1A 74
Rutter St. L8 – 2C 87
Rycot Rd. L24 – 4A 114
Rycroft Rd. L10 – 4C 21
Rycroft Rd. Hoy L47 – 4C 59
Rycroft Rd. Wal L44 – 1B 64
Rydal Av. Birk L43 – 1B 82
Rydal Av. Cro L23 – 1D 17
Rydal Av. Pres L34 – 3C 53
Rydal Bank. Beb L63 – 2D 107
Rydal Bank. Wal L44 – 4B 42
Rydal Clo. Ain L10 – 2C 21
Rydal Clo. Kir L33 – 4B 12
Rydal Clo. Pen L61 – 1B 122
Rydal Gro. Run WA7 – 4A 132
Rydal Gro. St H WA11 – 4B 26
Rydal Rd. Huy L36 – 2C 73
Rydal St. L5 – 3A 46
Rydal St. Lith L21 – 1D 29
Rydal Way. Wid WA8 – 1B 118
Ryder Clo. Whis L35 – 4D 53
Ryder Rd. Wid WA8 – 2A 98
Ryecote. Kir L32 – 4C 23
Rye Croft. Lith L21 – 1A 18
Ryecroft Rd. Barn L60 – 4D 123
Ryefield La. Lith L21 – 1A 18
Ryegate Rd. L19 – 2A 112
Rye Hey Rd. Kir L32 – 2C 23
Ryland Pk. Thing L61 – 4A 104
Rylands Hey. Gre L49 – 3B 80
Rylands St. Wid WA8 – 1A 120
Rymer Gro. L4 – 4B 30
Ryton Rd. Kir L32 – 2B 22

Sackville Rd. Win WA10 – 1B 36
Sadler St. Wid WA8 – 1B 120
St Agnes Rd. L4 – 1B 44
St Agnes Rd. Huy L36 – 2C 73
St Aidan's Ter. Birk L43 – 1D 83
St Aidan's Way. Orr L30 – 4C 9
St Albans. L6 – 4A 46
St Alban's Rd. Birk L43 – 1D 83
St Alban's Rd. Boo L20 – 3D 29
St Albans Rd. Wal L44 – 4A 42
St Alban's Sq. Boo L20 – 4D 29
St Ambrose Croft. Orr L30 – 4C 9
St Ambrose Gro. L4 – 3A 46
St Ambrose Rd. Wid WA8 – 1B 120
St Ambrose Way. L5 – 1C 67
St Andrew Rd. L4 – 3A 46
St Andrew's Dri. Cro L23 – 2A 6
St Andrew's Gro. Orr L30 – 1B 18
St Andrew's Gro. St H WA11 – 4C 27
St Andrew's Rd. Birk L43 – 1A 84
St Andrew's Rd. Boo L20 – 1D 29
St Andrew's Rd. Cro L23 – 2A 6
St Andrew's Rd. Poul & Beb L63 – 1B 124
St Andrew St. L3 – 2C 67
St Anne Gro. Birk L41 – 4B 64
St Anne Pl. Birk L41 – 4B 64
St Anne's Ct. L17 – 1C 111
St Anne's Cres. L17 – 1D 111
St Anne's Gdns. L17 – 1C 111
St Anne's Gro. L17 – 1C 111
St Anne's Ho. Boo L20 – 3D 29
St Anne's Rd. L17 – 1C 111
St Anne's Rd. Huy L36 – 2C 73
St Anne's Rd. Wid WA8 – 4A 98
St Anne St. L3 – 1C 67
St Anne St. Birk L41 – 4B 64
(in three parts)
St Anne's Way. Birk L41 – 4B 64
St Anne Ter. Birk L41 – 4B 64
St Ann's Rd. St H WA10 – 3B 36
St Anthony's Gro. Orr L30 – 1B 18

St Anthony's Pl. L5 – 4C 45
St Anthony's Rd. Cro L23 – 4A 6
St Asaph Gro. Orr L30 – 2D 19
St Augustine St. L5 – 4B 44
St Augustine's Way. Orr L30 – 4C 9
St Austell Clo. Run WA7 – 1C 139
St Austells Rd. L4 – 4A 30
St Benet's Way. Orr L30 – 1C 19
St Bernard's Clo. Orr L30 – 1B 18
St Bernard's Dri. Orr L30 – 1B 18
St Bride's Rd. Wal L44 – 4B 42
St Bride St. L8 – 4D 67
St Bridget's Gro. Orr L30 – 1B 18
St Bridget's La. W Kir L48 – 1A 100
St Catherine's Rd. Boo L20 – 3D 29
St Chad's Dri. Kir L32 – 2C 23
St Chad's Pde. Kir L32 – 2C 23
St Christopher's Av. Orr L30 – 4B 8
St Chrysostom's Way. L6 – 4D 45
St Damian's Croft. Orr L30 – 1C 19
St David Clo. Rain L35 – 1B 76
St David Rd. Birk L43 – 1D 83
St David's Clo. Birk L43 – 1C 83
St David's Gro. Orr L30 – 1B 18
St David's La. Birk L43 – 1C 83
St David's Rd. L4 – 4A 30
St David's Rd. Huy L14 – 3A 50
St Domingo Gro. L5 – 3D 45
St Domingo Rd. L5 – 2C 45
St Domingo Vale. L5 – 3D 45
St Dunstan's Gro. Orr L30 – 1B 18
St Edmond's Rd. Boo L20 – 3D 29
St Elmo Rd. Wal L44 – 4B 42
St Gabriel's Av. Huy L36 – 2D 73
St George's Av. Birk L42 – 4C 85
St George's Av. Win WA10 – 1B 36
St George's Gro. Mor L46 – 3C 61
St George's Gro. Orr L30 – 1B 18
St George's Hill. L5 – 4C 45
St George's Mt. Wal L45 – 1A 42
St George's Pk. Wal L45 – 1A 42
St George's Pl. L1 – 2C 67
St George's Rd. Huy L36 – 3C 51
St George's Rd. St H WA10 – 4B 36
St George's Rd. Wal L45 – 3C 41
St Gregory's Croft. Orr L30 – 4C 9
St Helen's Rd. Pres & Ecc L34 – 2C 53
St Hilary Brow. Wal L44 – 4D 41
St Hilary Dri. Wal L44 – 4D 41
St Hilda St. L4 – 2C 45
St Hugh's Ho. Boo L20 – 3D 29
St Ives Gro. L13 – 1D 69
St Ives Rd. Birk L43 – 1D 83
St Ives Way. Hal L26 – 1C 115
St James' Clo. L13 – 3A 48
St James Mt. Rain L35 – 2B 76
St James Pl. L8 – 1C 87
St James Rd. L1 – 4C 67
St James Rd. Birk L41 – 3D 63
St James' Rd. Ecc & Pres L34 – 2C to 3C 53
St James Rd. Huy L36 – 3C 73
St James Rd. Rain L35 – 2B 76
St James Rd. Wal L45 – 1A 42
St James's Dri. Boo L20 – 2C 29
St James St. L1 – 4C 67
St James Way. Orr L30 – 4C 9
St Jerome's Way. Orr L30 – 4C 9
St John's Av. L9 – 1B 30
St John's Clo. Hoy L47 – 3C 59
St John's Ho. Boo L20 – 3D 29
St John's La. L1 – 2C 67
St John's Pavement. Birk L41 – 1B 84
St John's Pl. Cro L22 – 2B 16
St John's Precinct. L1 – 2C 67
St John's Rd. Boo L20 & L20 – 4C 29
St John's Rd. Cro L22 – 2C 17
St John's Rd. Huy L36 – 3C 73

St John's Rd. Wal L45 – 3C 41
St John's Sq. Birk L41 – 1C 85
St John's St. Birk L41 – 1C 85
St John's St. Run WA7 – 2A 132
St John St. St H WA10 – 1C 55
St Kilda's Rd. Mor L46 – 4C 61
St Leonard's Clo. Orr L30 – 4B 8
St Lucia Rd. Wal L44 – 4B 42
St Luke Cres. Wid WA8 – 2A 98
St Luke's Gro. Orr L30 – 4B 8
St Luke's Rd. Cro L23 – 4C 7
St Luke's Rd. St H WA10 – 3B 36
St Margaret's Gro. Orr L30 – 1B 18
St Margaret's Rd. Hoy L47 – 1A 78
St Mark's Gro. Orr L30 – 4B 8
St Mark's Rd. Huy L36 – 2C 73
St Mark's St. Hay WA11 – 1D 39
St Martin's Ho. Boo L20 – 3D 29
St Martin's La. Run WA7 – 1D 139
St Martin's Mkt. L5 – 4C 45
St Martin's St. L5 – 4B 44
St Mary's Arc. St H WA10 – 3D 37
St Mary's Av. L4 – 4B 30
St Mary's Av. Wal L44 – 4A 42
St Mary's Clo. Hale L24 – 3A 130
St Mary's Ga. Birk L41 – 1D 85
St Mary's Gro. L4 – 4B 30
St Mary's Gro. Orr L30 – 1B 18
St Mary's Ho. St H WA10 – 3D 37
St Mary's La. L4 – 4B 30
St Mary's Mkt. St H WA10 – 3D 37
St Mary's Pl. L4 – 4B 30
St Mary's Rd. L19 – 2A 112
St Mary's Rd. Cro L22 – 3D 17
St Mary's Rd. Huy L36 – 2C 73
St Mary's Rd. Run WA7 – 3D 133
St Mary's Rd. Wid WA8 – 4D 119
St Mary's St. L25 – 4D 91
St Mary's St. Wal L44 – 4A 42
St Matthew's Av. Lith L21 – 3B 18
St Matthew's Gro. St H WA10 –
1B 54
St Mawe's Clo. Wid WA8 – 4C 97
St Mawes Way. Win WA10 –
1A 36
St Michael's Church Rd. L17 –
4A 88
St Michael's Clo. L17 – 4B 88
St Michael's Gro. Mor L46 – 3C 61
St Michael's Gro. Orr L30 – 1B 18
St Michael's Industrial Est. Wid
WA8 – 3A 118
St Michael's Rd. L17 – 3A 88
St Michael's Rd. Cro L23 – 3A 6
St Michael's Rd. Wid WA8 –
2B 118
St Monica's Dri. Orr L30 – 4C 9
St Nathaniel St. L8 – 4A 68
St Nicholas' Dri. Orr L30 – 4C 9
St Nicholas Pl. L3 – 2A 66
St Nicholas' Rd. Wal L45 – 3B 40
St Nicholas Rd. Whis L35 – 3B 74
St Oswald Gdns. L13 – 1D 69
St Oswald's La. Orr L30 – 1C 19
St Oswald's St. L13 – 2D 69
St Patrick's Dri. Orr L30 – 4B 8
St Paul's Av. Wal L44 – 2C 65
St Paul's Clo. Birk L42 – 4C 85
St Paul's Rd. Birk L42 – 4D & 3D 85
St Paul's Rd. Wal L44 – 2C 65
St Paul's Rd. Wid WA8 – 2D 119
St Paul's Sq. L3 – 2A 66
St Paul's Vs. Birk L42 – 4C 85
St Peter's Clo. Hes L60 – 4B 122
St Peter's Ho. Boo L20 – 4D 29
St Peter's Rd. L9 – 4B 20
St Peter's Rd. Birk L42 – 1A 108
St Philip's Av. Lith L21 – 3B 18
St Saviour's Sq. L8 – 4D 67
St Seiriol Gro. Birk L43 – 1D 83

St Silas St. L8 – 2D 87
St Stephen's Clo. L25 – 2B 92
St Stephen's Ct. Birk L42 – 1A 106
St Stephen's Gro. Orr L30 – 1B 18
St Stephen's Rd. Birk L42 – 4A 84
St Teresa's Rd. St H WA10 – 3B 36
St Thomas Sq. St H WA10 – 3D 37
St Thomas's Dri. Orr L30 – 4B 8
St Vincent Rd. Birk L43 – 1D 83
St Vincent Rd. Wal L44 – 4B 42
St Vincent St. L3 – 2C 67
St William Rd. Cro L23 – 3A 8
St William Way. Cro L23 – 3A 8
St Winifred Rd. Rain L35 – 4A 54
St Winifred Rd. Wal L45 – 2A 42
Saker St. L4 – 2D 45
Salacre Clo. Upt L49 – 2A 82
Salacre Cres. Upt L49 – 2D 81
Salacre La. Upt L49 – 2D 81
Salacre Ter. Upt L49 – 2D 81
Salcombe Dri. L25 – 2A 114
Salem View. Birk L43 – 3A 84
Salerno Dri. Huy L36 – 1C 73
Saleswood Av. Ecc WA10 – 1A 36
Salisbury Av. Orr L30 – 3D 19
Salisbury Av. W Kir L48 – 4A 78
Salisbury Dri. Beb L62 – 2A 108
Salisbury Ho. Boo L20 – 2C 29
Salisbury Ho. St H WA9 – 3A 38
Salisbury Rd. L5 – 3D 45
Salisbury Rd. L9 – 3B 30
Salisbury Rd. L15 – 4B 68
Salisbury Rd. L19 – 3D 111
Salisbury Rd. Boo L20 – 2C 29
Salisbury Rd. Wal L45 – 1A 42
Salisbury St. L3 – 1C & 1D 67
Salisbury St. Birk L41 – 1B 84
Salisbury St. Pres L34 – 2C 53
Salisbury St. Run WA7 – 3D 131
Salisbury St. Wid WA8 – 1A 120
Salisbury Ter. L15 – 3D 69
Salop St. L4 – 1C 45
Saltash Clo. Hal L26 – 1C 115
Saltash Clo. Run WA7 – 1C 139
Saltburn Rd. Wal L45 – 3B 40 &
3C 41
Salthouse La. L1 – 3B 66
Saltney St. L3 – 4A 44
Saltpit La. Mag L31 – 1C 11
Samuel St. St H WA9 – 2B 54
Sandbeck St. L8 – 3D 87
Sandbrook La. Mor L46 – 3C 61
Sandbrook Rd. L25 – 4D 71
Sandcliffe Rd. Wal L45 – 1C 41
Sandeman Rd. L4 – 1B 46
Sanderling Rd. Kir L33 – 1D 23
Sanders Hey Clo. Run WA7 –
2C 139
Sanderson St. L5 – 4C 45
Sandfield. Huy L36 – 2B 72
Sandfield Av. Hoy L47 – 3B 58
Sandfield Clo. L12 – 4B 48
Sandfield Clo. Beb L63 – 3C 107
Sandfield Cres. St H WA10 – 3D 37
Sandfield Pk. E. L12 – 3B 48
Sandfield Pl. Boo L20 – 2C 29
Sandfield Rd. L25 – 3A 92
Sandfield Rd. Beb L63 – 3C 107
Sandfield Rd. Ecc WA10 – 1A 36
Sandfield Rd. Upt L49 – 4A 82
Sandfield Rd. Wal L45 – 2A 42
Sandfield Ter. Wal L45 – 2A 42
Sandfield Wlk. L12 – 4A 48
Sandford Dri. Mag L31 – 3B 4
Sandford St. Birk L41 – 4C 65
Sandforth Clo. L12 – 3A 48
Sandforth Rd. L12 – 3A 48
Sandgate Clo. L24 – 1A 128
Sandham Gro. Barn L60 – 4D 123
Sandham Rd. L24 – 1D 129

Sandhead St. L7 – 4B 68
Sandhey Rd. Hoy L47 – 3B 58
Sandheys Av. Cro L22 – 2B 16
Sandheys Clo. L4 – 2C 45
Sandheys Gro. Cro L22 – 2B 16
Sandheys Rd. Wal L45 – 2A 42
Sandheys Ter. Cro L22 – 2B 16
Sandhills La. L5 – 2A 44
Sandhurst Dri. Ain L10 – 1C 21
Sandhurst Rd. Rain L35 – 4A 54
Sandhurst St. L17 – 3A 88
Sandhurst Way. Lyd L31 – 1A 4
Sandiway. Hoy L47 – 3B 58
Sandiway. Huy L36 – 3D 73
Sandiway. Whis L35 – 2B 74
Sandiway Av. Wid WA8 – 1D 117
Sandiways Av. Orr L30 – 2D 19
Sandiways Rd. Wal L45 – 3C 41
Sandlea Pk. W Kir L48 – 4A 78
Sandon Clo. Rain L35 – 4A 54
Sandon Pl. Wid WA8 – 4C 99
Sandon Prom. Wal L44 – 4C 43
Sandon Rd. L9 – 3B 30
Sandon Rd. Wal L44 – 4C 43
Sandon St. L8 – 4D 67
Sandon St. Cro L22 – 3B 16
Sandon St. St H WA9 – 2B 54
Sandon Way. L5 – 3A 44
Sandown Clo. Run WA7 – 1C 137
Sandown La. L15 – 4D 69
Sandown Pk Rd. Ain L10 – 1C 21
Sandown Rd. L15 – 3D 69
Sandown Rd. Cro L21 – 4D 17
Sandpiper Clo. Upt L49 – 1B 80
Sandridge Rd. Pen L61 – 4D 103
Sandridge Rd. Wal L45 – 2A 42
Sandringham Av. Cro L22 – 3C 17
Sandringham Av. Hoy L47 – 4B 58
Sandringham Clo. Beb L62 –
2A 108
Sandringham Clo. Hoy L47 – 4B 58
Sandringham Dri. L17 – 3A 88
Sandringham Dri. St H WA9 –
3A 56
Sandringham Dri. Wal L45 – 1A 42
Sandringham Rd. L13 – 3C 47
Sandringham Rd. Cro L22 – 3C 17
Sandringham Rd. Mag L31 – 1B 10
Sandringham Rd. Wid WA8 – 3D 97
Sandrock Rd. Wal L45 – 2A 42
Sands Rd. L18 – 3D 89
Sandstone Dri. Gra L48 – 4C 79
Sandstone La. L8 – 3C 87
Sandstone Rd. L13 – 4D 47
Sandstone Wlk. Gay L60 – 4C 123
Sandway Cres. L11 – 4C 33
Sandy Brow La. Kir L33 – 4C 25
Sandy Grn. L9 – 1D 31
Sandy Gro. L13 – 3D 47
Sandy La. L9 – 4A 20
Sandy La. L13 – 3D 47
Sandy La. Bold WA8 & WA5 –
1D 99
Sandy La. Boo L20 – 4C 29
Sandy La. Hes L60 – 3B 122
Sandy La. Irby L61 – 1B to 3B 102
Sandy La. Lyd L31 – 1A 4
Sandy La. Mell L31 – 3D 11
Sandy La. Run WA7 – 1A 140
(Preston Brook)
Sandy La. Run WA7 – 4B 130
(Weston Point)
Sandy La. St H WA11 – 3A 26
Sandy La. Wal L45 – 3C 41
Sandy La. W Kir L48 – 1A 100
Sandymount Dri. Beb L63 – 4D 107
Sandymount Dri. Wal L45 – 2D 41
Sandy Rd. Cro L21 – 3D 17
Sandyville Gro. L4 – 1C 47

192

Sandyville Rd. L4 – 1C 47
Sandy Way. Birk L43 – 1D 83
Sankey Rd. Hay WA11 – 1C 39
Sankey Rd. Mag L31 – 2B 10
Sankey St. St H WA9 – 3B 38
Sankey St. Wid WA8 – 3D 119
Santon Av. L13 – 3C 47
Sapphire St. L13 – 2D 69
Sarah's Croft. Orr L30 – 1C 19
Sarah St. L6 – 4D 45
Sark Rd. L13 – 4D 47
Sarum Rd. L25 – 4A 72
Saughall Massie Rd. Gra L48 – 3B 78
Saughall Massie Rd. Upt L49 – 1B 80
Saughall Rd. Mor L46 – 4B 60
Saunby St. L19 – 4B 112
Saunders Av. Pres L35 – 1B 74
Saville Rd. L13 – 2A 70
Saville Rd. Lyd L31 – 3B 4
Savoy Ct. Cro L22 – 3C 17
Sawpit La. Huy L36 – 2D 73
Saxby Rd. Huy L14 – 3D 49
Saxon Clo. L6 – 4A 46
Saxon Ct. St H WA10 – 2C 37
Saxonia Rd. L4 – 4C 31
Saxon Rd. Cro L23 – 1C 17
Saxon Rd. Hoy L47 – 3B 58
Saxon Rd. Mor L46 – 2D 61
Saxon Rd. Run WA7 – 2A 132
Saxon St. L6 – 4A 46
Saxon Ter. Wal WA8 – 1A 120
Saxon Way. Kir L33 – 2C 13
Saxony Rd. L7 – 2A 68
Sayce St. Wid WA8 – 1A 120
Scafell Clo. L27 – 3A 94
Scafell Rd. St H WA11 – 3B 26
Scafell Wlk. L27 – 3D 93
Scape La. Cro L23 – 3C 7
Scargreen Av. L11 – 3B 32
Scarisbrick Av. Lith L21 – 4A 18
Scarisbrick Clo. Mag L31 – 3C 5
Scarisbrick Cres. L11 – 3A 32
Scarisbrick Dri. L11 – 3A 32
Scarisbrick Pl. L11 – 3A 32
Scarisbrick Rd. L11 – 3D 31
Scarsdale Rd. L11 – 4B 32
Sceptre Rd. L11 – 3D 33
Sceptre Wlk. L11 – 3D 33
Scholar St. L7 – 4B 68
Scholes. La. St H WA10 & WA9 – 2A 54
Scholes Pk. St H WA10 – 2A 54
Schomberg St. L6 – 1A 68
School Clo. Mor L46 – 2C 61
Schoolfield Clo. Upt L49 – 4A 82
Schoolfield Rd. Upt L49 – 4A 82
School Hill. Hes L60 – 4B 122
School La. L1 – 3B 66
School La. L25 – 2A 114
School La. Ain L10 – 2C 21
School La. Beb L62 – 2A 108
School La. Beb L63 – 3B 106
School La. Birk L43 – 2B 62
School La. Cro L21 – 4A 18
School La. Hoy L47 – 3C 59 (Great Meols)
School La. Hoy L47 – 4A 58 (Hoylake)
School La. Huy L36 – 2D 73
School La. Kno L34 – 1B 34
School La. Lith L21 – 3A 18
School La. Mag L31 – 4D 5
School La. Mell L31 – 3D 11
School La. Rain L35 – 3C 77
School La. Thur L61 – 3A 102
School La. Wal L44 – 4C 41
School Pl. Birk L41 – 4B 64
School St. Hay WA11 – 1D 39

School Wlk. Cro L23 – 3A 8
School Way. L24 – 1A 128
School Way. Wid WA8 – 3B 98
Schooner Clo. Run WA7 – 1D 139
Scone Clo. L11 – 3D 33
Score La. L16 – 3B 70 to 4C 71
Scoresby Rd. Mor L46 – 1A 62
Score, The. St H WA9 – 3D 55
Scorton St. L6 – 4B 46
Scotchbarn La. Pres L34, Pres & Whis L35 – 3C 53
Scoter Rd. Kir L33 – 1C 23
Scotia Rd. L13 – 4A 48
Scotland Rd. L3 & L5 – 1B 66
Scots Pl. Birk L41 – 4D 63
Scott Av. St H WA9 – 1D 77
Scott Av. Whis L35 – 1D 75
Scott Av. Wid WA8 – 1D 119
Scott Clo. Mag L31 – 4C 5
Scott St. Boo L20 – 2C 29
Scott St. Wal L45 – 3A 42
Scourfield St. L7 – 3B 68
Seabank Av. Wal L44 – 3B 42
Seabank Rd. Hes L60 – 4A 122
Seabank Rd. Wal L45 & L44 – 2A to 4B 42
Sea Brow. L1 – 3B 66
Seacombe Prom. Wal L44 – 1C 65
Seacome Tower. L5 – 3C 45
Seacroft Clo. L14 – 3D 49
Seafield Av. Cro L23 – 4C 7
Seafield Dri. Wal L45 – 2D 41
Seafield Rd. L9 – 1B 30
Seafield Rd. Beb L62 – 1A 108
Seafield Rd. Boo L20 – 2C 29
Seafore Clo. Lyd L31 – 2A 4
Seaforth Dri. Mor L46 – 4C 61
Seaforth Rd. Cro L21 – 1B 28
Seaforth Vale N. Cro L21 – 4D 17
Seaforth Vale W. Cro L21 – 4D 17
Sea La. Run WA7 – 2C 133
Sealy Clo. Poul L63 – 3B 124
Seaman Rd. L15 – 4C 69
Sea Rd. Wal L45 – 1D 41
Seascale Av. St H WA9 – 2C 39
Seath Av. St H WA9 – 2C 39
Seathwaite Clo. Run WA7 – 2A 138
Seathwaite Cres. Kir L33 – 4B 12
Seaton Gro. St H WA9 – 3B 54
Seaton Rd. Birk L42 – 2B 84
Seaton Rd. Wal L45 – 2A 42
Sea View. Hoy L47 – 4A 58
Seaview Av. Irby L61 – 3C 103
Seaview Av. Wal L45 – 4A 42
Seaview La. Irby L61 – 3B 102
Sea View Rd. Boo L20 – 2C 29
Seaview Rd. Wal L45 – 3D 41
Seaview Ter. Cro L22 – 2B 16
Seawood Gro. Mor L46 – 4D 61
Second Av. L9 – 4B 20
Second Av. Birk L43 – 1A 82
Second Av. Cro L23 – 4C 7
Second Av. Rain L35 – 4A 54
Second Av. Run WA7 – 4C 133
Second Clo. Rain L35 – 4A 54
Sedan St. L8 – 2D 87
Sedbergh Gro. Huy L36 – 1A 72
Sedbergh Av. Ain L10 – 1B 20
Sedbergh Gro. Run WA7 – 2A 138
Sedbergh Rd. Wal L44 – 4D 41
Sedburn Rd. Kir L32 – 4D 23
Seddon Rd. L19 – 3A 112
Seddon Rd. St H WA10 – 1A 54
Seddon St. L1 – 3B 66
Seddon St. St H WA10 – 4B 26
Sedgefield Clo. Mor L46 – 3D 61
Sedgefield Rd. Mor L46 – 3D 61
Sedgeley Wlk. Huy L36 – 4C 51
Sedgemoor Rd. L11 – 3A 32
Sedley St. L6 – 3A 46

Seeds La. L9 – 3B 20
Seeley Av. Birk L41 – 4D 63
Seel Rd. Huy L36 – 2D 73
Seel St. L1 – 3B 66
Seel St. Huy L36 – 2D 73
Sefton Av. Lith L21 – 4A 18
Sefton Av. Wid WA8 – 3D 87
Sefton Clo. Kir L32 – 1B 22
Sefton Dri. L8 – 1A 88
Sefton Dri. Ain L10 – 2C 21
Sefton Dri. Kir L32 – 1A 22
Sefton Dri. Mag L31 – 1A 10
Sefton Dri. Thor L23 – 2A 8
Sefton Gro. L17 – 3B 88
Sefton La. Mag L31 – 1A 10
Sefton La Industrial Est. Mag L31 – 1A 10
Sefton Mill La. Sef L29 – 2D 9
Sefton Moss La. Orr L30 – 1C 19
Sefton Moss Vs. Lith L21 – 3A 18
Sefton Pk Rd. L8 – 1A 88
Sefton Pl. St H WA10 – 3D 37
Sefton Rd. L9 – 2B 30
Sefton Rd. Beb L62 – 2A 108
Sefton Rd. Birk L42 – 1D 107
Sefton Rd. Boo L20 – 1D 29
Sefton Rd. Lith L21 – 3A 18
Sefton Rd. Wal L45 – 2A 42
Sefton Sq. L8 – 2D 87
Sefton St. L8 – 1B 86
Sefton St. Lith L21 – 4A 18
Sefton View. Cro L23 – 4D 7
Seiont Ter. L8 – 1D 87
Selborne. Whis L35 – 2D 75
Selborne Clo. L8 – 4D 67
Selborne St. L8 – 4D 67
Selby Rd. L9 – 4D 19
Selby St. Wal L45 – 3A 42
Seldon St. L6 – 1A 68
Selina Rd. L4 – 4A 30
Selkirk Dri. Ecc WA10 – 1A 36
Selkirk Rd. L13 – 1D 69
Sellar St. L4 – 2C 45
Selsdon Rd. Cro L22 – 1B 16
Selside Rd. L27 – 3D 93
Selside Wlk. L27 – 3D 93
Selston Clo. Poul L63 – 2B 124
Selworthy Grn. L16 – 1C 91
Selwyn Clo. Wid WA8 – 3C 99
Selwyn St. L4 – 4A 30
Seneschal Sq. Run WA7 – 1A 138
Sennen Rd. Kir L32 – 3D 23
September Rd. L6 – 3B 46
Sergrim Rd. Huy L36 – 1B 72
Serpentine N, The. Cro L23 – 3A 6
Serpentine Rd. Wal L44 – 4B 42
Serpentine S, The. Cro L23 – 4A 6
Serpentine, The. L19 – 2D 111
Serpentine, The. Cro L23 – 4A 6
Servia Rd. Lith L21 – 4A 18
Sessions Rd. L4 – 2C 45
Settrington Rd. L11 – 4B 32
Seven Acre Rd. Cro L23 – 4A 8
Seven Acres La. Thing L61 – 3A 104
Seventh Av. L9 – 4B 20
Seventh Av. Birk L43 – 4A 62
Seventh Av. Run WA7 – 4C 133
Severn Clo. Bill WN5 – 1D 27
Severn Clo. St H WA8 – 3A 56
Severn Rd. Kir L33 – 3D 13
Severn Rd. Rain L35 – 1A 76
Severn St. Birk L41 – 3D 63
Severs St. L6 – 4A 46
Sewell St. Pres L34 – 3B 52
Sewell St. Run WA7 – 2A 132
Sextant Clo. Run WA7 – 1D 139
Sexton Way. Huy L14 – 2C 71
Seymour Ct. Birk L42 – 3C 85
Seymour Pl E. Wal L45 – 1A 42
Seymour Pl W. Wal L45 – 1A 42

193

Seymour Rd. L14 – 2B 70
Seymour Rd. Lith L21 – 4A 18
Seymour St. L3 – 2C 67
Seymour St. Birk L42 – 3C 85
Seymour St. Boo L20 – 4C 29
Seymour St. St H WA9 – 2C 57
Seymour St. Wal L45 – 1A 42
Shacklady Rd. Kir L33 – 4D 13
Shackleton Rd. Mor L46 – 4A 40
Shadwell St. L5 – 3A 44
Shaftesbury St. Cro L23 – 4B 6
Shaftesbury St. L8 – 1C 87
Shaftesbury Ter. L13 – 1D 69
Shakespeare Av. Birk L42 – 4D 85
Shakespeare Rd. St H WA9 –
1D 77
Shakespeare Rd. Wal L44 – 2B 64
Shakespeare Rd. Wid WA8 –
1D 119
Shakespeare St. L19 – 4B 112
Shakespeare St. Boo L20 – 2C 29
Shakspeare Clo. L6 – 4A 46
Shaldon Clo. Kir L32 – 3D 23
Shaldon Rd. Kir L32 – 4D 23
Shaldon Wlk. Kir L32 – 3D 23
Shalford Gro. Gra L48 – 4C 79
Shallcross St. L6 – 4A 46
Shallmarsh Rd. Beb L63 – 3B 106
Shallot St. L8 – 1D 87
Shamrock Rd. Birk L41 – 4D 63
Shand St. L19 – 4A 112
Shanklin Rd. L15 – 3D 69
Shannon St. Birk L41 – 3D 63
Shard Clo. L17 – 2C 33
Sharples Cres. Cro L23 – 4D 7
Sharp St. Wid WA8 – 1D 119
Shavington Av. Birk L43 – 3D 83
Shawbury Av. Beb L63 – 3C 107
Shawell Ct. Wid WA8 – 4C 99
Shaw Entry. Whis L35 – 3D 75
Shaw La. Gre L49 – 4B 80
Shaw La. Pres & Whis L35 – 4B 52
Shaw Rd. L24 – 4B 114
Shaws All. L1 – 3B 66
Shaws Dri. Hoy L47 – 3B 58
Shaw St. L6 – 1D 67
Shaw St. Birk L41 – 2B 84
Shaw St. Hoy L47 – 4A 58
Shaw St. Run WA7 – 2D 131
(in two parts)
Shaw St. St H WA10 – 3A 38
Shawton Rd. L16 – 3B 70
Shearman Clo. Pen L61 – 4D 103
Shearman Rd. Pen L61 – 4D 103
Sheen Rd. Wal L45 – 2B 42
Sheila Wlk. Kir L10 – 4A 22
Shelagh Av. Wid WA8 – 1A 120
Sheldon Clo. Poul L63 – 3B 124
Sheldon Rd. L12 – 1C 49
Shelley Clo. Huy L36 – 3D 73
Shelley Gro. L19 – 4B 112
Shelley Pl. Whis L35 – 1C 75
Shelley Rd. Wid WA8 – 4D 97
Shelley St. Boo L20 – 2C 29
Shelley St. St H WA9 – 2D 77
Shellingford Rd. L14 – 4D 49
Shelton Rd. Wal L45 – 3D 41
Shenley Clo. Beb L63 – 3D 107
Shenley Rd. L15 – 3B 70
Shenstone St. L7 – 3A 68
Shenton Av. St H WA11 – 4D 27
Shepherds Row. Run WA7 –
2D 133
Shepherd St. L6 – 2D 67
Sheppard Av. Huy L14 – 3A 72
Shepston Av. L4 – 4B 30
Shepton Rd. Huy L36 – 3B 50
Sherborne Av. L25 – 1B 114
Sherborne Av. Orr L30 – 4C 9
Sherborne Rd. Wal L44 – 4D 41
Sherburn Clo. L9 – 3B 20

Sherdley Pk Dri. St H WA9 – 2A 56
Sherdley Rd. St H WA9 – 2D 55
Sheridan St. L5 – 4C 45
Sherlock La. Wal L44 – 2A 64
Sherlock St. L5 – 2D 45
Sherman Dri. Rain L35 – 2C 77
Sherry La. Upt L49 – 4A 82
Sherwood Av. Cro L23 – 3B 6
Sherwood Av. Irby L61 – 3B 102
Sherwood Clo. Wid WA8 – 1B 118
Sherwood Dri. Beb L63 – 2C 107
Sherwood Rd. Cro L23 – 3B 6
Sherwood Rd. Hoy L47 – 4D 59
Sherwood Rd. Wal L44 – 1B 64
Sherwood's La. L10 & Ain L10 –
3C 21
Sherwood St. L3 – 4A 44
Sherwyn Rd. L4 – 2B 46
Shetland Clo. Wid WA8 – 4C 99
Shevingtons La. Kir L33 – 3C 13
Shiel Rd. L6 – 4B 46
Shiel Rd. Wal L45 – 2A 42
Shimmin St. L7 – 3A 68
Shimuin Gdns. St H WA9 – 2B 56
Shipley Wlk. L24 – 1C 129
Ship St. Frod WA6 – 4C 137
Shirdley Av. Kir L32 – 4D 23
Shirdley Wlk. Kir L32 – 4C 23
Shireburn Av. St H WA11 – 4C 27
Shirley Rd. L19 – 2A 112
Shirley St. Wal L44 – 1C 65
Shirwell Gro. St H WA9 – 4B 56
Shop La. Mag L31 – 4B 4
Shop Rd. Kno L34 – 2D 35
Shore Bank. Beb L62 – 2B 108
Shore Dri. Beb L62 – 3B 108
Shorefields. Beb L62 – 2A &
2B 108
Shore La. Cal L48 – 2B 100
Shore Rd. Birk L41 – 4C 65
Shore Rd. Cal L48 – 2B 100
Shortfield. Upt L49 – 2A 82
Shortfield Way. Upt L49 – 2A 82
Short St. Wal L44 – 1B 64
Short St. Wid WA8 – 4D 119
Shortwood Rd. L14 – 1D 71
Shottesbrook Grn. L11 – 3B 32
Shotwick St. L7 – 2C 69
Shrewsbury Av. Ain L10 – 1B 20
Shrewsbury Av. Cro L22 – 1B 16
Shrewsbury Clo. Birk L43 – 1D 83
Shrewsbury Dri. Upt L49 – 1D 81
Shrewsbury Pl. L19 – 3B 112
Shrewsbury Rd. L19 – 3B 112
Shrewsbury Rd. Barn L60 – 3C 123
Shrewsbury Rd. Birk L43 –
4D 63 to 2A 84
Shrewsbury Rd. Wal L44 – 4D 41
Shrewsbury Rd. W Kir L48 – 4A 78
Shrewton Rd. L25 – 4A 72
Shuttleworth Clo. Upt L49 – 1C 81
Sibford Rd. L12 – 4B 48
Siddeley St. L17 – 3B 88
Sidgreave St. St H WA10 – 3C 37
Siding La. Sim L33 – 2B 14
Sidlaw Av. St H WA9 – 3C 39
Sidney Av. Wal L45 – 1A 42
Sidney Bldgs. Birk L42 – 3C 85
Sidney Gdns. Birk L42 – 3C 85
Sidney Pl. L7 – 3A 68
Sidney Powell Av. Kir L32 – 2B 22
Sidney Rd. Birk L42 – 3C 85
Sidney Rd. Boo L20 – 4A 30
Sidney St. L9 – 4A 20
Sidney St. Birk L41 – 4C 65
Sidney St. St H WA10 – 2C 37
Sidney Ter. Birk L42 – 3C 85
Sidwell St. L19 – 3B 112
Signal Works Rd. L9 – 3C 21
Silcroft Rd. Kir L32 – 3C 23
Silkhouse La. L2 – 2B 66

Silkstone St. St H WA10 – 3C 37
Silver Av. Hay WA11 – 1D 39
Silverbeech Av. L18 – 2A 90
Silverbeech Rd. Wal L44 – 1B 64
Silver Birch Way. Lyd L31 – 1A 4
Silverburn Av. Mor L46 – 3C 61
Silverdale Av. L13 – 3C 47
Silverdale Clo. Huy L36 – 3C 73
Silverdale Dri. Lith L21 – 3C 19
Silverdale Gro. St H WA11 – 3B 26
Silverdale Rd. Beb L63 – 2D 107
Silverdale Rd. Birk L43 – 2D 83
Silverlea Av. Wal L45 – 4A 42
Silverstone Dri. Lyd L31 – 2A 4
Silverton Rd. L17 – 1C 111
Silverwell Rd. L11 – 1D 33
Silverwell Wlk. L11 – 1D 33
Silvester St. L5 – 4B 44
Simms Av. St H WA9 – 3C 39
Simm's Rd. L6 – 3B 46
Simon Ct. Kir L33 – 3C 13
Simons Clo. Whis L35 – 3B 74
Simon's Croft. Orr L30 – 1B 18
Simonswood La. Kir L33 – 2D 23
Simonswood Wlk. Kir L33 – 2D 23
Simpson St. L1 – 4B 66
Simpson St. Birk L41 – 1B 84
Sinclair Av. Pres L35 – 4C 53
Sinclair Av. Wid WA8 – 1D 119
Sinclair Clo. Pres L35 – 3C 53
Sinclair Dri. L18 – 1A 90
Sinclair St. L19 – 4B 112
Sinclair St. St H WA9 – 3A 38
Sineacre La. Sim L33 & Bic L39 –
2B 14
Singleton Av. Birk L42 – 3B 84
Singleton Av. St H WA11 – 1B 38
Singleton Dri. Kno L34 – 3D 35
Sir Howard St. L8 – 4D 67
Sir Thomas St. L1 – 2B 66
Sir Thomas White Gdns. L5 –
3D 45
Siskin Grn. L25 – 2D 91
Sixth Av. L9 – 4B 20
Sixth Av. Birk L43 – 4B 62
Sixth Av. Run WA7 – 4C 133
Skeffington. Whis L35 – 2C 75
Skelhorne St. L3 – 2C 67
Skelington Fold. L27 – 1C 93
Skelton Clo. St H WA11 – 4C 27
Skerries Rd. L4 – 2A 46
Skiddaw Clo. Run WA7 – 2B 138
Skipton Rd. L4 – 2A 46
Skipton Rd. Huy L36 – 1A 74
Skirving Pl. L5 – 3C 45
Skirving St. L5 – 3C 45
Skye Clo. Wid WA8 – 3C 99
Slade St. L5 – 3B 44
Slaidburn St. L5 – 4C 45
Slater Pl. L1 – 3C 67
Slater St. L1 – 3C 67
Slatey Rd. Birk L43 – 1A 84
Sleaford Rd. Huy L14 – 3A 50
Sleepers Hill. L4 – 2D 45
Slessor Av. Gra L48 – 3B 78
Slim Rd. Huy L36 – 1C 73
Slingsby Dri. Upt L49 – 2D 81
Smeaton St. L4 – 1C 45
Smilie Av. Mor L46 – 3B 60
Smith Av. Birk L41 – 3A 64
Smithdown La. L7 – 3D 67
Smithdown Pl. L15 – 1D 89
Smithdown Rd. L7 & L15 – 4A 68
to 1D 89
Smith Dri. Orr L20 – 1A 30
Smithfield St. L3 – 1B 66
Smithfield St. St H WA9 – 3B 38
Smith Pl. L5 – 2C 45
Smith Rd. Wid WA8 – 2D 119
Smith St. L5 – 2C 45
Smith St. Pres L34 – 3C 53

Smith St. St H WA9 – 2C 57
Smithy Clo. Cron WA8 – 1B 96
Smithy Hey. Gra L48 – 4B 78
Smithy La. L4 – 3B 30
Smithy La. Cron WA8 – 1B 96
Smollet St. L6 – 1A 68
Smollett St. Boo L20 – 1C 29
Smyth Rd. Wid WA8 – 4B 98
Snaefell Av. L13 – 3C 47
Snaefell Gro. L13 – 4C 47
Snowden Rd. Mor L46 – 3B 60
Snowdon Gro. St H WA9 – 2A 56
Snowdon Rd. Birk L42 – 4B 84
Snowdrop Av. Birk L41 – 4D 63
Snowdrop St. L5 – 2B 44
Soho Pl. L3 – 1C 67
Soho Sq. L3 – 1C 67
Soho St. L3 – 1C 67
Solar Rd. L19 – 1C 31
Solomon St. L7 – 2A 68
Solly Av. Birk L42 – 4C 85
Solva Clo. L6 – 4D 45
Solway Gro. Run WA7 – 2D 137
Solway St. L8 – 4A 68
Solway St. Birk L41 – 3D 63
Soma Av. Lith L21 – 3B 18
Somerford Rd. L14 – 4D 49
Somerset Pl. L6 – 3B 46
Somerset Rd. Boo L20 – 2A 30
Somerset Rd. Cro L23 – 1B 16
Somerset Rd. Gra L48 – 3B 78
Somerset Rd. Pen L61 – 1A 122
Somerset Rd. Wal L45 – 4C 41
Somerset St. St H WA9 – 3B 38
Somerton St. L15 – 3C 69
Somerville Gro. Cro L22 – 2B 16
Somerville Rd. Cro L22 – 2B 16
Somerville Rd. Wid WA8 – 2B 118
Somerville St. Birk L41 – 4C 65
Sommer Av. L12 – 2A 48
Sonning Av. Lith L21 – 2A 18
Sonning Rd. L4 – 4D 31
Sorany Clo. Cro L23 – 3A 8
Sorogold St. St H WA9 – 3B 38
Soulsby Gdns. St H WA9 – 2B 56
S Albert Rd. L17 2A 88
Southampton Way. Run WA7 –
   1A 140
South Av. Pres L34 – 3A 52
S Bank. Birk L43 – 3A 84
S Bank Rd. L7 – 2C 69
S Bank Rd. L19 – 2A 112
S Bank Ter. Run WA7 – 1D 131
S Barcombe Rd. L16 – 4C 71
S Boundary Rd. Kir L33 – 3A 24
Southbourne Rd. Wal L45 – 4C 41
Southbrook Rd. L27 – 1B 92
Southbrook Way. L27 – 1B 92
S Cantril Av. L12 – 2D 49
S Chester St. L8 – 1C 87
Southcroft. Kir L33 – 4C 13
Southcroft Rd. Wal L45 – 4C 41
Southdale Rd. L15 – 4D 69
Southdale Rd. Birk L42 – 4C 85
Southdean Rd. L14 & Huy L14 –
   2D 49
South Dri. L15 – 3D 69
South Dri. Hes L60 – 4C 123
South Dri. Irby L61 – 4B 102
South Dri. Upt L49 – 1A 82
Southern Expressway. Run WA7 –
   1A 138
Southern Rd. L24 – 2C 129
Southey Gro. Mag L31 – 2B 10
Southey Rd. St H WA10 – 1B 54
Southey St. Boo L20 – 2C 29
Southfield Rd. L9 – 1A 30
Southgate Rd. L13 – 1A 70
South Gro. L8 – 3D 87
South Gro. L18 – 1B 112
S Hey Rd. Irby L61 – 4C 103

S Highville Rd. L16 – 1B 90
S Hill Gro. Birk L43 – 3A 84
S Hill Rd. L8 – 3D 87
S Hill Rd. Birk L43 – 2A 84
S Hunter St. L1 – 3C 67
S John St. L1 – 3B 66
S John St. St H WA9 – 3B 38
Southlands Ct. Run WA7 – 3D 131
South La Entry. Bold WA8 – 2D 99
S Manor Way. L25 – 4B 92
S Meade. Mag L31 – 4A 4
Southmead Rd. L19 – 3C 113
S Moor Dri. Cro L23 – 4C 7
S Mossley Hill Rd. L19 – 1A 112
South Pde. L24 – 2C 129
South Pde. Cro L23 – 1D 17
South Pde. Kir L32 – 2C 23
South Pde. Run WA7 – 4B 130
South Pde. W Kir L48 – 4A 78
S Park Ct. Wal L44 – 1C 65
S Park Rd. Kir L32 – 1A 22
S Parkside Dri. L12 – 2A 48
S Parkside Way. L12 – 1A 48
S Park Way. Boo L20 – 4D 29
Southport Rd. Lyd L31 – 1A 4
Southport Rd. Orr & Boo L20 –
   1A 30
Southport Rd. Thor L23 – 1A 8
Southport St. St H WA9 – 3D 39
Southridge Rd. Pen L61 – 4D 103
South Rd. L14 – 1B 70
South Rd. L19 – 3D 111
South Rd. L24 – 1C 129
South Rd. Birk L42 – 4B 84
South Rd. Cro L22 – 3B 16
South Rd. Run WA7 – 4B 130
South Rd. W Kir L48 – 1A 100
S Station Rd. L25 – 2A 92
South St. L8 – 2D 87
South St. St H WA9 – 2B 54
South St. Wid WA8 – 1A 120
S Sudley Rd. L19 – 1D 111
S View. Beb L62 – 4B 108
S View. Cro L22 – 3C 17
S View. Huy L36 – 2A 74
S View Ter. Cuer WA5 – 4D 99
South Vs. Wal L45 – 2A 42
Southwark Gro. Orr L30 – 2D 19
South Way. L14 – 3A 70
Southway. Wid WA8 – 1B 118
Southwell Pl. L8 – 1C 87
Southwell St. L8 – 1C 87
Southwick Rd. Birk L42 – 3C 85
Southwood Av. Run WA7 – 2A 134
Southwood Rd. L17 – 4A 88
Sovereign Rd. L11 – 3D 33
Sovereign Way. L11 – 3D 33
Spark La. Run WA7 – 3D 133
Sparks La. Thing L61 – 3A 104
Sparling St. L1 – 4B 66
Sparrow Hall Clo. L9 – 2A 32
Sparrow Hall Rd. L9 – 2A 32
Sparrowhawk Clo. Run WA7 –
   1C 139
Speakman Rd. St H WA10 – 1C 37
Speakman St. Run WA7 – 2D 131
Speedwell Clo. Barn L60 – 4D 123
Speedwell Dri. Barn L60 – 3D 123
Speedwell Rd. Birk L41 – 4D 63
Speke Boulevd. L24 & Hal L24 –
   4A 114
Speke Church Rd. L24 – 1A 128
Speke Hall Av. L24 – 1A 128
Speke Hall Rd. L24 & L25 – 4A 114
Speke Rd. L19 & L24 – 3B 112
Speke Rd. L25 – 4A 92 to 2B 114
Speke Rd. Hal L26, Hal & Wid
   WA8 – 3B 116 to 2C 119
Speke Town La. L24 – 1A 128
Spellow La. L4 – 1D 45
Spellow Pl. L3 – 2A 66

Spence Av. Boo L20 – 1A 30
Spencer Gdns. St H WA9 – 2B 56
Spencer Pl. Orr L20 – 4C 19
Spencers La. Mell L31 – 1C 21
Spencer St. L6 – 4D 45
Spenser Av. Birk L42 – 1D 107
Spenser St. Boo L20 – 2C 29
Spike Rd. Birk L41 – 3C 65
Spinnaker Clo. Run WA7 – 2D 139
Spinney Av. Wid WA8 – 1D 117
Spinney Clo. Kir L33 – 3B 24
Spinney Clo. St H WA9 – 4A 56
Spinney Cres. Cro L23 – 3A 6
Spinney Grn. Ecc WA10 – 3A 36
Spinney Rd. Kir L33 – 3B 24
Spinney, The. Gra L48 – 4C 79
Spinney, The. Kno L28 – 2A 50
Spinney, The. Poul L63 – 1C 125
Spinney, The. Upt L49 – 1D 81
Spinney View. Kir L33 – 3B 24
Spinney Wlk. Run WA7 – 3D 133
Spinney Way. Huy L36 – 1B 72
Spital Heyes. Poul L63 – 1C 125
Spital Rd. Poul L63 & Beb L62 –
   1B 124 to 2D 125
Spofforth Rd. L7 – 3B 68
Spooner Av. Lith L21 – 4B 18
Sprainger St. L3 – 4A 44
Sprakeling Pl. Orr L20 – 4C 19
Spray St. St H WA10 – 2C 37
Springbank Clo. Run WA7 – 1C 137
Spring Bank Rd. L4 – 3A 46
Springbourne Rd. L17 – 4A 88
Springbrook Clo. Ecc WA10 –
   2A 36
Springdale Clo. L12 – 2B 48
Springfield. L3 – 1C 67
Springfield Av. Gra L48 – 4D 79
Springfield Av. Lith L21 – 3B 18
Springfield Clo. Upt L49 – 4B 82
Springfield La. Ecc WA10 – 2A 36
Springfield Rd. Augh L39 – 1D 5
Springfield Rd. St H WA10 – 1B 54
Springfield Rd. Wid WA8 – 1D 117
Springfield Sq. L4 – 1D 45
Springfield Way. L12 – 1C 49
Spring Gdns. Mag L31 – 1C 11
Spring Gro. L12 – 3B 48
Springmeadow Rd. L25 – 2A 92
Spring St. Birk L42 – 3D 85
Spring St. Wid WA8 – 3D 119
Spring Vale. Wal L45 – 2C 41
Springville Rd. L9 – 4B 20
Springwell Rd. Orr L20 – 4B 18
Springwood Av. L19 & L25 –
   2C 113
Spur Clo. L11 – 3D 33
Spurgeon Clo. L5 – 4D 45
Spurrier's La. Mell & Sim L31 –
   1B 12
Spurstow Clo. Birk L43 – 3D 83
Spur, The. Cro L23 – 1B 16
Squires Av. Wid WA8 – 1D 119
Stackfield. The. Gra L48 – 3D 79
Stadium Rd. Beb L62 – 1D 125
Stafford Clo. Huy L36 – 4A 52
Stafford Rd. St H WA10 – 4B 36
Stafford St. L3 – 2C 67
Stag La. Ain L30 – 2A 20
Stainburn Av. L11 – 3A 32
Stainer Clo. L14 – 3C 49
Stainton Clo. St H WA11 – 3C 27
Stairhaven Rd. L19 – 1A 112
Stalbridge Av. L18 – 2D 89
Staley St. Orr L20 – 1D 29
Stalisfield Av. L11 – 4B 32
Stalisfield Gro. L11 – 4B 32
Stalisfield Pl. L11 – 4B 32
Stalmine Rd. L9 – 2B 30
Stamfordham Dri. L19 – 2B 112

Stamfordnam Gro. L19 – 2B 112
Stamfordham Pl. L19 – 2B 112
Stamford St. L7 – 2B 68
Stanbury Av. Beb L63 – 3D 107
Standale Rd. L15 – 3D 69
Standard Pl. Birk L42 – 3D 85
Standard Rd. L11 – 2D 33
Standen Clo. St H WA10 – 2C 37
Standish St. L3 – 1B 66
Standish St. St H WA10 & WA9 –
2D 37
Stand Pk Av. Orr L30 – 1D 19
Stand Pk Clo. Orr L30 – 1D 19
Stand Pk Rd. L16 – 1B 90
Stand Pk Way. Orr L30 – 1C 19
Standring Gdns. St H WA10 –
1A 54
Stanfield Av. L5 – 4D 45
Stanfield Dri. Beb L63 – 1A 124
Stanford Av. Wal L45 – 2A 42
Stanford Cres. L25 – 1B 114
Stanforth Ho. Kir L33 – 3C 13
Stangate. Mag L31 – 4A 4
Stanhope Dri. Beb L62 – 2D &
3D 125
Stanhope St. L8 – 1C 87
Stanhope St. St H WA10 – 1D 37
Stanley Av. Cro L23 – 1D 17
Stanley Av. Stor L63 – 2A 106
Stanley Av. Wal L45 – 3C 41
Stanley Clo. Wid WA8 – 4A 98
Stanley Ct. Birk L42 – 3D 85
Stanley Cres. Pres L34 – 3B 52
Stanley Gdns. L9 – 1B 30
Stanley Ho. L4 – 1B 44
Stanley Ho. Boo L20 – 2C 29
Stanley Pk. Lith L21 – 3A 18
Stanley Pk Av N. L4 – 4C 31
Stanley Pk Av S. L4 – 1A 46
Stanley Pl. L7 – 3D 67
Stanley Precinct. Boo L20 – 3D 29
Stanley Rd. Beb L62 – 2A 108
Stanley Rd. Birk L41 – 3D 63
Stanley Rd. Boo L20, L20 & L5 –
1D 29 to 3B 44
Stanley Rd. Cro L22 – 3C 17
Stanley Rd. Hoy L47 – 1A 78
Stanley Rd. Huy L36 – 1C 73
Stanley Rd. Mag L31 – 3B 10
Stanley St. L1 – 2B 66
Stanley St. L7 – 1C 69
Stanley St. L19 – 4B 112
Stanley St. Run WA7 – 1A 132
Stanley St. Wal L44 – 2C 65
Stanley Ter. Wal L45 – 2A 42
Stanley Yd. L9 – 3B 30
Stanlowe View. L19 – 3D 111
Stanmore Rd. L15 – 1A 90
Stanmore Rd. Run WA7 – 2C 133
Stanny Field Dri. Cro L23 – 3A 8
Stansfield Av. Mag L31 – 4D 5
Stanton Av. Lith L21 – 3A 18
Stanton Clo. Orr L30 – 3C 9
Stanton Cres. Kir L32 – 2B 22
Stanton Rd. L18 – 2D 89
Stanton Rd. Beb L63 – 1A 124
Staplands Rd. L14 – 2B 70
Stapleford Rd. L25 – 1B 92
Stapleton Av. L24 – 1B 128
Stapleton Av. Rain L35 – 4B 54
Stapleton Clo. Rain L35 – 4B 54
Stapleton Rd. Rain L35 – 4A 54
Stapleton Way. Wid WA8 – 4A 118
Starkie St. L6 – 1D 67
Startham Av. Bill WN5 – 1D 27
Station App. Hoy L47 – 3C 59
Station Rd. L25 – 1A 92
Station Rd. Birk L41 – 3D 63
Station Rd. Hes L60 – 4B 122
Station Rd. Hoy L47 – 1A 78

Station Rd. Huy L36 – 2B 72
Station Rd. Lyd L31 – 1A 4
Station Rd. Mag L31 – 1C 11
Station Rd. Mell L31 – 1A 22
Station Rd. Pres L34 – 3B 52
Station Rd. Rain L35 – 1B 76
Station Rd. Run WA7 – 2D 131
Station Rd. St H WA9 – 2C 57
Station Rd. Stor L61 & L63 –
4C 105
Station Rd. Sut W WA7 – 2C 139
Station Rd. Thur L61 – 4D 101
Station Rd. Wal L44 – 4D 41
Station Rd. Wid WA8 – 2B 98
Station St. Rain L35 – 1B 76
Statton Rd. L13 – 2A 70
Staveley Rd. L19 – 2A 112
Stavert Clo. L11 – 3C 33
Stavordale Rd. Mor L46 – 3D 61
Steble St. L8 – 2D 87
Steel Av. Wal L45 – 2B 42
Steel St. L5 – 3B 44
Steers Croft. L28 – 1D 49
Steers St. L6 – 4D 45
Stenhills Cres. Run WA7 – 2A 132
Stephens La. L2 – 2B 66
Stephenson Rd. L13 – 2D 69
Stephen Way. Rain L35 – 4A 54
Stepney Gro. L4 – 4B 30
Sterling Way. L5 – 3C 45
Sterrix Av. Orr L30 – 1B 18
Sterrix La. Lith L21 & L30 – 1B 18
Stevenage Clo. St H WA9 – 2C 55
Stevenson Cres. St H WA10 –
2B 36
Stevenson Dri. Poul L63 – 2A 124
Stevenson St. L15 – 3C 69
Stevens Rd. Barn L60 – 4D 123
Stevens St. St H WA9 – 2B 54
Stewards Av. Wid WA8 – 2C 119
Stewart Av. Boo L20 – 2A 30
Stewart Clo. Pen L61 – 2B 122
Stewart Pl. Birk L41 – 2C 85
Stile Hey. Cro L23 – 3A 8
Stirling Av. Cro L23 – 1C 17
Stirling Cres. St H WA9 – 3A 56
Stirling St. Wal L44 – 1A 64
Stockbridge La. Huy & Kno L36 –
4A 50
Stockbridge Pl. L5 – 3D 45
Stockbridge St. L5 – 3D 45
Stockdale St. L3 – 1B 66
Stockham Clo. Run WA7 – 4D 133
Stockham La. Run WA7 – 4D 133
to 2D 139
Stockmoor Rd. L11 – 3B 32
Stockpit Rd. Kir L33 – 2B 24
Stocks Av. St H WA9 – 3C 39
Stockswell Rd. Tar WA8 – 3D 95
Stockton Gro. St H WA9 – 3B 54
Stockton Wood Rd. L24 – 1B 128
Stockville Rd. L18 – 3C 91
Stoddart Rd. L4 – 4B 30
Stokesay. Birk L43 – 1B 82
Stoneham Dri. Mag L31 – 3B 4
Stone Barn La. Run WA7 – 1B 138
Stonebridge La. L10 & L11 – 1C 33
Stoneby Dri. Wal L45 – 2D 41
Stonechat Clo. Run WA7 – 2A 138
Stonedale Cres. L11 – 2C 33
Stonefield Rd. L14 – 4D 49
Stone Hey. Whis L35 – 2B 74
Stonehey Dri. W Kir L48 – 1B 100
Stonehey Rd. Kir L32 – 3C 23
Stonehey Wlk. Kir L32 – 3C 23
Stonehill Av. Beb L63 – 3D 107
Stonehills La. Run WA7 – 2B 132
Stonehill St. L4 – 3A 46
Stonehouse Rd. Wal L44 – 4C 41
Stonelea. Run WA7 – 2A 134
Stone Sq. Orr L20 – 1A 30

Stone St. L3 – 4A & 4B 44
Stone St. Pres L34 – 3B 52
Stoneville Rd. L13 – 4D 47
Stoneycroft. L13 – 1A 70
Stoneycroft Clo. L13 – 4D 47
Stoneycroft Cres. L13 – 4D 47
Stoney Hey Rd. Wal L45 – 2A 42
Stoneyhurst Av. Ain L10 – 1B 20
Stoney La. Whis & Rain L35 –
4D 53 to 1A 76
Stoney View. Rain L35 – 1A 76
Stonyfield. Orr L30 – 3C 9
Stonyhurst Clo. St H WA11 – 4C 27
Stonyhurst Rd. L25 – 1A 114
Stopgate La. L9 – 2D 31
Stopgate La. Kir & Sim L33 – 3D 13
Store St. L20 – 4A 30
Storeton Clo. Birk L43 – 3A 84
Storeton La. Barn L61 – 1D 123
Storeton Rd. Birk L43 & L42 –
3A 84
Stormont Rd. L19 – 3A 112
Storrington Av. L11 – 3C 33
Storrington Heys. L11 – 3C 33
Storrsdale Rd. L18 – 4A 90
Stour Av. Rain L35 – 1A 76
Stourcliffe Rd. Wal L44 – 1D 63
Stour St. L4 – 2C 45
Stourton Rd. Kir L32 – 3C 23
Stourton St. Wal L44 – 2B 64
Stourvale Rd. Hal L26 – 2D 115
Stowe Av. Ain L10 – 1C 21
Stafford Dri. Boo L20 – 2A 30
Strand Rd. Boo L20 – 3C & 3D 29
Strand Rd. Hoy L47 – 4A 58
Strand St. L1 – 3B 66
Strand, The. L2 – 3B 66
Stratford Rd. L19 – 2D 111
Stratford Way. Birk L43 – 2B 82
Strathallan Clo. Hes L60 – 2A 122
Strathcona Rd. L15 – 4C 69
Strathcona Rd. Wal L45 – 3A 42
Strathearn Rd. Hes L60 – 4B 122
Strathmore Dri. Cro L23 – 1C 17
Strathmore Gro. St H WA9 – 2A 56
Strathmore Rd. L6 – 4B 46
Stratton Clo. Run WA7 – 1C 139
Stratton Rd. Kir L32 – 2B 22
Stratton Wlk. Kir L32 – 2B 22
Strawberry Rd. L11 – 4A 32
Streatham Av. L18 – 2D 89
Stretton Av. St H WA9 – 3D 39
Stretton Av. Wal L44 – 4A 42
Stretton Clo. Birk L43 – 3C 83
Strickland St. St H WA10 – 2A 38
Stringhey Rd. Wal L44 – 3B 42
Stroma Rd. L18 – 1A 112
Stuart Av. L25 – 2B 114
Stuart Av. Mor L46 – 3D 61
Stuart Clo. Mor L46 – 3D 61
Stuart Dri. Huy L14 – 1C 71
Stuart Gro. L20 – 4D 29 & 4A 30
Stuart Pl. L13 – 1D 69
Stuart Rd. L4 – 3A 30
Stuart Rd. Birk L42 – 3B 84
Stuart Rd. Boo L20 & L4 – 2A 30
Stuart Rd. Cro L22 & L23 – 2C 17
Stuart Rd. Mell L31 – 1A 22
Stuart Rd. Win WA10 – 1A 36
Studholme St. L20 – 2B 44
Studland Rd. L9 – 2A 32
Studley Rd. Wal L45 – 3C 41
Sturdee Rd. L13 – 2A 70
Suburban Rd. L6 – 3B 46
Sudbury Clo. L25 – 4B 92
Sudbury Rd. Cro L22 – 1A 16
Sudbury Way. L24 – 1A 128
Sudell Av. Mag L31 – 3D 5
Sudwarth Rd. Wal L45 – 2A 42
Suffield Rd. L4 – 1C 45
Suffolk Pl. Wid WA8 – 2B 118

Suffolk St. L1 – 3C 67
Suffolk St. Boo L20 – 2D 29
Suffolk St. Run WA7 – 1D 131
Sugar La. Kno L34 – 3D 35
Sugnall St. L7 – 3D 67
Sulby Av. L13 – 4C 47
Sulgrave Clo. L16 – 3B 70
Summer Clo. Run WA7 – 3D 133
Summerfield. Beb L62 – 2D 125
Summerfield. Kir L33 – 3C 13
Summerhill Dri. Mag L31 – 2D 11
Summer La. Run WA7 – 3D 133
Summer La. Pres B WA4 – 1B 140
Summers Av. Boo L20 – 2A 30
Summer Seat. L3 – 1B 66
Summer Seat. Boo L20 – 3C 29
Summertrees Av. Gre L49 – 2B 80
Summit, The. Wal L44 – 4B 42
Summit Way. L25 – 3D 91
Sumner Clo. Rain L35 – 3B 76
Sumner Rd. Birk L41 – 3D 63
Sumner St. L5 – 3B 44
Sumner St. Hay WA11 – 1D 39
Sunbeam Rd. L13 – 1A 70
Sunbourne Rd. L17 – 4A 88
Sunbury Rd. L4 – 2A 46
Sunbury Rd. Wal L44 – 1B 64
Sunbury St. St H WA10 – 1B 54
Suncroft Rd. Barn L60 – 4D 123
Sundale Av. Whis L35 – 3D 53
Sundridge St. L8 – 3D 87
Sunfield Rd. Mor L46 – 2D 61
Sunlight St. L6 – 4B 46
Sunningdale Dri. Cro L23 – 3B 6
Sunningdale Dri. Thing L61 –
4A 104
Sunningdale Dri. Wid WA8 –
1A 118
Sunningdale Rd. L15 – 3D 69
Sunningdale Rd. Wal L45 – 2D 41
Sunny Bank. Beb L63 – 3C 107
Sunnybank. Upt L49 – 1D 81
Sunny Bank Rd. L16 – 4C 71
Sunny Ga Rd. L19 – 1A 112
Sunnymede Dri. Lyd L31 – 3B 4
Sunnyside. L8 – 2A 88
Sunnyside. Mor L46 – 2C 61
Sunnyside Rd. Cro L23 – 1B 16
Sunsdale Rd. L18 – 2A 90
Surrey Av. Upt L49 – 1C 81
Surrey Dri. W Kir L48 – 1B 100
Surrey St. Run WA7 – 2D 131
(in two parts)
0Surrey St. St H WA9 – 3B 38
Surrey St. Wal L44 – 1A 64
Susan Gro. Mor L46 – 4D 61
Susan St. Wid WA8 – 4B 38
Susan Wlk. Whis L35 – 4D 53
Sussex Clo. Boo L20 – 2D 29
Sussex Clo. Pen L61 – 4C 103
Sussex Gdns W. L8 – 1C 87
Sussex Gro. St H WA9 – 4B 38
Sussex Rd. Gra L48 – 3B 78
Sussex Rd. Mag L31 – 2B 10
Sussex St. Boo L20 – 2D 29
Sussex St. Cro L22 – 1B 16
Sussex St. Wid WA8 – 4B 98
Sutcliffe St. L6 – 1A 68
Sutherland Rd. Pres L34 – 3C 53
Sutton Causeway. Sut W WA6 –
4A 138
Sutton Heath Rd. St H WA9 –
2C 55
Sutton Lodge Rd. St H WA9 –
4A 38
Sutton Moss Rd. St H WA9 –
1D 57
Sutton Pk Dri. St H WA9 – 2A 56
Sutton Rd. St H WA9 – 4B 38
Sutton Rd. Wal L45 – 2A 42
Sutton's La. Wid WA8 – 2A 120

Sutton St. L13 – 4C 47
Sutton St. Run WA7 – 2A 132
Sutton Wood Rd. L24 – 1B 128
Swainson Rd. L10 – 4C 21
Swale Av. Rain L35 – 1A 76
Swaledale Av. Rain L35 – 1A 76
Swalegate. Mag L31 – 4A 4
Swallow Clo. Kir L33 – 2C 13
Swallowhurst Cres. L11 – 4C 33
Swan Av. St H WA9 – 4D 39
Swan La. Augh L39 – 1C 5
Swanside Av. Huy L14 – 1C 71
Swanside Rd. Huy L14 – 1C 71
Swanston Av. L4 – 4B 30
Swan St. L13 – 1D 69
Sweden Gro. Cro L22 – 2B 16
Sweden St. Cro L22 – 2B 16
Sweeting St. L2 – 2B 66
Swift's Clo. Orr L30 – 4B 8
Swift's La. Orr L30 – 4B 8
Swift St. St H WA10 – 2D 37
Swinbrook Grn. L11 – 3B 32
Swinburne Rd. St H WA10 – 1B 36
Swindon St. L5 – 2B 44
Swinford Av. Wid WA8 – 4C 99
Swiss Rd. L6 – 1B 68
Sword Clo. L11 – 3D 33
Sword Wlk. L11 – 3D 33
Swynnerton Way. Wid WA8 –
2A 98
Sybil Rd. L4 – 2D 45
Sycamore Av. Cro L23 – 3D 7
Sycamore Av. Hal L26 – 3C 115
Sycamore Av. Hay WA11 – 1D 39
Sycamore Av. Upt L49 – 4B 60
Sycamore Av. Wid WA8 – 4A 98
Sycamore Clo. L4 – 3C 31
Sycamore Clo. Ecc WA10 – 2A 36
Sycamore Clo. Upt L49 – 4B 60
Sycamore Dri. Sut W WA7 –
2C 139
Sycamore Gdns. St H WA10 –
1C 37
Sycamore Rise. Gre L49 – 4B 80
Sycamore Rd. Birk L42 – 2B 84
Sycamore Rd. Cro L22 – 2C 17
Sycamore Rd. Huy L36 – 3C 73
Sycamore Rd. Run WA7 – 3B 132
Syddall St. St H WA10 – 4B 26
Sydenham Av. L17 – 1B 88
Syder's Gro. Kno L34 – 3D 35
Sydney St. Run WA7 – 1A 136
Sylvania Rd. L4 – 4C 31
Sylvia Clo. Kir L10 – 4A 22
Sylvia St. L20 – 1B 44
Syren St. L20 – 1B 44
Syston Av. St H WA11 – 1B 38
Syton Wlk. Kir L33 – 4D 13

Tabley Av. Wid WA8 – 4B 96
Tabley Clo. Birk L43 – 4D 83
Tabley Rd. L15 – 4C 69
Tabley St. L1 – 4B 66
Taggart Av. L16 – 1B 90
Tagus St. L8 – 1A 88
Tailor's La. Mag L31 – 1C 11
Talbot Clo. St H WA10 – 2D 37
Talbot Ct. Birk L43 – 2A 84
Talbot Rd. Birk L43 – 3D 83
Talbot St. Boo L20 – 2C 29
Talbotville Rd. L13 – 2A 70
Talgarth Way. L25 – 4D 71
Taliesin St. L5 – 3C 45
Talland Clo. Hal L26 – 1C 115
Tallarn Rd. Kir L32 – 1A 22
Talton Rd. L15 – 4C 69
Tamworth St. St H WA10 – 2C 37
Tamworth Way. Birk L43 – 2B 82
Tanat Dri. L18 – 2A 90
Tancred Rd. L4 – 2D 45
Tancred Rd. Wal L45 – 4D 41

Tan Ho La. Wid WA8 – 1B 120
Tanhouse Rd. Cro L23 – 3A 8
Tansley Clo. Gra L48 – 4C 79
Tapley Pl. L13 – 2D 69
Taplow St. L6 – 3A 46
Tarbock Ct. Orr L30 – 3C 9
Tarbock Rd. L24 – 1B 128
Tarbock Rd. Huy L36, Tar L36 &
L35 – 2B 72
Tarbot Hey. Mor L46 – 4B 60
Tariff St. L5 – 3B 44
Tarleton St. L1 – 2B 66
Tarn Clo. L27 – 1B 92
Tarn Gro. St H WA11 – 3C 27
Tarporley Clo. Birk L43 – 3D 83
Tarran Dri. Mor L46 – 2C 61
Tarran Rd. Mor L46 – 2C 61
Tarran Way E. Mor L46 – 1C 61
Tarran Way S. Mor L46 – 2C 61
Tarran Way W. Mor L46 – 2B 60
Tarves Wlk. Kir L33 – 2D 23
Tarvin Clo. Run WA7 – 1D 137
Tarvin Clo. St H WA9 – 4A 56
Tasker Ter. Rain L35 – 1B 76
Tasman Gro. St H WA9 – 2C 55
Tate St. L4 – 1D 45
Tatlock St. L5 – 4B 44
Tattersall Pl. Boo L20 – 4C 29
Tattersall Rd. Lith L21 – 4A 18
Tatton Rd. L9 – 4D 19
Tatton Rd. Birk L42 – 2B 84
Taunton Av. St H WA9 – 4B 56
Taunton Clo. Birk L43 – 2B 82
Taunton Dri. Ain L10 – 2C 21
Taunton Rd. Huy L36 – 1A 74
Taunton Rd. Wal L45 – 3C 41
Taunton St. L15 – 3C 69
Tavistock Clo. Birk L43 – 2B 82
Tavistock Rd. Wal L45 – 3C 41
Tavistock Wlk. L8 – 2D 87
Tawd St. L4 – 1C 45
Taylor's La. Cuer WA5 – 4D 99
Taylor's Row. Run WA7 – 2B 132
Taylor St. L5 – 3C 45
Taylor St. Birk L41 – 4C 65
Taylor St. St H WA9 – 2C 57
Taylor St. Wid WA8 – 4A 98
Teals Way. Hes L60 – 4A 122
Teasdale Way. Rain L35 – 4B 54
Teasville Rd. L18 – 3C 91
Tebay Clo. Mag L31 – 4C 5
Tebay Rd. Beb L62 – 4D 125
Teck St. L7 – 2A 68
Tedbury Clo. Kir L32 – 3C 23
Tedbury Wlk. Kir L32 – 3C 23
Tedder Sq. Wid WA8 – 2A 118
Teehey Clo. Beb L63 – 3B 106
Teehey Gdns. Beb L63 – 3C 107
Teehey La. Beb L63 – 3C 107
Tees Clo. L4 – 1C 45
Teesdale Rd. Beb L63 – 1A 124
Tees Pl. L4 – 1C 45
Tees St. L4 – 1C 45
Tees St. Birk L41 – 2D 63
Teilo St. L8 – 1D 87
Telegraph La. Wal L45 – 3A 40
Telegraph Rd. Cal L48, Thur & Irby
L61, Hes & Gay L60 – 2D 101 to
4C 123
Telegraph Way. Kir L32 – 1C 23
Tempest Hey. L2 – 2B 66
Temple Ct. L2 – 2B 66
Temple La. L2 – 2B 66
Templemore Av. L18 – 3D 89
Templemore Rd. Birk L43 – 3A 84
Temple Rd. Birk L42 – 4B 84
Temple St. L2 – 2B 66
Tenby Av. Lith L21 – 3D 17
Tenby Dri. Mor L46 – 4D 61
Tenby Dri. Run WA7 – 2C 133
Tenby St. L5 – 3D 45

Tennis St. St H WA10 – 1C 37
Tennis St. N. St H WA10 – 1C 37
Tennyson Av. Birk L42 – 1D 107
Tennyson Rd. Huy L36 – 3D 73
Tennyson Rd. Wid WA8 – 4D 97
Tennyson St. Boo L20 – 2C 29
Tennyson St. St H WA9 – 2D 77
Tennyson Wlk. L8 – 1D 87
Tensing Rd. Mag L31 – 4C 5
Tenterden St. L5 – 4B 44
Terence Rd. L16 – 1B 90
Terminus Rd. Beb L62 – 1D 125
Terminus Rd. Huy L36 – 4A 50
Tern Clo. Kir L33 – 2C 13
Tern Clo. Wid WA8 – 2A 98
Ternhall Rd. L9 – 2B 32
Ternhall Way. L9 – 2B 32
Tern Way. Mor L46 – 2A 60
Terrace Rd. Wid WA8 – 4D 119
Terret Croft. Kno L28 – 2A 50
Tetbury St. Birk L41 2B 84
Tetlow St. L4 – 1C 45
Teulon St. L4 – 2C 45
Tewit Hall Clo. L24 – 1B 128
Tewit Hall Rd. L24 – 1B 128
Tewkesbury Clo. L25 – 4B 92
Teynham Av. Kno L34 – 2D 35
Teynham Cres. L11 – 4B 32
Thackeray Gdns. Orr L30 – 3B 18
Thackeray Pl. L8 – 1D 87
Thackeray Rd. St H WA10 – 1B 54
Thackeray Sq. L8 – 1D 87
Thackeray St. L8 – 1D 87
Thames St. St H WA9 – 3B 56
Thatto Heath Rd. St H WA10 &
  WA9 – 1B 54
Thermal Rd. Beb L62 – 4C 109
Thermopylae Ct. Birk L43 – 1C 83
Thermopylae Pass. Birk L43 –
  1B 82
  (in two parts)
Thingwall. L14 – 2B 70
Thingwall Dri. Irby L61 – 3D 103
Thingwall Hall Dri. L14 & Huy L14 –
  2B 70
Thingwall La. L14 & Huy L14 –
  1B 70
Thingwall Rd. L15 – 4A 70
Thingwall Rd. Irby L61 – 3B 102
Thingwall Rd E. Thing L61 – 3D 103
Third Av. L9 – 4B 20
Third Av. Birk L43 – 1A 82
Third Av. Cro L23 – 4C 7
Third Av. Run WA7 – 4C 133
Thirlmere Av. Birk L43 – 1B 82
Thirlmere Av. Lith L21 – 3B 18
Thirlmere Av. St H WA11 – 3C 27
Thirlmere Clo. Mag L31 – 4C 5
Thirlmere Dri. Lith L21 – 3B 18
Thirlmere Dri. Wal L45 – 3A 42
Thirlmere Rd. L5 – 3D 45
Thirlmere Wlk. Kir L33 – 4C 13
Thirlmere Way. Wid WA8 – 1A 118
Thirlstone St. L17 – 3A 88
Thirsk Clo. Run WA7 – 1C 137
Thistleton Av. Birk L41 – 4D 63
Thistlewood Rd. L7 – 2C 69
Thistley Hey Rd. Kir L32 – 2C 23
Thomas Clo. Run WA7 – 1A 138
Thomas Dri. L14 – 2B 70
Thomas Dri. Pres L35 – 4B 52
Thomas La. L14 – 2B 70
Thomas St. Birk L41 – 1C 85
Thomas St. Run WA7 – 1A 132
Thomas St. Wid WA8 – 3D 119
Thomaston St. L5 – 3C 45
  (in three parts)
Thompson St. Birk L41 – 2C 85
Thompson St. St H WA10 – 1B 54
Thomson Rd. Cro L21 – 4D 17
  (in two parts)

Thomson St. L6 – 4A 46
Thorburn Rd. Beb L62 – 1A 108
Thorburn St. L7 – 3A 68
Thornaby Gro. St H WA9 – 3B 54
Thornbridge Av. Lith L21 – 3B 18
Thornburn Clo. Beb L62 – 1A 108
Thornbury Rd. L4 – 2B 46
Thorncliffe Rd. Wal L44 – 1D 63
Thorn Clo. Run WA7 – 4B 132
Thorncroft Dri. Barn L61 – 4A 104
Thorndale Rd. Cro L22 – 2C 17
Thorndale St. L5 – 2C 45
Thorndyke Clo. Rain L35 – 3C 77
Thorne Clo. Hal L26 – 3D 115
Thornes Rd. L6 – 1A 68
Thorneycroft St. Birk L41 – 3D 63
Thornfield Hey. Poul L63 – 2B 124
Thornfield Rd. L9 – 1B 30
Thornfield Rd. Thor L23 – 3D 7
Thornham Av. St H WA9 – 1A 56
Thornhead La. L12 – 3B 48
Thornhill Rd. L15 – 4A 70
Thornholme Cres. L11 – 4B 32
Thornhurst. Kir L32 – 4C 23
Thornley Rd. Mor L46 – 4A 60
Thorn Rd. Run WA7 – 4B 132
Thorn St. St H WA10 – 3B 36
Thorns Dri. Gre L49 – 4A & 4B 80
Thornside Wlk. L25 – 3A 92
Thorns, The. Mag L31 – 4A 4
Thornton. Wid WA8 – 2C 119
Thornton Av. Beb L63 – 1B 106
Thornton Av. Orr L20 – 4B 18
Thornton Comn Rd. Thor H L63 –
  4A 124
Thornton Cres. Gay L60 – 4C 123
Thornton Gro. Beb L63 – 2B 106
Thornton Gro. Huy L36 – 1A 72
Thornton Pl. L8 – 2C 87
Thornton Rd. L16 – 3C 71
Thornton Rd. Beb L63 & Birk L42 –
  2B 106
Thornton Rd. Boo L20 – 2D 29
Thornton Rd. Wal L45 – 3D 41
Thornton St. Birk L41 – 4D 63
Thornton St. Lith L21 – 4A 18
Thorn Tree Clo. Hale L24 – 3B 130
Thornycroft Rd. L15 – 4C 69
Thorpe Bank. Birk L42 – 2D 107
Thorp St. Wid WA8 – 1A 120
Thorstone Dri. Irby L61 – 2B 102
Thorsway. Birk L42 – 4D 85
Thorsway. Cal L48 – 2B 100
Three But La. L12 – 2D 47
Threlfall St. L8 – 2A 88
Throne Rd. L11 – 3D 33
Throne Wlk. L11 – 3D 33
Thurne Way. L25 – 1D 91
Thurnham St. L6 – 4B 46
Thursby Clo. Kir L32 – 3D 23
Thursby Cres. Kir L32 – 3D 23
Thursby Rd. Beb L62 – 2D 125
Thursby Wlk. Kir L32 – 3D 23
Thurstaston Rd. Hes L60 – 3A 122
Thurstaston Rd. Thur & Irby L61 –
  3A 102
Thurston Rd. L4 – 2A 46
Tiber St. L8 – 1A 88
Tickle Av. St H WA9 – 3C 39
Tide Way. Wal L45 – 1C 41
Tilbury Clo. Run WA7 – 1A 140
Tildesley Cres. Run WA7 – 1B 136
Tilney St. L9 – 1B 30
Tilstock Av. Beb L62 – 1A 108
Tilstock Cres. Birk L43 – 4D 83
Tilston Rd. L9 – 2A 32
Tilston Rd. Kir L32 – 2B 22
Tilston Rd. Wal L45 – 3D 41
Timmis Cres. Wid WA8 – 1D-119
Timon Av. Boo L20 – 2A 30
Timor Av. St H WA9 – 2C 55

Timperley St. Wid WA8 – 2A 120
Timpron St. L7 – 4A 68
Timway Dri. L12 – 1C 49
Tinsley St. L4 – 2D 45
Tintagel Clo. Run WA7 – 2C 139
Tintagel Rd. L11 – 1D 33
Tintern Dri. Mor L46 – 4C 61
Tintern St. L4 – 2C 45
Titchfield St. L5 & L3 – 4B 44
Tithe Barn La. Kir L32 – 3B & 2B 22
Tithebarn La. Mell L31 – 3D 11
Tithebarn Rd. Cro L23 – 4D 7
Tithebarn Rd. Kno L34 – 2D 35
Tithebarn St. L2 – 2B 66
Tithings, The. Run WA7 – 3C 133
Tiverton Av. Wal L44 – 4A 42
Tiverton Clo. Hal L26 – 3C 115
Tiverton Clo. Huy L36 – 1A 74
Tiverton St. L15 – 3C 69
Tobermory Clo. Hay WA11 – 1D 39
Tobin St. Wal L44 – 4C 43
Tobruk Rd. Huy L36 – 1B 72
Todd Rd. St H WA9 – 3A 38
Toft St. L7 – 2B 68
Toftwood Av. Rain L35 – 2C 77
Toftwood Gdns. Rain L35 – 2C 77
Toleman Av. Beb L63 – 4D 107
Tollemache Rd. Birk L41 & L43 –
  4C 63
Tollemache St. Wal L45 – 1A 42
Tollerton Rd. L12 – 2D 47
Tolver St. St H WA10 – 2D 37
Tonbridge Clo. L24 – 1A 128
Tonbridge Dri. Ain L10 – 1C 21
Tong St. L3 – 2C 67
Tontine Ho. St H WA10 – 3D 37
Tontine Mkt. St H WA10 – 3D 37
Tooke St. L6 – 4A 46
Torcross Way. Hal L26 – 1C 115
Toronto Clo. Kno L36 – 2B 50
Toronto St. Wal L44 – 1C 65
Torrington Dri. Hal L26 – 3C 115
Torrington Dri. Thing L61 – 3A 104
Torrington Gdns. Thing L61 –
  3A 104
Torrington Rd. L19 – 2A 112
Torrington Rd. Wal L44 – 4A 42
Torrisholme Rd. L9 – 3D 31
Torr St. L5 – 3C 45
  (in two parts)
Torus Rd. L13 – 4A 48
Tor View. L15 – 1A 90
Torwood. Birk L43 – 1C 83
Tothale Turn. L27 – 3D 93
Totnes Av. Hal L26 – 1C 115
Totnes Rd. L11 – 1D 33
Towcester St. Lith L21 – 1C 29
Tower Garden. L2 – 2A 66
Tower Hill. Birk L42 – 3C 85
Tower Ho. Sim L33 – 2B 14
Towerlands St. L7 – 2A 68
Tower Prom. Wal L45 – 1B 42
Tower Rd. Birk L41 – 4C 65
Tower Rd. Birk L42 – 1A 106
  (Prenton)
Tower Rd. Birk L42 – 3C 85
  (Tranmere)
Tower Rd N. Hes L60 – 2A 122
Tower Rd S. Hes L60 – 3B 122
Towers Av. Mag L31 – 3B 4
Tower's Rd. L16 – 1B 90
Tower Way. L25 – 3D 91
Townfield La. Beb L63 – 2D 107
Townfield La. Birk L43 – 3C 83
Townfield Rd. Run WA7 – 2B 134
Townfield Rd. W Kir L48 – 4A 78
Townfield View. Run WA7 –
  2B 134
Townfield Way. Wal L44 – 4A 42
Town Hall Dri. Run WA7 – 3A 132
Town La. Beb L63 – 3C 107

Town La. Hale L24 – 3A 130
Town Meadow La. Mor L46 – 3A 60
Town Rd. Birk L42 – 3C 85
Town Row. L12 – 2A 48
Townsend Av. L11 – 4A 32
Townsend La. L6 & L13 – 3A 46
Townsend St. L5 – 3A 44
Townsend St. Birk L41 – 3C 63
Townsend View. L11 – 3A 32
Townsend View. Lith L21 – 2A 18
Townshend Av. Irby L61 – 4B 102
Towson St. L5 – 3D & 2D 45
Toxteth Gro. L8 – 3D 87
Toxteth St. L8 – 2C 87
Trafalgar Av. Wal L44 – 4B 42
Trafalgar Dri. Beb L63 – 4A 108
Trafalgar Rd. Wal L44 – 4B 42
Trafalgar St. St H WA10 – 2C 37
Trafford Cres. Run WA7 – 1D 137
Tramway Rd. L17 – 3B 88
Trapwood Clo. Ecc WA10 – 3A 36
Travers Entry. St H WA9 – 3B 38
Traverse St. St H WA9 – 3B 38
Travis St. Wid WA8 – 2A 120
Trawden Way. Lith L21 – 4B 8
Treborth St. L8 – 2D 87
Trecastle Rd. Kir L33 – 4A 14
Treebank Clo. Run WA7 – 3D 131
Treforris Rd. Wal L45 – 2D 41
Trenance Clo. Run WA7 – 2C 139
Trendeal Rd. L11 – 2D 33
Trent Av. Huy L14 – 1D 71
Trent Av. Mag L31 – 3D 5
Trent Clo. Rain L35 – 1A 76
Trent Clo. St H WA9 – 3B 56
Trent Clo. Wid WA8 – 2A 98
Trentham Av. L18 – 1D 89
Trentham Clo. Wid WA8 – 2A 98
Trentham Rd. Kir L32 – 2A 22
Trentham Rd. Wal L44 – 1B 64
Trentham St. Run WA7 – 1C 131
Trentham Wlk. Kir L32 – 2B 22
Trent Pl. Rain L35 – 1A 76
Trent Rd. Bill WN5 – 1D 27
Trent Rd. Rain L35 – 1A 76
Trent St. L5 – 3A 44
Trent St. Birk L41 – 3D 63
Trent St. Boo L20 – 2B 28
Trent Way. Gay L60 – 4C 123
Trevelyn St. L9 – 3B 30
Trevor Dri. Cro L23 – 4D 7
Trevor Rd. L9 – 1B 30
Trinity Gro. Cro L23 – 1A 16
Trinity La. Birk L41 – 4C 65
Trinity Pl. Boo L20 – 3D 29
Trinity Pl. Wid WA8 – 2A 120
Trinity Rd. Boo L20 – 4D 29
Trinity Rd. Hoy L47 – 4A 58
Trinity Rd. Wal L44 – 4A 42
Trinity St. Birk L41 – 4B 64
Trinity St. Run WA7 – 2A 132
Trinity St. St H WA9 – 3B 38
Trispen Clo. Hal L26 – 1C 115
Trispen Rd. L11 – 2D 33
Trispen Wlk. L11 – 2D 33
Tristram's Croft. Orr L30 – 1B 18
Troon Clo. Hay WA11 – 1D 39
Troutbeck Av. Mag L31 – 3C 5
Trout Beck Clo Run WA7 – 2B 138
Troutbeck Clo. Upt L49 – 4A 82
Troutbeck Gro. St H WA11 – 2C 27
Troutbeck Rd. L18 – 2B 90
Trouville Rd. L4 – 2B 46
Trowbridge St. L3 – 2C 67
Trueman St. L3 – 2B 66
Truro Av. Orr L30 – 4D 9
Truro Clo. Birk L43 – 2B 82
Truro Clo. Run WA7 – 1D 139
Truro Clo. St H WA11 – 3D 27
Truro Rd. L15 – 1D 89

Tryon St. L1 – 2B 66
Tudor Av. Beb L63 – 1B 124
Tudor Av. Wal L44 – 2C 65
Tudor Rd. L25 – 2B 114
Tudor Rd. Birk L42 – 4C 85
Tudor Rd. Cro L23 – 1C 17.
Tudor St. L6 – 1A 68
Tudorville Rd. Beb L63 – 4D 107
Tudorway. Gay & Barn L60 – 4C 123
Tudwal St. L19 – 4B 112
Tue La. Crom WA8 – 1A 96
Tuffins Corner. L27 – 1B 92
Tulip Av. Birk L41 – 4D 63
Tulip Rd. L15 – 4A 70
Tullimore Rd. L8 – 1D 111
Tullis St. St H WA10 – 3C 37
Tulloch St. L6 – 1A 68
Tumilty Av. Boo L20 – 2A 30
Tunnel Rd. L7 – 4A 68
Tunstall St. L7 – 4B 68
Tupman St. L8 – 1D 87
Turmar Av. Thing L61 – 3A 104
Turnacre. Huy L14 – 1C 71
Turnall Rd. Wid WA8 – 2A 118
Turnbridge Rd. Mag L31 – 3B 4
Turner Av. Orr L20 – 4C 19
Turner St. Birk L41 – 2B 84
Turney Rd. Wal L44 – 4D 41
Turret Rd. Wal L45 – 3A 42
Tuscan Clo. Wid WA8 – 2A 98
Tuson Dri. Wid WA8 – 2D 97
Tweed St. Birk L41 – 3D 63
Twickenham Dri. Mor L46 – 1D 61
Twickenham St. L6 – 3A 46
Twig La. Huy L36 – 1B 72
Twig La. Mag L31 – 4C 5
Twiss St. L8 – 2D 87
Two Butt La. Rain L35 – 3A 54
Two Butt La. Whis L35 – 3D 53
Twyford Av. Lith L21 – 2A 18
Twyford Clo. Mag L31 – 4C 5
Twyford Clo. Wid WA8 – 2A 98
Twyford La. Bold WA8 – 1B 98
Twyford Pl. St H WA9 – 3B 38
Twyford St. L6 – 3A 46
Tyberton Pl. L25 – 3B 114
Tyburn Clo. Poul L63 – 2A 124
Tyburn Rd. Poul L63 – 2A 124
Tyndall Av. Cro L22 – 3C 17
Tyne Clo. L4 – 1C 45
Tynemouth Clo. L5 – 4D 45
Tynemouth Rd. Run WA7 – 1D 139
Tyne St. Birk L41 – 2D 63
Tynville Rd. L9 – 4B 20
Tynwald Clo. L13 – 4D 47
Tynwald Cres. Wid WA8 – 2D 97
Tynwald Hill. L13 – 4D 47
Tynwald Pl. L13 – 4D 47
Tynwald Rd. W Kir L48 – 4A 78
Tyrer St. L1 – 2B 66
Tyrer St. Birk L41 – 3D 63

Uhlan St. L8 – 2D 87
Uldale Clo. L11 – 4C 33
Uldale Way. L11 – 4C 33
Ullet Rd. L8 & L17 – 2A 88
Ullswater Av. Birk L43 – 1B 82
Ullswater Av. St H WA11 – 3C 27
Ullswater Clo. Kir L33 – 4C 13
Ullswater Gro. Run WA7 – 2A 138
Ullswater St. L5 – 3A 46
Ulster Rd. L13 – 1A 70
Ultonia St. L19 – 4B 112
Ulverston Clo. L27 – 3D 93
Ulverston Clo. Hay WA11 – 1D 39
Ulverston Clo. Mag L31 – 4C 5
Umbria St. L19 – 4B 112
Undercliffe Rd. L13 – 4D 47
Underhill Rd. St H WA10 – 3C 37
Underley St. L7 – 4B 68

Underley Ter. Beb L62 – 2A 108
Underway, The. Run WA7 – 3D 133
Unicorn Rd. L11 – 2D 33
Union Bank La. Bold WA8 – 3D 77
Union Ct. L2 – 2B 66
Union St. L3 – 2A 66
Union St. Birk L42 – 3C 85
Union St. Run WA7 – 2A 132
Union St. St H WA10 – 2D 37
Union St. Wal L4 – 4B 42
University Rd. Boo L20 – 3D 29
Upavon Av. Gre L49 – 3A 80
Upland Rd. St H WA10 – 2A 54
Upland Rd. Upt L49 – 1D 81
Uplands Rd. Beb L62 – 2C 125
Uplands, The. Run WA7 – 4D 133
Up Baker St. L6 – 1A 68
Up Beau St. L5 – 1C 67
Up Beckwith St. Birk L41 – 3A 64
Up Brassey St. Birk L41 – 4D 63
Up Bute St. L5 – 1C 67
Up Canning St. L8 – 4D 67
Up Cross St. L15 – 3B 68
Up Duke St. L1 – 4C 67
Up Essex St. L8 – 2D 87
Up Flaybrick Rd. Birk L41 – 4C 63
Up Frederick St. L1 – 3B 66 & 4C 67
Up Hampton St. L8 – 4D 67
Up Harrington St. L8 – 1C 87
Up Hill St. L8 – 1C & 1D 87 (in three parts)
Up Hope Pl. L7 – 3D 67
Up Huskisson St. L8 – 4D 67
Up Mann St. L8 – 1C 87
Up Milk St. L3 – 1B 66
Up Newington. L1 – 3C 67
Up Park St. L8 – 2D 87
Up Parliament St. L8 – 4C 67
Up Pitt St. L1 – 4C 67 (in three parts)
Up Pownall St. L1 – 3B 66
Up Rice La. Wal L44 – 4B 42
Up Stanhope St. L8 – 4C & 4D 67
Up Warwick St. L8 – 1D 87
Up William St. L3 – 4A 44
Uppingham Av. Ain L10 – 2C 21
Uppingham Rd. L13 – 3D 47
Uppingham Rd. Wal L44 – 4D 41
Upton Barn. Mag L31 – 3B 4
Upton Bridle Path. Wid WA8 – 3D 97
Upton By-Pass. – 3A 82
Upton Clo. L24 – 2C 129
Upton Clo. Upt L49 – 2D 81
Upton Ct. L24 – 1C 129
Upton Grn. L24 – 1C 129
Upton La. Wid WA8 – 3B 96
Upton Pk Dri. Upt L49 – 1D 81
Upton Rd. Birk L43 & L41 – 1B 82 to 4D 63
Upton Rd. Mor L46 – 3C 61
Urmson Rd. Wal L45 – 3A 42
Ursula St. Boo L20 – 4A 30
Utting Av. L4 – 2A 46 (in two parts)
Utting Av. E. L11 – 4A 32
Uxbridge St. L7 – 3A 68

Vahler Ter. Run WA7 – 2A 132
Vale Clo. L25 – 4D 91
Vale Dri. Wal L45 – 2B 42
Valencia Rd. L15 – 3D 69
Valentia Rd. Hoy L47 – 4A 58
Valentine Gro. Ain L10 – 2C 21
Valerian Rd. Birk L41 – 4D 63
Valerie Clo. Kir L10 – 4A 22
Vale Rd. L25 – 3C 91
Vale Rd. Cro L23 – 4C 7
Valescourt Rd. L12 – 4B 48
Valkyrie Rd. Wal L45 – 4A 42

Vallance Rd. L4 – 2B 46
Valley Clo. Ain L10 – 2D 21
Valley Clo. Cro L23 – 4A 8
Valley Rd. L4 – 3A 46
Valley Rd. Beb L62 – 3D 125
Valley Rd. Birk L41 – 2C 63
Valley Rd. Kir L32 – 3B 22
Vanbrugh Cres. L4 – 2B 46
Vanbrugh Rd. L4 – 2B 46
Vanderbilt Av. L9 – 3A 20
Vanderbyl Av. Beb L62 – 2C 125
Vandries St. L3 – 1A 66
Vandyke St. L8 – 4A 68
Vanguard St. L5 – 2D 45
Vardon St. Birk L41 – 4B 64
Varley Rd. L19 – 1D 111
Varley Rd. St H WA9 – 2B 38
Varthen St. L5 – 2D 45
Vaughan Rd. Wal L45 – 2A 42
Vaughan St. Birk L41 – 3D 63
Vaux Cres. Boo L20 – 1A 30
Vauxhall Rd. L3 & L5 – 1B 66
Vaux Pl. Boo L20 – 2A 30
Venables Clo. Poul L63 – 3B 124
Venables Dri. Poul L63 – 2B 124
Venice St. L5 – 3D 45
Venmore St. L5 – 3D 45
Ventnor Rd. L15 – 3D 69
Verbena Clo. Run WA7 – 3B 138
Verdi Av. Cro L21 – 1B 28
Verdi St. Cro L21 – 1B 28
Verdi Ter. Cro L21 – 1B 28
Verger St. L5 – 3D 45
Vere St. L8 – 2C 87
Vermont Av. Cro L23 – 4C 7
Vermont Rd. Cro L23 – 4B 6
Verney Cres. L19 – 1B 112
Verney Cres. S. L19 – 2B 112
Vernon Av. Wal L44 – 2B 64
Vernon St. L2 – 2B 66
Vernon St. St H WA9 – 2A 38
Verona St. L5 – 3D 45
Verulam Clo. L8 – 4D 67
Verwood Clo. Irby L61 – 3B 102
Veryan Clo. Hal L26 – 1D 115
Vescock St. L5 – 4B 44
Vesuvius Pl. L5 – 3C 45
Vesuvius St. L5 – 2C 45
Vetch Hey. L27 – 2C 93
Viaduct St. Wid WA8 – 4D 119
Vicarage Clo. L18 – 4A 90
Vicarage Clo. Hale L24 – 3A 130
Vicarage Gro. Wal L44 – 4B 42
Vicarage Pl. Pres L34 – 3B 52
Vicarage Rd. Wid WA8 – 2D 119
Vicar Rd. L6 – 2B 46
Vicar St. Run WA7 – 2D 131
Viceroy St. L5 – 3D 45
Vickers Rd. Wid WA8 – 4C 119
Vickers St. L8 – 4D 67
Victoria Av. L15 – 4D 69
Victoria Av. Cro L23 – 4B 6
Victoria Av. Hes L60 – 4B 122
Victoria Av. St H WA11 – 3B 26
Victoria Av. Wid WA8 – 3D 97
Victoria Clo. L17 – 3C 89
Victoria Ct. L13 – 3D 69
Victoria Dri. L9 – 1B 30
Victoria Dri. Birk L42 – 1D 107
Victoria Dri. W Kir L48 – 4A 78
Victoria Gro. Wid WA8 – 3D 97
Victoria Ho. Pres L34 – 3C 53
Victoria La. Birk L43 – 3A 84
Victoria Mt. Birk L43 – 3A 84
Victoria Pk Rd. Birk L42 – 4C 85
Victoria Pl. Rain L35 – 1B 76
Victoria Pl. Wal L44 – 2C 65
Victoria Prom. Wid WA8 – 1D 131
Victoria Rd. L13 – 3C 47
Victoria Rd. L17 – 4C 89
Victoria Rd. Beb L63 – 3B 106

Victoria Rd. Birk L42 – 2B 84
Victoria Rd. Cro L22 – 3C 17
Victoria Rd. Cro L23 – 4B 6
Victoria Rd. Huy L36 – 2C 73
Victoria Rd. Run WA7 – 2D 131 to 2A 132
Victoria Rd. Wal L45 – 1A 42
Victoria Rd. W Kir L48 – 1A 100
Victoria Rd. Wid WA8 – 3D 119
Victoria Sq. St H WA10 3D 37
Victoria Sq. Wid WA8 – 2A 120
Victoria St. L2 & L1 – 2B 66
Victoria St. Beb L62 – 3A 108
Victoria St. Rain L35 – 1B 76
Victoria St. St H WA10 – 2D 37
Victoria St. Wid WA8 – 2A 120
Victoria Ter. L15 – 1D 89
Victoria Ter. Rain L35 – 1B 76
Victor St. L15 – 4C 69
Vienna St. L5 – 3D 45
View Rd. Rain L35 – 2A 76
Village Clo. Run WA7 – 4D 133
Village Clo. Wal L45 – 3C 41
Village Rd. Beb L63 – 3B 106
Village Rd. Birk L43 – 2D 83
Village Rd. Hes L60 – 4B 122
Village Rd. W Kir L48 – 4B 78
Village St. L6 – 4D 45
Village, The. Beb L63 – 4D 107
Village, The. Upt L49 – 2D 81
Village Way. Wal L45 – 3C 41
Villars St. L3 – 2C 67
Vincent Rd. Lith L21 – 2B 18
Vincent Rd. Rain L35 – 4A 54
Vincent St. L13 – 2D 69
Vincent St. Birk L41 – 1B 84
Vincent St. St H WA10 – 3D 37
Vineries, The. L25 – 4C 91
Vineside Rd. L12 – 3C 49
Vine St. L7 – 4D 67
Vine St. Birk L41 – 4B 64
Vine St. Run WA7 – 2D 131
Vine St. Wid WA8 – 2A 120
Vineyard St. L19 – 4C 113
Vining St. L8 – 1D 87
Viola St. Boo L20 – 4D 29
Violet Rd. Birk L41 – 4D 63
Violet Rd. Lith L21 – 1C 29
Violet St. Wid WA8 – 3D 119
Virgil St. L5 – 4C 45
Virgil St. St H WA10 – 2C 37
Virginia Av. Lyd L31 – 2B 4
Virginia Gro. Lyd L31 – 2B 4
Virginia Rd. Wal L45 – 1A 42
Virginia St. L3 – 2A 66
Virgins La. Cro & Thor L23 – 2D 7
Vista Rd. Run WA7 – 4D 131
Vittoria Ct. Birk L41 – 4B 64
Vittoria St. Birk L41 – 4B 64
Vivian Av. Wal L44 – 2C 65
Voelas St. L8 – 1A 88
Vogan Av. Cro L23 – 1D 17
Volunteer St. Frod WA6 – 4D 137
Volunteer St. St H WA10 – 2D 37
Vronhill St. L8 – 1D 87
Vulcan Clo. Birk L41 – 3D 63
Vulcan St. L3 – 4A 44
Vulcan St. L19 – 4B 112
Vulcan St. Birk L41 – 3D 63
Vulcan St. Boo L20 – 2C 29
Vyner Clo. Birk L43 – 1C 83
Vyner Rd. Wal L45 – 3D 41
Vyner Rd N. L25 – 2A 92
Vyner Rd N. Birk L43 – 4B 62
Vyner Rd S. L25 – 2A 92
Vyner Rd S. Birk L43 – 1B 82
Vyrnwy St. L5 – 2D 45

Waddicar La. Mell L31 – 1A 22

Wadeson Rd. L4 – 4D 31
Wadham Rd. Boo L20 – 4D 29
Wadshelf Wlk. L7 – 3A 68
Waine St. Hay WA11 – 1D 39
Waine St. St H WA9 – 2B 38
Wainwright Gro. L19 – 3A 112
Wainwright St. L7 – 4A 68
Wakefield Dri. Mor L46 – 1D 61
Wakefield Rd. Orr L30 – 1A 20
Wakefield St. L3 – 1C 67
Walby Clo. Upt L49 – 4B 82
Walden Rd. L14 – 1B 70
Waldgrave Pl. L15 – 3A 70
Waldgrave Rd. L15 – 3A 70
Walford Clo. Poul L63 – 2A 124
Walker Av. St H WA9 – 4A 56
Walker Dri. Orr L20 – 4B 18
Walker M. Birk L42 – 3C 85
Walker Pl. Birk L42 – 3C 85
Walker Rd. Lith L21 – 4A 18
Walker's Croft. Wal L45 – 3D 41
Walkers La. St H WA9 – 1D 77 & 4A 56
Walker St. L6 – 1D 67
Walker St. Beb L62 – 3A 108
Walker St. Birk L42 – 3C 85
Walker St. Hoy L47 – 4A 58
Walk, The. L24 – 2D 127
Wallace Av. Huy L36 – 1D 73
Wallace Dri. Huy L36 – 1D 73
Wallace St. L9 – 4A 20
Wallace St. Wal L44 – 3C 65
Wallace St. Wid WA8 – 1A 120
Wallacre Rd. Wal L44 – 4C 41
Wallasey Bri Rd. Birk L41 – 2D 63
Wallasey Rd. Wal L44 & L45 – 4D 41
Wallasey Village. Wal L45 & L44 – 3C 41
Waller St. Boo L20 – 1C 29
Wallgate Rd. L25 – 1D 91
Wallgate Way. L25 – 1D 91
Wallrake. Hes L60 – 4B 122
Walmer Rd. Cro L22 – 3C 17
Walmesley Rd. Ecc WA10 – 1A 36
Walmsley St. L5 – 3A 44
Walmsley St. Wal L44 – 4B 42
Walmsley St. Wid WA8 – 1B 120
Walney Rd. L12 – 1A 48
Walnut Av. L4 – 3C 31
Walpole Av. Whis L35 – 1C 75
Walpole Rd. Run WA7 – 1C 137
Walsingham Clo. Orr L30 – 2D 19
Walsingham Rd. L16 – 3C 71
Walsingham Rd. Wal L44 – 1B 64
Walter St. L5 – 4A 44
Walter St. Wid WA8 – 4B 98
Waltham Rd. L6 – 3A 46
Waitho Av. Mag L31 – 1C 11
Walton Breck Rd. L4 – 2D 45 to 3A 46
Walton Hall Av. L4 & L11 – 4C 31
Walton La. L4 – 2D 45
Walton Pk. L9 – 2B 30
Walton Rd. L4 – 2C 45
Walton Rd. St H WA10 – 1B 36
Walton St. Birk L41 – 1C 85
Walton St. Run WA7 – 2D 131
Walton Vale. L9 – 1C 31
Walton Village. L4 – 4B 30
Wandsworth Rd. L11 – 4B 32
Wango La. Ain L10 – 2C 21
Wapping. L1 – 3B 66
Wapshare Rd. L11 – 1C 47
Warbreck Av. L9 – 4D 19
Warbreck Moor. L9 – 4A 20
Warbreck Rd. L9 – 1B 30
Warburton Hey. Rain L35 – 1A 76
Warden St. L4 – 1C 45
Wardlow Wlk. L7 – 3A 68

Ward Rake. Orr L30 – 4B 8
Ward Rd. Cro L23 – 3A 6
Ward St. Pres L34 – 2B 52
Ward St. St H WA9 – 2C 57
Ward St. St H WA10 – 2D 37
Wareing Rd. L9 – 1D 31
Wareing St. Wid WA8 – 2A 120
Waresley Cres. L9 – 2A 32
Warham Rd. L4 – 2B 46
Waring Av. Birk L41 – 4C 85
Waring Av. St H WA9 – 4D 39
Warmington Rd. L14 – 1B 70
Warnerville Rd. L13 – 2A 70
Warren Dri. Wal L45 – 1D 41
Warren Hey. Poul L63 – 2B 124
Warrenhouse Rd. Cro L22 – 1A 16
Warrenhouse Rd. Kir L33 – 4A 14
Warren Rd. Cro L23 – 3A 6
Warren Rd. Hoy L47 – 4A 58
Warren, The. Upt L49 – 2A 82
Warren Way. Hes L60 – 3A 122
Warrington New Rd. St H WA9 – 3A 38
Warrington Old Rd. St H WA9 – 3A 38
Warrington Rd. Pres L34 & L35, Whis & Rain L35 – 3C 53 to 3C 77
Warrington Rd. Run WA7 – 1D 133 to 1D 135
Warrington Rd. Wid WA8 – 2A 120
Warrington St. Birk L41 – 2C 85
Warton Clo. L25 – 4B 92
Warton Rd. Boo L20 – 1C 29
Warton St. St H WA9 – 1A 56
Warwick Av. Cro L23 – 1B 16
Warwick Clo. Huy L36 – 1D 73
Warwick Dri. Wal L45 – 3B 42
Warwick Dri. W Kir L48 – 1B 100
Warwick Gdns. L8 – 1C 87
Warwick Rd. Boo L20 – 2A 30
Warwick Rd. Huy L36 – 1D 73
Warwick Rd. Upt L49 – 1C 81
Warwick St. L8 – 1C 87
Warwick St. St H WA10 – 3B 36
Wasdale Av. Mag L31 – 3C 5
Wasdale Av. St H WA11 – 3C 27
Wasdale Rd. L9 – 1B 30
Washington Pde. Boo L20 – 2D 29
Washington St. L1 – 4C 67
Washway La. St H WA10 & WA11 – 4B 26
Wastdale Dri. Mor L46 – 3B 60
Wastle Bri Rd. Huy L36 – 4C 51
Waterdale Cres. St H WA9 – 2B 56
Waterdale Pl. St H WA9 – 2B 56
Waterfield Clo. Beb L63 – 3C 107
Waterford Rd. Birk L43 – 2C 83
Waterford Way. Run WA7 – 1D 139 (in two parts)
Watergate La. L25 – 4A 92
Watergate Way. L25 – 4A 92
Waterland La. St H WA9 – 4C 39
Water La. Tar L35 & WA8 – 3B 94
Waterloo Rd. L3 – 4A 44
Waterloo Rd. Cro L21 – 4D 17
Waterloo Rd. Cro L22 – 3C 17
Waterloo Rd. Run WA7 – 2D 131 (in two parts)
Waterloo Rd. Wal L45 – 1A 42
Waterloo Rd. Wid WA8 – 4D 119
Waterloo St. L15 – 4D 69
Waterloo St. St H WA10 – 3D 37
Waterpark Clo. Birk L43 – 1D 105
Waterpark Dri. L28 & Kno L28 – 1D 49
Waterpark Rd. Birk L43 & L42 – 4D 83
Waterside. Orr L30 – 3C 9
Water St. L3 & L2 – 2A 66

Water St. Beb L62 – 3A 108
Water St. Birk L41 – 1D 85
Water St. Cro L22 – 3C 17
Water St. Run WA7 – 1D 131
Water St. St H WA10 – 3D 37
Water St. Thor L23 – 2A 8
Water St. Wal L44 – 4B 42
Water St. Wid WA8 – 3D 119
Waterway Av. Orr L30 – 1A 20
Waterworks Clo. Boo L20 – 3D 29
Waterworks St. Boo L20 – 3D 29 & 3A 30
Watery La. Ecc WA10 – 1A 36
Watery La. St H WA9 – 1C 57
Watford Rd. L4 – 2A 46
Watkinson St. L1 – 4B 66
Watling Av. Lith L21 – 2A 18
Watmough St. L5 – 1C 67
Watson St. Birk L41 – 4B 64
Watson St. St H WA10 & WA9 – 3D 37
Wattonbeck Clo. Mag L31 – 3D 5
Watts Clo. Kir L33 – 4D 13
Watts La. Orr L20 – 4C 19
Wauchope St. L15 – 4C 69
Wavell Av. Wid WA8 – 2B 118
Wavell Rd. Huy L36 – 4C 51
Waverley Gro. Birk L42 – 4B 84
Waverley Rd. L17 – 2B 88
Waverley Rd. Cro L23 – 4B 6
Waverley Rd. Hoy L47 – 4B 58
Waverley St. Boo L20 – 3C 29
Waverley St. Wal L44 – 2C 65
Waverton Av. Birk L43 – 4C 83
Wavertree Av. Wid WA8 – 1D 119
Wavertree Grn. L15 – 4D 69
Wavertree Nook Rd. L15 – 3A 70
Wavertree Rd. L7 – 3A 68
Wavertree Vale. L15 – 4C 69
Waylands Dri. L25 – 2A 114
Wayville Clo. L18 – 4A 90
Weardale Rd. L15 – 1C 89
Weates Clo. Wid WA8 – 4C 99
Weaver Av. Kir L33 – 2D13
Weaver Av. Rain L35 – 1A 76
Weaver Cres. Frod WA6 – 4D 137
Weaver Gro. St H WA9 – 3D 39
Weaver La. Frod WA6 – 4C 137
Weaver Rd. Frod WA6 – 4D 137
Weaver Rd. Run WA7 – 1B 136
Weaver St. L9 – 3A 30
Webber Rd. Kir L33 – 2A 24
Webb St. L7 – 4B 68
Webb St. St H WA9 – 1B 56
Webster Av. Boo L20 – 2A 30
Webster Av. Wal L44 – 3B 42
Webster Dri. Kir L32 – 2C 23
Webster Rd. L7 – 4B 68
Webster St. L3 – 2B 66
Webster St. Lith L21 – 4A 18
Wedge Av. Hay WA11 – 1D 39
Wedgewood Dri. Wid WA8 – 2A 98
Wedgewood St. L7 – 2A 68
Weightman Gro. L9 – 1C 31
Welbeck Av. L18 – 1D 89
Welbourne Rd. L16 – 3B 70
Weld Blundell Av. Lyd L31 – 1A 4
Weldon St. L4 – 4B 30
Weld Rd. Cro L23 – 1B 16
Welford Av. Birk L43 – 4D 83
Welland Clo. Hal L26 – 3C 115
Welland Rd. Beb L63 – 4C 107
Wellbrae Clo. Upt L49 – 1C 81
Wellbrook Clo. L24 – 1B 128
Wellbrook Grn. L24 – 1B 128
Wellbrow Rd. L4 – 4C 31
Wellcroft Rd. Huy L36 – 4C 51
Weller St. L8 – 1D 87
Wellesbourne Pl. L11 – 3B 32
Wellesbourne Rd. L11 – 3B 32
Wellesley Rd. L8 – 2A 88

Wellesley Rd. Wal L44 – 1A 64
Wellesley Ter. L8 – 2A 88
Wellfield. Wid WA8 – 3A 98
Wellfield Av. Kir L32 – 2C 23
Wellfield Rd. L9 – 2B 30
Wellgreen Rd. L25 – 4D 71
Wellgreen Wlk. L25 – 4D 71
Wellington Av. L15 – 4C 69
Wellington Clo. Ain L10 – 1B 20
Wellington Ga. Hale L24 – 3A 130
Wellington Gro. L15 – 4C 69
Wellington Rd. L8 – 2D 87
Wellington Rd. L15 – 4C 69
Wellington Rd. Beb L63 – 3D 107
Wellington Rd. Birk L43 – 2D 83
Wellington Rd. Lith L21 – 4A 18
Wellington Rd. Wal L45 – 1D 41
Wellington St. L3 – 1B 66
Wellington St. L19 – 3B 112
Wellington St. Cro L22 – 3B 16
Wellington St. Run WA7 – 2D 131
Wellington St. Wid WA8 – 3D 119
Wellington Ter. L8 – 1D 87
Wellington Ter. Birk L41 – 2C 85
Wellington Ter. St H WA10 – 1D 37
Well La. L16 & L25 – 4C 71
Well La. Beb L63 – 3B 106
Well La. Birk L42 – 4C 85
Well La. Boo L20 – 3D 29
Well La. Gay L60 – 4C 123
Well La. Gre L49 – 3B 80
Wells St. L15 – 4D 69
Wellstead Clo. L15 – 4A 70
Wellstead Rd. L15 – 4A 70
Wellstead Wlk. L15 – 4A 70
Welton Av. Upt L49 – 2D 81
Welton Clo. L24 – 1C 129
Welton Gdn. L24 – 1C 129
Welton Rd. Beb L62 – 2D 125
Welwyn Clo. St H WA9 – 2C 55
Wembley Gdns. L9 – 4D 19
Wembley Rd. L18 – 2A 90
Wembley Rd. Cro L23 – 1C 17
Wendell St. L8 – 4B 68
Wendover Av. L17 – 3B 88
Wendover Clo. Birk L43 – 2C 83
Wendron Rd. L11 – 2D 33
Wenger Rd. Wid WA8 – 2A 98
Wenham St. L7 – 2C 69
Wenlock Rd. L4 – 2A 46
Wenlock Rd. Run WA7 – 2B 138
Wenning Av. Mag L31 – 3C 5
Wensleydale. L9 – 4D 19
Wensleydale Av. Rain L35 – 1B 76
Wensley Rd. L9 – 4D 19
Wentworth Av. Wal L45 – 2A 42
Wentworth Clo. Birk L43 – 2C 83
Wentworth Clo. Wid WA8 – 2A 88
Wentworth Dri. L5 – 4D 45
Wentworth Gro. Huy L36 – 2A 72
Wernbrook Clo. Birk L43 – 2C 83
Wernbrook Rd. L4 – 2B 46
Wervin Clo. Birk L43 – 4C 83
Wervin Rd. Birk L43 – 4C 83
Wervin Rd. Kir L32 – 2B 22
Wesley Av. Wal L44 – 4B 42
Wesley Ct. Cro L22 – 3C 17
Wesleydale Clo. Mag L31 – 3A 4
Wesley Gro. Wal L44 – 1C 65
Wesley Pl. L15 – 3D 69
Wesley St. Cro L22 – 3C 17
W Albert Rd. L17 – 2A 88
Westbank Av. Wal L45 – 2B 42
W Bank Dock Est. Wid WA8 – 4C 119
W Bank Rd. L7 – 2C 69
Westbank Rd. Birk L42 – 3B 84
W Bank St. Wid WA8 – 4D 119 (in two parts)
Westbourne Av. Thor L23 – 2A 8

Westbourne Av. W Kir L48 – 4A 78
Westbourne Gro. W Kir L48 –
4A 78
Westbourne Rd. Birk L43 – 2B 84
Westbourne Rd. Wal L44 – 4D 41
Westbourne Way. W Kir L48 – 4A 78
Westbourne St. L6 – 1D 67
Westbourne Wlk. L6 – 1D 67
Westbourne Way. L6 – 1D 67
Westbrook Av. Pres L34 – 3A 52
Westbrook Rd. L25 – 1B 92
Westbrook Rd. Mor L46 – 4B 60
Westbury St. Birk L41 – 2C 85
Westcliffe Rd. L12 – 2D 47
West Clo. Birk L43 – 2B 82
West Clo. Ecc L34 – 2D 53
Westcombe Rd. L4 – 2B 46
Westcott Rd. L4 – 3A 46
Westcroft. Kir L33 – 3C 13
Westdale Rd. L15 – 3D 69
Westdale Rd. Birk L42 – 4C 85
Westdale View. L15 – 4D 69
W Derby Rd. L6 & L13 – 1D 67 to
3D 47
W Derby St. L7 – 2D 67
West Dri. Hes L60 – 4B 122
West Dri. Upt L49 – 1D 81
W End Gro. Hay WA11 – 1D 39
W End Rd. Hay WA11 – 1D 39
Western Av. L24 – 2B 128
Western Av. Beb L62 – 1D 125
Western Av. Huy L36 – 1A 72
Western Dri. L19 – 3D 111
Westerton Rd. L12 – 3C 49
Westfield Av. Huy L14 – 2C 71
Westfield Cres. Run WA7 – 3C 131
Westfield Rd. L9 – 1A 30
Westfield Rd. Run WA7 – 3C 131
Westfield Rd. Wal L44 – 2B 64
Westfield St. St H WA10 – 3C 37
Westfield Wlk. Kir L32 – 2A 22
Westgate Rd. L15 – 1D 89
Westgate Rd. Beb L62 – 4A 108
West Gro. Hes L60 – 4B 122
Westhead Av. Kir L32 – 1C 23
Westhead Clo. Kir L33 – 2D 23
Westhead Wlk. Kir L33 – 2D 23
(in two parts)
W Kirby Rd. Gra L48 & Mor L46 –
2A 80
West La. Run WA7 – 4C 133
Westleigh St. St H WA9 – 4B 56
Westmains. L24 – 1D 129
W Meade. Mag L31 – 3A 4
Westminster Av. Orr L30 – 4C 9
Westminster Clo. L4 – 1C 45
Westminster Clo. Wid WA8 –
2A 118
Westminster Ct. Birk L43 – 2D 83
Westminster Dri. Beb L62 – 4D 125
Westminster Rd. L4 – 4A 30 to
2C 45
Westminster Rd. Wal L44 – 4A 42
W Moor Dri. Cro L23 – 4C 7
Westmoreland Pl. L5 – 4B 44
Westmoreland Rd. Wal L45 – 2B 42
Westmoreland St. L3 – 1B 66
Westmorland Av. Orr L30 – 1B 18
Westmorland Av. Wid WA8 –
4A 98
Westmorland Rd. Huy L36 – 2C 73
W Oakhill Pk. L13 – 2A 70
Weston Ct. Cro L23 – 1A 16
Weston Ct. Run WA7 – 4C 131
Weston Cres. Run WA7 – 1B 136
Weston Gro. Mag L31 – 2B 10
Weston Point Expressway. Run
WA7 – 3C 131 to 2C 137
Weston Rd. Run WA7 – 4C 131
W Orchard La. L9 – 3C 21
Westover Clo. Mag L31 – 4B 4

Westover Rd. Mag L31 – 4B 4
W Park Rd. St H WA10 – 3B 36
West Pl. Birk L41 – 3D 85
West Rd. L9 – 3B 30
West Rd. L14 – 2B 70
West Rd. L24 – 4C 115
West Rd. Birk L43 – 2C 83
West Rd. Run WA7 – 4B 130
W Side Av. Hay WA11 – 1D 39
W Side Industrial Est. St H WA9 –
4A 38
West St. Pres L34 – 3B 52
West St. St H WA10 – 1B 54
West St. Wal L45 – 4A 42
West St. Wid WA8 – 4D 119
W View. Huy L36 – 2A 74
W View Av. Huy L36 – 2A 74
Westward View. Cro L22 – 2A 16
Westway. L15 – 3A 70
West Way. Birk L43 – 2C 83
Westway. Gre L49 – 2C 81
Westway. Mag L31 – 4B 4
West Way. Mor L46 – 2C 61
W Way Sq. Mor L46 – 2C 61
Westwick Pl. Huy L36 – 1A 72
Westwood. Run WA7 – 3A 140
Westwood Gro. Wal L44 – 4D 41
Westwood Rd. L18 – 1B 112
Westwood Rd. Birk L43 – 1B 82
Wetherby Av. Wal L45 – 4C 41
Wethersfield Rd. Birk L43 – 3C 83
Wexford Av. Hale L24 – 3A 130
Wexford Clo. Birk L43 – 2C 83
Wexford Rd. Birk L43 – 2C 83
Weyman Av. Whis L35 – 1C 75
Weymoor Clo. Poul L63 – 2A 124
Weymouth Av. St H WA9 – 4D 39
Weymouth Clo. Run WA7 – 1A 140
Whaley La. Irby L61 – 3D 103
Whalley Av. St H WA10 – 4A 26
Whalley Ct. Orr L30 – 4B 8
Whalley Gro. Wid WA8 – 3B 98
Whalley Rd. Birk L42 – 2B 84
Wharfdale Dri. Rain L35 – 1B 76
Wharfdale. Run WA7 – 1C 139
Wharfedale Av. Birk L42 – 4A 84
Wharfedale Rd. Wal L45 – 3D 41
Wharfedale St. L19 – 4C 113
Wharf Rd. Birk L41 – 2D 63
Wharf St. Beb L62 – 4A 108
Wharncliffe Rd. L13 – 1A 70
Whatcroft Clo. Run WA7 – 1D 137
Wheatcroft Rd. L18 – 4B 90
Wheatfield Clo. Mor L46 – 4D 61
Wheatfield Clo. Orr L30 – 1A 20
Wheatfield Rd. Cron WA8 – 2B 96
Wheatfield View. Lith L21 – 2A 18
Wheat Hill Rd. Huy L36 & L27, &
Tar L36 – 4C 73
Wheatland Clo. St H WA9 – 4A 56
Wheatland La. Wal L44 – 1C 65
Wheatland Rd. Barn L60 – 4D 123
Wheatlands. Run WA7 – 3C 133
Wheatlands Clo. L27 – 1B 92
Wheatley Av. Boo L20 – 1A 30
Wheatsheaf Av. St H WA9 – 3C 57
Wheat St. L4 – 1C 45
Wheeler Dri. Mell L31 – 4A 12
Whetstone La. Birk L41 – 1B 84
Whetstone La. W Kir L48 – 1B 100
Whinbrel Clo. Run WA7 – 2B 138
Whincraig. Kno L28 – 2A 50
Whinfell Gro. Run WA7 – 2A 138
Whinfell Rd. L12 – 4A 48
Whinfield Rd. L9 – 1B 30
Whinfield Rd. Cro L23 – 3A 8
Whinmoor Clo. Birk L43 – 1C 83
Whinmoor Rd. L12 – 4B 48
Whinney Gro E. Mag L31 – 3B 10
Whinney Gro W. Mag L31 – 3B 10

Whiston La. Huy L36 & Whis L35 –
4D 51 to 1A 74
Whitburn Rd. Kir L33 – 4D 13
Whitby Av. Wal L45 – 4C 41
Whitby Rd. Run WA7 – 3A 132
Whitby St. L6 – 3B 46
Whitchurch Way. Run WA7 –
1D 137
Whitcroft Rd. L6 – 1B 68
White Acre. St H WA9 – 4B 56
Whitebeam Clo. Run WA7 – 3B 134
Whitechapel. L1 – 2B 66
Whitefield Av. L4 – 1C 45
Whitefield Dri. Kir L32 – 2A 22
Whitefield Gro. Hay WA11 – 1D 39
Whitefield La. Tar L35 – 1D 93
Whitefield Rd. L6 – 4A 46
Whitefield Rd. St H WA10 – 1B 36
Whitefield Sq. Kir L32 – 2B 22
Whitefield Way. L6 – 4D 45
Whitegate Clo. Kno L34 – 2D 35
Whitehall Clo. L4 – 1C 45
Whitehart Clo. L4 – 4C 31
Whiteheath Way. Mor L46 – 1D 61
Whitehedge Rd. L19 – 3A 112
Whitehouse Industrial Est. Run
WA7 – 2A 140
Whitehouse La. Barn L60 – 3D 123
Whitehouse Rd. L13 – 2A 70
White Lodge Av. Huy L36 – 1B 72
White Meadow Dri. Cro L23 – 3A 8
White Rock St. L6 – 4A 46
Whiteside Av. St H WA11 – 1C 57
Whitestone Clo. Kno L34 – 3D 35
White St. L1 – 4C 67
White St. Wid WA8 – 4D 119
Whitewell Dri. Upt L49 – 1D 81
Whitfield Ct. Birk L42 – 2B 84
Whitfield La. Hes & Barn L60 –
2B 122
Whitfield Rd. L9 – 2B 30
Whitfield St. Birk L42 – 2B 84 &
2C 85
Whitford Rd. Birk L42 – 3B 84
Whitham Av. Cro L23 – 1D 17
Whithens Rd. Run WA7 – 3D 131
Whithorn St. L7 – 4B 68
Whitland Rd. L6 – 1B 68
Whitley Clo. Run WA7 – 3D 131
Whitley Dri. Wal L44 – 3B 42
Whitley St. L3 – 4A 44
Whitman St. L15 – 4C 69
Whitmoor Clo. Rain L35 – 2C 77
Whitney Pl. L25 – 4A 92
Whitney Rd. L25 – 3A 92
Whittaker St. St H WA9 – 1C 57
Whittier St. L8 – 4B 68
Whittle Av. Hay WA11 – 1D 39
Whittle St. L5 – 2C 45
Whittle St. St H WA10 – 1B 54
Wicket Clo. L11 – 1A 34
Wicksten Dri. Run WA7 – 2A 132
Widdale Av. Rain L35 – 1B 76
Widmore Rd. L25 – 2B 92
Widnes Rd. Cuer WA8 & WA5 –
4D 99
Widnes Rd. Wid WA8 – 2A 120
Wiend, The. Beb L63 – 4A 108
Wiend, The. Birk L42 – 1B 106
Wightman St. L6 – 1A 68
Wilberforce Rd. L4 – 4C 31
Wilbraham Pl. L5 – 4C 45
Wilbraham St. L5 – 4C 45
Wilbraham St. Birk L41 – 1C 85
Wilburn St. L4 – 1D 45
Wilbur St. St H WA9 – 2C 57
Wilde St. L3 – 2C 67
Wilding Av. Run WA7 – 2A 132
Wild Pl. Orr L20 – 4C 19
Wilfer Clo. L7 – 4B 68
Wilkes Av. Mor L46 – 1A 62

Wilkinson St. Birk L41 – 2B 84
Wilkin St. L4 – 2C 45
Willan St. Birk L43 – 2A 84
Willard St. Orr L20 – 1D 29
Willaston Rd. L4 – 4C 31
Willaston Rd. Mor L46 – 3C 61
Willedstan Av. Cro L23 – 1C 17
William Brown St. L1 – 2C 67
William Harvey Clo. Orr L30 – 1D 19
William Henry St. L3 – 1C & 1D 67
William Henry St. Boo L20 – 4C 29
William Morris Av. Boo L20 – 1A 30
William Moult St. L5 – 3C 45
William Rd. Hay WA11 – 1D 39
William Roberts Av. Kir L32 – 1B 22
Williams Av. Boo L20 – 2A 30
Williamson Sq. L1 – 2B 66
Williamson St. L1 – 2B 66
Williamson St. St H WA9 – 2B 38
Williams St. Pres L34 – 3B 52
William St. Birk L41 – 1C 85 (in two parts)
William St. St H WA10 – 2D 37
William St. Wal L44 – 2C 65
William St. Wid WA8 – 4B 98
William Wall Rd. Lith L21 – 2A 18
Willingdon Rd. L16 – 3C 71
Willink Rd. St H WA11 – 4C 27
Willis Clo. Whis L35 – 2B 74
Willis La. Whis L35 – 2B 74
Williton Rd. L16 – 1C 91
Willmer Rd. L4 – 2A 46
Willmer Rd. Birk L42 – 2B 84
Willoughby Dri. St H WA10 – 1A 54
Willoughby Rd. Cro L22 – 2C 17
Willoughby Rd. Huy L14 – 2C 71
Willoughby Rd. Wal L44 – 1D 63
Willow Av. Huy L36 – 3C 73
Willow Av. Kir L32 – 1B 22
Willow Av. Whis L35 – 1C 75
Willow Av. Wid WA8 – 4A 98
Willowbank Rd. Beb L62 – 3A 108
Willowbank Rd. Birk L42 – 3B 84
Willow Clo. Run WA7 – 4A 132
Willowcroft Rd. Wal L44 – 1B 64
Willowdale Rd. L9 – 2C 31
Willowdale Rd. L18 – 2D 89
Willow Grn. L25 – 2D 91
Willow Gro. Mor L46 – 4D 61
Willow Gro. Pres L35 – 4C 53
Willow Hey. Mag L31 – 2C 11
Willow Rd. St H WA10 – 3B 36
Willows, The. L6 – 4A 46
Willows, The. Wal L45 – 2C 41
Willow Way. L11 – 1D 33
Willow Way. Cro. L23 – 3C 7
Wills Av. Mag L31 – 3B 4
Wilmere La. Wid, Rain & Bold WA8 – 1D 97 to 4D 77
Wilmott Wlk. L6 – 1D 67
Wilne Rd. Wal L45 – 3A 42
Wilson Av. Wal L44 – 1C 65
Wilson Clo. St H WA10 – 3A 42
Wilson Clo. Wid WA8 – 4C 99
Wilson Gro. L19 – 3B 112
Wilson Rd. Huy L36 & Tar L35 – 2D 73 to 4A 74
Wilson Rd. Pres L35 – 1B 74
Wilson Rd. Wal L44 – 4C 43
Wilson's La. Lith L21 – 3A 18
Wilson St. L8 – 3D 87
Wilstan Av. Beb L63 – 4C 107
Wilton Grange. W Kir L48 – 3A 78
Wilton Rd. Birk L42 – 1D 107
Wilton Rd. Huy L36 – 2B 72
Wiltons Dri. Kno L34 – 3D 35
Wilton St. L3 – 1C 67
Wilton St. Wal L44 – 4A 42

Wiltshire Dri. Orr L30 – 1B 18
Wimbledon St. L15 –4C 69
Wimbledon St. Wal L45 – 4A 42
Wimborne Av. Thing L61 – 4D 103
Wimborne Clo. Huy L14 – 3A 50
Wimborne Pl. Huy L14 – 3A 50
Wimborne Rd. Huy L14 – 3A 50
Wimborne Way. Irby L61 – 2B 102
Wimbrick Clo. Mor L46 – 3D 61
Wimbrick Hey. Mor L46 – 3D 61
Wimpole St. L7 – 2A 68
Winchester Av. Ain L10 – 1B 20
Winchester Av. Cro L22 – 1B 16
Winchester Dri. Wal L44 – 4D 41
Winchester Pl. Wid WA8 – 2B 118
Winchester Rd. L6 – 3B 46
Winchfield Rd. L15 – 1D 89
Windbourne Rd. L17 – 4A 88
Windermere Av. St H WA11 – 3C 27
Windermere Av. Wid WA8 – 3A 98
Windermere Dri. L12 – 4D 33
Windermere Dri. Kir L33 – 4B 12
Windermere Dri. Mag L31 – 4C 5
Windermere Pl. St H WA11 – 3B 26
Windermere Rd. Birk L43 – 1B 82
Windermere St. L5 – 3A 46
Windermere St. Wid WA8 – 3A 98
Windermere Ter. L8 – 2A 88
Windfield Grn. L19 – 1B 126
Windfield Rd. L19 – 1B 126
Windle Ash. Mag L31 – 3B 4
Windle Av. Cro L23 – 4D 7
Windlebrook Cres. Win WA10 – 1A 36
Windle City. St H WA10 – 1D 37
Windle Gro. Win WA10 – 1B 36
Windle Hall Dri. St H WA10 – 4A 26
Windlehurst Av. St H WA10 – 1C 37
Windleshaw Rd. St H WA10 – 1B 36
Windle St. St H WA10 – 2D 37
Windle Vale. St H WA10 – 2C 37
Windmill Av. Cro L23 – 3D 7
Windmill Hill Av. E. Run WA7 – 3B 134
Windmill Hill Av. N. Run WA7 – 1B 134
Windmill Hill Av. S. Run WA7 – 3B 134
Windmill Hill Av. W. Run WA7 – 2A 134
Windmill La. Pres B WA4 – 4D 135 & 1B 140
Windmill St. Run WA7 – 2A 132
Window La. L19 – 1B 126
Windsor Av. Lith L21 – 3D 17
Windsor Clo. Beb L62 – 2A 108
Windsor Clo. Gre L49 – 3C 81
Windsor Dri. Huy L36 – 1A 72
Windsor Gro. Run WA7 – 4A 132
Windsor Pk Rd. Ain L10 – 1C 21
Windsor Rd. L9 – 1B 30
Windsor Rd. L13 – 3C 47
Windsor Rd. Cro L23 – 4C 7
Windsor Rd. Huy L36 – 2A 72
Windsor Rd. Mag L31 – 1B 10
Windsor Rd. Orr L20 – 1A 30
Windsor Rd. St H WA10 – 3B 36
Windsor Rd. Whis L35 – 4C 53
Windsor Rd. Wid WA8 – 3D 97
Windsor St. L8 – 1D 87
Windsor St. Wal L45 – 1A 42
Windsor View. L8 – 4A 68
Windus St. St H WA10 – 3C 37
Windy Arbor Brow. Whis L35 – 3B 74
Windy Arbor Clo. Whis L34 – 3B 74

Windy Arbor Rd. Whis L35 – 2B to 4B 74
Windy Bank. Beb L62 – 3A 108
Winefrides Av. Boo L20 – 3C 29
Wineva Gdns. Cro L23 – 1D 17
Winford St. Wal L44 – 1B 64
Winfrith Clo. Poul L63 – 2A 124
Winfrith Dri. Poul L63 – 2A 124
Winfrith Rd. L25 – 3B 92
Wingate Av. St H WA9 – 2B 54
Wingate Clo. Birk L43 – 3C 83
Wingate Rd. L17 – 4C 89
Wingate Rd. Kir L33 – 4D 13
Wingate Towers. Huy L36 – 4B.50
Wingate Wlk. Kir L33 – 1D 23
Wingrave Way. L11 – 4C 33
Winhill. L25 – 3D 91
Winifred Rd. Kir L10 – 4A 22
Winifred St. L7 – 2A 68
Winkle St. L8 – 1D 87
Winnington Rd. W Kir L48 – 2A 78
Winnows, The. Run WA7 – 3B 132
Winser St. Beb L62 – 3A 108
Winsford Rd. L13 – 3C 47
Winsham Clo. Kir L32 – 3C 23
Winsham Rd. Kir L32 – 3C 23
Winskill Rd. L11 – 1D 47
Winslade Ct. L4 – 4C 31
Winslade Rd. L4 – 4C 31
Winslow St. L4 – 1D 45
Winstanley Rd. Beb L62 – 2A 108
Winstanley Rd. Cro L22 – 2C 17
Winster Dri. L27 – 2D 93
Winston Dri. Birk L43 – 2B 82
Winstone Rd. L14 – 4D 49
Winston Gro. Mor L46 – 3C 61
Winterburn Cres. L12 – 2B 48
Winterburn Heights. L12 – 2B 48
Winterhey Av. Wal L44 – 1A 64
Winter St. L6 – 1D 67
Winwood Ct. L5 – 1A 114
Wirral Clo. Beb L63 – 1A 124
Wirral Gdns. Beb L63 – 1A 124
Wirral Mt. Gra L48 – 4B 78
Wirral Mt. Wal L45 – 3D 41
Wirral View. L19 – 3D 111
Wirral Vs. Wal L45 – 3C 41
Wirral Way. Birk L43 – 1B 82
Wisenholme Clo. Run WA7 – 2A 138
Withensfield. Wal L45 – 3A 42
Withens La. Wal L45 & L44 – 3A 42
Withens Rd. Lyd L31 – 3B 4
Withers Gro. L7 – 2C 69
Withers Pl. L7 – 2C 69
Withers St. L7 – 2C 69
Withert Av. Beb L63 – 1C 107
Withington Rd. L24 – 2D 129
Withington Rd. Wal L44 – 1B 64
Within Way. Hale L24 – 4A 130
Withnell Clo. L13 – 2A 70
Withnell Rd. L13 – 2A 70
Witley Av. Mor L46 – 2C 61
Witley Clo. Mor L46 – 2C 61
Wittering La. Hes L60 – 4A 122
Witton Rd. L13 – 2C 47
Witt Rd. Wid WA8 – 2D 119
Wivern Pl. Run WA7 – 2A 132
Woburn Clo. L13 – 4D 47
Woburn Dri. Cron WA8 – 1B 96
Woburn Hill. L13 – 4D 47
Woburn Rd. Wal L45 – 3A 42
Wolfenden Av. Boo L20 – 1A 30
Wolfe Rd. St H WA9 – 4C 39
Wolfe St. L8 – 1C 87
Wolfrick Dri. Poul L63 – 3B 124
Wolseley Rd. St H WA10 – 2C 37
Wolseley St. L6 – 1A 68
Wolsey St. L20 – 1B 44
Wolverton St. L6 – 3A 46
Woodall Dri. Run WA7 – 3A 132

Wood Av. Boo L20 – 2A 30
Woodbank Clo. L16 – 3D 71
Woodbine St. L5 – 2B 44
Woodbourne Rd. L14 – 4C 49
Woodburn Boulevd. Beb L63 –
    2C 107
Woodchurch La. Birk L42 – 4A 84
Woodchurch La. Upt L49 – 1B 104
Woodchurch Rd. L13 – 1A 70
Woodchurch Rd. Birk L42 & L41 –
    3B 84.
Woodchurch Rd. Upt L49, Birk L43
    & L42 – 4A 82 to 4A 84
Wood Clo. Kir L32 – 2D 9
Woodcock St. St H WA9 – 2C 57
Woodcote Bank. Birk L42 – 2D 107
Woodcot La. Hes L60 – 3A 122
Woodcroft La. Beb L63 – 2C 107
Woodcroft Rd. L15 – 4C 69
Woodend. Pen L61 – 4D 103
Woodend Av. L25 & L24 – 3B 114
Woodend Av. Cro L23 – 3C 7
Woodend Av. Mag L31 – 2A 10
Woodend Ct. Wid WA8 – 4B 98
Woodend La. L24 – 1B 128
Woodfarm Hey. Kno L28 – 1A 50
Woodfield Av. Beb L63 – 2C 107
Woodfield Rd. L9 – 1B 30
Woodfield Rd. Beb L63 – 1B 124
Woodfield Rd. Huy L36 – 1A 72
Woodfield Rd. Pen L61 – 4C 103
Woodford Clo. Run WA7 – 1C 137
Woodford Rd. L14 – 4C 49
Woodford Rd. Beb L62 – 2A 108
Woodford Rd. Win WA10 – 1A 36
Woodgate. L27 – 1B 92
Woodger St. L19 – 3B 112
Wood Grn. Pres L34 – 3B 52
Woodgreen Rd. L13 – 1A 70
Wood Gro. L13 – 2D 69
Woodhall Av. Wal L44 – 4B 42
Woodhall Rd. L13 – 1A 70
Woodhatch Rd. Run WA7 – 2C 139
Woodhead Rd. Beb L62 – 3B 108
Woodhead St. Beb L62 – 2A 108
Woodhey Ct. Beb L63 – 2D 107
Woodhey Rd. L19 – 2D 111
Woodhey Rd. Beb L63 – 2D 107
Woodhouse St. L4 – 2C 45
Woodin Rd. Birk L42 – 1A 108
Woodkind Hey. Poul L63 – 2B 124
Woodland Av. Hoy L47 – 3B 58
Woodland Av. Wid WA8 – 1D 119
Woodland Dri. Upt L49 – 3D 81
Woodland Dri. Wal L45 – 2B 42
Woodland Gro. Birk L42 – 1D 107
Woodland Rd. L4 – 1B 46
Woodland Rd. Birk L42 – 1D 107
Woodland Rd. Cro L21 – 4C 17
Woodland Rd. Gra L48 – 4C 79
Woodland Rd. Hal L26 – 2C 115
Woodland Rd. Mell L31 – 4A 12
Woodland Rd. Upt L49 – 3D 81
Woodlands. Ecc L34 – 2D 53
Woodlands Dri. Barn L61 – 4B 104
Woodlands Pk. L12 – 3A 48
Woodlands Rd. L17 – 4C 89
Woodlands Rd. Huy L36 – 2A 72
Woodlands Rd. Irby L61 – 4C 103
Woodlands Rd. St H WA11 – 4C 27
Woodlands, The. Birk L41 – 1C 85
Woodlands, The. Upt L49 – 1D 81
Woodland View. Thor L23 – 2D 7
Woodland Wlk. Beb L62 – 3C 125
Woodland Wlk. Run WA7 – 3D 133
Wood La. L27 – 2D 93
Wood La. Gre L49 – 2C 81
Wood La. Huy L36 – 2A 74
Wood La. Pres L34 – 3A 52

Wood La. Run WA7 – 3B 138
    (Beechwood East)
Wood La. Run WA7 – 1D 139 &
    4B 134
    (Murdishaw)
Wood La. Wal L45 – 3C 41
Woodlee Rd. L25 – 2B 92
Woodley Rd. Mag L31 – 2B 10
Woodridge. Run WA7 – 3A 134
Wood Rd. Hal L26 – 2C 115
Woodrock Rd. L25 – 4A 92
Woodruff St. L8 – 2D 87
Woodside Av. Mor L46 – 4C 61
Woodside Av. St H WA11 – 3B 26
Woodside Rd. Irby L61 – 3C 103
Woodside St. L7 – 3A 68
Woodsorrel Rd. L15 – 4A 70
Woodsorrel Rd. Birk L41 – 4D 63
Woodstock Rd. Wal L44 – 1A 64
Woodstock St. L5 – 4B 44
Wood St. L1 – 3C 67
Wood St. L19 – 3B 112
Wood St. Beb L62 – 4A 108
Wood St. Birk L41 – 4C 65
Wood St. Hoy L47 – 4A 58
Wood St. Lith L21 – 4A 18
Wood St. Pres L34 – 3B 52
Wood St. St H WA9 – 2B 38
Wood St. Wid WA8 – 1B 120
Woodvale Rd. L25 – 4A 92
Woodview. Kno L34 – 3D 35
Woodview Av. Wal L44 – 2C 65
Woodview Cres. Wid WA8 –
    1D 117
Wood View Rd. L25 – 2D 91
Woodview Rd. Wid WA8 – 1D 117
Woodville Av. Cro L23 – 1B 16
Woodville Pl. Wid WA8 – 4B 96
Woodville Rd. Birk L42 – 2B 84
Woodville St. St H WA10 – 2A 38
    (in two parts)
Woodville Ter. L6 – 4A 46
Woodward Rd. Birk L42 – 1D 107
Woodward Rd. Kir L33 – 4B 14
Woodway. Gre L49 – 2C 81
Woodyear Rd. Beb L62 – 4D 125
Woolacombe Av. St H WA9 –
    4B 56
Woolacombe Rd. L16 – 1C 91
Wooler Clo. Mor L46 – 3B 60
Woolfall Clo. Huy L36 – 4A 50
Woolfall Cres. Huy L36 – 4A 50
Woolfall Heath Av. Huy L36 –
    4A 50
Woolhope Rd. L4 – 4C 31
Woolton Hill Rd. L25 – 2C 91
Woolton Mt. L25 – 3A 92
Woolton Pk. L25 – 3D 91
Woolton Rd. L15 & L25 – 1A 90
Woolton Rd. L19 & L25 – 3B 112
Woolton St. L25 – 4A 92
Worcester Av. L13 – 2C 47
Worcester Av. Cro L22 – 1B 16
Worcester Dri. L13 – 2C 47
Worcester Dri N. L13 – 2C 47
Worcester Rd. Birk L43 – 3C 63
Worcester Rd. Boo L20 – 2A 30
Wordsworth Av. Birk L42 – 4D 85
Wordsworth Av. St H WA9 – 1D 77
Wordsworth Av. Wid WA8 –
    1D 119
Wordsworth St. L8 – 4A 68
Wordsworth St. Boo L20 – 2C 29
Wordsworth Way. Huy L36 – 3D 73
Worfield St. L3 – 1B 66
Worrow Rd. L11 – 3C 33
Worsley Brow. St H WA9 – 1C 57
Worsley St. Nav WA11 – 1D 39
Worthing St. Cro L22 – 1A 16
Worthington Clo. Run WA7 –
    4D 133

Worthington St. L8 – 1C 87
Wortley Rd. L10 – 4C 21
Wray Av. St H WA9 – 4B 56
Wrayburn Clo. L7 – 3B 68
Wrekin Clo. L25 – 1A 114
Wrekin Dri. Ain L10 – 2C 21
Wrenbury Clo. Birk L43 – 4D 83
Wrenbury St. L7 – 2B 68
Wrenfield Gro. L17 – 4B 88
Wrexham St. L5 – 3C 45
Wright's La. Cuer WA5 – 4D 99
Wrights Ter. L15 – 4D 69
Wright St. L5 – 4B 44
Wright St. Wal L44 – 4C 43
Wright St. Wid WA8 – 4D 119
Wroxham Clo. Upt L49 – 2A 82
Wroxham Dri. Upt L49 – 2A 82
Wroxham Way. Upt L49 – 2A 82
Wulstan St. L4 – 2B 44
Wycherley Rd. Birk L42 – 3C 85
Wycherley St. Pres L34 – 2B 52
Wycliffe Rd. L4 – 2B 46
Wycliffe St. Birk L42 – 4D 85
Wye Clo. Birk L42 – 3D 85
Wye Pl. L5 – 3D 45
Wykeham St. L4 – 2B 44
Wykeham Way. L4 – 2C 45
Wyken Gro. St H WA11 – 1B 38
Wyllin Rd. Kir L33 – 1D 23
Wylva Av. Cro L23 – 1D 17
Wylva Rd. L4 – 2A 46
Wyncroft Clo. Wid WA8 – 2A 118
Wyncroft Rd. Wid WA8 – 2A 118
Wyncroft St. L8 – 3D 87
Wyndale Clo. L18 – 3A 90
Wyndcote Rd. L18 – 2A 90
Wyndham Av. Huy L14 – 2D 71
Wyndham Rd. Wal L45 – 3C 41
Wyndham St. L4 – 4B 30
Wynne Rd. St H WA10 – 2C 37
Wynne St. L7 – 3B 68
Wynnstay Av. Lyd & Mag L31 –
    3B 4
Wynnstay St. L8 – 1A 88
Wynstay Rd. Hoy L47 – 3B 58
Wyre Rd. L5 – 2D 45
Wyrescourt Rd. L12 – 3B 48
Wyresdale Av. St H WA10 – 4A 26
Wyresdale Rd. L9 – 4A 20
Wythburn Cres. St H WA11 –
    3C 27
Wythburn Gro. Run WA7 – 2A 138
Wyvern Rd. Mor L46 – 3C 61

Yanwath St. L8 – 4A 68
Yarcombe Clo. Hal L26 – 1D 115
Yardley Rd. Kir L33 – 2B 24
Yarrow Av. Mag L31 – 3D 5
Yates Ct. Pres L34 – 3B 52
Yates St. L8 – 2C 87
Yeadon Wlk. L24 – 1A 128
Yelverton Clo. Hal L26 – 1D 115
Yelverton Rd. L4 – 2B 46
Yelverton Rd. Birk L42 – 3C 85
Yeoman Cotts. Hoy L47 – 1B 78
Yeoman Fold. L27 – 1C 93
Yew Bank Rd. L16 – 4B 70
Yewdale Av. St H WA11 – 3C 27
Yewdale Pk. Birk L43 – 3A 84
Yewdale Rd. L9 – 2C 31
Yew Tree Av. St H WA9 – 3B 56
Yew Tree Clo. L12 – 3C 49
Yew Tree Clo. Upt L49 – 4A 82
Yew Tree Grn. Mell L31 – 4A 12
Yew Tree La. L12 – 3C 49
Yewtree La. W Kir L48 – 4A 78
Yew Tree Rd. L9 – 2B 30
Yew Tree Rd. L25 – 2B 114
Yew Tree Rd. Beb L63 – 4C 107
Yew Tree Rd. Huy L36 – 3C 73

HOSPITALS and major CLINICS in the area covered by this atlas.

Where the hospital or clinic is not shown on the map pages, the map reference given is to the road or place in which it is situated.

Alder Hey Children's – 4B 48
Eaton Rd. Liverpool, 12
Tel: 051–228 4811

Ashton House – 2A 84
26 Village Rd, Birkenhead, L43
Tel: 051–652 3143

Birkenhead General – 4B 64
Park Rd N., Birkenhead, L41
Tel: 051–652 6134

Broadgreen – 1B 70
Thomas Dri, Liverpool, 14
Tel: 051–228 4878

Caldy Manor – 2B 100
Caldy, Wirral, L48
Tel: 051–625 6401

Chest Clinic – 4C 65
42 Hamilton Sq, Birkenhead, L41
Tel: 051–647 7517

Children's – 2B 84
Woodchurch Rd, Birkenhead, L41
Tel: 051–652 5401

Clatterbridge – 3A 124
Poulton, Bebington, L63
Tel: 051–334 4000

Cleaver – 2A 122
Oldfield Rd, Heswall, L60
Tel: 051–342 5173

Crow Wood – 4B 98
Crow Wood La, Widnes, WA8
Tel: 051–424 2635

Delph Lane (Day Unit) – 4D 53
Whiston, Prescot, L35
Tel: 051 426 1600

Dutton – 3B 140
Preston Brook, Warrington, WA4
Tel: Aston 201

E Liverpool Chest Clinic – 4C 47
Park Hosp, Orphan Dri, Liverpool, 6
Tel: 051–263 2281

Eccleston Hall – 3A 36
Holme Rd, St Helens, WA10
Tel: St Helens 26232

Fazakerley – 4B 20
Longmoor La, Liverpool, 9
Tel: 051–525 5980

Halton General – 1B 138
nr. Shopping City, Runcorn, WA7
Tel: Runcorn 63456

Highfield Maternity – 1A 64
Mill La, Wallasey, L44
Tel: 051–638 7000

Hoylake Cottage – 3B 58
Birkenhead Rd, Hoylake, L47
Tel: 051–632 3381

Huyton Chest Clinic – 4C 51
Blue Bell La, Huyton, Liverpool, 36
Tel: 051–480 5400

Leasowe – 1C 61
Moreton, Wirral, L46
Tel: 051–677 9031

Liverpool Clinic – 3D 67
1 Myrtle St, Liverpool, 7
Tel: 051–709 5475

Liverpool Dental – 2D 67
Pembroke Pl, Liverpool, 3
Tel: 051–709 0141

Liverpool Maternity – 3D 67
Oxford St, Liverpool, 7
Tel: 051–708 7282

Liverpool Psychiatric Day – 1A 88
10 Croxteth Rd, Liverpool, 8
Tel: 051–727 1995

Mill Road Maternity – 1A 68
Mill Rd, Liverpool, 6
Tel: 051–263 2656

Mossley Hill – 3C 89
Park Av, Liverpool, 18
Tel: 051–724 2335

Moss Side – 4D 5
Maghull, Liverpool, 31
Tel: 051–531 0022

Newsham General – 3B 46
Belmont Rd, Liverpool, 6
Tel: 051–263 7381

Olive Mount Children's – 3A 70
Old Mill La, Liverpool, 15
Tel: 051–722 2261

Park – 4C 47
Orphan Dri, Liverpool, 6
Tel: 051–263 9641

Park Day – 4C 47
Park Hosp, Orphan Dri, Liverpool, 6
Tel: 051–263 9641

Princes Park – 4D 67
96 Up Parliament St, Liverpool, 8
Tel: 051–709 7361

Priory Day – 1B 82
Upton Rd, Bidston, Birkenhead, L43
Tel: 051–652 1486

Providence – 2A 38
St Helens, WA10
Tel: St Helens 26661

Psychiatric Clinic – 1C 23
St Chad's Dri, Kirkby, Liverpool, 32
Tel: 051–546 5158/9

Rainhill – 2A & 3B 54
Rainhill, Prescot, L35
Tel: 051–426 6511

Rathbone – 2D 69
Mill La, Liverpool, 13
Tel: 051–228 4657

Royal Liverpool Children's – 3D 67
Myrtle St, Liverpool, 7
Tel: 051–709 0821

Royal Liverpool Children's – 3B 124
Telegraph Rd, Heswall, Wirral, L60
Tel: 051–342 6221

St Catherine's – 3B 84
Church Rd, Birkenhead, L42
Tel: 051–652 2281

St Helens – 1B 56
Marshalls Cross Rd, St Helens, WA9
Tel: St Helens 26633

St James' – 3C 63
Tollemache Rd, Birkenhead, L43
Tel: 051–652 3571

St Paul's Eye – 2A 66
Old Hall St, Liverpool, 3
Tel: 051–236 6766

St Vincent's Hospice – 2A 70
Broad Grn Rd, Liverpool, 13
Tel: 051–228 3339

Seaman's Dispensary – 3B 66
Cleveland Sq, Liverpool, 1
Tel: 051–709 2165

Sefton General – 1B 88
Smithdown Rd, Liverpool, 15
Tel: 051–733 4020

Sir Alfred Jones Memorial – 3B 112
Church Rd, Liverpool, 19
Tel: 051–427 5111

Special VD Clinic – 3C 63
St James' Hosp, Birkenhead, L43
Tel: 051–652 3571

Sunnybank – 4A 92
Speke Rd, Woolton, Liverpool, 25
Tel: 051–428 1395

Thingwall Children's – 3B 104
Holmwood Dri, Thingwall, Wirral, L61
Tel: 051–648 1443

Victoria Central (Medical Unit) – 1A 64
Mill La, Wallasey, L44
Tel: 051–638 7000

Victoria Central (Surgical Unit) – 4A 42
Liscard Rd, Wallasey, L44
Tel: 051–638 7000

Victoria Memorial – 3D 131
Holloway, Runcorn, WA7
Tel: Runcorn 72046

Wallasey Hosp for Women – 3D 41
Claremount Rd, Wallasey, L45
Tel: 051–638 4224

Walton – 3B 30
107 Rice La, Liverpool, 9
Tel: 051–525 3611

Waterloo – 2C 17
Haigh Rd, Crosby, L22
Tel: 051–928 5321

Whiston – 4D 53
Warrington Rd, Whiston, L35
Tel: 051–426 1600

Widnes Maternity – 4D 97
Highfield Rd, Widnes, WA8
Tel: 051–424 2103

Widnes Out-Patient – 2D 119
Chapel St, Widnes, WA8
Tel: 051–424 2156

Windsor Psychiatric Day – 4C 67
40 Up. Parliament St, Liverpool, 8
Tel: 051–709 9061

Women's, The – 3D 67
Catharine St, Liverpool, 8
Tel: 051–709 5461

Printed in Great Britain by
Hazell Watson & Viney Limited,
Member of the BPCC Group,
Aylesbury, Bucks